東西交涉과 近代韓國思想

東西交涉과 近代韓國思想

琴章泰 著

한국학술정보(주)

머 리 말

우리가 자신이 처해 있는 현재의 위치를 알고자 하는 것은 무엇보다 자기 자신이 살고 있다는 실존적 사실을 전제로 한다. 또한 현재를 인식하는 일은 장래의 일을 계획하는 데 필요할 것이고, 또 과거의 지나온 과정을 비춰봄으로써 가능할 것이다. 우리의 현재는 바로 이처럼 과거의 전통과 미래의 전망을 연결시키는 매듭을 이루고 있기에 부단히 물어져야 하는 중요한 역사적 의미를 간직하는 것이라 하겠다.

동양과 서양은 비록 서로가 이질성을 지녔더라도 서로 떨어질 수 없을 만큼 깊이 연관되어 있다. 또한 앞으로 부단히 하나의 지구촌을 지향하여 관계를 개선하고 형성해가야 할 과제를 지니고 있다. 동북아시아의 유교문화권이 서양과 만난 지난 4세기동안 서양의 충격에 따라 우리나라가 겪은 역사적 내지 사상사적 격동은 뿌리까지 흔들어 놓은 획기적인 사건이었다. 따라서 가장 압력이 높았던 지난 2세기 동안에 있어서 西學의 傳來를 통한 儒學과의 葛藤과 交流를 해명하려는 이 책의 주제는, 언제나 현재의 한국사상이 자리한 위치를 찾기 위한 관심에서 추구되었던 것이다.

한 사상과 다른 사상의 만남에는 서로 이해의 한계가 있지만 본질적 깊이에서는 서로 접근하고 조화할 수 있는 넓은 영역이 있다. 비록 긴장과 갈등이 만남의 초기에는 부득이 하다고 하더라도 갈등의 과정은 화해의 목표를 향해 진행되어야 하겠다. 언제나 이질적인 것을 능동적으로 수용하고, 그러므로써 자기혁신을 실행하는 열려있고 진취적인 사상이 다음 시대의 주도적 역할을 할 수 있는 것으로 보인다. 아마 기독교와 유교 사이에서 대화의 문제는 특히 우리의 역사적 조건 속에서는 과거적 사건으로만 넘겨버릴 수 없는 앞으로 남은 문제도 많을 것이라 생각된다.

여기서 다루어진 문제들은 이 주제의 범위 속에 들어오는 몇 가지 주요한 문제들을, 이념구조의 특성과 사상사적 전개에 관한 관심에서 거두어들인 것이다. 물론 이 책은 그 주제의 범위에서 다루어져야 할 몇 가지 문제들을 남겨두고 있기 때문에 완성된 틀을 보여주는 것은 못된다. 그 점에서는 앞으로 보완하거나 새로운 구성을 지도해 보아야겠지만 여기에 제시된 문제의 관심이나 관점은 앞으로도 지속하여 추구하고 싶다.

이 책은 1978년에 성균관대학교에서 학위논문으로 제출되었던 것이다. 여러 해 동안 관심을 집중했던 문제였으나 또 몇 해가 지나고 돌이켜보니 불완전한 점도 많아 보완의 필요성이 큰 것을 절실히 느끼고 있다. 그러나 이번에 약간의 校正에 그치고 거의 손대지 않은 것은 나 자신의 태만함에 일차적 원인이 있지만 한편으로는 거칠더라도 정열을 집중했던 한때의 모습을 남겨놓고 싶은 욕심이 남아있기 때문이다. 이번 기회에 그동안 이 주제와 관련되어 발표하였던 몇 편의 간단한 논문들과 문헌에 대한 해설을 부록으로 첨가하여 부분적이나마 보충과 참고에 편의를 꾀하려 해보았다. 부족하고 잘못된 점은 여러 분들의 叱正을 받아 앞으로 수정 보완할 것을 기약한다.

潛硯書室에서

琴章泰 적음

目 次

緒　論

1

16세기 말엽부터 西洋의 科學技術과 기독교신앙이 일본·중국·조선 등에 傳來하면서 中國文明圈의 東아시아는 물론이요 世界史에서도 東西交涉을 통한 새로운 歷史의 場이 이루어졌다고 할 수 있다. 특히 朝鮮王朝는 그 자체의 역사적·사회적·사상적·상황의 특수한 양상 속에서 西洋文物 즉 西學과 접하면서 그 근세사의 여러 성격을 형성하는데 중대한 영향을 받았던 것이다.

朝鮮社會가 西學과 접촉·교섭을 하였던 과정은 시대에 따라 양상과 성격을 크게 달리 하였으므로 대체로 4단계로 나누어 볼 수 있다. 첫 단계는 宣朝 때의 壬辰倭亂과 더불어 서양문물에 간접적으로 접촉하기 시작하여 英祖때까지 서양에 대한 지식이 축적되고 수용되는 시기이다. 둘째 단계는 18세기 말엽 正祖의 시대로서 서양에 관한 이해가 지식의 단계를 넘어 신앙운동으로 표면화 되었고, 이에 따른 전통사회의 지식인들로부터 이론적 비판이 일어나 논쟁적 양상을 보였던 시기이다. 셋째 단계는 19세기 初부터 中葉까지, 純祖에서 高宗 初까지로 王朝의 강력한 禁敎政策이 진행되면서 한편 천주교신앙문제와 서양의 武力威脅이 연관되어 나타나는 시기이다. 넷째 단계는 高宗시내로 19세기 末에 門戶를 개방하고 斥邪論의 抵抗을 받으면서 서양의 문물이 결정적인 優勢로 전래되어가는 시기이다.

朝鮮後期 社會의 西學과 交涉過程은 이처럼 韓國의 傳統과 近代를 맺는 역사의 전환기를 특징 지워주고 있는 것이다. 따라서 우리의 現代的 精神 狀況 속에 잉태된 많은 문제점의 思想史的 淵源을 이해하기 위하여 우리의 관점을 西學의 傳來와 이에 따른 傳統社會의 反應樣相에 기울여 볼 필요가 있게 된다.

2

朝鮮王朝는 建國 이래 儒敎理念과 制度를 傳統文化로서 정착시켜 왔다. 즉 性理學을 철학적 기반으로 하고 義理學의 강한 自己中心性과 禮學의 嚴格한 形式性 속에 道學的 正統體制를 형성하였던 것이다.

다른 한편 18세기의 李朝社會는 政治的·經濟的·社會的·文化的으로 傳統體制에 심각한 동요가 일어나는 상황에 놓여 있었던 사실이 일반적으로 지적되고 있다. 이 時期에는 淸朝文物의 영향과 더불어 實證的이고 實用的인 새로운 學風이 일어났고 현실의 문제를 해결하기 위해 道學的 傳統과 달리 새로운 基準과 論理를 찾고 있는 改革的 思想이 다방면에서 급속히 성장하고 있었다. 西學이 傳來하고 受容되는 과정에는 이러한 시대적 상황과 깊은 관계가 있음은 사실이다. 그러나 여기서 李朝의 전통체제는 새로 傳來한 西學에 대해 상당히 뿌리 깊은 異質感을 극복할 수 없었던. 현실에서 東西의 交涉에 따른 문제가 발생되었다. 東洋과 西洋이라는 兩極的 世界가 만나고 하나의 廣場으로 확대하는 데에는 그 傳統의 굳은 껍질을 깨뜨려야 하는 歷史의 진통이 따르게 됨은 오히려 당연한 현장일 것이다. 다만 이 葛藤이 일어나는 형태와 또 해소되어 가는 방향이 어떻게 誘導되었는가에 대하여 반성적인 검토가 필요하다.

西學傳來는 初期에 器物과 文獻의 輸入에 머물렀던 단계에서는 새

지식인에 대한 호기심의 수준을 크게 벗어나지 못하였다. 그러나 18세기말에 이르러 西學書籍의 연구가 소수의 젊은 士類들에 의하여 深化되면서 知識의 단계를 넘어서 기독교 신앙운동으로까지 발전하였다. 이러한 움직임은 전통질서에 대한 중대한 위협으로 意識되었고, 儒教社會의 正統性을 지키기 위해 西學에 대한 비판이 일어나게 되었다. 전통체제의 입장은 西學의 教理를 非合理的인 것으로 규정하는 이론적 비판을 전개하면서 동시에 전통 질서에 끼칠 파괴적 영향력의 가능성을 맹렬히 비난함으로써 전통체제를 유지하고 변동의 가능성을 배제하려는 것이었다.

이에 비하여 西學追從者들은 전통사회의 모순을 새로운 이념의 視角에서 비판적으로 극복하려는 개혁적인 입장에서 있음을 볼 수 있다. 이들은 전통의 권위를 맹목적으로 신봉하기를 거부하고 소외된 사회계층의 요구를 강하게 의식하는 개방된 사회질서를 지향하였던 것이다. 여기서 이 시기에 전통체제와 西學 사이에 갈등의 소용돌이가 심각하게 나타났다. 물론 이 時期에 傳統의 道學과 新來의 西學을 相互受容하여 截長補短하려는 試圖와 努力이 없었던 것은 아니지만, 마침내 아무런 타협과 조화를 위한 수단을 정립하지 못한 체 극단적인 대립 속에 兩者擇一의 논리만이 전개되었다. 이러한 儒學과 西學의 교섭 및 갈등의 문제는 또한 오늘의 韓國 精神史가 處한 위치를 이해하는데 있어서나 未來를 향한 方向定位를 위해서 중요한 示唆를 던져줄 수 있는 것으로 생각된다. 우리는 사실상 200년 前에 일어났던 이 문제를 아직도 앓고 있는 시대에 살고 있는 것이며, 곧 현재의 문제에 직접적인 기반을 이루는 것으로 볼 수도 있다.

3

儒敎가 傳統社會의 思想的 主流이었다면, 基督敎는 西洋文化의 정신적 基盤을 이루고 있는 것이다. 여기서 李朝의 傳統사회가 西學과 遭遇할 때 일어나는 葛藤의 理念的 根據는 먼저 儒敎와 基督敎의 敎理的 相異性에서 찾아볼 수 있게 된다.

儒敎와 西學 사이에 있어서 18세기 말과 19세기에 일어났던 葛藤의 樣相과 性格을 해명하기 위해서는, 먼저 그 以前까지 거의 아무런 相互交流와 理解의 기회나 필요성을 갖지 못하였던 東洋과 西洋이라는 두 相異한 文化圈이 너무나 갑자기 직접적으로 만났다는 사실과, 또 이 만남의 장소도 兩者의 중간지점이 아니라 西洋이 일방적으로 東洋에 침투해 들어와서 東洋社會 안에서 만나게 되었던 상황을 前提로 의식해야 할 것이다.1) 따라서 여기에는 儒敎와 基督敎라는 兩者의 입장을 객관적으로 파악할 수 있는 理解의 觀點이 형성되지도 못하였고, 또 兩者의 사이를 매개할 수 있는 어떤 精神的 中心體가 存在하지도 않는 상태이었다. 이 만남의 장면은 어색하며 부자연스러워 긴장과 대립을 일으켰던 것은 오히려 당연한 것으로 보인다.

東洋傳統의 儒敎가 西學을 맞이하게 되는 사태에 앞서 儒敎가 지녔던 역사적·사회적 성격을 살펴보자. 儒敎理念은 孔子와 孟子에 의하여 체계화 되었을 때부터 이미 강한 批判意識을 내포하고 있었다. 孔子의 春秋는 그 시대의 社會秩序에 대한 철저한 비판이었고, 孟子는 義利의 分辨과 楊墨의 排斥을 통해 儒敎의 正統性을 제시하고 있다. 漢唐代에 老莊思想과 道敎 및 佛敎가 盛行하던 時代思潮

---

1) 近世의 東西交涉은 西洋이 海路로 中國의 國境에 到着하여 시작되었던 점에서 唐代나 元代의 大陸을 거쳐 중개되면서 들어왔던 양상과 대조적이다. 또한 明末 淸初는 中國이 國境 바깥으로 전혀 관심을 기울이지 못하던 시기였고, 西洋이 中國大陸에 진출하려는 意志는 중국정부에 의해 쉽게 통제될 수 없을 만큼 강한 배경을 갖추고 있었다.

속에서 위축되었던 儒敎理念은 韓愈의 老佛排斥論에서 그 氣魄을 회복하기 시작하였다. 宋代 諸儒에 이르러 性理學이 體系化 되면서 道統說과 闢異端論을 통해 儒敎正統主義가 확립되었던 것이다. 마침내 宋代以後와 李朝時代를 통해 儒敎理念의 社會的 支配를 관철시키는 데 이르렀다.2) 이러한 儒敎傳統이 확립되는 과정에는 儒敎經典의 合理的 世界觀이 설득력 있게 해석되고 現實的 社會秩序를 효율적으로 실현하여 나갔다. 특히 老莊思想과 佛敎의 敎理 體系에 대한 비판과정에서 儒敎敎理는 世界의 構造나 人間의 本質에 대한 형이상학적 논리를 정비하였고, 倫理的 實踐方法과 儀式을 연마하여 政治制度나 社會秩序 속에 이를 구현하였던 것이다.

西學이 東洋社會에 傳來하였을 때에는 기독교가 唯一의 絶對的 眞理라는 布敎의 목표는 양보할 수 없는 기본입장이었다. 따라서 초기 예수회 선교사들의 유교 경전연구 내지 유교와의 조화를 추구하는 태도도 전교목적을 위한 수단이었고, 후기에 儒敎儀禮를 거부하였던 것도 기독교의 배타적 자기 확신의 주장을 보여준 것이다. 천주교 선교사들이 제시한 입장으로서 정치와 종교의 분리나 가족과 개인의 분리도 바로 기독교적 내지 서양적 합리성이요, 유교 내지 동양사회의 전통에 근거한 합리성과는 거리가 멀었다. 따라서 兩者를 포괄하는 더욱 넓은 보편적 이성의 바탕이 마련되지 않은 정신 상황에서는 對決을 통한 布敎이지 對話를 통한 傳敎라고 볼 수는 없다.

---

2) 朱子는 『中庸序』에서 儒敎의 道統을 제시하였고, 『近思錄』 속에 「辨異端類」를 한 篇으로 독립시켜 취급하였다.

4

儒敎가 기독교에 응답하는 태도의 배경에는 위에서 언급한 바와 같이 처음부터 正統主義的 傳統을 형성하였던 점을 들지 않을 수 없다. 사실상 기독교를 異端 내지 邪敎로 비판하는 논리는 老·佛에 대한 비판논리와 일치하는 하나의 유교적 전통 위에 서있는 것이다. 또한 儒敎의 天人關係에 대한 기본입장인 天의 內在性을 강조하고 超越性에 比重을 두지 않는 人道主義的 傳統에서 기독교의 超越的 主宰者 개념과 이에 대한 信仰的 태도에 대한 이해가 어려웠던 한계점을 찾아볼 수 있다.

儒敎社會에서 기독교에 대한 저항과 배척이 격렬하였던 것은 사실이나 兩者 사이의 敎理的 論爭은 論理的으로 深化지키거나 對立을 止揚하는 데 있어서 별다른 성과를 거두었던 것은 아니다. 오히려 儒敎와 기독교 사이의 敎理的 論爭은 傳來初期의 진지한 자세마저 後期로 가면 더욱 격화된 대립에 눌려 일방적인 배척과 반복된 비난만이 노출되는 폐쇄와 단절의 양상을 띠게 되었다.3) 곧 敎理에 관한 學問의 탐구자세가 논쟁과 대립을 지배하였던 것이 아니라, 사회적 갈등에 피상적인 교리적 비판이 이용되었다고 볼 수 있다. 따라서 한국 사회를 主導하는 이념이 어느 쪽인가 하는 敎勢의 문제는 敎理的 反省이나 確信 속에 뿌리를 두었다기보다는 大衆의 外形的 세력 비중에 좌우되는 것이었고, 여기에 土着되지 않은 종교 교단의 융성이 가능하게 되는 현실이 야기 되는 것이다. 전통문화와 근대문화의 斷層은 근대화할 수 없었던 전통과 전통화하지 못하는 근대의 갈등이요, 李朝社會에서 만났던 儒敎와 기독교가 논쟁을 통하여 해결하치 못한 문제의 遺産으로 받아들이지 않을 수 없다.

---

3) 正祖 12年(1788) 西學書의 家藏禁止와 禁敎令이 내려진 이후 儒學의 西學批判은 天主敎敎理에 관한 객관적 연구가 불가능한 여건 속에서 계속되었다고 볼 수 있다.

5

本 論文에서는 儒學과 西學으로 대표되는 東西交涉을 문제 삼음에
있어서 그 변천과정이 뚜렷하고 변천 양상이 활발해지는 18 · 19世
紀를 중심으로 광범한 문제를 섭렵하려고 하였다, 그것은 이러한 思
想史的 重大問題는 一回的인 것이 아니라 연속적이며, 單純하고 平
面的인 것이 아니라 複合的이고 立體的이기 때문이다. 따라서 思想
的 交涉이 中心課題이지만, 여기에 歷史的 展開樣相을 觀察하고 政
治的 · 社會的 作用要因을 分析하여 哲學的 · 宗教的 倫理的 中心課題
와 相互照明하여 問題의 性格을 究明하여야 할 것이다.

이러한 방법적 입장위에서 第一部에서는 먼저 中國에 있어서 東西
交涉의 역사적 전개를 이해하고, 다음에 朝鮮後期에 있어서 儒學과
西學交涉의 歷史的 展開樣相을 밝혀 보았다. 第二部는 朝鮮朝에서
傳統思想이 西學을 受容하는 思想的 측면을 검토하고, 특히 丁茶山
의 思想을 이러한 입장의 대표적 경우로 분석하였다. 또한 第三部에
서는 儒學과 西學의 理念的 葛藤과 理論的 對立을 分析하고, 그 대
표적 입장으로서 華西學派의 斥邪衛正論의 理論 開化 · 斥邪의 葛藤
을 일으키는 狀況的 배경을 解明하고자 하였다.

東西交涉의 問題는 近代이래 現在와 將來에서도 思想史의 근본적
인 課題요, 現實과 歷史의 절실한 요청을 간직하고 있는 것이다. 따
라서 本 論文이 企圖하는 것은 主題에 대한 分析과정 解明을 통하여
現在와 將來에서 東西思想의 올바른 交涉을 위한 態度의 確立과 方
向의 模索에 있어서 示唆를 받고자 하는 것이라 하겠다.

第1部 近代東洋社會에 있어서
東西交涉의 思想史的 展開

第1章 明淸代 東西交涉의 展開樣相

1. 東西交涉의 歷史的 流轉과 近世的 發端

1) 東西交涉의 歷史的 流轉

上古代의 仰韶文化에도 西아시아지방의 영향이 지적되고 殷墟의 遺物에 南方의 産物이 풍부히 있음을 엿보게 되지만,[1] 中國文化도 결코 고립된 것이 아니라 交流 속에서 成長해 왔던 것이다. 黃河流域의 北 中國은 甘肅을 지나 天山山脈을 끼고 Tarim 분지를 거쳐 西아시아 地方과 陸路가 열려 있고, 楊子江 以南의 南 中國은 印度支那半島를 돌아 印度와 페르시아地方에 이르는 海路가 열려 있어 東西의 交流는 일찍부터 이루어졌다. 이러한 변방과의 交通은 中國 勢力의 成長과 더불어 더욱 멀리 미쳐갔다.

東西의 交涉은 漢代에 이르면서 훨씬 뚜렷한 자취가 나타난다. 武帝는 匈奴의 위협을 막아버리기 위하여 B. C. 139년 張騫을 大月氏國으로 파견하였고, B. C. 126년 그의 歸還을 계기로 中央아시아를 거쳐서 地中海지역까지 이르는 통로가 열리게 되었다. 大月氏國이 지배하는 Bactria(大夏國) 지역은 B. C. 4世紀末에 Alexander大王

---

1) 董作賓은 殷墟의 靑銅器 材料인 銅은 楊子江 以南에서 나는 것이요, 龜甲은 南方의 産物이고 말레이半島에서 나오는 큰 것도 있음을 언급하였다. (中國古代文化的 認識, 大陸雜誌, 제3권 제12기, 1951. 12. p.389)

에 의하여 정벌된 희랍인의 植民地로서, 中國人이 진취적인 입장에서 西洋文化와 초기의 접촉을 이루었다.[2]

漢武帝의 흉노정벌을 통해 西域 交通路인 비단길(silk Route)이 확보되었고, 이 길을 거쳐 중국비단이 B. C. 1세기 前後하여 Roma에까지 이르게 되었던 것이다. 또한 이 길을 거쳐 A. D. 1세기에는 佛敎가 중국에 傳來해 오고 隋唐을 거치면서 크게 隆盛하여 中國思想의 一柱를 이루게 되었다. 南方의 海路를 통하여 後漢 桓帝 때(A. D. 166) 大秦國(Roma帝國)의 安敦王이 使臣을 보내 來貢하자 Roma와 중국 사이에 직접적인 접촉이 시작되었다.[3] 그 후에도 이 海路는 求法僧의 印度往來나 東西商人들의 交易路로서 利用되어 왔다.

後漢의 멸망 후 六朝時代(222-589)의 오랜 분열을 거쳐 隋와 唐에 의하여 강력한 統一國家가 건설되자, 中國은 中世文化의 滿開를 이룸과 동시에 東西交涉의 大盛況을 맞이하였다. 唐太宗은 西突厥族을 깨뜨리려고 다시 Tarim 분지의 西域路를 열어 中央아세아 地域과 활발한 交流의 길을 터놓았다. 이 陸路와 南方의 海路를 통하여 西域諸國의 文物이 長安으로 흘러들어 왔다. 唐朝의 포용 정책으로 佛敎 外에도 古代 페르시아의 信仰인 祆敎(拜火敎, Zoroastrianism)와 시리아 地方의 기독교 일파인 景敎(Nestorianism)[4], 페르시아에서 3

---

2) 張騫 이후 中央 아시아로부터 포도·참깨·오이·석류 등이 중국에 전해졌고, 또 희랍의 天文學도 이때 전하여져서 渾天儀를 만드는데 영향을 주었던 것으로 주장되고 있다(藪內淸,「中國의 科學文明」, 全相運譯, 1974, pp.70-72).

3) 後漢書 권88, 西域列傳·大秦國條;「至桓帝廷熹九年, 大秦王安敦遣使自日南徼外, 獻象牙·犀角·瑇瑁, 始乃一通焉」. 여기서 大秦國은 Roma帝國을 가리키지만 때로 Roma領 페르시아地域을 가리키기도 한다. 安敦王은 Marcus Aurelius Antonius로 본다. 이밖에도 A. D. 227년에 Roma 商人이 來貢하여 東吳의 孫權을 만났던 사실(梁書 권54, 列傳·諸夷)과 西晋武帝 때(A, D. 284) Roma의 使臣이 來貢한 사실(晋書, 西域傳) 등의 Roma와 中國이 直接 通交한 記錄을 찾아 볼 수 있다.

4) 景敎는 唐太宗 때(A. D. 635) 阿羅本(Alopen)에 의하여 전래해 오자 帝室의 보호를 받고 經典의 번역과 布敎活動으로 상당한 敎勢를 가졌으며, 때로 억압을 받으면서도 元代까지 지속되었다. 景敎의 傳來는 天主敎傳來에 1000년이나 앞서 中國人에게 기독교 사상을 소개하였다는데 의미가 있으나 中國社會에 깊이 定着

세기경 발생한 摩尼教(Manichaeism), 7세기부터 성장하여 강한 사라
센 帝國을 건설한 回教(天方教, Islam) 등이 盛行하여 寺院을 세우고
자유롭게 포교를 하였다. 이때의 長安은 西域의 여러 나라 사람들이
生業에 종사하는 世界의 都市로 번성함을 보여 준다. 또한 唐代에는
이미 後漢代로부터 發明되었던 製紙術을 이슬람세계에 傳하였고, 13
세기에는 유럽에까지 전파하게 되었다.5) 唐代에서 宋代에 걸치는 시
대에 南方海上貿易이 발달하여 交州·廣東 等地에 10萬에 가까운
外國人이 머물렀다 하며 中國商船들이 페르시아地方까지 진출하였다
한다. 中國人이 後漢代에 이미 發見한 磁石은 물에 띄워 南方을 가
리키게 하는 指南魚로 改造되었고, 1100年代에는 航海에 利用하기
시작하여, 이것이 이슬람船에 傳해지고 뒤이어 12세기 末境에 유럽
에까지 전하게 되었다. 이에 따른 나침반의 사용은 서양근세에 있어
서 新航路의 발견에 중요한 기여를 하였던 것이다.

異民族으로서 처음 中國大陸을 支配하게 된 元은 中央아시아·西아
시아·러시아까지 征服함으로써 유럽을 위협하여 恐怖에 몰아넣었던
空前의 大帝國을 건설하자, 西歐와 東洋은 아무런 장벽 없이 직접 마
주 대함으로써 東西 交渉의 새로운 段階를 이루게 되었다. Roma 教皇
Innocent 4世가 프란시스코會의 John of Plano Carpini 神父를 和林
(Karakorum)에 派遣하였고(1245-47) 프랑스의 루이 9世는 William of
Rubruck 神父를 파견하였던 것(1253-55)을 비롯하여 公式使節과 商人
들이 유럽과 元을 往復하였다. 이때 베니스人 Marco Polo는 元朝에

하지 못하여 거의 忘却되거나 祆教와 混同되는 정도로 沒理解 상태에 버려지고
말았다.
5) 나침반, 화약과 더불어 中國人의 三大發明 중의 하나인 製紙術이 西傳하게 된
것은 高句麗人인 高仙芝將軍이 Talas 河畔(지금 소련의 Kazakh 지역)에서 이슬
람軍과 交戰할 때 포로가 된 漢人에 의하여 전해진 것이라 한다(藪內淸, 前揭書,
pp.115-6). 그 뒤 印刷術의 傳播와 더불어 製紙術의 西傳은 西洋의 近代文明을
發展시키는데 하나의 중요한 역할을 하였다고 볼 수 있다.

17년간(1275-92) 봉사하고 돌아가 「東方見聞錄」을 저술하여 중국을 서양에 광범하게 소개한 최초의 인물이 되었다. 또한 元代에는 唐代 이래의 景敎와 별도로 天主敎가 새로이 傳來해 왔다. 1294년 北京에 도착하여 1305년까지 6000名에 領洗를 줄 만큼 활발하게 布敎活動을 하였던 프란시스코會의 John of Montecorvino 神父는 敎皇 Clements 5世에 의해 1307년 北京大主敎(Archbishop of Cambaluc)로 임명되었다. 이것은 예수會의 傳敎에 3세기나 앞서 中國傳敎의 활발한 성장을 엿보게 한다.6)

이 元代에 西洋에는 몽고의 유럽침공동안 中國으로부터 火藥의 製造術이 전해지게 되었고, 또 이슬람의 天文學 등 과학지식이 중국에 傳해졌던 사실 等 東西交涉史上 중요한 사실을 찾아 볼 수 있다. 元代에 유럽과 中國의 交易이나 文化交流가 어느 때보다 융성했음에도 불구하고 두 사회의 전통은 相互關係의 절실한 要求를 갖는 데까지 이르지는 못하였다. 따라서 元朝의 몰락과 더불어 西아세아의 이슬람勢力이 다시 등장하자 유럽과 中國의 交流는 완전히 斷切되고 말았다.

앞에서 살펴본 바와 같이 漢代에서 元代에 이르는 동안 東西의 交涉은 連綿히 이어져 왔으며 또한 그 범위가 넓혀져 왔다. 中國이 그 광대한 領土를 유지하기 위해서는 내부적인 통합력의 중요성도 높지만 이에 못지않게 邊方과의 관계가 重大한 비중을 지닌다. 특히 大陸으로 이어져 있는 西方과의 관계는 海上交通이 발달하지 못한 時代에 있어서 中國의 盛衰 安危가 걸려있는 문제였다. 따라서 때로는 武力을 통한 征服과 때로는 交易을 통한 懷柔를 兼用하여 변방을 馴致시켜 갔던 것이다. 여기에 中國은 朝貢制度 아래의 對外관계를 세우고 中國을 頂點 내지 中心으로 하는 世界平和의 理念을 양보하지

---

6) cf. K. S. Latourette, *A History of Christian Mission in China*, 1929, London, pp.65-73.

않았다. 따라서 元代 이전에 능동적으로 수입하려는 태도를 보인 것은 佛教밖에 없다고 볼 수 있다. 또한 西方의 文物로서 中國의 近世까지 결정적인 영향을 미치고 있는 要素를 찾기가 어렵다. 조한 中國에 전래된 西方文化의 영향은 元朝가 망한 후 자취가 사라지고 없을 만큼 실질적으로 그 영향의 深度가 미약했다. 이 사실은 중국의 전통질서가 강한 自足性을 가졌고, 또 外來文化로 佛教의 경우처럼 異質的인 것도 철저히 中國化시킴으로써 마침내 극복하는 傳統의 一貫性을 지켜왔다. 사실상 中世까지 東西文化의 交流 속에서 中國은 전체적으로 그 優越性의 確信에 별다른 跳戰을 받지 않았던 것으로 생각할 수 있다.

2) 西勢東漸과 東西交涉의 近世的 發端

元朝가 무너지고 다시 漢人의 明朝가 일어나자 新 王朝는 天下의 中心으로서의 그 傳統的 權威를 확인시킬 필요에서 변방민족을 服屬懷柔하는 政策을 再開하였다. 특히 永樂帝는 雲南 출신의 回教徒인 鄭和를 시켜 60여척 3만 명에 가까운 병력의 大艦隊를 이끌고 30년 동안(1405~33) 7次에 걸쳐 南海遠征을 遂行하여, 東南아시아 諸國과 印度・페르시아・아라비아・아프리카 東岸까지 이르러 각지의 土産物을 실어오고 朝貢使臣을 불러들였다. 그러나 이 遠征이 交易의 확대나 領土擴張으로 발전하지 못하고 巡狩하는 역할에서 그치고 만 것은 오히려 中國的인 傳統的 政治觀에서 나온 것이라 볼 수 있다. 중국의 전통에서는 일단 변방이 안정되면 곧 天下에 平和가 온 것을 선포하여 文治를 우위에 두고 武備는 輕視된다. 또 交易의 過度한 盛行은 爭利를 일으켜 德治의 教化에 어긋나게 될 요인으로 보아 국가에 의하여 견제되어 왔다. 明朝도 國內外의 安定을 이룬 다음에는 德治의 理想을 실현하려는 目標를 향하면서도 柔弱化와 부패의 위험을 안은 길을 걷고 있었다.

13·4세기에 이르러서는 西歐도 封建制度와 基督敎信仰을 바탕으로
한 中世의 安定된 전통이 동요하기 시작하였다. 長期間의 十字軍遠征
(1096-1270)이 끝나자 封建階層이 몰락하고 商業과 都市가 發達하면
서 强力한 王權의 近世國家가 일어나게 되었고, 敎皇과 敎會의 權威가
쇠퇴하고 宗敎改革이 일어나면서 信仰의 權威는 더욱 弱化되었다. 世
俗的 價値를 拒否하고 精神優位의 價値秩序를 지켜왔던 中世 기독교
信仰의 傳統에 도전하여 그리스·로마文化의 再發見을 통해 人間의 個
性과 感性을 존중하는 人文主義的인 文藝復興(Renaissance)運動이 일
어났다. 이에 따라 西洋 精神史에 있어서 近世的인 大轉換이 이루어지
게 되었던 것이다. 이 새로운 時代는 中世傳統의 內的 矛盾에 따라 自
己 發展的 改革이 主流를 이루면서도 이슬람 世界와의 交流나 그리
스·로마文化의 古典精神에 대한 再理解를 통하여 中世的 傳統에 대한
批判的 自己克服이 近世文化創造의 決定的인 契機를 이루었다. 이러한
西洋近世精神을 再整理한다면, 첫째 統治制度의 改革이나 宗敎改革에
서 보는 바 形式化한 權威를 넘어서 本質의 再實現을 위한 批判精神이
요, 둘째 近世科學의 發展을 가능하게 하는 바 傳統의 폐쇄적 고정관
념을 깨뜨리고 開放的인 受容姿勢의 기준으로서 세워진 合理精神이요,
셋째 새로운 技術을 개발하고 新航路를 찾아 나서게 하였던 바 內向的
沈潛을 떨어버린 진취적이고 경쟁적인 활력에 넘치는 開拓精神으로 요
약할 수 있을 것이다.

15세기 後半과 16세기에 大航海(發見)의 時代가 열리게 되는 데는
近世的 特徵을 지닌 여러 가지 복합적 요인이 있었다. 十字遠征이후
東方貿易의 必要性이라는 經濟的 요구, 天文學과 航海術의 발전이라
는 科學 技術的 條件, 國力의 增强을 위한 팽창의지와 航海家들의
모험심이라는 요소 등이 結合되어 하나의 原動力이 되었던 것이다.
오스만 터키에 의해 近東地域의 통로가 막히자 香料·후추 등 필수

기호품과 그 밖의 交易品을 찾아 印度 航路를 열기 위하여 아프리카 大陸을 우회하였고, 또 地球球形說의 信念에서 西進하여 아메리카 大陸을 發見하였다. 航路의 개척에 앞장섰던 포르투갈은 印度와 中國貿易의 이익을 독점하고 스페인은 中南美大陸을 식민지화하여 막대한 富을 축적할 수 있었다. 포르투갈과 스페인이 海外貿易과 植民地占領을 위해 치열하게 경쟁하고 있는 동안에 가톨릭 教會도 새로운 整備를 이루었다. 16세기 前半의 宗教改革運動에 따라 改新教教團들이 北유럽에 確立되자, 이에 대항하여 가톨릭教會도 트리엔트宗教會議(1545-63)후 일대 혁신운동(Catholic Reformation, Counter Reformation)을 일으켰으며 청신한 信仰熱意로 무장된 修道團體들이 세워져 修道와 布教活動에 열중하였다. 이 教團들은 새로이 개척되는 大陸과 植民地에 대한 布教를 위해 교황청과 海外에 진출하는 국가의 君主들로부터 협조를 언어 선교사를 파견하고 있었다. 郡主들도 海外의 貿易權과 領土權을 教皇으로부터 보장받고 그 代身 教會의 布教活動을 보호하고 지원할 義務를 졌던 것이다. 이들 教團의 布教活動도 서로 경쟁적인 양상을 띠었고, 국가간의 경쟁이 결합하여 포르투갈은 예수會를 지원하며 스페인은 도미니코會와 프란시스코會를 지원하였다. 印度와 東印度諸國에 진출한 포르투갈은 16세기 初 中國의 廣東 지역까지 진출해 왔다.7) 1557년 마침내 廣東 南쪽의 마카오에 貿易基地를 두도록 허락 받아 印度·東南亞·中國·日本 사이의 貿易에 종사하였다. 포르투갈 商船을 따라 일찍부터 東進해 왔던 예수會 선교사들은 中國의 布教를 위한 熱望으로 마카오에 진출하기 시작했다. Ignatius Royola와 더불어 예수회 創設에 참여

---

7) 포르투갈은 明代에 佛朗機라 알려졌으며, 1514년 처음 廣東에 도착하였고, 1517 년엔 使臣을 보냈으나 이들은 砲臺를 설치하는 등 中國傳統의 朝貢制度를 無視하다가 逐放되고 使臣은 廣東에서 獄死한 일이 있다. (John K. Fairbank, *East Asia The Modern Transformation*, 1965, Boston, p.21)

했던 St. Francis Xavier는 1542년 印度에 와서 활동하다가 1549년
에 日本에 布教를 시작하여 기반을 닦아 놓았다, 그는 1551년 廣東
입구의 上川島에 도착하였으나 포르투갈 商人의 本土上陸이 禁止되
어 있었으므로 끝내 大陸을 밟지 못하고 이듬해 그곳에서 病死하였
다.8) 1550年代와 1560年代에 몇 사람의 선교사들이 Macao와 廣東
에 일시적으로 체류하였지만, 예수회 巡察使(Visitor)로 Alessandro
Valignani의 中國布教 計劃에 따라 1579年 이태리人 예수會 선교사
인 Michael Ruggerius(羅明堅)가 Macao에 도착하면서 恒久的인 中
國布教事業이 시작된다. 그는 本土의 전교를 위한 준비로서 中國官
話를 배우고 있었으며, 1582年 Matteo Ricci(利瑪竇 1552-1610)가
그의 同役者로서 印度의 Goa로부터 Macao에 도착함으로써 그 壯大
한 사업이 마침내 出帆을 보게 되었다.

　　포르투갈의 中國貿易路를 따라 예수會 선교사들이 中國의 南쪽 關
門에 도착했을 때는 明代의 末期에 해당하는 時期였다. 西洋에서 中
國까지 九萬里 風濤를 건너서 交易을 통해 財利를 追求하는 商人의
貪慾이나 傳教를 하다 中國에 묻히기를 결심하고 찾아온 宣教士의
執念에 對照하여 中國은 數十年 변경을 두드리는 소리를 들을 수 없
을 만큼 너무나 自足的이고 退嬰的인 歷史感覺에 젖어 있었던 面을
否認하기가 어렵다고 생각된다.

2. 明末淸初의 西學傳來와 中國的 受容樣相

1) 예수會의 補儒論的 傳教方法과 儒學·西學의 思想的 接近

　　F. Xavier는 日本에 傳教活動을 시작했을 때 기독교 教理를 日本語

---

8) K. S. Latourette, op. cit. pp.85-88

로 표현하려고 하였고, 그는 뒤에 고쳐졌지만, 神을 佛敎術語인 「大日」
로 번역하여 사용하기까지 하였다.9) Xavier 이러한 適應的인 姿勢는
예수會 敎團의 한 特徵이기도 하거니와, 日本傳敎의 신속한 발전에 큰
역할을 하였던 것은 사실이다.10) 그는 또한 日本人들로부터 「天主敎가
眞實한 宗敎라면 中國人이 왜 아직도 믿지 않는가」라는 질문을 받았
고, 中國이 日本文化의 根源地임을 認識하여 中國을 向하게 되었던 것
이다.11)

Xavier에 이어 A. Valignani가 中國傳敎를 계획할 때 그는 M.
Ruggerius와 M. Ricci로 하여금 中國의 官話와 古典을 익혀서 指導層
의 인물들과 交遊할 수 있는 방법을 찾았다. 이들은 Macao의 포르투
갈 商人들에게서 벗어나 中國人 속에 섞이고자 하였고, 1583年 廣東의
首府인 肇慶으로 옮겨 內陸의 住居許可를 받았다. 이들은 中國人의 意
識에 相應하기 위하여 처음에는 僧으로 自處하였고, 또 僧服을 입고
佛敎風을 따르는 것이 中國에 適應하는 길이라 생각하였었다.12) 그러

---

9) Xavier가 佛敎的인 槪念으로 用語를 번역하여 사용하였던 것은 그를 도왔던 日本
   人 改宗者의 誤解에 起因한 것이라 한다. Xavier의 계승자들은 그의 敎理問答書를
   폐기했고, 神·靈魂·天堂·地獄·天使 등의 기본 개념을 풀이했던 표현들을 거부
   하였다. 이때 선교사들 사이에 日本語化論와 유럽語化論者의 對立이 일어나 後者
   의 立場이 결정적으로 優勢하게 되었다. (H. Bernard, *Sagesse Chinoise et Phil-
   osophie Chrétienne*, 1935, Tientsin, pp.96f.)
10) Xavier의 뒤에 Valignani는 때로 同僚들로부터 反對를 받았지만, 선교사들이 地域
    慣習에 適應할 것과 선발한 日本人을 유럽에 보내서 직접 보게 할 것, 日本人 가운
    데서 聖職者를 양성할 것 등의 宣敎方法上 중요한 전환점을 마련했다(Stephen
    Nein, *A History of Christian Mission*, 1964, Penguin Books, pp.157f)
11) 方豪, 中西交通史(五) 1954, 臺北 p.95.
12) 肇慶에 있던 敎堂에 대해 王淨은 「仙花寺」와 「西來淨土」라 題하였고, 1584년 初
    刻된 最初의 漢文本 敎理書인 『天主聖敎實錄』(M. Ruggerius著 1584年 初刻,
    1634~41年 重刻)은 初刻本이 署名을 『新編西竺國天主實錄』이라 하였으며 「天竺
    國僧書」라 쓰고 있다. 또한 佛敎의 勢力이 强한 日本에 대한 傳敎經驗에서 起因
    한 것이겠으나, 1590년에 敎皇 Sixtus 5세가 프란시스코會 선교사를 사절로 보
    내면서 國書 첫머리에 「太僧天主敎門 都僧皇 신御嘟第5……」라 하고 끝에 「天
    竺國京師書立」이라 하여 僧·天竺의 명칭을 사용하고 있음을 보여준다. (方豪,
    上揭書 pp.122-4)

나 M. Ricci는 儒教經典을 익히고 또 四書를 라틴語로 번역까지 하였
으며, 肇慶·韶州·南昌·南京 등지에 많은 中國學者·官吏와 交遊를
넓혔다. 이때 그는 瞿太素의 권유를 받아 1594년부터 僧服을 벗고 儒
服을 입었으며,13) 中國式으로 이틈을 利瑪竇로 字를 西泰라 하였고,
탁월한 學識을 보여 사람들이 그를 「利先生」, 「利子」라 불렀었다.

Ruggerius의 『天主實錄』(1584)이 先例를 보이지만, Ricci의 『天主
實義』(1595年初刊, 1603年 修正初刊이라고도 함)·『畸人十篇』(1608)
은 中國 선비의 疑問에 對答하는 형식을 통하여 천주교 교리를 說得
해나가는 論述方法을 사용하였다. 또한 이 教理書의 對話 속에서 佛
教를 批判하고 儒教를 긍정하는 Ricci의 補儒易佛論的 입장이 闡明
되고 있음을 본다.14) 그는 『天主實義』에서 天主를 儒教經典의 上帝
와 同一함을 明言하고, 또한 儒教經典을 引用하여 靈魂이 死後에 不
滅함을 立證하며, 심지어 天堂地獄의 存在도 經典에서 證明하려 하
였다.15) Ricci의 이러한 儒教接近態度는 中國士大夫의 傳教를 위하

그러나 Ruggerius도 天主教를 佛教와 結付시키려고 하지는 않았다. 『天主
聖教實錄』(略稱 『天主實錄』)에서도 「釋迦經文虛謬, 皆非正理, 故不可誦.」(天主教東傳
文獻續編, 1966, 臺北 p.777)

13) 李之藻, 讀景教碑書後; 「利氏之初入五羊也, 亦復數年, 混跡後, 遇瞿太素氏, 乃辨
非僧, 然後蓄髮稱儒.」(天學初函, p.85)
「或云利瑪竇初內地, 穿僧服, 觀艾儒略著 『大西西泰利先生行蹟』 謂瞿太素訪利子,
談論間深相契會, 遂願從遊, 勸利子服儒服云云, 似頗可信.」(方豪, 上揭書, p.124)
K. S. Latourette, op. cit, p.94.

14) 天主教의 立場을 補儒易佛이라 表現한 것은 徐光啓에서 찾아 볼 수 있다. (泰西
水法序; 「餘嘗謂其教必可以補儒易佛」, (天學初函, 1965, 臺北 p.1506)

15) 天主와 上帝의 一致를 증명하기 위해 中庸의 「郊社之禮, 所以事上帝也」 등 詩·書·
易·禮記에서 광범하게 引用하고 있으며(天學初函 pp.415f), 「失于政, 陳于玆, 高後丕
乃崇降罪疾曰, 曷虐朕民」(書, 盤庚中) 등 書·詩를 引用하여 人魂이 不滅함을 말하고
(同上, pp.450f), 「文王在上, 於昭于天, ……文王, 陟降, 在帝左右」(詩, 大雅·文王) 등
詩와 書를 인용하여 天堂地獄의 存在를 증명하고 있다. (同上, pp.551f)
Valignani가 Ricci에게 Ruggerius의 『天主實錄』에 대신하여 自然的 秩序를 中國의
書籍에서 인용하여 論證하는 著述을 하도록 요구하였던 데서 Ricci에 의해 『天主
實義』가 나오게 된 것이다. (H. Bernrd, op. cit. p.103)

여 必然的인 過程이었으며 그가 佛敎와 道敎를 批判하는 입장도 當時의 中國 知識人 속에 確立되어 있는 知性의 基準을 올바르게 파악한 결과라고 볼 수 있다. 그는 同僚인 Francis Pasio에게 보낸 편지 속에 中國의 思想的 風土에 대한 자신의 판단 또 그의 傳敎上의 입장을 명백히 밝히고 있다.

이 나라에는 3宗派가 있음을 아서야 하겠습니다. 가장 오랜 것은 儒者들의 것이며, 이들에 의해 다른 두 宗派는 계속 공격을 받고 있습니다, 이 識者들의 집단은 超自然的 實在에 대해 언급하지는 않으나 우리에 합치되는 윤리적 문제에 대해 示唆하고 있습니다. 그래서 나는 여러 서적에서 이런 점들을 칭송했고 이를 사용하여 다른 두 宗派를 반박했습니다. 그러나 그것을 천적으로 비난하는 뜻에서가 아니라 우리 信仰과 반대되는 것으로 보이는 모든 구절들에 대해 정통적 해석을 주기 위해서 입니다.16)

이에 따라 Ricci의 傳敎過程에서 가장 먼저 부딪친 問題가 그의 死後까지 계속된 佛敎와 天主敎 사이의 論爭이었고, 여기서 天主敎 敎團은 이 論爭을 극복하고 그 다음의 關門으로 들어가게 되었던 것이다.17) 또한 Ricci가 儒敎經典을 인용하여 敎理를 論證하였던 것은

---

16) Matteo Ricci, *Letter to Francisco Pasio*; ed. by C. J. Barry, *Readings in Church History*. vol. Ⅱ, p.225.
17) Ricci의 排佛態度는 당시의 好佛人士나 僧에 의해 反駁을 받고 쌍방에 커다란 論爭이 일어났다. 당시 杭州의 名僧 蓮池와 名士인 虞淳熙는 Ricci에 反駁했고 Ricci와 徐光啓가 再反駁하는 往復論辨이 뒤에 「辯學遺牘」(1609刊, 天學初函所收)으로 남았으며, 徐光啓의 『闢妄』(『闢釋氏諸妄』)에 대해 佛敎에서 普仁截이 『闢妄闢略說』로써 反駁하였고, 이에 대해 다시 天主敎徒 洪濟楫과 張星曜가 『闢妄闢略說條駁』으로 反擊을 하였다. 그 외에도 『證妄』(張廣∝活著), 『天主實義殺生辯』(虞淳熙著), 『闢邪集』(鍾始聲) 등 佛敎側의 天主敎批判書가 있고, 楊廷筠의 『代疑篇』『代疑續篇』 『鴞鸞不並鳴說』(沈淮이 天主敎를 白蓮敎와 同視한데 대한 反駁) 등 天主敎徒의 佛敎批判書들이 있다. Ricci이래 佛敎西學論爭에 관하여 李龍範 敎授의 『利瑪竇의 輪廻論攻駁과 그 反應』(金載元博士 回甲紀念論叢, 1969)에 詳述되어있다. 이 天主敎

단순히 適應主義的인 方便에 그치는 것이 아니라, 그 自身 儒教經典
을 연구하는 동안 그 속에서 깊은 智慧를 발견하였고 또 상당히 心
醉한데서 오는 確信이었다고 보아야 할 것이다. 그는 四書를 번역하
면서 「이 일은 우리에게 일본에서 그리고 아마 유럽에서도 유익할
것이 확실하다.…… 道德的인 것에 관해서 이 책(四書)은 Seneca의
일종이요 또는 異教徒 가운데 가장 유명한 著述의 하나이다.」라고
편지를 썼다.18)

　Ricci의 학문자세와 전교방법은 中國 知識人들에게 커다란 관심과
호감을 불러 일으켰다. 그는 肇慶·韶州·南昌·南京을 거쳐 北京까
지 올라가 傳教하는 동안에 많은 中國의 선비와 관료들을 만나 이들
과 學問과 教理에 관한 討論을 가졌던 바, 그는 이 中國 士大夫에게
깊은 영향을 주었고 中國傳教史上 큰 역할을 하게 될 人物들을 入教
시킬 수 있었다.19) 그는 徐光啓·李之藻·楊延筠 등 當代의 名儒들
을 改宗시켰고, 이들의 助力으로 教理와 科學에 관한 많은 翻譯과
著述이 나오게 되었던 것이다. 특히 中國人의 文獻을 존중하는 學風
에 적응하여 Ricci를 비롯한 많은 宣教師들이 教理書와 科學技術 및
西洋學問 一般에 관한 著譯에 注力하였다.20) Ricci는 中國 傳教上에
있어서 著述이 미치는 역할을 명확하게 인식하고 있었다. 이점을 書
翰에서 엿볼 수 있다.

　　와 佛教 間의 치열한 論爭은 우리나라에서는 전혀 일어나지 않았던 사실과 비교한
　　다면 당시 中國의 思想的 風土를 엿볼 수 있게 하는 사실이다.
18) H. Bernard, op. cit, 所引.
19) 『畸人十篇』에는 Ricci와 問答을 하는 中國 士大夫로서 李太宰, 馮大宗伯, 徐太史
　　(徐光啓), 曹給諫, 李水部, 吳大衆, 龔大衆, 郭某, 一友人 등의 인물이 보인다. 『交友
　　論』은 南昌에 머물 때 建安王에게 友道를 論한 著述이다.
20) 明清間에 예수會 선교사들은 Ricci가 가져온 西洋書籍과 1618年 Trigault신부가
　　教皇 Paulus 5世로부터 下賜받은 7천여 권의 書籍을 근거로 著譯에 종사하여
　　中國傳教以來 中國에서 예수회가 해산된 1775年까지 사이에 예수회 선교사의
　　손으로 이루어진 것만도 385種에 이르는 것으로 조사되어 있다. (李元淳, 明清
　　來 西學書의 韓國思想史的 意義, 韓國天主教會史論文選集 第1輯, 1976, p.143)

우리가 만약 우리 信仰의 모든 眞理를 著作의 수단으로 傳할 수
있다면 최소한의 교육으로도 중국인은 그들 스스로 그리스도교를
펴나갈 수 있으리라고 閣下에게 말씀드릴 수 있습니다. 우리 會員들
이 그들과 접할 수 없게 되는 일이 발생하여도 그들은 굳건한 信者
로서 스스로를 유지해 나갈 것입니다.21)

天主 教東傳文獻 내지 漢文西學書라 부를 수 있는 一連의 飜譯・著
述들은 특히 그 初期에 있어서 天主教教理 내지 儀式을 直接 飜譯하
기보다는 西洋學問의 背景을 敍述하고 中國思想 곧 儒敎思想과 相通
할 수 있는 측면에서 著述된 것이 많았던 점도 中國 知識人의 意識에
대해 충분히 配慮하고 있음을 볼 수 있다.22) 따라서 이 時期의 宣敎師
와 中國 基督敎徒의 著述에는 어느 때보다 敎理的인 獨善을 벗어나
理性的인 기반에서 中國思想과 基督敎가 調和一致를 찾는 重要한 業
績을 낳았던 것이다. Ricci의 입장보다 한 걸음 나아가 프란시스코會
의 Antonius Caballera(利安當, 1602-69, 1633 福安도착)는 四書에서
天主敎敎理에 相合될 수 있는 句節을 뽑아 補儒論的 입장의 테두리
안에서 적극적으로 一致性을 對照한 『天儒印』(1664序)을 著述했고, 儒
學의 이론을 天主敎敎理에 맞추는 論述이지만 Caballera의 『正學鏐石』
(1698序)도 天儒合一의 立場 위에 있다.23) J. H. M. de Premare(馬若
瑟 1666-1735, 1698上川島 도착)의 『儒敎實義』는 예수會 宣敎師의 補
儒論的 著述 가운데 가장 깊이 儒敎의 世界 속으로 뿌리를 내린 것이
라 하겠다. 『儒敎實義』는 遠生이 묻고 醇儒가 答하는 것을 溫古子
(Premare의 自號)가 記述한다고 하였으나, Premare 自身의 著述로 儒

---

21) M. Ricci, op. cit. p.223.
22) 18年 李之藻에 의해 編輯이 完成된 『天學初函』은 科學技術을 내용으로 하는 器
　　編뿐 아니라 西洋學問과 敎理를 다룬 理編도 非基督敎人이 接近 理解할 수 있
　　는 性格의 것이다.
23) 『天儒印』은 四書의 數句節에 기독교적 입장의 註釋을 加한 것이지만, 『正學鏐石』에
　　서는 Ricci가 비판한 性理學의 이론까지 긍정적인 입장으로 끌어들여 해석하고 있다.

教・所敬・天・上帝・鬼神・事親・事死 등의 문제를 天主敎敎理의 精
神에서 설명하면서도 儒敎의 文獻과 用語로만 敍述한 것이다.

천주교에 입교한 中國文士의 著述 속에는 특히 儒學과 천주교의 一
致를 강조하는 입장이 드러나고 있다. 李之藻는 천주교가 知天・事天
에 要諦를 두고 六經의 本旨에 어긋나지 않음을 明言하였다.24) 魏學
渠는 『天儒印』의 序文에서 天主敎와 孔孟의 취지가 서로 表裏를 이
룬다하고, 또 孔孟이 다시 살아나도 반드시 正學으로 높일 것이라
하며, 西洋 宣敎師들의 역할과 濂洛關閩(周濂溪・張横渠・程子・朱
子)의 諸 大儒의 역할을 同一視하고, 나아가 四海의 안에 天이 같으
니 心이 같고 또 敎도 같은 것이라 하여 儒敎와 天主敎의 根源的 一
致를 주장하고 있다.25) 가톨릭 宣敎師들의 儒敎思想에 適應하는 傳
敎姿勢는 中國 士大夫의 적극적인 好意와 關心을 불러 일으켜 改宗
에까지 상당한 성공을 거두었고, 이들 中國 선비들은 漢文西學書에
序・跋을 쓰거나 筆錄・校正에 참여하여 더욱 세련된 表現을 가능하
게 하였다. 특히 中國 儒者로서 기독교精神과 儒敎精神의 一致를 적
극적으로 探究한 著述을 내어 16・7세기의 東西思想交涉에 業績을
이루고 있음을 본다. 明末 福建 漳州의 天主敎徒인 嚴保錄은 天主
敎宣敎師들을 위해 書詩 및 四書에서 上帝와 天에 관련된 구절을 뽑
고 끝에 上帝를 天主와 一致시키는 그의 見解를 부쳐 『天帝考』를 지
었다. 또한 明末에 邵輔忠은 『天學說』을 지어 易을 天學의 祖라 하
고 聖母를 坤에, 天主(聖子)를 震에 상응시켜 周易과 天主敎의 一致
를 推究하였다.26) 清代의 天主敎徒인 呂立本도 周易을 기독교적 입

---

24) 李之藻, 刻天學初函題辭,「其學, 刻苦昭事, 絶財色意, 頗與俗情相盭, 要於如天事
天, 不詭六經之旨, 稽古五帝三王, 施今愚夫愚婦, 性所固然.」(天學初函, p.1.)
25) 魏學渠, 天儒印序(1664);「盖其學, 與孔孟之指, 相表裏, …… 孔孟復生, 斷必正學
崇之, 使諸西先生生中國, 猶夫濂洛關閩諸大儒之能翼聖敎也, 使濂洛關閩諸大儒出
西土, 猶夫諸西先生能闡天敎也, 盖四海内外, 同此天, 則同此心, 亦同此敎也.」(天主
敎東傳文獻續編 pp.983-986)

장에서 註釋하여 『易經本旨』(一名『易經呂註』1774)를 저술하였고, 이에 앞서 나왔던 『周易原指探』도 周易과 天主教教理 一致를 追究한 것이다.27) 淸初 中國 天主教徒로서 많은 著述을 張星曜는 天主教와 儒教의 一致論에 따른 問題들을 綜合하여 『天儒同異考』(1715自序)를 지었고, 여기서 그는 兩 思想의 關係를 「天主教合儒」, 「天主教補儒」, 「天主教超儒」의 3단계로 체계화 하였다.28)

  明末淸初에 예수會를 中心으로 西學과 中國傳統 사이의 交流·接近은, 물론 科學·技術分野에서는 보다 용이했던 반면에 天主教와 儒教 사이의 思想的 一致·調和의 追求에 있어서 상당한 저항이 있었지만, 더욱 深遠하게 이루어졌다고 볼 수 있다. 그러나 天主教 宣教師들의 適應姿勢에도 限界가 있었다. Ricci에 의해서 儒教經典을 긍정하면서도 朱子學을 拒否하는 態度가 밝혀져 있고, 또 天主教의 입장에서 儒教의 教說을 해석하는데 나타나는 意味의 急變이 傳統儒家에 쉽게 납득되기 어려움이 따랐다. 또한 宣教師들 內에서도 適應的 態度가 教理에 違背된다는 강한 疑懼心을 불러 일으켜 明末淸初의 이 시대에 儒學·西學의 論爭이 이미 자라나고 있었던 것은 사실이다. 그럼에도 불구하고 우리는 기독교 사상과 유교사상 사이에 이 시기의 相互理解와 接近은 오늘날까지 포함하여 東西思想의 交涉史에 있어서 가장 진지하고 虛心坦懷한 대도를 보여주었으며, 또 그 성과를 남기고 있음을 인정할 수 있을 것이다.

---

26) 邵輔忠, 天學說; 「易, 天書也, 天學之祖也······ 知孔子之贊易, 則知天主之義也,······ 聖母有坤之象焉, 坤母也, 故懷子, 卽天主係所生子也, 天主有震之象焉, 震乾之長男也, 代乾行權, 故手握天, 震木之數三, 又名天主三也.」(天主教東傳文獻續編 p.11-13)

27) 徐宗澤(明淸間耶穌會士譯著提要, 1958, 臺北, p.134)에 의하면 『周易原指探』은 Joachim Bouvet(白晋, 1656-1730, 1687 寧波 도착)의 저술로 추측된다.

28) 張星曜는 『天儒同異考』의 序文에서 天主教가 眞理이고 또 그 眞理가 「儒教에 이미 갖추어 있으나 아직 다 밝혀지지 않았으므로, 천주교로써 補益하지 않을 수 없다」(儒教已備, 而猶未盡晰者, 非得天主教以益之不可)라 하였다. (徐宗澤, 上揭書, p.129)

2) 西洋科學의 傳播가 中國學術 및 社會에 미친 影響

16세기에 西歐가 印度에로의 험한 航路를 개척하여 中國大陸에까지 上陸하는데 그 橋頭堡의 역할을 하였던 것은 貿易의 利潤이라는 商業的 動機였다. 그러나 信仰的 動機에 사로잡혀 포르투갈 商人을 뒤따라온 宣敎師들은 17세기 初부터 中國 宮庭과 內陸各地에 활동무대를 넓혀감으로써 貿易商보다 훨씬 깊은 段階에서 中國과 關聯을 맺은 것이다. 예수회 宣敎師들이 廣東省 肇慶府에서 처음 傳敎活動을 시작했을 때, 그들이 中國 知識人들의 관심을 모으고 또 어느 면에서 우월한 입장을 가능하게 해준 것은 천주교 교리라기보다 서양 과학지식과 기술이라고 보는 것이 적절하다.29) 西洋人이 만든 世界地圖를 처음 본 중국인에게는 거의 믿어지지 않는 것이었으나 經緯線이 精密한데는 首肯하지 않을 수 없었고, 마침내 中國선비들이 Ricci에게 요구하여 漢字로 表記된 『山海輿地全圖』(1584)를 만들었으며 이를 印刷하여 中國人 스스로가 널리 보급하였다.30)

당시 예수會 神父들의 氣風이 學問的인 훈련을 철저히 받은 것이었으며, Ricci도 Roma에서 그레고리曆의 편찬에 참여한 數學과 天文學의 碩學인 Clavius 神父에게서 敎育을 받음으로써 16세기 르네상스科學에 깊은 造詣를 가졌었다.31) 그는 中國 知識人들에게 數

---

29) 1583年 Ruggieri(Ruggerius)와 Ricci가 肇慶에서 처음 聖堂을 세우려 했을 때 호기심에 넘친 群衆들이 몰려와 프리즘 등 西洋物件들을 보고 감탄하였고 마침내 知府까지도 구경하기를 원했으며, 宣敎師들은 訪問者를 위해 西洋物件들을 陳列하고 있었다. (N. Trigault, *China in the Sixteenth Century: The Journals of Matthew Ricci*: 1583-1610, tr. by L. J. Gallagher, 1953, N. Y. pp.150f) 그리고 知府 王泮은 Macao에서 時計가 만들어진다는 소문을 듣고 Ruggerius를 통하여 購入을 부탁하기도 하였다. (ibid, p.160)

30) Ricci가 제작한 世界地圖인 『山海輿地全圖』(蘇州의 模寫版, 南京의 修訂版, 貴州의 縮小版 등 倣刻本이 있음) 『坤輿萬國全圖』(1602, 北京初版) 등이 나와 당시 크게 盛行하였다. (金良善, 「明末淸初 耶蘇會宣敎師들이 製作한 世界地圖」, 韓國天主敎會史論文選集 第1輯, 參照)

學·天文學·曆法·地理學 등에 관한 새로운 지식을 제공함으로써 그들의 진지한 관심과 존경의 대상이 되었다. Ricci가 韶州에 있을 때 이미 瞿太素에게 Euclid 幾何學 등을 가르쳤으며, 많은 중국지식인들이 그에게 數學과 天文學을 비롯한 西洋科學을 배우고자 모여들었다. Ricci는 이들을 가르치면서 중국지식인들의 요구에 응하여『乾坤體義』(3卷, 1605年 著, 上·中卷은 天文學, 下卷은 幾何學書)라는 漢文本西洋科學書를 저술하였고, 그에게서 受學한 당시의 名士인 李之藻는 西洋科學知識을 받아들여서『渾蓋通憲圖說』(3卷, 1607年刊, 天文學書)『同文算指』(1614년刊, 前編 2卷, 通編 8卷, 算學書)『圜容較義』(1卷, 1614년刊, 幾何學書) 등을 著述하였다. 徐光啓는 Ricci를 도와 Euclid의『幾何原本』(1607년刊, 全15卷 中 처음 6卷)과『測量法義』(1卷, 1617년刊)와『句股義』(1卷, 1617년刊, 三角法書) 등을 번역하였고, Sabbathinus de Ursis(熊三拔)를 도와『簡平儀說』(1卷, 1611년刊, 天文學書)과『泰西水法』6卷, 1612년刊, 水利技術書)을 번역하였다. 이밖에도 李之藻가『天學初函』의 理編에 收錄한 것으로도 Ursis의『表度說』(1卷, 1614년刊, 天文學書)와 Emmanuel Diaz(陽瑪諾)의『天文略』(1卷, 1615년刊, 天文學書)이 간행되었다. 특히 數學, 天文學의 서적들이 번역되었던 것은 中國이 전통적으로 天文·曆法을 정치적이나 농업정책에 실용하여 왔으며, 그만큼 관심과 요구가 컸기 때문이다. 1610년(明·神宗 38년) 日食의 豫測이 틀리자 禮部의 疏請에 따라 Didacus de Pantoja(龐迪我)·Ursis 등이 徐光啓·李之藻 등과 더불어 西洋曆書의 번역을 시작하게 되었던 것이요, 19년(明·毅宗 2년)에는 勅命을 받아 徐光啓가 曆局을 설치하고 Nicolaus Longobardi(龍華民), Joannes Terrenz(鄧玉函) Adam Schall von Bell(湯若望), Jacobus Rho(羅雅谷) 등과 더불어 曆書의

---

31) cf. H. Bernard, *L'Apport Scientifique du pere Mattieu Ricci à la Chine*, 1935, Tientsin. pp.29ff.

번역에 종사하여 1634년 徐光啓를 이어 李天經에 의해 제5차로 進
呈되기까지 모두 137권의 이른바 「崇禎曆書」가 번역되었다.32) 이처
럼 明末에 이르러 曆法이 종래의 이슬람曆法에 영향을 받았던 大統
曆으로부터 西洋曆法으로 관심을 돌리게 되었고, 淸代에 들어와서
Adam Schall에 의해 「崇禎曆書」는 「西洋新法曆書」로 整理 刊行되었
으며, 마침내 1645년(淸 世祖 2년) 西洋曆法에 따라 時憲曆으로 改
曆을 실행하는 데까지 이르렀다. 사실상 Adam Schall 이래 역대로
欽天監은 예수회를 중심으로 한 선교사들에 의해 주재되는 도로 영
향력을 미쳤던 것이다.

또한 서양의 과학기술이 경탄과 玩賞의 대상인 奇物이 아니라 현
실생활에 놀라운 효과와 이익을 가져올 수 있는 것이라는데 중국지
식인들이나 정부로부터 상당한 수긍을 받기 시작하였다. 明末에 北
方의 滿洲族으로부터 압력이 강해지자 이를 制禦하기 위한 수단으로
중국 정부는 선교사들을 통해 大砲 만드는 기술을 수입하고 있었다.
Adam schall은 『火攻挈要』(3卷 1643刊, 火器製造使用法書)란 저술을
내었고, 帝命으로 大砲製造에 종사하기도 하였다. 淸에 와서도 康熙
帝에 의해 工部侍郞 에 임명된 Ferdinandus Verbiest(南懷仁)는 帝命
으로 320門의 神威砲를 제작했고 親征 時에 예수회 신부들이 扈駕
하며 砲術을 관장하였었다. 특히 康熙帝의 신임을 받던 Verbiest의
요청에 따라 科學知識에 정통한 예수회 선교사들이 중국에 도착하
고, 이들로부터 康熙帝自身이 幾何學, 靜力學, 天文學, 解剖學 등 서
양과학을 직접 배우면서 西洋學問에 깊은 경탄을 하고 있었다.33) 이
때 康熙帝의 勅命으로 선교사들은 중국과 만주를 實測하고 조선, 티
벹을 포함한 지역의 지도를 10년이나 걸려 제작하여 「皇輿全覽圖」
를 완성하는 업적이 이루어졌다.

---

32) 徐宗澤, 上揭書, pp.239-245.
33) 後藤末雄, 中國思想の フランス西漸, 1956. 奈良 pp.42-46 參照.

중국인의 서양기계에 대한 관심은 明末부터 일어나 『泰西水法』에는 水力機械의 圖解가 제시되어 있고, Adam Schall에 의해 望遠鏡의 原理를 해설하는 『遠鏡說』(1卷, 16년刊)이 저술되었으며, Terrenz는 王徵의 도움을 받아 起重機·引重機·轉重機·取水機·轉磨機 등 각종 기계를 해설하는 『奇器圖說』(3卷, 17년刊)을 저술하였다. 淸朝에서도 乾隆帝때 別宮인 圓明園 안에 噴水를 갖춘 西洋式 建物을 3棟이나 세우게 되었고, 각종의 서양식 기구를 갖추어 皇帝의 관심을 모았다. 특히 時計는 宮中 안에 4,000개나 놓아두었고 이탈리아의 시계기술자가 궁중에 시계공장을 차리는 정도였으며, 민간에까지 時計製造가 상당히 널리 퍼지는데 이르렀다.

이때의 西洋科學은 Renaissance時代의 科學知識이 중심이었으며 近代科學은 아니었다. 또한 明淸代에서의 서양과학기술은 궁중 중심으로 소수의 지식인들에게 받아들여졌으며 기독교 전교의 매개 역할을 하였으나, 儀禮論爭과 더불어 신앙적 배척이 격심해지자 대중적인 보급의 길을 찾지 못하고 말았다. 이때 西洋科學에 자극을 받아 考證學의 學問方法이 일어나고 中國의 古典이나 傳統 속에서 과학적 지식을 정리하려는 노력을 통하여 算術書인 程大位의 『算法統宗』과 당시의 中國技術을 정리한 宋應星의 『天工開物』(18권, 1637)이 明末에 나왔고, 淸代에 이르러서도 戴震의 『算經十書』가 보이며, 西洋의 數學·天文學者들을 포함한 역대 天文·曆學者들의 傳記로서 阮元의 『疇人十傳』이 나타났다.34) 阿片戰爭 이후 洋務運動과 더불어 중국이 서양의 근대과학기술을 받아들이기 이전까지는 중국의 학문과 현실 생활 속에 과학적 기초나 응용이 구체적으로 실현되지 못하는 전통 사회가 지속된 것은 사실이다. 그러나 이 시기를 통하여 중국인의 서양과학에 대한 평가와 수용태도가 확인되었고 근대 과학과 접촉하

---

34) 藪內淸, 上揭書, pp.153-74. 參照.

는 과정에서 능동적인 탐구 자세를 갖출 수 있는 기반이 여기서 형
성되었던 것이다.

3. 中國文化의 西洋傳播와 西洋近代思想에 미친 影響

1) 예수會 宣敎師들에 의한 中國文化의 西洋傳播

예수회 선교사들이 중국 전교를 시작한 것은 중국에 서양문화를
전래해 준 동시에 서양에 중국문화를 소개하는 교량적 역할을 하였
다는 점에서, 17·8세기에 걸친 동서 문화의 교류에 있어서 이들이
이룬 업적은 높이 평가 되어야 할 것이다. Ricci는 중국에 도착하자
유교사상에 대한 이해가 중국 전교를 위해 필요하다는 판단에 따라
유교경전을 학습하고 또 四書를 라틴語로 번역하는 작업도 시작하였
다. 그는 신속하고도 진지하게 유교의 본질적 정신을 파악하는데 노
력을 기울였다. 「四書의 번역작업은 확실히 우리들에게나 일본에서
그리고 아마도 유럽에서도 유익할 것이 확실하다.…… 도덕적인 것
에 관해서 四書는 세네카의 일종이요 또는 異敎徒 가운데 가장 유명
한 著述의 하나이다. 이 책은 애써 읽을 가치가 있다. 왜냐하면 섬
세하고 탁월한 도덕적 문장으로 짜여져 있기 때문이다」35)라는 릿치
의 언급에서도 그의 유교 경전에 대한 이해 태도를 엿볼 수 있다.
릿치에 이어 예수회 선교사들은 유교 경전을 비롯한 중국 문헌에 관
한 연구열이 왕성하였고 여기서 서양문화에 관한 漢文書籍의 저술과
병행하여 중국문화에 관한 西洋語로의 번역·저술이 수행되고 있었
다. 릿치가 四書를 라틴어로 번역하여 1593년에 본국으로 보냈던 일

---

35) H. Bernard, *Sagesse Chinoise et philosophie Chrétienne*, p.105.

과 트리고(Trigault)가 五行을 라틴어로 번역하여 16년에 杭州에서 刊行한 것은 중국문헌을 西洋語로 번역한 嚆矢가 되었다.36)

清朝에 들어와 유교경전이 당시 서양의 공용학술어인 라틴어와 佛語로 번역되고 유럽에서 간행되는 활동이 활발하게 이루어졌다. 예수회 선교사들에 의해 번역 저술된 유교관계 문헌을 열거해 보면,37)

1. Sapientia Sinica(中國의 智慧), 16, 江西省建昌府刊.
   인토르체타(Prosper Intorcetta, 殷鐸澤)와 다·코스타(Ignatius da Costa, 郭納爵)가 함께 「大學」을 라틴어로 번역한 것.

2. Sinarum Scientia Politico-moralis(中國의 政治·道德學), 1667, Goa刊. 1972, Paris刊.
   인토르체타 등이 「中庸」을 라틴어와 佛語로 번역한 것.

3. La Science des Chinois, ou Le Livre de Cum-se-eu(中國의 學問, 孔子의 書) 1673, Paris.
   인토르체타 등이 論語의 鄕黨篇까지를 라틴어로 번역한 것.

4. Confucius Sinarum Philosophus, sive Scientia Sinensis latine exposita(中國의 哲學家 孔子. - 라틴어 譯 中國의 學問), 1687, Paris.
   쿠플레(Philippus Couplet, 柏應理) 등이 편집한 것. 그 내용에는 쿠플레가 루이 14세에게 올리는 글과 유교경전의 역사·요지 및 중요한 주석서의 소개와, 불교나 老莊과 유교와의 구별에 대한 약술과, 周易의 64卦에 관한 설명을 하였고, 인토르체타의 孔子傳記를 실었으며, 인토르체타 등이 번역한 大學·中庸·論語의 譯文과 註釋을 실었다.

---

36) 方豪, 中西交通史(五) p.183.
37) 方豪, 同上, pp.183-191.
   後藤末雄, 上揭書 pp.210-219.

5. Sinensis impesi libri classici sex(中國의 六古典) 1711, Prague.

노엘(Franciscus Noel, 衛方濟)이 四書・孝經・小學을 라틴어로 번역한 것으로 최초의 가장 완성된 형태이다.

6. Philosophia Sinica, (中國哲學), 1711, Prague.

노엘이 中國哲學을 讚美하는 著述, 뒤에 플뤼께(L'abbé Pluques)에 의하여 佛語로 번역 되었다.

18세기에 들어서자 예수회 선교사들의 유교경전번역은 四書의 범위를 넘어 五經에로 확대되어 갔다. 康熙帝는 1710년 이래 부베(Joachim Bouvet, 白晋) 등에게 周易을 연구하도록 명령하였었다. 이에 앞서 부베는 書信을 왕래하면서 라이프니츠에게 周易의 伏羲六十四卦方位圖를 제시하여 周易에 관한 논의를 하였던 것은 康熙帝시대의 경전연구가 릿치의 經典理解보다 훨씬 깊이 들어갔다고 볼 수 있다.38)

7. Idea generalis Doctrinae libri I-king(易經大義)

부베의 周易에 관한 저술.

8. Notices du libre chinois nomme Y king, ou libre canonique des changements(易經槪說

비들로(Claude Visdelou, 劉應)가 최초로 周易을 佛語로 번역한 것. 비들로는 이밖에 禮記의 郊特性・祭法・祭義・祭統篇 등을 라틴어로 번역하였고, 書經도 라틴어로 번역하였다. 프레마르 (Joseph Henri Prémare, 馬若瑟)는 書經과 詩經을 번역하였고, 「Recherches sur les temps antéreurs à ceux dout parie Chou-king et sur la mythologie chinoise」(書經以前時代와 中國神話의

---

38) Ricci는 『天主實義』에서 太極이나 陰陽五行의 自立性을 拒否함으로써 周易의 기본구조에 대한 不信을 보이고 있다.

硏究)를 저술하여 중국문헌연구에 중요한 업적을 낳았다.

9. I-King, antiquissimus Sinarum liber(易經, 中國 最古의 書)
   vol. 1 1834, vol. 2 1839, Stuttgard

레지스(Jean Baptiste Regis, 雷孝思)가 라틴어로 周易을 번역한
것으로 제1권에서 易經의 作者·價値·內容 및 伏羲八卦를 해설
하고, 제2권에서 易經의 原文과 註釋을 번역하고, 제3권에서 易經
을 批評하였다. 西洋人에 의한 유교경전의 체계적인 연구방법이
제시되고 있다.

이처럼 예수회 선교사들의 활발한 경전연구와 西洋語로 번역하는
활동은 중국전교의 수단으로 이용하는데 그치는 것이 아니라 유럽
사상계로부터의 중국문화에 대한 관심과 요구에 응하는 것이었으며,
유럽의 중국연구에 결정적인 자극과 영향을 주었던 것이다. 루이 14
세의 적극적인 후원 아래 예수회의 우수한 학자들이 중국에 파견됨
으로써 서양문화의 東洋傳播에 못지않게 중국문화의 西洋傳播가 이
루어지는 現象을 보게 되었다.

유교경전 이외에도 마이라(Moryiac de Mailla, 馮秉正)는 通鑑綱
目을 佛語로 번역하여 「Histoire générale de la Chine, ou Annales
de cet empire, traduites du Ton-Kien-Kang-Mou」(中國通史)를 냄으
로써 중국역사를 서양에 소개하였고, 아미오(Maria Amiot, 錢德明)
는 1784년 北平에서 「Vie de K'ong-tse」(孔子傳)와 「Abrégé de la
vie des principaux disciples de K'ong-tse」(孔門弟子略傳)를 풍부한
문헌자료에 입각하여 저술 간행하였다. 이러한 번역과 저술을 통한
중국연구는 프랑스 예수회가 중국에 진출한 이후 프랑스를 유럽에서
중국연구의 중심으로 확립시켜 주었다.

유럽의 중국에 대한 관심이 가톨릭교회를 벗어나 지식인 사회에로
널리 확대된 것은 18세기에 와서 예수회 선교사들의 저술이 유럽에

서 계속 간행되고 또 중국의 風物과 사정이 유럽에 소개되면서 급격히 增進하게 된 것이다. 예수회 선교사들이 본국의 上司나 동료들에게 보낸 書翰들은 未知의 세계인 中國의 歷史·制度·風俗 등 신기로운 사실을 풍부하게 제공해 주고 있었다. 리·콩트(Le Comte, 李明)는 中國傳敎活動을 보고하기 위하여 귀국하자 14통의 書翰을 『中國現狀新誌』(Nouveau mémoires sur l'état Présant de la Chine) 2卷으로 1696년 Paris에서 出刊하여 유럽지식계층에 커다란 호응을 받았다. 그는 康熙帝가 學問과 기독교신앙을 보호하는 점에서 루이 14세와 흡사하다고 칭송하고, 중국문화와 제도를 민주적인 것으로 찬양하여 소개하고 있다. 이러한 호의적인 중국소개는 부베가 루이 14세에 獻呈한 『康熙帝傳』(Histoire de l'Empereur de la Chine, 1699)에서도 마찬가지이다. 18세기에 들어오자 中國 宣敎師들의 보고서 형식인 書翰들이 고비인(Charlele Gobien)과 듀·알드(du Halde) 神父에 의해 편집되어 『예수會士書翰集』(Recueil des Lettres édifiantes et curieuses)으로 1703년부터 Paris에서 간행되어 1776년까지 36권으로 나오게 되었다. 이를 계기로 유럽의 중국연구열은 강렬한 자극을 받게 되었던 것이다. 이 書翰集의 성과에 따라 듀·알드는 그 書翰들을 내용에 따라 地理·歷史·年代記·政治·物理 등의 분야로 분류하여 『中國帝國全誌』(Description géographique, historique, chronologique, politique et phyique de l'Empire de la Chine et de la Tartarie chinoise, Paris, 1735, 4 vol.)를 간행하여 重刊을 거듭하였고, 각국어로 번역되어 지식인들의 열렬한 환영을 받았다.39) 『예수會士書翰集』이 1776년 일단락되고 1776년부터 1814년 사이의 글

---

39) 佛譯本: 1735 Paris初版, 1736 Hague 再版. 英譯本 3種 by John Watts, London, 1736, 4vol., by Edward Cave, London, 1738-1741, 2vol., by John Watts, London, 1741, 4vol. 獨譯本; Rastock, 1741-49, 4vol. 露譯本 Saint-Péterbourg, 1774-77, 2vol. (後藤末雄, 上揭書, pp.199f.)

들은 書翰形式을 벗어나 論文形式으로 『北京예수會士紀要』(Mémo-
ires des Jésuites consernant l'histoire, les sciences, les arts, les
moeurs, les usages etc. des Chinois par les missionnaires de
Pékin) 14권의 출간을 보게 되었다. 이 속에는 전교활동을 넘어서
예수회 선교사들의 순수한 학문적 업적인 아미오의 『中國音樂考』(De
la musique des Chinois, 1780), 『中國兵法論』(Art militaire des
Chinois, 1782), 『孔子傳』(Vie de Confucius, 1786)과 고비유(Ga-
ubil)의 『大唐史略』(Abrégé de l'histoire de la grande dynastie Ta-
ng, 1791-1814) 등이 수록되어 중국연구의 새로운 단계를 보여주고
있다.

　康熙帝時代의 예수회 선교사들의 報告가 중국문화에 대해 심취되
어 경탄과 찬양으로 충만 되어 있었고 이들의 書翰集이 출간되자 유
럽 지식인들의 반응 또한 놀라운 中國熱風(China-mania)을 불러 일
으켰다. 이 당시 유럽 讀書 層이 探險的인 旅行家들의 中國 旅行記
를 널리 읽었다. 그러나 이 旅行記들은 대체로 中國文化에 대해 批
判的 記述態度를 보이고 있다. 바르비네(La Barbinais)의 『世界新周
航記』(Nouveau voyage autour du monde 1723, Paris)나 앤선提督
(Lord Anson)의 『世界周航記』(A voyage round the world, 1740-45)
등은 儒敎의 敎理나 康熙帝의 인물을 비판하고 中國人의 탐욕스러움
과 비열함을 강조하였다. 이러한 中國觀의 차이는 선교사들이 皇室
側近에서 長期間 上流 知識人과 교류하고 中國言語와 中國文獻에 精
通한데 비하여 旅行家들은 변방항구에서 下層商人들과 상대하였던
사실로 보아 객관성이 빈약한 것으로 그 당시에 이미 지적되었다.

2) 啓蒙主義思想家에 미친 中國文化의 影響

　유럽 지식층이 이렇게 中國에 관한 다양한 文獻을 접촉하면서 전혀

이질적인 文化에 깊은 호기심과 찬탄을 갖게 되었고, 이에 따라 啓蒙主義時代로 특징 지워지는 18세기의 유럽사상계에 중국문화의 영향이 깊이 스며들게 되었다. 그 영향은 먼저 中世的 神學의 支配를 벗어나려는 理性과 自然을 내세우는 哲學思想에 나타나고 있다. 이들 反宗敎的 哲學者들은 宋代의 理學을 환영하여 超自然宗敎로서의 기독교문화보다 自然宗敎로서의 중국문화가 더욱 우수한 것으로 평가하였다. 스피노자(B. Spinoza, 1932-77)의 汎神論은 老子의 영향을 받았던 것이라는 칸트의 지적도 있다. 또한 라이프니츠(G. W. Leibniz 1646-1716)는 일찍부터 中國의 영향을 받기 시작하여 예수회 중국 선교사인 그리말디(Philippus Maria Grimaldi, 閔明我)와 접촉하고 부베와의 書信往來를 통하여 周易을 비롯한 중국 학술에 본격적인 관심을 기울였었다. 그는 普遍的 記號法(characteristica universalis)을 탐색하면서 發明한 0과 1의 二進法算術이 陰과 陽의 爻로 卦를 구성하는 易의 展開와 논리적으로 一致하고 있음을 발견하였고, 이를 통하여 1(天·神)과 0(地) 사이에서 이루어지는 創造說을 설명하고자 하였다.40) 따라서 라이프니츠는 유교와 기독교의 일치성을 긍정하였고, 나아가 宋代 性理學에 있어서 理 내지 太極이 圓으로 象形되는 統一性에서 神의 絶對性과의 일치점을 찾고 있다. 그는 유럽이 數學이나 理論科學 및 軍事的인 面에서 우세하지만 實踐哲學에서는 中國이 우세하다고 지적하고, 「中國의 宣敎師들은 自然神學의 응용과 실천으로써 우리에게 전해주어 우리가 啓示神學을 전해주는 교환조건이 될 수 있다. 그러므로 중국은 유럽에 선교사를 파견할 필요가 있다」는 언급에서 그가 유럽과 중국문화의 특징을 어떻게 파악하고 또 양자의 相互交流에 대한 필요성을 어떻게 인정하는가를 보여준다.41)

프랑스의 哲學者로서 말르브랑쉬(N. Malebranche, 1638-1715) 는

---

40) 金鍚貞: 「Leibniz의 普遍的 記號法思想과 易의 論理」, 哲學 第3輯. 1969, pp.88-101.
41) 方豪, 中西交通史(五), p.199.

『神의 存在와 그 本質에 관한 중국 철학자와 기독교철학자와의 對話』
(Entretien d'un philosophe chrétien avec un philosophe chinois sur
l'existence et la nature de Dieu, 1703 또는 1708)라는 著述을 하여
兩者의 차이를 밝히려 하였다. 곧 그에 의하면 중국의 철학자는 物質
과 「理」의 두 가지를 인정하여 「理」는 至上의 眞理요 叡智이고 正義
이며, 「理」는 영구히 物質 속에 존재하고 물질을 형성하는 것이지만,
기독교의 「神」은 物質과 전혀 별개의 존재로서 物質을 創造하는 존재
로 믿어진다. 따라서 「理」는 「神」처럼 永久不變하는 獨自的인 實在가
아니라 한다. 그는 결론적으로 宋學을 통하여 유교의 無神論的인 성
격을 증명하려 하였던 것이나, 이 저술의 집필동기가 儀禮問題에 대
한 논쟁에서 예수회의 주장에 반대하는 입장을 밝히는데 있었던 것임
을 보여준다. 이 著述은 그 主張의 타당성보다 오히려 중국철학과 기
독교철학을 비교하는 것을 문제로 삼았던 점에서 이 당시의 사상계가
가진 관심의 성격을 잘 나타내 주고 있다.42)

　캄브레의 大主敎이었던 페늘롱(Fénelon, 1651-1715)은 『故人의 對
話』(Dialogues des morts, 1712)에서 「孔子와 소크라테스」라는 一篇
을 통하여 兩 人物의 차이를 밝히고 있다. 이것은 당시 예수회원들
의 中國文化를 찬양하는 저술이 유럽지식층을 風靡하는데 대한 비판
적 입장의 저술이다. 그는 예수회원들이 중국의 상류사회만 접촉하
고 이를 중국 사회 전반에 확대시켜 해석하는 과오를 지적하였던 것
이다.43)

　17·8世紀의 啓蒙 思想家로서 中國의 영향을 어떤 면에서이거나
받지 않은 사람이 거의 없지만 볼테르(Voltaire, 1694-1778)는 가장

---

42) 後藤末雄, 上揭書 pp.270-278.
　　卞圭龍, 近代西歐思想과 東洋精神, 成均館近代敎育80周年紀念 東洋學學術會議
　　1975. 9.
43) 後藤末雄, 上揭書, pp.278-283.

열렬한　中國文化　讚美家이었다.　그의　『中國風俗論』(De　la　Chine;
Essai　sur　les　moeurs)에　따르면　孔子는　豫言者로　自任하는　것이　아
니요,　靈魂의　不滅이나　永遠한　賞罰을　인정하지도　않으며,　神秘的이
거나　迷信的인　것이　없는　순수한　道德的인　것을　가르쳤다고　지적된
다.　그는　중국문화가　神話的인　것을　배제한　합리적인　역사를　기록한
最古의　문헌을　가진　우수한　것으로　찬양하고,　또　도덕적인　유교의
교훈을　실천하는　중국민족의　우수성을　강조하고　있다.　또한　볼테르
는　기독교의　불합리성을　비판하면서　孔子에　대한　最大의　敬意를　표
하여　집안에　孔子의　畫像을　모셔놓고　朝夕으로　禮拜하였다고　한다.
여기서　계몽　사상가들의　理性主義的　基督教批判에　儒教思想이　한　論
據를　제공하고　있음을　보게　된다.　당시　예수회원　프레마르　神父가
元曲選에서　紀君祥의　『趙氏孤兒』(Tchao-chi-cou-eulh,　ou　l'Orphelin
de　la　Maison　de　Tchao,　tragédie　chinoises)를　佛譯하여　듀·알드의
『中國帝國全誌』에　실려　유럽에　소개되자　中國의　戲曲文學으로서　好
評을　받았다.　볼테르는　이　戲曲에　크게　감동을　받아　『趙氏孤兒』의
번역이　中國　旅行記　以上으로　中國人의　精神을　잘　소개해　준다고　極
讚하고,　그　내용을　改造하여　『中國孤兒』(L'OrPhelin　de　la　Chine)를
직접　발표하였다(1755년　8월　20일　上演)『中國孤兒』는　볼테르에　의
해　再創作된　것으로서　이　戲曲을　통하여　非基督教的인　中國文化를
찬양하고　人間의　自然的　本性과　感情이　기독교적　교리의　억압을　받
는데　대한　비판을　示唆하여　혁신적인　계몽사상을　부각시키고　있는
것이다.44)

　　몽테스큐(C.　L.　Montesquieu,　1689-1755)에　있어서는　中國政治의
德治主義的이고　家族主義的인　性格을　지적하면서　그　弱點을　지적하
고　恐怖心을　통한　專制政治라　비판하여　당시의　프랑스　專制政治를

---

44)　同上,　pp.327-351.

비판하는 간접적 방법으로 中國의 政治制度를 논하고 있다. 또한 루소(J. J. Rousseau, 1712-1778)도 中國의 文明이 우수한 것으로 인정하고, 絶對君主制에 대한 批判과 더불어 中國政治의 民主的인 성격을 찬성하지만, 그의 文明否定論의 입장에서 중국의 발달한 文明도 少數의 異民族에게 지배당하고 마는 無力함을 들어 비판적인 입장에 섰다.

百科全書派로 유명한 디드로(P. D. Diderot, 1713-1784)는 『百科全書』(Encyclopédie)를 편찬하면서 당시의 中國에 관한 연구를 광범하게 섭렵하고 종합하여 中國哲學(Philosophie des Chinois)項을 집필하였다. 그는 孔子의 교훈을 35條目이나 소개하고 그 간결함과 理性的임을 칭송하고 있다.

重農學派의 始祖인 케네(F. Quesnay, 1694-1774)는 『中國政治制度論』(Despotisme de la Chine, 1767)에서 中國의 皇帝는 天意에 따르는 統治者이므로 中國의 專制政治는 壓制政治가 아님을 명백히 하고 이 天意는 自然法임을 지적하였다. 또한 中國의 道德이 孝愛의 情에 기초를 두는 것이요, 이것은 곧 가장 自然的인 인간의 성질에 근거하는 自然法을 지키는 것이라 하였다. 그는 몽테스큐가 『法의 精神』(Esprit des lois)에서 中國의 政體를 壓制政治라 비난한데 대해 反駁을 하면서 中國政治制度를 最善의 것으로 믿는 信念을 보여주었다.

예수회 선교사들의 저술을 계기로 18세기의 계몽 사상가를 통하여 中國에 대한 관심이 유럽의 한 시대를 열광하게 하였다고 할 수 있다. 나아가 프랑스혁명이나 미국의 독립 선언에서 發現되는 근대 민주주의 정신에 儒敎思想이 미치는 깊은 영향이 多樣한 측면에서 지적되고 있는 것이다.45) 교회 안에서도 중국전교로 인하여 「儀禮問題」에 관한 論爭이 중요한 시대적 爭點이 되었었다. 이 영향은 유럽

---

45) cf. H. G. Creel, *Confucius*, 1949, N. Y, Ch. XV. Confucianism and Western Democracy.

의 새로운 近世思潮에 활력적인 자극이 되었고, 찬양을 하던 비판을 하던 유럽이 갖는 세계 속의 위치를 각성시켜 주는 要因이 되는 것이었다. 가톨릭 敎會는 그 권위를 지키기 위한 결정을 내렸지만 중국 전교에서 받은 자극이 기독교의 절대성을 동요시키는 威力이 있음을 경험하였다. 이 時代는 예수회원을 중심으로 한 東西文化의 交流를 통하여 東西思想이 자기 中心을 지키면서 無知의 담을 허물고 깊이 상호 접촉과 이해를 이루었던 사상적인 개방의 시대였다. 그러나 다음 19세기는 思想과 文化에 앞서 武力과 經濟를 통한 침략과 抗爭의 시대가 왔고, 이에 따라 서로에 대한 이해를 위해 열었던 門은 다시 증오와의 의심, 경멸과 불신의 담으로 막혔다. 약간의 시간적 차이는 있으나 18세기 후반과 19세기는 중국에 反西洋운동이 확립이 되는 시기였고, 19세기의 유럽은 중국에 대해 알고 싶어 하는 자세가 허물어지고 지배하려는 욕망에 사로잡히고 있었다.

第2章 西學傳來와 朝鮮社會의
受容 및 葛藤樣相

1. 西學傳播와 朝鮮社會의 受容基盤

1) 朝鮮後期社會의 西學傳播過程

西洋의 文物이 중국을 통하여 朝鮮社會에 들어온 것은 17세기 初부터였다면 바로 이 西洋의 기독교 신앙과 과학기술이 社會的인 문제로서 王朝의 重大事로 대두된 것은 18세기 末이었다. 따라서 西學傳來 初期의 2세기 동안은 극히 少數의 知識人들 사이에 호기심의 대상이나 새로운 지식의 단편들로서 문제 삼아졌을 따름이다. 그러나 18세기 末의 正祖때에 이르러 天主教 信仰運動이 일어나 教理를 비롯한 西學의 研究와 批判이 활발해지면서 마침내 한 時代的 課題로 부각되었던 것이다. 어기서 우리는 19세기를 통하여 西學의 전파가 다방면으로 확대되고 마침내 武力衝突까지 이르게 되었던 과정을 이해하는데 주목해야 할 것이다. 그런데 이에 앞서 西學이 18세기 末에서부터 크게 일어났던 현장의 시대적·사회적 배경에 대한 파악을 필요로 한다.

朝鮮社會의 天主教信仰活動은 宣教師의 침투에 앞서서 朝鮮人의 능동적이고 적극적인 受容에서 출발하였다고 지적된다.46) 그것은 外

的 强壓이 아니라 朝鮮社會의 內的 要求가 기독교를 받아들였다는 것을 의미한다. 천주교신앙 내지 西學問題가 대두하였던 正祖 때는 朝鮮後期社會의 모든 病弊가 현실화되고 이에 대한 개혁론이 활발하게 나타나며 또한 사회양상의 변동이 일어나는 극히 流動的인 시기였다. 兩班官僚社會라 일컬어지는 朝鮮 社會의 體制에 오랜 黨爭의 분열을 수습하지 않을 수 없는 상황이었으며, 官僚의 부패는 고질화되어 쉽사리 改革을 착수하기가 어려운 상태이었다. 또한 土地兼倂이 증대되고 商品貨幣經濟의 발달로 사회경제구조와 신분계층의 변동이 활발하여 전통적 사회질서의 동요가 일어나고 있었다.47)

이러한 시기의 지배계층은 변동을 억제하고 전통질서를 유지하려는 노력을 기울이는 한편 새로운 질서의 구축을 위한 개혁이론의 탐구와 개혁정책의 실현을 추구하는 상반된 입장을 보여주었다. 正祖 자신은 文體反正運動을 비롯한 文化政策을 통하여 전통질서를 재정비하면서도 개혁적 이론을 광범하게 포용하는 정치적 中庸을 이루어, 李家煥・丁若鏞 등을 보호하면서 새로 일어나는 天主敎 信仰運動에 온건한 견제를 가하였다. 그러나 19世紀로 들어오면서부터 純祖의 즉위와 더불어 집권세력의 입장은 모든 개혁론을 거부하고 정통질서의 강조와 권력체제의 강화에 노력을 집중함으로써 폐쇄적이고 보수적인 태도를 굳히게 되었다.

따라서 집권세력의 권력구조에는 몇 차례 교체가 일어났지마는 開港까지 이르는 19세기동안 집권층은 사회변동에 적응력을 갖지도 못하고 관습적 현상을 개혁할 의지도 없는 권력집착의 집단이 되고 말았다. 여기에 朝鮮朝 末期의 집권계층과 서민대중 사이에 紐帶의 단절과 意識의 분열이 일어나게 되었던 현실을 이해할 수 있다.

---

46) 유홍렬; 한국천주교회사, 19, p.86.
47) 韓㳓劤; 「근대적 사상의 맹아 槪要」,한국사 14, 1975, pp.1-2.

2) 西學傳播의 社會內的 要因

朝鮮後期의 시대 상황에 비추어 보면 朝鮮社會에 천주교신앙이 전파될 수 있는 社會內的 要因을 몇 가지 찾아볼 수 있다.

첫째는 社會體制의 관습적 固着과 이에 대한 改革意志의 축적된 압력이다. 法制가 시대와 상황의 변화에 적응하지 못하면 폐단이 발생하기 마련이요, 사회는 부단한 更張을 통하여서만 지속적인 발전과 유지가 가능하다. 그러나 朝鮮社會가 전혀 변화 없이 지속된 것은 아니지만, 後期에 접어들면서 계속적인 更張의 요구가 일어났음에도 불구하고 守舊的인 입장이 정책의 주축이 되었던 것은 사실이다.

따라서 朱子學的 正統論에 대하여 陽明學이 지식층의 일부에 흡수되었고 實學의 實學·實證的인 이론이 확대되고 있었지만 사회의 표면에 받아들여질 수 없었던 것은 정신적 내면에 분열현장이 일어났음을 말해주는 것이다. 西學이 새로운 지식으로서 관심을 불러일으킨 것도 비로 正統朱子學派를 벗어난 지식층의 내면적 요구와 연결되는데서 이해될 수 있다.48) 또한 정치권력의 분포가 당쟁의 말기에 일방이 주도하게 되자 권력으로부터 배제된 畿湖南人을 중심으로 한 지식층은 새로운 질서의 가능성을 내포한 西學에 쉽게 접근될 수 있었던 것으로 보인다. 더구나 西學의 기독교 신앙 이외에 과학기술의 실용적 기능이 전통기술보다 합리성과 능률성을 보여주었을 때 舊制度에 대한 개혁의지는 훨씬 적극적인 수용 자세를 취할 수 있게 되었던 것이다.

둘째는 身分階層間의 調和가 파괴되는 사회적 矛盾의 露出과 이에 따른 社會秩序의 전반적 동요이다. 유교사회의 身分倫理는 支配와 抑壓에 本意가 있는 것이 아니라 上下의 調和를 통한 敎化的 기능의

---

48) 西學에 最初의 關心을 가지고 이를 소개한 李睟光이나 李瀷의 學問的 傾向은 正統朱子學派와 區別하여 實學派로서 특징을 찾아 볼 수 있다.

사회질서를 유지하려는 것이었다. 그러나 오랜 기간동안 권력의 獨
占과 身分的 차별의 深化는 人性의 보편적 동질성을 역행할 뿐 아니
라 身分 間의 紐帶를 깨뜨리는 갈등을 유발하지 않을 수 없었다. 兩
班官僚 社會의 固着은 권력층으로부터 疎外되는 대중을 억압과 착취
로부터 보호해주는 기능이 마비될 때 民心의 離叛은 깊이 뿌리를 내
리게 된다. 勢道政治와 官僚의 부패에 따라 大衆의 困窮은 民亂을
일으키는 데까지 이르렀다. 士大夫의 禮儀凡節은 民衆에 垂範이 되
지를 못하고 오히려 形式的이고 僞善的인 것으로 조롱되며, 禮制가
다만 身分의 權威의 유지수단으로 떨어질 때 전통사회의 規範은 존
중의 대상이 아니라 忍耐의 굴레가 되고 마는 것이다.[49] 西學의 배
경인 西洋의 社會制度와 意識은 身分倫理에 대한 拒否이었으며, 따
라서 身分社會의 모순을 비판하는 인물에게나 身分的인 억압을 받는
계층에게는 하나의 合理的 新秩序요 福音으로 받아들여질 수 있었
다. 西學의 傳播가 권력으로부터 배제된 知識層이나 나아가 中人以
下의 大衆으로 광범하게 확대되고 있었던 것은 충분한 이유가 있는
것이다. 또한 전통사회의 제도 아래서 個人의 意志와 感情에 制約을
많이 받았던 婦女子들은 西學의 個人 中心的 意識을 통하여 보다 큰
自由와 生存의 意味를 찾을 수 있었다. 西學의 平等意識은 身分階級
이나 男女地位에 대한 전통질서를 벗어날 수 있는 이론적 지침이었
으며 또한 근대적 思考의 방향으로서 역사발전의 자연적 추세에 합
치하는 것이었다.

셋째는 庶民生活의 破綻에서 오는 현실에 대한 挫折과 根本的 社
會變革의 希求이다. 社會體制의 固着은 庶民大衆의 變化에 대한 希

---

49) 당시 庶民의 抵抗과 身分秩序가 붕괴되는 모습을 다음의 上疏에서도 엿보게 된
   다. 「近來街巷之人, 斥呼宰相, 市井之徒, 互稱兩班, 吏隷之着驢帽, 商僧之衣道袍,
   常賤之詭叱士夫, 奴婢之背叛上典, 凡此數事, 無非可駭, 外方則鄕擧禮於上族, 兩班
   見辱於常漢, 爲官長者, 徒知抑强扶弱, 不責常漢, 而反詘兩班」(正宗實錄, 卷16, 7
   年癸卯 6月 持平 申耆 啓)

望을 상실시켰으며, 권력집단의 부패는 庶民生活을 더욱 窮乏化시켰다. 따라서 현실생활의 안정 기반을 상실한 대중계층이 확대되었을 때에는 西學이 아니더라도 社會變革이나 來世를 통한 理想世界에 대한 希求가 일어나게 된다. 儒敎의 전통질서가 개혁 의지를 뚜렷이 제시하지 못하고 또 來世에 대한 意識도 稀薄하였을 때 大衆의 意識이 現實的 不滿을 밖에서 찾으려는 경향을 쉽게 가질 수 있다. 佛敎의 敎勢가 오랜 동안 쇠퇴를 거듭하여 뚜렷한 희망을 불어 넣어줄 수 없었고 民間信仰의 전통은 새로운 世界像을 제지하여 주는 것이 못되었다. 따라서 動搖된 大衆意識은 새로이 傳來된 西學이나 民衆宗敎運動에 쉽게 접근할 수 있는 素地를 내포하고 있는 것이었다.

2. 西學의 信仰運動과 朝鮮王朝의 斥邪政策

1) 正祖代의 西學誨諭政策

西學受容이 활발해지고 天主敎信仰活動으로까지 드러난 것은 正祖 8년(1784) 李承薰이 北京에서 처음으로 領洗를 받고 돌아오면서부터이다. 뒤이어 1785년 中人譯官인 金範禹의 집에서 天主敎徒들의 集會가 刑曹에 적발되어 金範禹가 流刑에 처해지고, 이로 인하여 太學生의 배척 通文이 나오게 됨으로써 天主敎信仰問題가 사회의 표면에 등장하게 되었다. 그러나 朝廷에서 西學問題가 제기된 것은 正祖12년(1788) 正言 李景溟의 斥西學上疏를 계기로 廟堂會議에서 西學의 弊端과 對策을 論議하는데서 비롯한다. 이때 西學을 邪說로 斷定하고 京鄕의 愚氓이 西學에 甚히 迷惑되고 있음을 우려하면서도, 正祖는 正學 즉 儒敎를 밝히면 邪說은 自滅될 것으로 판단하고 특히 當時의 士風이 퇴폐하였음을 지적하는 反省的 입장을 제시하였다.

吾道를 크게 밝히고 正學을 크게 드러내면 이와 같은 邪說은 스
스로 일어났다가 스스로 消滅할 것이니, 그 사람은 사람으로 여기고
그 서적은 불태우는 것이 可하다.50)
　무릇 左道를 끼고 민중을 迷惑시키는 것이 어찌 西學 뿐이겠는가.
中國에는 陸學 · 王學 · 佛道 · 老道 따위가 있어도 어찌 일찍이 禁한
일이 있는가. 그 근본을 따지면 오로지 儒生이 讀書하지 않은 결과
에 말미암은 것이다.…… 이른바 西學에 이르러서는 다만 京, 外의
有司에 맡기어 잘 禁止시킬 것이다.51)

　正學을 밝히는 것이 邪說을 배척하는데 先行하는 것임을 주장하는
正祖의 태도는 刑罰을 통한 西學의 禁止를 강조하는 斥邪論에 입각
한 儒臣의 태도보다는 훨씬 온건한 입장을 보여준다. 그것은 西學禁
令을 강화하면 사회적인 騷擾가 일어나거나 士大夫들 사이의 대립을
일으키는 원인이 되는 것을 막으려는 統治者로서의 君王의 意圖이
다. 당시 西學에 접근하는 士大夫들은 南人時派의 일부 인물이었고
이를 제거하면 정치적 세력균형의 변화까지 일어난다는 것을 正祖는
배려하고 있었다.
　正祖 15年(1791, 辛亥) 湖南 珍山郡에서 士大夫인 尹持忠 · 權尙
然이 祭祀를 폐지하고 神主를 불사른 事件이 일어나자 같은 南人의
인물인 洪樂安 등은 南人 領袖인 左相 蔡濟恭의 微溫的인 태도를 비
난하는 長書를 보냄으로써 朝廷의 論難을 일으켰다.52) 尹持忠과 權
尙然은 儒敎社會의 綱常을 어지럽히고 妖書邪術을 潛習한 罪로 處刑

---

50) 正宗實錄, 卷26, 12年戊申 8月 壬辰, 「上曰, 予意則使吾道大明, 正學丕闡, 則如此
　邪說, 可以自起自滅, 而人其人火其書, 則可矣.」
51) 同上, 「大抵挾左道而惑衆聽, 奚特西學而已, 中國則有陸學王學佛道老道之流, 何嘗
　設禁者, 究其本則專由於儒生不讀書之致也,……至於所謂西學, 則只付京外有司之臣,
　善爲禁戢也.」
52) 洪樂安은 成均館儒生때부터 西學排斥의 확고한 태도를 가졌고, 辛亥年 珍山事件을
　확대시키는데 주동적인 역할을 함으로써 正祖때 斥邪派의 중심인물이 되었다.

되었지만, 나아가 洪樂安은 李承薰이 邪書를 購來하고 權日身이 教主이었음을 고발하자 당시 천주교도들의 조직이 거의 모두 드러나게 되어 教獄으로 확대되었다. 이때에 洪樂安・李基慶・睦萬中 등은 南人僻派로서 時派인 蔡濟恭에 대해 攻擊的인 태도를 취하게 되자 南人 官僚들 사이에 蔡黨(信西派)과 洪黨(攻西派)의 反目이 일어나 西學에 대한 斥邪論은 黨爭과 연결될 수 있는 가능성을 일찍부터 내포하고 있었다.53) 正祖는 西學의 禁止令을 내려 書籍輸入을 禁하고 西學書의 家藏을 禁하며 증거가 노출된 자를 처벌하도록 명령하였다. 그러나 正祖의 입장은 「正學을 밝히면 邪說은 그칠 것」(正學明, 邪說息)이라는 근본을 중시하는 것이었고, 적극적으로 西學徒를 수색하고 처형하라는 요구를 거부하였다.

  이미 드러난 자는 道伯에 맡겨 엄중히 조사케 하였으나, 혹시 아
  직 적발되지 않은 자가 있다면 차마 끝까지 수색해서 스스로 改新
  할 길을 막을 수는 없다.54)

여기서 西學 禁壓의 첫 단계로서 正祖때에 政府가 취한 政策的 입장의 성격을 살펴볼 수 있다. 西學 문제가 國家的 차원으로 확대되었던 것은, 처음부터 社會的 폐단이나 정치적 위협이 직접적으로 나타났기 때문이 아니다. 少數의 西學徒가 있었던 것처럼 少數의 적극적인 反西學的 인물이 문제를 확대시킨 것이다. 이때에 西學에 대한 斥邪論의 태도는 儒學의 闢異端論的 이론을 근거로 삼은 道學的 입장이다. 그러나 斥邪論은 黨派的 對立의 爭點으로 이용됨으로써 더욱 확대되었던 것으로 보인다. 18世紀末 西學에 대한 知識人 적극적

---

53) 李能和; 朝鮮基督教及外交史(上編), 1928, p.43 및 pp.56-7.
54) 正宗實錄, 卷33, 15年 辛亥 10月 甲子, 「批曰,……於其已露自, 旣付之道伯嚴藪, 則說或有未及摘發者, 不忍窮搜極覽, 以遏自新之路」

인 受容과 비관이 이론적으로 전개되는 과정에서 정치적인 物議를
일으킨 것은 당시의 黨派的 대립양상에 원인이 컸던 것은 사실이요,
여기서 또한 극단적인 배척태도의 발전이유를 찾을 수 있을 것이다.

2) 19世紀의 西學鎭壓政策

正祖가 세상을 떠나자 純祖의 즉위와 더불어 西學排斥의 양상은
극한적인 탄압으로 변모하였다. 1801년(純祖元年, 辛酉)의 辛酉邪獄
은 19世紀를 통하여 朝鮮王朝에 의한 西學禁壓의 태도와 정책이 확
고하게 결정되는 轉期를 이루고 있다. 辛酉邪獄(辛酉敎難)이 일어나
는 데는 몇 가지 背景의 원인이 있었음을 엿보게 된다.

첫째, 辛酉邪獄의 發端은 西學의 信仰運動이 地下化되어 확대됨으
로써 不法的인 集團勢力을 形成하는 데까지 이르렀던 사실에 있다.
洪樂安 등이 일찍이 서울과 지방에서 邪學의 敎勢가 强盛함을 극력
주장하고 敎主가 강력한 권위를 지닌 조직을 이루고 있음을 지적하
였었다.55) 그러나 당시 蔡濟恭은 洪樂安의 주장이 人心을 恐動하게
하는 것이라 반박함으로써 天主 敎徒에 대한 個別的 懷柔改心을 시
켜가는 정책으로 이끌어 갔다.56) 이러한 正祖代의 對西學政策은 士
大夫層의 西學徒를 상당수 背敎시키는 데는 성공하였다고 할 수 있
으나 天主敎 信仰이 庶民大衆에 전파 확대되는 것을 막지는 못하였

---

55) 同上, 洪樂安與蔡濟恭長書,「……尤其聰明才智之士, 十居八九, 餘者無幾, 瀜瀜訛
訛, 如醉如狂, 昔之畏憚邦禁, 暗室屯聚者, 今則白日恣行, 公肆播傳. 昔之蠅頭細書,
十襲囊篋者, 今則肆然刊印, 頒諸京外. 其中下賤之無知, 婦孺之易惑者, 一聞此說,
捨命投入, 等棄地上之死生, 甘心萬劫之堂獄, 一入之後, 解惑無路, 至於圻湖之間,
尤是彌天之網, 村村里里, 無一得免, 今欲着手, 無異弊簞之救醎, 尤可怕者, 其中敎
主, 便是渠帥, 苞苴山積, 命令惟意, 一有通告, 則急於置郵, 晝夜通行, 村閭竦動.」
56) 同上, 乙丑,「左議政蔡濟恭上箚,……況聖明在上, 朝著寧謐, 域內無狗吠之警, 而乃
以張角白蓮等說, 張皇恐動, 有若國家禍變之在朝夕者然, 雖以急斥異端之心, 語無
所斟量, 而獨不念人心之易致驚惑乎.」

다. 따라서 少數 士大夫層 天主敎徒와 多數의 庶民 婦女子들은 禁敎 法令에도 불구하고 不法의 地下信仰活動을 더욱 활발히 계속하였고 이들이 체포되면서 그 세력의 규모를 새로이 인식하였던 것이다.57) 둘째, 辛酉邪獄의 확대 배경에는 黨爭의 정치적 갈등이 작용하고 있 었던 것은 사실이다. 洪樂安과 蔡濟恭의 대립도 南人으로서 僻派와 時派로 분별되고 있지만 純祖의 攝政인 大王大妃 金氏의 집권과 더 불어 蔡濟恭의 勢力이었던 南人時派의 진출기회를 봉쇄하기 위한 명 분과 天主敎徒 獄事는 일치하는 것이었다. 大王大妃의 討邪傳文에 뒤따라 이미 죽은 蔡濟恭의 官爵을 追奪하라고 三司의 요구가 나왔 으며, 李家煥·李承薰·丁若鏞에 대해 邪學의 根抵라 지적하여 공 격을 집중하였다.58) 셋째, 辛酉邪獄을 더욱 확대시키고 獄事를 엄혹 하게 한 계기는 淸人神父 周文謨을 체포하고 黃嗣永의 帛書 적발하 는 등 외국과의 불법적 교류가 노출되는데서 찾아진다. 周文謨는 1794(正祖18)년 12월에 潛入하여 傳敎活動을 계속하여 天主敎徒의 支柱이었던 인물이었으나 獄事가 엄중하던 1801년 3월에 自首하였 다. 이때 政府는 그가 淸人이므로 周文謨의 處刑이 國家 間의 紛爭 이 될 수 있다는 문제의 중요성을 무시할 수 없었다.59) 周文謨의 招 辭에서 天主敎徒인 金建淳이 巨艦을 만들어 甲兵을 수리하여 大海 中에 자리를 잡고 淸나라를 쳐서 雪恥하려는 뜻을 가졌었다는 사실 도 중대한 문제이지만,60) 4月 全羅監司 金建淳의 密啓에 柳觀儉과 李宇集의 招辭에서 柳觀儉이 西洋으로부터 大船이 寶貨를 실고 와서

---

57) 闢衛編, 卷4, 庚申邪學愈熾, 「貞純大妃垂簾半年之間, 更無飭禁邪徒, 遂無畏懼, 秋 冬後一倍熾盛, 處處說法, 甚至婦女輩, 晨夕明燈, 往來街路, 相續不絶.」

58) 純祖實錄, 卷2, 元年辛酉, 2月 乙卯, 「憲府啓,……盖此三凶, 俱爲邪學之根柢, 請前 判書李家煥, 前縣監李承薰, 前承旨丁若鏞, 丞令王府, 嚴鞫得情, 快正邦刑.」

59) 同上, 3月 癸卯, 「大王大妃敎曰, 以軍法用之, 則無擅殺之嫌乎, 且渠之爲彼國人之 狀, 昭載於獄案, 擧國之人, 無不知之, 如是而能無後患乎.」

60) 同上, 「建淳言於周哥曰, 吾將造巨艦, 繕甲兵入大海中, 可都可郊之地, 直搗彼國, 以雪先恥云云.」

天主堂을 짓고 聖敎를 크게 떨칠 것이요, 國家에서 따르지 않으면
그 船舶은 銃砲를 쏘아 一場判決이 날 것이라는 주장을 하였다는 사
실과 이들 天主敎徒가 中國의 主敎에게 西洋의 大舶을 요청하는 청
원을 올리려 하였다는 사실은 外國의 武力危脅을 끌어 들이려는 것
으로 國家 安危와 직결되는 중대한 문제이었다.61) 이러한 天主敎徒
의 動態에 크게 위협을 의식한 政府는 수색과 處刑을 더욱 강화해
갔고, 黃嗣永을 체포하여 그의 帛書를 통해 이들의 信仰自由를 획득
하기 위한 방법이 바로 前例 없는 엄청난 反國家的 逆謀임을 확증하
게 되었다. 黃嗣永은 帛書에서 (1) 淸나라 皇帝로 하여금 西洋傳敎士
를 받아들이도록 朝鮮王에서 勅令을 내리게 하는 방법, (2) 朝鮮을
滿洲에 예속시키도록 淸皇帝에게 권고하는 방법, (3) 軍艦 수백 척과
精兵 5, 6萬에 大砲 등을 실고와 傳敎士를 받아들이도록 위협하는 방
법 등을 北京主敎에게 제시하려 하였고, 「예수의 聖訓에 의하면 傳敎
를 허용하지 않는 罪는 소돔과 고모라보다 더 重하나니 비록 이 나
라를 殄滅한들 聖敎의 表樣에 해로울 것이 없다」62)고 극단적인 표
현을 서슴지 않았다. 黃嗣永을 체포하고 심문한 다음 「글자마다 凶
肚요 句節마다 逆腸이라 임금에 대한 不道의 說이 아님이 없고 나라
에 대한 怨讐의 계책이 아님이 없다」63)고 論罪하여 處刑하였다. 그
러나 이 사건이 重大함에 따라 淸朝에 辛酉敎獄의 顚末을 報告하는
「討邪奏文」(李晩秀製進)을 올리면서 帛書를 僞作하여 傳敎自由를 얻
기 위한 방법 가운데 淸朝와 관련된 (1), (2)의 방법은 빼고 西洋의
武力危脅을 요청하는 (3)의 방법만을 記載하여 이른바 「僞帛書」를

---

61) 邪學懲義, 卷1, 全羅監司 金達淳 密啓, 「觀儆以爲大舶當自西洋出來,……彼舶有多
　　穴銃放之, 則人無不慴伏, 我國如或不從, 則當有一判決.……觀儆曰聖歲仁富之間,
　　夜舶千彼云矣, 尙無消息, 怪哉怪哉.」
62) 闢衛編, 卷5, 嗣永帛書, 「據耶蘇聖訓, 則不容傳敎之罪, 更重於索多瑪惡不辣矣, 雖
　　殄滅此邦, 亦無害於聖敎之表樣.」
63) 純祖實錄, 卷3, 元年辛酉 11月 戊寅條.

送付하였다. 國內에서의 天主敎信仰運動은 이미 國內의 문제를 넘어서 外國과의 직접적인 利害와 安危의 문제로 부각되었고 따라서 그만큼 全國家的인 重大事가 되었다. 이에 따라 辛酉 6月에 恩彦君과 洪樂任의 處刑에 따른 「討逆敎文」을 반포한데 이어 다시 12月에 「討邪敎文」(李晚秀 製進)을 반포하여 西學이 邪術인 理由와 西學徒의 罪狀을 밝혀 民衆을 설득하였던 것이다.

政府의 이처럼 엄중한 西學禁壓政策이 확립되었음에도 불구하고 信仰活動은 더욱 확대되어 純祖 31년(1831) 朝鮮敎區가 설정되고 Imbert(范世亨) 主敎 등 佛人神父들이 潛入하여 傳敎에 從事하는 데까지 이르렀다. 憲宗 5년(1839, 己亥)에 다시 敎獄이 再起하자 체포된 天主敎徒 丁夏祥은 「上宰 相書」를 올려 天主敎信仰의 合法性을 理論的으로 주장하는 적극적 태도를 보였고, 佛人神父들을 處刑하여 뒷날 佛軍艦의 抗議를 받는 원인이 되었다. 이러한 天主敎徒의 信仰活動에 朝廷에서도 己亥 10월에 「斥邪綸音」(趙寅永製進)을 내려 天文敎徒의 罪狀을 밝히면서, 나아가 天主敎敎理를 敬天·耶穌·父母·祭祀·君臣·夫婦·領洗·天堂地獄·求福·隱形 등 條目 別로 批判하여 大衆의 敎化를 위한 理論的 姿勢를 갖추었다. 高宗 3年(1866, 丙寅)의 敎獄에서도 다시 「斥邪綸音」(申錫禧製進)을 내려 儒敎的 입장에서 天主·父母·男女의 문제에 대한 天主敎敎理를 批判하는 理論을 제시하고 있다.

朝鮮王朝의 公式的 西學批判인 몇 차례의 綸音을 통해 그 批判理論의 關心과 立場을 엿볼 수 있다. 純祖元年의 「討邪敎文」에서는 天主敎의 섬기는 것은 蛇神牛鬼의 雜鬼요, 說敎는 天堂地獄으로 愚民을 迷惑시키고, 神父·敎主의 稱號를 尸祝보다 더 崇奉하며, 十誡七克의 條目은 讖符따위의 헛된 것이라 지적하여 邪敎로 斷定하였다.64) 그리고 天主敎徒들이 錮族·廢孼·怨國·失志의 무리와 결합함으로써 聲勢를 빌어 黨援을 만들고 市井의 거간꾼, 農夫, 베 짜는

女子들을 모아 名分을 어지럽히고 風敎를 더럽힌다 하여 社會秩序에
위험한 집단임을 치적하고 있다.65) 나아가 이들은 겉으로 邪術을 칭
탁하고 안으로 異圖를 품어 처음에는 神敎를 假托하여 몰래 하늘을
넘보는 재앙을 양성하다가 끝에는 君父를 怨讐로 보고 공공연히 逆
謀를 자행할 것이라 하여 社會를 顚覆시킬 逆徒로 규정지었다.66)

憲宗 5年의 「斥邪綸音」에서는 理論的 批判을 深化하여 天主敎의
敬天이란 滌罪邀福의 鄙陋한 짓으로 慢天褻天하는 것이라 하고, 天
과 人은 混同할 수 없는데 天이 下降하여 人間인 예수가 되고 죽은
다음 다시 天主가 된다는 것은 속임수라 비판하였다. 天主를 靈魂父
母라 하여 肉身父母를 輕視하는 것은 人倫을 저버리는 것이요, 死者
는 不知라 하여 廢祭毁主하는 행위는 神理人情을 무시하는 禽獸 이
하의 짓이라 하였다. 또한 敎皇과 敎主를 내세우는 것은 君臣之義를
저버리는 것이요, 婚姻하지 않는 것을 貞德이라 하여 夫婦의 陰陽之
理를 거부하고 下層에서는 男女가 混處하여 風敎를 어지럽히니 人類
를 滅하게 하거나 人倫을 더럽힐 것이라 하였다. 領洗 등의 儀式을
狐魔巫覡符水詛呪의 惑世誣民에 속하는 것으로 보고, 求福한다는 것
이 刑死를 樂地로 알고 있으니 곧 取禍하는 것이라 批判하고 있다.
여기서도 天主敎徒의 地下信仰活動 내지 庶民大衆에로 傳播되는 것
을 黃巾賊 · 白蓮敎徒에 비교하여 反社會集團으로 규정짓고 있다.67)

高宗 3年의 「斥邪綸音」도 理論的 批判을 加하고 있으나 憲宗의

---

64) 同上, 12月 甲子, 頒敎文, 「所事者, 蛇神牛鬼, 幾至誑惑半世, 其說則地獄天堂, 神
父敎主之稱, 崇奉過於尸祝, 十誡七克之目, 誕妄類於讖符.」
65) 同上, 「糾結錮族廢孼怨國失志之輩, 藉聲勢以植黨援, 嘯聚市井農夫紅女之類, 混名
分而黷風敎.」
66) 同上, 「是蓋外托邪術, 內懷異圖, 始也假托神敎, 潛釀滔天之禍, 終焉讎視君父, 公
肆射日之謀.」
67) 憲宗實錄, 卷6, 五年乙亥 10月 庚辰, 斥邪綸音, 「此若爲光明正大之敎, 則何必講授
於昏夜密室之中, 嘯聚於深山窮谷之間, 而廢種錮孼失志怨國之徒, 下流至愚騙財誨
淫之輩, 互稱敎友, 各設邪號, 藏頭隱尾, 打成一片也哉, 卽此形跡, 已判其至凶至妖,
而究竟爲計, 不出於黃巾白蓮之包蓄耳.」

綸音보다 간략한 것이고 더 深化된 내용은 없다. 그러나 高宗때에는 丙寅洋擾(1866)와 辛未洋擾(1871)의 두 차례 직접적인 西洋의 侵略을 당하면서 西學의 敎理的 批判이라는 斥邪에 앞서 武力危脅에 抵抗하는 斥洋 내지 禦洋의 문제가 더욱 절박한 것으로 파악되는 狀況의 변화가 일어났던 것이다. 그리고 결국 丙子修好條約(1876)을 契機로 門戶를 열자 시대적 과제로서 斥邪를 통한 衛正이라기보다 自强을 통한 自主로 王朝의 입장을 바꾸지 않을 수 없었다.

3. 士林의 斥邪衛正論과 그 展開方向

1) 斥邪論의 理論的 西學 批判段階

西學의 傳播過程을 크게 구분하여 受容이 漸進化하던 正祖때까지의 첫 단계와, 抑壓과 地下傳敎가 맞서던 純祖에서 高宗 初까지의 둘째 단계와, 政府의 中立的 立場이 정립되던 開港以後의 셋째 단계로 나누어 볼 수 있다. 이러한 西學傳播의 展開에 따라 儒敎社會의 知識階層이 取하는 對 西學의 樣相도 상당한 變貌를 보이게 되었다.

西學傳來의 初期에 처음 西學에 接한 儒學者들의 태도는 受容의 對象과 批判의 要素를 區分하는 客觀的 姿勢를 가졌었다. 李睟光(1563-18)은 西學이 地圖・天文・兵器・造船에 뛰어남을 인정하고 또 「天主實義」와 「交友論」의 간략한 내용을 紹介하였다.[68] 그리고 曆法 등에 관한 朝鮮政府의 關心에 應하여 鄭斗源・李榮俊・金堉・金尙範 등에 의하여 北京使行을 이용한 天文學・曆法 등 西洋文物의 輸入을 위한 노력이 수행되었다. 이때 柳夢寅(1559-13)은 일찍부터 天主敎에 대해 「말에는 이치에 맞는 것이 많으나 天堂地獄을 있다하고 婚姻하지

---

68) 芝峯類說, 卷2, 諸國部 歐羅巴國條.

않은 것을 옳다 하니 어찌 左道를 끼고 세상을 迷惑한 罪를 면할 수 있을 것인가」라는 비판적 견해를 보이고 있다.[69] 그것은 곧 朝鮮朝儒學의 엄격한 闢異端的 입장에 처음부터 妥協하기 어려운 요소를 인식한 것이다. 李瀷(1681-1763)은 西洋科學을 極讚하여 時憲曆을 가리켜 「聖人이 다시 태어나도 반드시 이를 따를 것」[70]이라고까지 언급하였다. 그러나 그는 天主敎敎理에 대해 天堂地獄說을 拒否하고 奇蹟을 魔鬼의 짓이라 규정지으며, 「中國은 實跡을 말하니 跡이 사라지면 愚者도 믿지 않으나, 西洋은 幻跡을 말하니 跡이 희미할수록 迷者는 더욱 현혹된다」[71] 고 하여 超現實的인 信仰內容은 단호하게 비판하고 있다. 이러한 儒學者의 태도는 西學에 진지한 關心을 가진 人物들에서도 일반적으로 나타나는 현상이다. 李順命(1658-1722)도 赴燕使臣으로 西洋人을 만나고 그 敎理의 眞實性을 긍정하였지만 天主의 降生說이나 天堂地獄說로는 地上을 개혁하기 어려울 것이라 反論을 제시하고 있는 것을 본다.[72] 星湖 李瀷으로 더불어 實學派의 활약이 두드러진 것이 朝鮮後期思想史에서 한 特徵的 현상이었다. 이들 實學派는 現實的 矛盾에 대한 反省과 淸朝文物에 대한 受容을 통해 制度를 改革하며 學風을 刷新하려고 試圖했다. 이때 李瀷을 비롯한 實學派人物들은 漢譯西學書籍의 輸入으로 새로 傳來한 西學에 대해 적극적인 관심을 일으켰다. 星湖學派 안에서도 西學의 敎理에 批判的인 입장을 철저히 지키는 愼後聃(1702-1761)·安鼎福(1712-1761)이 있는 한편, 權哲身(1736-1801)·李家煥(1742-1801)·李蘗(1754-1786)·李承薰(1756-1801)·丁若鏞

---

69) 於于野談, 卷2, 西敎, 「語多有理, 而天堂地獄謂有, 以不事昏娶爲是, 烏得免挾左道惑世之罪也哉.」

70) 星湖僿說, 天地門 ·曆象, 「今行時憲曆, 卽西洋人湯若望所造, 於是乎曆道之極矣, 日月交蝕, 未有差謬, 聖人復生, 必從之矣.」

71) 星湖文集, 卷55, 跋天主實義, 「蓋中國言其實迹, 迹泯而愚者不信, 西國言其幻迹, 迹眩而迷者愈惑.」

72) 疎齋集, 卷19, 與西洋人蘇霖戴進賢書, 「然天主之降, 彷彿牟尼之生, 地獄之說, 反取報應之論, 何也, 思以此易天下則難矣.」

(17-1836) 등은 西洋의 科學技術에 대한 硏究를 통하여 마침내 初期의
天主教 信仰運動을 일으키는 主軸이 되었다. 西學을 追從하거나 批判
하였던 이들 實學派의 人物들은 英祖・正祖때에 걸쳐 學問的 觀點에서
西學을 論議하였던 것은 사실이다. 西學에 대한 최초의 體系的 批判
을 하였던 愼後聃은 「西學辨」(1724)에서 漢譯西學教理書인 「靈言蠡
勺」・「天主實義」・「職方外記」에 대해 條目을 나누어 儒教的 입장
에서 비판하고 異端邪說로 규정지었다. 天主教教理에 대해 긍정적 태
도를 취하는 知識人이 출현하자 이를 批判하기 위해 對話形式의 批判著
述로서 安鼎福의 「天學問答」(1785)과 李獻慶(1719-1791) 의 「天學問答」
이 나타났다. 또한 正祖때 洪正河는 「證疑要旨」에서 「天主實義」・「萬物
眞源」・「眞道自證」・「盛世芻蕘」 등 教理書를 條目을 나누어 철저히 비
판하고 있다. 正祖代까지의 이러한 批判書들은 물론 孟子의 楊墨批判
과 宋學의 老佛批判을 통해 理論化 된 儒教의 闢異端論을 前提로 하고
있지만 天主教教理書의 論理와 信仰에 대해 진지한 分析을 추구하고
여기에 儒教의 理論을 對照하여 批判함으로써 儒教와 基督教의 交涉에
있어서 思想史의 重要業績을 이루었던 것이다. 愼後聃은 「靈言蠡勺」에
나타난 西學의 靈魂論을 「西學으며, 基督教의 救援論 내지 天堂地獄說
을 貪生惜死하는 利心에서 나온 것으로 楊墨老佛의 異端과 同類로 돌
리고 있다.73) 安鼎福은 少壯儒生이 天主教에 入教하는 것을 보고 안타
까워하여 「一生동안 中國聖人의 글을 읽고 하루아침에 서로 이끌고 異
教에 빠지니, 마치 3년 동안 學業을 쌓고 돌아와 자기 어머니의 이름을
부르는 것과 같다」74)고 통탄하면서 衛道闢異의 護教論的 입장에서 西
學의 淵源을 中國史書 등에서 夷狄記事를 뽑아 정리하는 「天學考」

---

73) 闢衛編, 卷1, 愼遯窩西學辨・靈言蠡勺, 「至於西泰, 則又因佛氏之餘論, 而變而神之,
   愈爲近理, 然亦不能自掩其貪生惜死之利心.」
74) 順庵集, 卷17, 天學考, 「噫, 一生讀中國聖人之書, 一朝相率而歸於異教, 是何異於
   三年學而名其母者乎, 誠可惜也.」

(1785)를 짓고, 西學에 관한 討論과 書翰을 통해 說得的인 批判態度를
보여주었다. 實學派의 人物 중에서 星湖學派와 區分될 수 있는 北學派
의 洪大容·朴趾源·朴齊家 등에 있어서도 淸朝의 文物을 받아들이기
를 요청하고 나아가 西洋科學技術에도 적극적 관심을 보였지만, 이들
은 天主敎信仰에 대해 理解를 거의 보이지 않거나 批判的 입장을 취하
고 있는 점에서 공통된 면을 보여준다. 洪大容(1731-1783)은 西洋科學
에 진지한 관심을 가져 地轉說을 주장할 만큼 進步的이었고 「籌解需用」
이란 數學著述을 내기까지 하였다. 더 나아가 西洋科學知識에 따라 陰
陽說이나 五行說을 否定하며,75) 朱子學派의 斥邪衛正的 태도마저 이기
려는 마음(勝心)이요 자랑하는 마음(矜心)이라 비판하고 있다.76) 그러
나 그도 燕京에서 西洋人을 만나 儒敎에서 五倫을 崇尙하는데 西洋에
서는 무엇을 崇尙하는가 묻고, 그들이 사람을 사랑하도록 가르친다는
대답에 대해 사랑한다는 것이 무엇인지 또한 어떤 사람인지를 물어보
는 정도의 皮相的 질문에 그치고 마는 무관심을 드러내고 있다.77) 朴
趾源(1737-1805)은 天主敎에 대해 「그 術法이 허영과 거짓을 끊고 성
실과 믿음을 귀하게 여기며 昭事上帝를 宗旨로 삼고 忠孝慈愛를 工務
로 삼고 遷善改過를 入門으로 삼고 生死의 大事에 有備無患을 究竟으
로 삼아 스스로 窮源溯本之學이라 하지만, 立志가 지나치게 높고 說明
이 偏巧하여 도리어 矯天誣人의 法條에 돌아가고 스스로 悖義傷倫의
함정에 빠진 것을 모른다.」78)고 비판하였다. 이러한 實學派의 인물을

---

75) 湛軒書, 卷4, 毉山問答, 「拘於陰陽, 泥於義理, 不察天道, 先儒之過也.」
   同上, 「五行之數, 原非定論, 術家祖之, 河洛以傅會之, 易象以穿鑿之, 生克飛伏, 支
   離繚繞, 張皇衆技, 卒無其理.」
76) 同上, 「正學之扶, 實由矜心, 邪說之斥, 實由勝心, 救世之仁, 實由權心, 保身之哲,
   實由利心, 四心相仍, 眞意日亡.」
77) 湛軒書, 卷7, 燕記·劉鮑問答, 「余曰儒尙五倫, 佛尙空寂, 老尙淸淨, 願聞貴方所尙,
   答曰, 我國之學, 敎人愛, 尊天萬有之上, 愛人如己, 余曰, 愛之云者指何耶, 抑別有
   其人耶.」
78) 燕巖集, 卷15, 熱河日記, 黃圖紀略·風琴, 「其術絶浮僞貴誠信, 昭事上帝爲宗地,
   忠孝慈愛爲工務, 遷善改過爲入門, 生死大事有備無患爲究竟, 自謂窮原溯本之學,

中心으로 한 初期 儒學者들의 西學에 대한 일반적 태도는 星湖學派의 일부인 信西派에서처럼 天主教信仰에까지 몰입한 경우를 제외한다면 대체로 西洋科學을 긍정적으로 수용하면서 天主教 教理를 批判하는 태도의 공통점을 볼 수 있다. 그리고 그 批判도 儒教的 입장을 바탕으로 객관적 합리성을 추구하는 理論的인 것이었다.

2) 斥邪論의 義理的 西學排斥段階

正祖代에 들어와 天主教信仰活動이 표면에 노출되자 지금까지 西學에 대해 거의 관심을 갖지 않았던 朱子學派의 인물들이 道學의 正統論 과 闢異端論에서 적극적인 攻擊的 批判態度를 나타내게 되었다. 愼後聃・安鼎福・李獻慶의 理論的이고 說得的인 批判과 달리, 正祖9年 刑曹의 天主教徒 摘發事件이 있자 太學生 李龍舒 등은 通文을 띠우면서 「만약 우리들이 분발하여 힘껏 聲討하지 않는다면 타오르는 불길이 들판을 불태우고 흐르는 물이 하늘까지 넘치게 되어 끝에 가서 폐단은 夷狄이 中華를 어지럽히는 것보다 클 것이 두렵다」[79] 라 하여 공격적인 배척 태도를 드러내고 있다. 太學生인 洪樂安・李基慶 등은 李承薰・丁若鏞 등이 泮村에서 西學書를 學習하는데 대해 동료로서 問責하다가 드디어 공개적인 批判을 하게 되었다. 洪樂安은 西學徒를 스스로 즐겨 빠져들어 天賦의 本性을 모두 잃었다고 단정하여 私情에 얽매이지 말고 배척할 것을 주장하며, 天主教徒를 黃巾賊이나 五斗米教의 邪教叛徒와 同一視하였다.[80] 그는 正祖12년

徐立志過高, 爲說備巧, 不知返歸於矯天誣人之科, 而自陷于悖義傷倫之曰也.」
79) 闢衛編, 卷2, 乙巳秋曹摘發, 「吾輩若不明目張瞻, 極力共討, 則竊恐炎炎之燎原, 涓涓之滔天, 末流之弊, 將有大於夷狄之亂華.」
80) 同上, 洪進士再書, 「彼旣自甘於陷溺, 而盡喪其天賦之秉, 吾乃區區眷係於平素情愛之私, 不爲一刀斷去, 則是乃循乎人情之私, 亡其天理之公也,……渠輩依憑於牛鬼蛇神, 自絶於天經民彜, 又從以妖魔符呪之術, 所謂領洗頌罪之事, 已與黃巾之符水張

(1788) 人日製에 策問이 學問의 邪正虛實에 대한 問題이므로 그 對策에서 당시의 西學敎勢를 告發하고 黃巾賊・白蓮敎에 비추어 배척하기를 요구하고 있다.[81] 洪樂安의 이러한 斥邪態度에는 천주교교리에 대한 이론적 분석을 찾기 어렵고 오직 道學의 闢異端論的 前提위에서 공격적인 배척을 행동화하는 것이었다. 특히 楊墨老佛에 견주기보다 黃巾賊・白蓮敎에 견줌으로써 西學徒가 叛亂勢力化 할 수 있음을 강조하고 있었다. 辛亥年(1791) 珍山에서 廢祭焚主事件이 있자 洪樂安 등을 左相 蔡濟恭에서 長書를 올리는 등 西學排斥의 斥邪運動을 執拗하게 展開함으로써 官僚儒臣들의 斥邪上疏를 통하여 禁敎政策을 이끌어 내는데 결정적인 영향을 미치게 되었던 것이다.

　正祖15년(1791)에 國家의 西學禁敎令이 강화되고 西學書籍의 購入이나 家藏이 禁止되자 士大夫 계층은 西學書籍을 接하고 연구할 수 있는 공식적인 통로가 단절되었다. 따라서 理論的 批判의 태도는 거의 衰退하게 되고 오직 西學徒의 地下信仰活動을 배척하는 행동적인 태도만이 남은 상태이다. 당시의 斥邪論的 立場의 知識人도 이러한 盲目的이고 彈壓的인 斥邪風土를 憂慮하고 있었다.

　　오늘날 邪學을 禁하는 숨는 이들 愚民을 묶어다가 뜰에 무릎을 꿇게 하여 바 형틀에 걸고는 「너는 어찌 邪學을 했는가」하고, 저들은 한마디로 막으며 「小人은 일찍이 邪學을 한 일이 없습니다.」한다. 官吏가 이미 西學이 邪慝한 까닭을 모르니 조사해서 알아낼 것도 없다. 먼저 그 대답에 스스로 말이 막혀 우선 굴복시키려고 억지로 拷問하니, 약은 자는 도리어 그 진실하지 못함을 비웃고 어리석은 자는 더욱 마음속에 의혹이 생겨서 말하기를 「내가 즐거워하는 바는 善이요 공경하는 바는 天인데 어찌하여 나의 善을 막고 나의

魯之斗米, 如印一板.」

81) 同上, 進士洪樂安對親策文, 「臣聞其洗浴頌罪, 種鐘作怪之狀, 不過是符水蓮敎之類, 而不足責之以異端之害吾道, 則其爲宗社之深憂長慮.」

공경함을 금하는가」라 한다. 이것은 다름이 아니라 根源을 깨뜨리지 못하고서 末流의 소굴을 맑게 하려는 것이니, 찾아도 스스로 길을 잃는 것이다. 혹은 服罪시키는데 급하여 가벼이 拷問하고, 혹은 위협이 도리를 벗어나고 비유가 방법에 어긋나며, 혹은 강제로 耶蘇를 저주하고 天主를 배척하게 하여 그 배반함을 증명하며 그 진실과 거짓됨을 살핀다. 저들이 거짓되이 호령하는 것은 비록 입을 막고 물건을 꺼리게 하는 자료는 되지만 드디어 어리석은 백성에 죽음으로써 義理를 지키는 자가 있다. 그러나 誣惑함이 이에 이르르니 스스로 이기는 요령을 얻었다고 하는 자가 이미 가벼이 형벌의 위엄을 보였고 또 해야 할 말을 잃은 것이다. 이것이 어찌 聖世에 백성을 교화하고 풍속을 두터이 하는 지극한 뜻이겠는가.82)

그러나 이러한 맹목적 斥邪方法에 대한 반정의 자세는 士林의 斥邪論을 理論的으로 深化시키는 방향에로 이끌어 가지는 못하였다. 그것은 그만큼 斥邪의 正當性이 自明한 것으로 받아들여지는 闢異端論의 전통이 前提되어 있었기 때문이라고 볼 수 있다. 그렇지만 또 한편으로 西學의 禁壓政策이 朝令으로 시행되었기에 士林의 斥邪行動은 상대적으로 감소되고 鎭靜되었던 것이다. 이처럼 西學禁壓이 진행되는 동안 비록 天主敎徒의 量的 확대는 지속되었지만 신앙문제가 표면에 노출되는 것을 억제하는 데는 다소 효과를 거두었으며 또한 士大夫層은 물론이고 庶民에게도 충분한 경각심을 불러일으킬 수 있었다고 볼 수 있다.

그러나 憲宗5년(1839)에는 프랑스人, 傳敎師 Imbert(范世亨) 主敎 등 3명이 체포되고 이들을 處刑하자 禁敎問題가 마침내 國家間의 紛爭이 될 수 있는 길을 열었다. 이에 따라 1846년 Cecille 提督이 3척의 軍艦을 이끌고 洪城 앞바다 外烟島에 나타나 朝鮮宰相에게 佛

---

82) 燕巖集, 卷2, 答巡使書

人傳教師를 殺害한 사실을 抗議하는 書翰을 남기고 갔다. 이 사건은 다음해 答書를 받으러 왔던 佛軍艦이 坐礁되어 돌아감으로써 해결되었지만, 잇달아 이른바 洋舶이 海岸에 출몰하여 交易을 요구하고 傳教를 企圖하자, 國內의 신앙 활동에 대한 警戒를 넘어서 西洋勢力의 직접적 위협을 직면하게 되었다. 이때에 斥邪論 의 문제는 정부의 禁教政策에만 맡겨질 것이 아니라는 擧國的 문제로서 士林知識層의 관심을 다시 불러일으키지 않을 수 없었다. 李正觀은 1839년 「闢邪辨證」을 지어 星湖와 順庵 등의 西學批判理論을 再評價함으로써 西學에 대한 排斥態度를 더욱 강화하고 있다. 李正觀의 斥西論著는 단순히 政府의 禁教政策을 요구하는 上疏活動이 아니라 斥邪論을 理論的으로 再定立하려는 努力이었으며, 그것은 이미 당시의 刑罰에 의한 禁教政策이 限界를 드러내었다는 사실과 士林의 西學에 대한 理論的 批判이 요청되었던 상황을 보여주는 것이다. 물론 이때의 士林은 西學書를 볼 수 없었기 때문에 18세기에 愼後聃・安鼎福・洪正河의 경우처럼 西學教理書에 대한 分析的 批判은 불가능하였지만, 天主教徒의 信仰活動에 대한 見聞과 西洋의 壓力에 대한 經驗을 가졌고 또 先行하는 儒學者의 斥邪理論을 토대로 하여 더욱 강경한 批判立場을 보여주었다. 특히 李正觀은 그의 「闢邪辨證」을 華西 李恒老에게 제시하여 華西과 그 門人에 의해 斥邪理論을 전개 시키는데 중요한 계기를 만들어 주었던 것이다.83)

李恒老는 1836년에 「論洋教之禍」를 저술한 만큼 斥邪論의 立場이 확립되었으나84), 斥邪頒教文 <「討邪頒教文」(1801)・「斥邪綸音」(1839)>을 접하고 또 李正觀의 「闢邪辨證」을 읽고난 다음 斥邪論에 적극적인 관

---

83) 李恒老의 「闢邪錄辨」(1863)과 金平默의 「闢邪辨證記疑」(1866)는 李正觀의 「闢邪辨證」을 토대로 西學에 대한 闢異端論을 展開한 것이다.

84) 華西集, 卷5, 與柳公始洛文, 「向伏讀頒教文字, 略得凶悖大槪, 近又得安順庵鼎福天學攷, 李奉事正觀辨證一冊, 略一過目, 窮凶絶悖, 瞞不得人.」

심을 갖고 安鼎福의 「天學考」·「天學問答」 및 南肅寬의 「遠西艾儒略
萬物眞源辨」을 구해서 검토함으로써 斥邪理論을 深化시켰던 것이
다.[85] 華西의 斥邪論著인 「闢邪錄辨」은 1863(哲宗 14)년에 출현하였으
나 그의 斥邪論的 立場은 이미 45세 때(1836, 憲宗2년) 「論洋敎之禍」의
저술에서 구체화되었으며,[86] 1839년 이래 문헌을 섭렵하는 적극적 관
심을 보였고, 門人 金平默도 1847(憲宗 13)년에 李正觀의 「闢邪辨證」
에 비해 더욱 批評的 記錄을 하였던바 斥邪理論의 論究가 士林 의 斥
邪行動으로 나타났던 것이다.

　尹宗儀는 1848(憲宗14)년 이래 「闢衛新編」(7卷)을 편집하여 中國
文獻을 통해 紀匀·李衛·邱嘉穗 등의 西學論辨을 收錄하고 魏源의
「海國圖志」(1844)와 徐繼畬의 「瀛環志略」(1850) 등에 의거하여 세계
지리의 事情을 地圖와 함께 제지 하면서 備禦에 주의를 기울이고 있
다. 그의 이 저술은 斥邪에 목적을 두면서 斥邪理論을 소개하고 있
지만, 이러한 저술을 편집하게 된 동기는 西洋의 武力 威脅에 대한
의식을 강하게 지니고 그 대응책을 제시함으로써 그 당시의 知識人
에게 斥邪論이 斥洋論 내지 禦洋論으로 전개될 수 있었던 상황을 보
여 주었다.[87] 이처럼 尹宗儀의 「闢衛新編」은 西洋을 敵으로 意識하
고 또 敵情에 대한 知識과 防禦對策을 제시함으로써 구체적이고 前
進的인 斥洋論을 추구하였던 점에서 중요한 의미를 지닌다. 그러나
이러한 현실적 대책은 士林의 斥邪衛正論이 지닌 理念的 立場을 훨
씬 벗어난 것이기에 오히려 관심을 끌지 못하고 말았다.

---

85) 華西集, 附錄卷 9, 年譜, 丙申 先生 45 歲條 參照
86) 李正觀, 闢衛新編叙, 「況有志君子, 多聞廣識, 講究乎兵家海防之策者, 固不爲無人
　　者乎.」
87) 省齋集, 卷37, 玉溪散錄, 「商山金致振者, 性狼氣麤, 又頗有聰明, 嘗忿邪敎之鴟張,
　　身入其黨, 詐爲受敎者, 盡得其所蘊, 而歸著斥邪論一篇, 以曉時人之惑, 當時衿紳家
　　傳, 玩稱與至欲鋟梓以廣之, 旣而金以罪死, 其書遂廢, 然其中所引彼書句語, 因此頗
　　行於世.」

西學의 신앙운동이 대중 속으로 확대되고 西洋의 軍艦들이 잇달아
出沒하여 危機意識이 造成되고 民心의 動搖까지 일어나 政府의 禁教政
策이 궁극적으로 實效를 거두지 못하게 되자 士林 知識層은 더욱 철저
히 西學에 대한 批判理論을 제시하려는 데에 그 임무를 자각하였던 것
으로 보인다. 金致振은 西學教理書를 接할 수 없던 당시에 자신이 天
主教에 거짓 入教하여 그 教理 內容을 파악한 다음 32개 항목에 걸쳐
辨斥하는 「斥邪論」(1856)을 저술함으로써 당시의 斥邪理論中 가장 면
밀하고 독특한 형식을 보여 주었다.88) 마침내 西洋과의 武力衝突을 일
으켰던 丙寅洋擾(1866)의 발생을 전후하여 士林知識層의 斥邪理論에 대
한 요청에 따라 李恒老의 「闢邪錄辨」(1863)과 金平默의 「闢邪辨證記疑」
(1866), 李鍾祥의 「禁邪學布諭文」(1863) 등이 나타났고, 李度中의 「斥邪
說」, 柳重教의 「玉溪散錄」, 洪在龜의 「衛正新書」, 黃泌秀의 「斥邪說」
(1867), 李鎬冕의 「原道攷」(1870) 등 斥邪論著가 활발하여졌다. 이 時
期의 斥邪論은 비록 西學教理書를 직접 비판한 것은 아니지만 正祖때 이
래의 西學批判論著가 축적되었고 또 中國으로부터 西學批判書 내지 禦
洋論著의 輸入으로 精密한 批判理論이 展開되고 있었다. 黃泌秀의 「斥邪
說」은 西洋人의 基督教를 天主教와 耶蘇教로 구분할 수 있는 지식까지
보여주었다. 이 「斥邪說」은 <侮聖而行僻> 등 10條目의 批判理論을 제시
하고 이에 대한 黃芝秀의 註解를 실어 批判의 論證을 더욱 치밀히 하려
는 태도를 갖추고 있다. 李鎬冕의 「原道攷」는 安鼎福의 「天學考」를 비
롯하여 中國의 經典 및 歷代史書와 徐繼畬의 「瀛環志略」등 문헌을 광
범하게 인용하여 尊華攘夷와 斥邪衛正의 입장을 전개하였다. 또한 華
西 門人인 洪在龜의 「衛正新書」는 李柬의 「天地辨後說」을 비롯하여 李
恒老·金平默·柳重教·崔益鉉·宋秉璿·宋近洙 등에 이르기까지의
斥邪論著를 수집하여 편찬한 것으로 19세기 末까지의 斥邪論을 集成

---

88) 黃泌秀, 斥邪說, 「洋夷所以爲教者, 先有火神·祈神之目, 後變天主·耶蘇之二目,
天主者以耶蘇爲上天之主宰者也, 耶蘇者路得(Luther)之所譯解耶蘇之意者也.」

하고 있는 것이다.

丙寅洋擾 직후 奇正鎭과 李恒老의 강경한 斥和上疏가 大院君의 政策에 일치되었지만, 1869년부터 明治維新을 실행한 日本의 通交要求에 따른 書契問題로 국내에서는 倭洋一體의 斥和論과 舊倭續好의 主和論이 엇갈렸다. 마침내 日本은 雲揚號 사건을 일으켜 丙子修好條約(1876)을 체결하자 이른 바 開港의 急變이 이루어졌다. 물론 이러한 조처가 日本의 武力이라는 外的壓力에 의해 추진된 것이지만 이를 결정한 정부의 입장은 尊華攘夷의 義理 및 斥邪衛正의 批判을 내세우는 士林의 입장과 상반된 위치에 놓이게 되었다. 더욱이 修信使로 파견한 이들의 見聞에 의한 新知識集團이 형성되고 開化論이 출현하자 이에 대한 批判으로서 斥洋·斥倭·斥邪를 주장하는 士林의 행동은 1881년 李晚孫 등 嶺南萬人疏를 비롯하여 全國的인 上疏運動으로 발전하였다. 그러나 이 시기에는 郭基洛·李斗永·康鴻擧·李敬權·金魯僧·高穎聞·卜滋·尹善學·安翊豊 등 西洋의 技術과 制度를 採擇하여 自强할 것을 주장하는 장소를 통하여 東道西器論 내지 採西論의 開化思想이 활발하게 등장함으로써 사실상 時代的 大勢에서나 政治的 現實性에서 斥邪衛正論을 疎外시켜 가고 있었다. 따라서 甲申政變(1884)과 甲午政變(1894)을 거치는 동안 비록 開化派의 정치개혁이 성공적인 것은 아니라 할지라도 政治의 主役을 감당하였고 마침내 日人의 閔妃弑害에 잇달아 1895년(乙未) 金弘集內閣은 斷髮令을 내리고 服制를 개혁하는 등의 傳統禮制의 개혁에까지 미치게 되었다. 이에 따라 洪在鶴·宋近洙·宋秉璿 등의 斥邪衛正과 尊華攘夷의 義理를 내세우고 復讐를 주장하는 反開化上疏는 나아가 開化派의 執權勢力을 日本의 침략을 돕는 逆徒로 규정하여 討逆과 倡義를 내세워 義兵運動으로 발전하였다. 金福漢·柳麟錫·崔益鉉 등 儒林의 전국적 義兵이 日軍의 지원을 받는 官軍에게 괴멸됨에 따라 斥邪論의 主軸이 붕괴되었고, 점차 散發的인 抗日抵抗으로 연속

되다가 日帝의 併吞으로 朝鮮王朝가 멸망하자 植民地統治의 철저한
탄압과 교묘한 회유정책으로 드디어 儒林의 저항활동이 표면에서 소
멸되는 지경에 이르렀다. 이때에는 斥邪衛正論도 抗日民族運動의 精
神 속에 溶解되어 새로운 모습으로 나타나게 되었던 것이라 볼 수
있다.

第2部 朝鮮後期의 西學受容과
儒學思想的 基盤

第3章 西學受容의 思想的 展開와 性格

1. 科學·技術의 導入과 實用

1) 天文學과 科學的 宇宙觀

16세기 말엽부터 중국에 전래되고 또 우리나라에까지 전파된 서양 문물 즉 西學은 天主敎 敎理와 르네상스 期의 서양 科學知識 및 技術을 내용으로 한다.[1] 특히 Ricci 이래 중국에서 전교활동을 하던 서양 선교사들은 서양 과학과 기술을 중국에 소개함으로써 그들의 지위를 확보할 수 있었다. 明末淸初에 서양 선교사들은 科學·技術에 관한 많은 서적을 번역하고 또 실제로 활용하는데 엄청난 업적을 쌓았다.[2] 明·淸이나 朝鮮의 유교사회가 일차적으로 이 天文·曆法·數學, 地理·奇器 등 서양 科學의 우월성을 높이 평가하였던 데에 西學 受容의 계기가 열렸고, 또한 천주교교리를 배척하는 입장에서도 서양 과학은 긍정하지 않을 수 없었다.[3]

---

1) 洪以燮;「丁若鏞論」, 韓國史의 方法, 1970. p.256.
2) 本書 pp.15-18 參照.
3) 李之藻: 請譯西洋曆法等書疏,「其言天文曆數, 有我中國昔賢談所未及者.」(徐宗澤,「明淸間耶穌會士譯著提要」, 1958, 台北, p.254.)
   順庵集, 卷17, 天學問答 附錄,「(星湖) 先生曰, 西洋人 大抵多異人, 自古天文·推步·製造·器皿· 筭數等術, 非中夏之所及也, 是以中夏之人, 以此等事, 皆歸重於胡僧.」

中國은 農業社會로서 曆法 制定이 국가의 중요한 임무였고, 유교
적 天命思想과 연관된 신앙적 思考에서는 日·月蝕 등 天文 現象이
帝王의 治績과 직결된 것으로 이해되어 왔다. 따라서 明代 大統曆의
日蝕 豫測에 착오가 일어나자 西洋 曆法과 天文學을 적극적으로 도
입하여, 明末에 勅命으로 137卷에 달하는 「崇禎曆書」의 번역 사업을
이루었고, 淸朝에 와서 Adam Schall(湯若望) 등에 의해 西洋 曆法에
따른 時憲曆이 1645년부터 실시되었다.

우리나라에서도 仁祖 9년(1631)에 鄭斗源이 赴燕 때 Rodoriquez
(陸若漢)로부터 天文·曆法에 관한 書籍과 千里鏡 등을 얻어왔고, 또
譯官 李榮俊을 시켜 그에게서 曆法을 배워 오게 하였다.4) 金堉은 仁
祖 22년(1644) 入燕하자 天文·曆書들을 購得해 와서 觀象監官 金尙
範 등으로 하여금 연구하게 하여 孝宗 4년(1653)부터 時憲曆을 시행
하기에 이르렀다.5) 또한 肅宗 34년(1708)에는 王命으로 Ricci의 「乾
象圖」(天文圖)와 「坤輿圖」(世界地圖)에 Ricci와 崔錫鼎(1646~1715)의
서문까지 실어 병풍을 만들기도 하였다.6) 국가의 필요에 따라 천문
·역법의 수입은 英祖때까지 활발하여 李頤命(1658~1722)을 비롯하
여 安重泰·安國賓·金兌瑞 등이 赴燕했을 때 欽天監 監正 Kogler
(戴進賢) 등에게 천문·역법을 배워왔다. 뿐만 아니라 在野의 학자들
도 西洋의 천문·역학을 연구하였던 것은 새로운 학풍의 학문적 요
구에 근거를 둔 것이다. 李瀷은 서양 과학 서적을 힘써 구하여 연구
하고 地毬說 등 이에 관한 소개와 그의 평가를 「星湖僿說」의 곳곳에
서 제지하였다. 그는 時憲曆의 정밀성을 극찬하여 聖人이 다시 태어

燕巖集, 卷2, 答巡使書, 「西洋人雖仁精於曆法, 皆幻人也.)
4) 李元淳, 「西洋文物과 漢譯 西學書의 傳來」, 한국사 14, 국사편찬위원회, 1975.
  pp.78f. 참조.
5) 朝鮮朝의 排淸意識으로 淸의 時憲曆과 明의 大統曆이 병행되었다 한다. (「韓國
  史」, 近世後期篇, 震檀學會, 1965, p.556)
6) 李元淳, 上揭書 pp.81f 참조.

나도 반드시 좇을 것이라는 강한 확신을 보여준다.7)

洪大容은 赴燕때 南天主堂에 가서 Hallerstein(劉松齡)과 Gozeisl(鮑友管)을 찾아보고 天文에 관한 질의를 하고 관측기구들을 견학하였으며, 돌아와서는 그의 집에 籠水閣이라는 천문 관측소를 세우고 자신이 제작한 渾天儀를 비치하고 깊이 연구하였다. 그는 「籌解需用」이라는 算術·幾何 등 數學과 測量·天文 計算문제를 다룬 저술을 남겼으며, 地球說뿐 아니라 당시에 서양 선교사들의 저술에서도 비판되었던 Copernicus의 태양중심설까지 절충하여 地轉說(地球自轉說)을 주장하였던 진취적 연구 태도를 가졌다.8) 서양의 천문·역법·수학에 관한 지식은 비록 광범위하게 보급되지는 못하였으나 愼後聃의 「天問略」, 「坤輿圖說略論」, (1760) 丁若鏞의 「句股源流」, 崔漢綺의 「儀象理數」(1839), 「習算津筏」(1850), 南秉哲의 「儀器輯說」, 「海鏡細草解」 등 저술이 이루어지는 상당한 깊이의 연구가 계속되었던 것이다. 이러한 서양천문학의 수용을 통하여 天圓地方·天尊地卑의 전통적 윤리적 우주관이 天包地外·地在天中·其體皆圓의 새로운 과학적 우주관으로 전환하는 계기가 열렸다. 程子가 「形體의 면으로 말하면 天이요 主宰의 면으로 말하면 帝라」9)하여, 天이 자연적인 면과 신앙적인 면이 융합되어 이해되었던 것을, Ricci가 有形한 天과 無形한 上帝를 전혀 다른 것으로 나누면서 이미 물질적 자연의 天을 분리시켰다.10) 天體의 운행 질서는 존숭되어야 하고 인간의 행위나 사회제도가 이를 모방하여야 할 것으로서가 아니라, 수학직인 계산과 실증적인 관

---

7) 星湖僿說上, 天地門·曆象, 「今行時憲曆, 卽西洋人湯若望所造, 於是乎, 曆道之極矣, 日月交蝕, 未有差謬, 聖人復起, 必從之矣.」

8) 洪大容의 地轉說이 獨創的인 것은 아니고 James Rho(羅雅谷)의 「五緯曆指」에 이미 소개된 Copernicus의 학설에 영향을 받은 것이라 한다. (全相運, 「湛軒洪大容의 科學思想」, 實學論叢, 全南大, 1975, pp.466-73 참조)

9) 易傳, 乾卦, 「夫天,……分而言之, 則以形體謂之天, 以主宰謂之帝.」

10) 天主實義, 第2篇, 「夫帝也者, 非天之謂,……不以蒼天爲上帝可知,……肅心持志, 以尊無形之先天, 孰指玆蒼蒼之天而爲欽崇乎.」

측을 통해 파악될 수 있는 것이 되었다. 地球球形說은 나아가 地球도
天 속에 있는 하나의 별로서, 유일한 중심세계가 아니라 우주의 무수
한 세계속의 하나의 세계에 지나지 않는 것으로 이해되었다.11) 서양
천문학에 근거한 과학적 합리성은 전통적 우주관에 대한 집착을 깨
뜨리고 새로운 우주관을 받아들이도록 설득력 있게 요구하는 것이었
다.12)

2) 地理學과 自己發見

M. Ricci가 「山海輿地全圖」(1584)나 「坤輿萬國全圖」(1602)를 중국
에서 간행하기 이전 중국의 세계지도는 Ricci의 말대로 「그 중앙의
대부분에 중국 15省을 그리고, 그 주위에 좁다랗게 海洋을 붙이고,
그 海中에 그 全面積을 다 합쳐도 중국의 가장 작은 한 省의 그것에
도 미치지 못할 정도의 작은 島嶼들을 그리고, 거기에 그들이 들어
서 아는 外國名을 써넣었다」13)고 할 수 있는 중국 중심의 세계 인
식을 하고 있었다. 그것은 곧 사실의 객관성에 근거한 것이 아니라
華夷意識의 地理學的 표현이라 할 수 있다. 이 새로운 세계지도를
본 중국인들은 처음에는 쉽게 긍정하려 하지 않았으나 Ricci가 말한
것처럼, 「그것이 단순한 想像의 세계지도가 아니고 정연한 南北回歸
線·赤道線·五帶線 또는 실지 답사에 의한 각지의 習俗 등을 具載
한 것임을 이해하고, 그 놀랄만한 사실을 승인한 것이다」14)라고 한

---

11) 湛軒書, 毉山問答 「滿天星宿, 無非界也, 自星界觀之, 地界亦星也, 無量之界散處空
　　界, 惟此地界, 巧居正中, 無有是理.」
12) 同上, 「膠舊聞者, 不可與語道, 狂勝心者, 不可與爭口, 爾欲聞道, 濯爾舊聞, 祛爾勝
　　心, 虛爾中, 慤爾口.」
13) J. F. Baddeley, *Father Matteo Ricci's Chinese World Map*, 1584~1608(金良
　　善; 「明淸間耶蘇會宣敎師들이 製作한 世界地圖」, 韓國天主敎會史硏究論文選集
　　第1輯, 1976. p.265 所引)
14) 同上.

것은 地圖를 통해 새로운 世界觀이 열리게 되었음을 말해 준다.

이 세계지도는 宣祖 36년(1603) 李光庭이 우리나라에 전해 주었고, 李睟光은 이 地圖의 精密함을 인정하여, 地中海가 天地의 中心이라 하여 이름 지어졌음을 소개하고 있다.15) 그러나 崔錫鼎이 이 세계지도에서 중국을 북쪽에 위치시킨 것을 宏濶矯誕하여 근거가 없다고 하거나 愼後聃(1702~1761)이 土地의 大小를 彷彿하게 하여 중국과 구라파를 並列하는 것은 심히 不倫하다고 비난하여 쉽사리 수긍하지 않은 입장도 있다.16)

서양 천문학에 의한 地球說과 더불어 航海로 地球를 돌아 중국에 왔던 서양인이 게시한 세계지도는 華夷論의 天下觀에 대한 신념보다 훨씬 더 객관적이고 설득력이 있는 것이었기에 현실적 의식에서 받아들이게 되었고, 따라서 尊華의 신념은 근본에서 동요가 일어나지 않을 수 없었다, 그것은 곧 중국의 변방 諸侯國으로 하여금 事大의 의무를 신성시하는 義理論을 재검토 하게 하는 것이다. 그것은 또한 중국을 天下의 중심으로 믿던, 세계관의 붕괴와 더불어 中心의 상실이 일어났으나, 다시 中心을 自己 속에서 발견하는 깊이를 찾았다고 볼 수 있다. 洪大容은 中國中心意識을 탈피하고 다시 그 중심의 상대적 성격을 파악하였으며, 나아가 자기중심의 각성 위에서 域外春秋論으로 승화시켰다.

---

15) 芝峯類說, 卷2, 外國, 「見其圖, 甚精巧於西域, 特詳以至中國地方, 盛我東八道, 日本六十州地理, 遠近大小 纖悉無遺,……地中海者, 乃是天地之中故名云.」

16) 崔錫鼎; 西洋乾象坤輿圖二屏總序, 「就地球上下四方, 分布萬國名目, 中國九洲, 在近地北界亞細亞地面, 其說宏濶矯誕, 涉於無稽不經.」(李能和; 「朝鮮基督教及外交史」, p.7 所引)
闢衛編, 卷1, 西學辨・職方外記, 「惟中國處天下之中,……而彼歐邏巴等諸國, 不過窮海之絶域, 裔夷之偏方, 不能自進於華夏, 今乃徒以其地之大小, 略相彷彿, 而輒敢幷列, 而混稱之者, 固已不倫之甚矣.」

중국 사람은 중국을 正界로 삼고 서양으로 倒界를 삼으며, 서양
사람은 서양을 正界로 삼고 중국으로 倒界를 삼는다. 그러나 실에
있어서는 하늘을 이고 땅을 밟는 사람으로서 지역에 따라 다 그러
하니, 橫이나 倒할 것 없이 다 正界다.17)

　虛子: 孔子가 春秋를 짓되 중국을 안으로, 四夷는 밖으로 하였습
니다.

　實翁: ……하늘에서 본다면 어찌 안과 밖의 구별이 있겠느냐? 이
러므로 각각 제 나라 사람을 친하고 제 임금을 높이며, 제 나라를
지키고 제 풍속을 좋게 여기는 것은 중국이나 오랑캐가 한가지다.
……四夷로서 중국을 침노하는 것을 寇라 하고, 중국으로서 四夷를
번거롭게 치는 것을 賊이라 한다. 그러나 서로 寇하고 서로 賊하는
것은 그 뜻이 한 가지이다.……가령 孔子가 바다를 건너 九夷에 들
어와 살았으면 중국 법을 써서 九夷의 풍속을 변화시키고 周나라
道를 域外에 일으켰을 것이다. 그런즉 안과 밖이라는 구별과 높이고
물리치는 의리가 스스로 딴 域外 春秋가 있었을 것이다. 이것이 孔
子가 聖人된 까닭이다.18)

　그 洪大容이 받아들인 새로운 세계관은 전통의 華夷論的 天下를
넘어섰으며 자가 버린 것은 중국 중심 의식일 뿐이다. 그는 華夷論
의 본래적 의미로서 기 중심 의식을 각성하였던 점에서, 그는 西學
의 맹목적 추종자가 아니라 주체적 수용자였던 것이다.

　세계지도를 통한 새로운 세계관에 따라 자기중심의 각성에까지 이
르렀을 때, 우리나라의 地理를 연구할 뿐만 아니라, 安鼎福・李肯翊・
韓致奫 등의 역사연구와 崔錫鼎・申景濬・柳僖 등의 언어연구에 있어

17) 湛軒書, 毉山問答,「中國之人以中國爲正界, 以西洋爲倒界, 西洋之人以西洋爲正界,
以中國爲倒界, 其實戴天履地, 隨界皆然, 無橫無倒, 均是正界.」
18) 同上,「虛子曰, 孔子作春秋, 內中國而外四夷,……實翁曰,……自天觀之, 豈有內外之
分哉, 是以各親其親, 各尊其君, 各守其國, 各安其俗, 華夷一也,……四夷侵疆中國謂
之寇, 中國瀆武四夷謂之賊, 相寇相賊, 其義一也,……雖然使孔子浮于海居九夷, 用夏變
夷, 興周道於域外, 則內外之分, 尊攘之義, 自當有域外春秋, 此孔子之所以爲聖人也.」

서도 자신의 것을 재발견하게 되었다. 百里尺을 이용한 鄭尙驥 (1678~1752)의 「八道圖」와 10里方眼으로 제작된 金正浩(?~1864) 의 「大東輿地圖」는 우리나라 지도의 과학적 제작이었다. 李重煥의 「擇里 志」는 실증적인 인문지리서요, 柳得恭(1749~?)의 「渤海考」나 丁若鏞 의 「彊城考」, 「大東水經」은 地理의 역사적 고증을 이루었다. 李晬光은 「芝峯類說」의 外國條에서 佛浪機(포르투갈)・永結利(영국)를 포함한 세계 각국의 위치・풍속・문물을 소개하였고, 魏伯珪(1727~1798) 의 「憲瀛誌」와 崔漢綺의 「地球典要」는 세계 각국의 인문지리서요, 尹宗 儀(1805~1887)의 「關衛新編」(異國傳記・沿海形勝・程里躔度 등을 수 록)은 세계와 朝鮮地理를 防禦를 위한 관심에서 편찬한 것이다. 朝鮮 朝後期人에 있어서 새로운 세계의 地平을 서양인의 세계지도를 본 이 후부터 사실상, 지워질 수 없는 것이었고, 오직 이 세계를 어떻게 파악 하고 그것에 어떻게 대처할 것인가에 따라 견해를 달리 할 수 있을 뿐 이었다.

2. 神 槪念과 自然哲學의 西學的 受容

1) 上帝의 人格神的 接近

서양 선교사들은 서양 과학기술과 천주교교리에 관한 서적을 저술 또는 번역하여 간행함으로써 文獻과 讀書를 존숭하는 중국 지식층에 성공적으로 西學을 전파할 수 있었다.19) 漢文 西學書는 신속히 우리나 라에도 전파되어 李晬光은 Ricci의 「天主實義」(1603 北京 初刊)와 「重

---

19) 1582년부터 1775년 사이에 중국에서 활동했던 예수會員들에 의해 번역 저술된 漢文西學書만도 385種이나 찾아진다. (李元淳; 明淸來 西學書의 韓國思想史的 意義, 韓國天主敎會史論文選集, 第1輯, p.143)

友論」(原名 「交友論」, 1595刊)을 간략한 내용과 더불어 하였다.[20]
1610年代에 북경을 세 차례나 다녀온 許筠(1569~1618)이 「偈十二章」(천
주교 기도문)을 전하였다고 그와 동시대 인물인 柳夢寅(1559~1623)이
언급하였다.[21] 또한 許筠은 우리나라에 천주교 신앙을 받아들인 최초
의 인물로 지목되어왔다.[22] 許筠이나 초기에 천주교교리와 접촉한 朝
鮮朝 儒學者들에게 비친 天主敎의 핵심적 특징은 天主의 존재가 일차
적으로 부각되고 존중된다는 사실이다. 許筠이 「男女의 情欲은 天이요,
分別의 倫紀는 聖人의 敎이다. 天은 聖人보다 尊貴하니, 聖人을 어길지
언정 天稟의 本性은 어길 수 없다.」[23]고 하는 주장 속에서 天과 聖人
을 구별하려는 意識은 天의 絶對性을 강조하는 西學의 입장과 통하는
것이 명백하다. Ricci 이래 예수회 선교사들이 천주교교리를 유교의 경
전과 연관시켜 설명하는 이른바 補儒論의 적응적인 입장에 따라 天主
의 개념과 유교 경전의 上帝 내지 天 개념과 일치성이 강조 되었다. 따
라서 유학자들이 천주교의 天主 개념을 이해하면서 동시에 「詩經」이나
「書經」 등에 나타난 上帝·天 개념의 의미를 새롭게 각성하는 데까지
이르렀음을 보게 된다. 聖人을 통해서 天을 파악하는 것이 아니라, 聖
人마저 넘어선 絶對他者로서의 天主의 至高性에 대한 신념을 許筠이 이
해했다면, 이 天은 유교적이기보다는 기독교적인 것이다.

유학자로서 李瀷은 천주교의 天主 개념을 超越者로서의 측면과 信
仰對象으로서의 측면으로 구별하여 파악하였다.

---

20) 芝峯類說, 卷2, 外國.
21) 於于野談, 卷2, 「其敎已行,……獨我國未及知, 許筠到中國 得其地圖及偈十一章而來.」
22) 李植(1584~1647)의 「澤堂集」, 安鼎福의 「天學問答」, 朴趾源의 「答巡使書」 등에
   서 許筠이 天主敎 敎理를 신봉한 것으로 언급하였다.
   燕巖集, 卷2, 答巡使書, 「仇羅婆之國有道曰, 伎利但者, 方言事天也, 有偈十二章,
   許筠之使中國, 得其偈而來, 然則邪學之東, 蓋自筠而倡始矣, 顧今學邪之輩, 自是筠
   之餘黨也.」
23) 順庵集, 卷17, 天學問答, 「男女情欲, 天也, 分別倫紀, 聖人之敎也, 天尊於聖人, 則
   寧違於聖人, 而不敢違天稟之本性.」

天主라는 존재는 유교에서의 上帝이나, 그를 공경하여 섬기고 두
려워하여 믿는 것은 곧 불교의 釋迦와 같다.24)

李瀷은 유교에서 上帝가 超越者이기는 하지만 人格的 존재로서 신
앙하게 것이 아님을 밝혀 주었다. 이에 따라 上帝가 天地를 主宰하
는 능력이 있음에는 天主와 일치한다고 인정하지만, 天地를 創造하
는 존재로 天地의 밖에 있다거나 成肉身하여 예수라는 모습으로 降
生하며 三位一體를 이룬다는 신앙은 전면적으로 부인하고 있다.25)
이 때 Ricci 등 선교사들이 천주의 개념을 증명하기 위하여 인용하
는 유교 경전의 귀절에는 후기의 성리학에서 합리적으로 설명하는
天・上帝 개념과 상당한 차이를 보이는 고대의 신앙적 개념이 내포
되고 있는 것은 사실이다.

여기에 선교사들은 유교 경전의 사상과 宋代의 사상을 구별 짓고
宋代 性理學의 이론에 비판적 입장을 취하는 반면, 경전의 사상과
천주교교리의 상통성을 주장하였던 것이다.26) 이러한 西學의 입장을
긍정적으로 받아들인 인물이 丁若鏞이다.27)

丁若鏞은 Ricci가 「天主實義」 속에서 제시한 天主 개념을 광범하
게 받아들이고 있다. 곧 유학자들이 사용하는 天의 개념을 <蒼蒼有
形之天>과 <靈明主宰之天>으로 구별하였고, 郊社의 禮에는 上帝와
后土가 동시에 숭배되는 것이라 주장한 朱子의 입장을 반대하여 上

---

24) 星湖先生全集, 卷55, 跋天主實義, 「天主者, 卽儒家之上帝, 而其敬事畏信, 則如佛
　　氏之釋迦也.」
25) 李瀷・愼後聃・李獻慶・安鼎福・洪正河 등의 천주교교리에 대한 이론적 비판 속
　　에서 주장되고 있다. (朴鍾鴻, 「西歐思想의 導入 批判과 攝取」 亞細亞研究, 通卷
　　35號, 1969, 참조)
26) H. G. Creel에 의하면 Ricci는 新儒學이 진정한 古代思想을 서술한다는 것을 거
　　부한 최초의 인물이라 한다. (Creel, *Confucius*, N. Y. 1949, p.259)
27) 丁若鏞의 經學思想은 宋學과 구별되는 洙泗學이라 지적하고 있다. (李乙浩; 「茶
　　山經學思想研究」, 1966, pp.215f.)

帝만이 숭배된다고 주장하였다.28) 그는 초월자의 여러 가지 칭호 중
에 上帝를 正名으로, 天을 堂號로 昊天을 上帝의 正號로 보았다.29)
또 上帝의 體가 無形 無質하다는 그 德에서나 感格 臨照하는 능력에
서 鬼神이라 일컬어진다고 하여,30) 上帝는 神이요 나아가 人格神의
存在임을 제시하였던 것이다. 丁若鏞은 유교 경전에 근거하여 上帝
의 개념을 해명하였으므로 유교의 입장을 벗어났다고는 단정 할 수
없으나, 그의 上帝 개념은 천주교의 천주 개념과 거의 일치하는 점
에서 그는 유교의 上帝 개념을 천주교교리의 수용을 통하여 새로운
신앙적 양상으로 제시하였다고 볼 수 있다. 그의 上帝 개념은 유학
자의 입장으로서는 오늘날까지 기독교에 대해 가장 개방적인 태도를
보여주는 것으로 보인다.

　丁若鏞을 前後하여 正祖代에 畿湖 南人의 지식층에 이른바 信西派
라는 천주교 신앙운동이 일어났다. 李蘗 · 李承薰 · 權日身 · 丁若鏞
등의 신앙 활동은 이들이 유교의 입장을 벗어나 천주교교리를 전면적
으로 받아들이기 시작하였음을 알 수 있다. 이들 信西派 지식인들이
初期에는 丁若鏞에서 보이는 바 天主教와 儒教의 조화를 前提하는 것
은 예수회의 漢文 教理書에 근거한 신앙에서 가능하였다. 그러나 천주
교 교회 안의 典禮 論爭과 예수회 解散 이후 천주교 신도들은 尹持忠
· 權尙然의 廢祭焚主事件(正祖 15, 1791)으로 유교와 대립된 입장을
표면화 지켰다. 이때에는 信西派의 천주교교리 연구도 상당히 깊어져
李蘗(1754~1786)의 「聖教要旨」, 丁若鏞(1760~1801)의 「主教要旨」,
丁夏祥(1795~1839)의「上宰相書」등 교리해설의 저술이나, 「天主恭敬
歌」(李蘗), 「十誡命歌」(丁若銓), 「警世歌」(李家煥)와　崔良業　神父

---

28) 本書, 第四章 p.79-80 참조.
29) 與猶堂全書, Ⅱ-36, 春秋考徵, 「上帝或稱天, 或稱昊天, 猶人主之或稱國, 或稱乘輿.」
　　同上, Ⅱ-22, 尙書古訓, 「昊天乃上帝之正號也.」
30) 同上, Ⅱ-3, 中庸自箴, 「上帝之體, 無形無質, 與鬼神同德, 故曰鬼神也, 以其感格臨
　　照而言之, 故謂之鬼神.」

(1821~1861)의 「思鄕歌」, 「私審判」등 천주교 歌詞들이 출현하였고, 또 교리서는 국문 번역과 더불어 대중에게 확대 침투되었다. 이러한 천주교교리서 내지 전교 문헌들에서는 유교사상의 입장과 관계없이 천주교 사상을 합리화시키고 설득하기도 하는 것이었다. 丁夏祥의 「上宰相書」는 憲宗 5년(1839, 己亥)의 獄事 때 官府에 제출한 護敎書라는 점에 중요한 意義가 있다. 丁夏祥은 天主敎가 邪敎가 아님을 力說하고 許容해 주기를 청원하면서도 「天主實義」등 漢文 敎理書에 제시된 천주교교리에 따라 萬物(自然), 良知(理性), 聖經(歷史와 文獻)에 근거하여 天地를 창조하고 主宰하는 天主의 存在를 증명하고 있다.31) 비록 천주교도들의 주장이 명백하고 논리적이라 할지라도 이를 받아들이는 유학자의 입장은 더욱 批判的이고 배척적인 태도를 보였던 것은 사실이다. 또한 천주교 신도들의 신앙은 대중화하여감에 따라 더욱 유교적인 사상과 거리를 멀리한 채 지속되었고, 丁若鏞에서 보는 바와 같은 두 대립의 조화가 계승되지는 못하였다. 그러나 천주교 신앙은 정부의 엄격한 禁壓에도 불구하고 전파되었고, 또 그만큼 대중의 요구에 호응할 수 있는 힘을 지녔던 것이었다. 이때에 발생한 崔濟愚(1824~1864)의 東學運動도 西學에 대한 對立을 주장하지만 天主를 높이고 天主의 造化와 威力을 신봉하는 데 있어서 천주교사상의 영향 내지 충격을 엿볼 수 있다.32) 이러한 양상은 甑山敎에서 敎主 姜一淳(1871~1909)은 東學의 呪文인 「侍天主……」에서 말하는 天主가 바로 자신이라 하고 자신은 하늘이 親히 降臨한 존재라는 교설을 베푼 사실에서도 기독교 사상과의 유사성을 엿보게 한다.33)

---

31) 闢衛編, 卷7, 上宰相書.
32) 崔東熙; 「韓國東學 및 天道敎史」, 韓國文化史大系Ⅳ, 1970, pp.714-717. 참조.
33) 裵容德; 「하느님의 降世와 天地公事」, 甑山敎理研究(3), 1975, pp.77-79.

2) 陰陽·五行的 自然構造의 再檢討

「周易」에서는 만물의 생성과 변화 속에 陰陽의 두 원리가 있음을 전제로 하고 있으며, 「書經」에서는 洪範九疇의 첫머리에 五行을 제시하고 있다. 그러나 陰陽과 五行의 개념이 유교의 자연철학적 기본 개념으로 부각된 것은 漢代에 董仲舒를 위시한 今文經學家들에 의해 이루어졌다.[34] 그리고 宋代에 周濂溪가 「太極圖說」에서 太極·陰陽·五行을 生成原理로 제시하고 朱子가 이를 계승함으로써 性理學의 自然哲學體系가 확립을 보게 되었던 것이다. 陰陽은 氣의 두 가지 기본형식(兩儀)으로 모든 현상의 二元的 相對 關係와 循環的 進行過程을 지배하는 것으로 인식 되며, 五行은 氣의 다섯 가지 구성 요소로서 만물의 다양성과 변화의 기반을 이루는 것으로 파악되었다. 운동과 정지, 하늘과 땅, 남성과 여성은 陰陽의 현상으로 이해되고, 四方位와 中央, 四季節과 季夏, 五音, 五官, 五臟, 五味, 五色, 五常 등 자연 및 인간 현상은 五行의 구조로 이루어진 것으로 설명되고 있다.

西學이 전래해 왔을 때 그들의 자연과학적 논리는 陰陽 · 五行說과 전혀 다른 전통 위에 서있었다. 그들은 陰陽을 모든 현상의 기본 형식으로 보는 것이 아니라, 사물에 내재하는 構成 要因으로만 인정하며, 사물의 존재 요인으로 作(運動因)·模(形相因)·質(質料因)·爲(目的因)의 4原因 가운데 陰陽은 模와 質에만 해당하는 것으로 한정시켰다.[35] 나아가 西學에서는 理 · 氣로 존재를 究明하는 것이 아니라, 理·物로 나눈다. 또한 理의 實體性을 거부하고 理를 依賴者로 보

---

34) 馮友蘭, 「中國哲學史」 第2篇, 第2章 董仲舒與今文經學.
35) 天主實義, 第4篇, 「所以然者, 有在物之內分, 如陰陽是也, 有在物之外分, 如作者之類是也.」
　　同上, 首篇, 「其模者質者, 此二者在物之內, 爲物之本分, 或謂陰陽是也, 作者爲者, 此二者在物之外, 超於物之先者也, 不能爲物之本分.」

며, 物을 自立者로 보았다. 이들은 物의 구성요소로 氣・火・水・土의
四元說을 제지하여 五行說이 氣의 구성요소로 水・火・金・木・土를
열거하는 것과는 근본적인 차이를 보여준다.36) 여기서 西學은 陰陽
이나 四元行이 물질의 내재적 구성요인일 뿐이요, 모든 자연현상의
보편적 형식으로 적용될 수 있는 것이 아니라고 한다.

유학자들이 서양의 자연 과학을 받아들이면서 유학의 陰陽・五行
說이 경험적 관찰을 벗어나 演繹的 原理로 적용되어 왔음을 발견하
고 이에 대한 반성이 일어났다. 洪大容은 天文현상을 陰陽・五行으
로 설명한 것을 정면으로 거부하였다. 그는 日蝕과 月蝕을 陰陽의
不和로 설명해 온 전통적 思考를 비판하여, 「陰陽說에 얽매여 이치
에 막히고 天道를 살피지 않은 것은 先儒의 허물이라」37)하고, 달과
해와 지구가 서로 가리는데 따라 日蝕과 月蝕이 일어나며, 그것은
지구상의 政治와 관계없는 것임을 밝혔다. 그는 또한 陽은 火에 근
본하고 陰은 土에 근본 하여 陰陽說이 나왔으나, 陰陽은 태양의 빛
이 옅고 깊음에 따른 것뿐이요, 天地 사이에 陰・陽의 二氣가 따로
있는 것이 아니라 하여 陰陽의 實體性을 거부하였다.38) 洪大容은 五
行說을 批判하여 「書經」의 六府(水・火・金・木・土・穀), 「周易」의
八象(天・地・火・水・震・風・山・澤), 洪範의 五行, 佛敎의 四大
(地・水・火・風) 등은 古人이 萬物의 總名으로 제시한 것이지만 하
나도 빼거나 보탤 수 없는 數가 아님을 강조한다. 그는 五行의 數는
術家들이 억지로 敷衍한 터무니없는 것이라 하며, 五星을 五行에 分

---

36) 同上, 第3篇, 「凡天下之物, 莫不以火氣水土四行相結以成, 然火性熱乾, 則背于水,
水性冷濕也, 氣性濕熱, 則背于土, 土性乾冷也, 兩者相對相敵, 自必相賊, 旣同在相
結物之內, 其物豈得長久和乎.」
37) 湛軒書・毉山問答, 實翁曰, 拘於陰陽, 泥於理義, 不察天道, 先儒之過也.」
38) 同上, 「陽之類有萬, 而皆本於火, 陰之類有萬, 而皆本於地, 古之人有見於此, 而有
陰陽之說,……究其本, 則實屬於日之淺深, 非謂天地之間, 別有陰陽二氣隨時生伏主
張造化, 如後人之說也.」

屬시키는 것도 術家의 臆說로 규정하고 있다.39) 그는 나아가 火는
태양이요, 水와 土는 땅이며, 木과 金은 태양과 땅에서 생성된 것이
므로 火·水·土와 並立할 수 없다고 하며, 하늘을 氣라 하여 마침
내 西學의 四元行說을 그대로 받아들이고 있음을 본다.40)

正祖 때의 南人 信西派 지식인들 사이에는 서양 과학에 관한 연구
가 일어나 李家煥은 曆象에 관한 策問에 서양인의 靑濛氣說로 應對
하였다. 또 李家煥이 考試官으로서 <五行>을 策問으로 出題하자 丁
若銓은 四行說을 제시하여 一等으로 합격하게 되었고, 이에 대해 朴
長卨이 이들을 邪學徒라 공격하는 상소를 올려 物議를 일으킨 일이
있었다.41) 이러한 서양의 자연과학지식을 받아들였던 유학자들은 陰
陽·五行說의 自然哲學 體系를 유학의 본질적 정신과 관계없는 비합
리적 思考로 규정지어 거부하는 입장을 지키고 있다.

丁若鏞은 특히 西學徒의 혐의를 받아 이를 씻기 위한 儒學者로서
의 努力을 스스로 보였지만 陰陽·五行說는 끝내 부인하였다. 그는
理氣論에서도 理를 依附之品이라 하여 <氣發而理乘之>는 가능하나
<理發而氣隨之>는 不可라고 하여 理의 實體性을 否認하였으며,42)
陰陽은 日光이 비치는가 가렸는가에 따라 붙여진 이름이고 본래 體
質이 없는 것이요, 다만 對待關係의 형식으로만 인정하였다.43) 그는

---

39) 同上,「古人隨時立言, 以作萬物之總名, 非謂不可加一, 不可減一, 天地萬物, 適有
　　此數也, 故五行之數, 原非定論, 術家祖之, 河洛以傅會之, 易象以穿鑿之生克飛伏,
　　支離繚繞, 張皇衆技, 卒無其理.」
　　同上,「五星之體, 各有其德, 五行之分屬, 術家之陋也.」
40) 同上,「夫火者日也, 水土者地也, 若木金者日地之所生成, 不當與三者並立爲行也,……
　　天者氣而已.」
41) 正祖實錄, 卷43, 19年乙卯, 7月 丙辰條.
　　與猶堂全書, Ⅰ-15, 貞軒墓誌銘 및 先仲氏墓誌銘.
42) 同上, Ⅱ-4, 中庸講義補,「蓋氣是自有之物, 理是依附之品, 而依附者, 必依於自有
　　者, 故纔有氣發便有是理, 然則謂之氣發而理乘之可, 謂之理發而氣隨之不可.」
43) 同上,「陰陽之名, 起於日光之照掩……本無體質, 只有明闇……聖人作易, 以陰陽對
　　待爲天道爲易道而已.」

또한 五行을 萬物 가운데의 다섯 가지 물건에 지나지 않는 것으로 보아, 五行이 萬物을 생성할 수 없다고 규정하고 있다.44) 그는 易의 四正卦를 相合·相錯하여 萬物을 생성한다고 주장하면서, 四正卦의 乾(天·氣)·坤(地·土)·坎(水)·離(火)는 곧 西學의 四元行 氣·火·水·土와 일치함을 보여주는 것은 그가 西學의 四元說을 易의 四正卦論으로 유교 경전의 바탕 위에 수용하여 정립시키는 것이라 할 수 있다.45)

崔漢綺에 있어서 理는 氣의 條理요, 氣에 內在하며, 氣에 앞서거나 뒤서지는 않으나 氣를 따라 나타나는 것이라 봄으로써 氣를 理의 근본으로 이해하였다.46)그의 理氣說은 氣를 궁극적 實體로 보고 理를 氣의 條理로 파악하는 主氣論이라 할 수 있다.

> 氣는 곧 하나이다. 그 자리에 따라 이름이 다르다. 그 全體를 <天>이라 하고, 그 主宰를 <帝>라 하고, 그 流行을 <道>라 하며, 人物에 賦與하는 것을 <命>이라 하고, 人物이 稟受한 것을 <性>이라 하고, 一身의 主宰가 됨을 <心>이라한다. 또 그 움직임에 따라 달리 불려진다. 펴지면 <神>이 되고, 굽혀지면 <鬼>가 되며, 나아가면 <陽>이 되고, 거두어지면 <陰>이 되며, 가면 <動>이 되고, 오면 <靜>이 된다.47)

그는 氣의 流行과 變化와 分殊를 문제 삼으면서도 一氣論의 입장

---

44) 同上,「況五行不過萬物中五物, 則是物也, 而以五生萬, 不亦難乎.」
45) 拙稿,「茶山의 易學思想과 西學精神」, 司牧, 48號, 1976, p.76.
46) 明南樓叢書, 推測錄·流行理推測理,「理 是氣之條理, 則有氣必有理, 無氣必無理,……理未嘗先於氣, 亦未嘗後於氣, 是乃天地流行之理也.」
同上, 氣測體義序,「氣爲實理之本, 推測爲擴知之要, 不緣於是氣, 則所究皆虛妄怪誕之理, 不由於推測, 則所如皆無據沒證之言.」
47) 同上, 推測錄·一氣異稱,「氣卽一也, 指其所而名各殊焉, 指其全體謂之天, 指其主宰謂之帝, 指其流行謂之道, 指其賦於人物謂之命, 指其人物稟受謂之性, 指其主於身謂之心, 又指其動而各有稱焉, 伸爲神, 屈爲鬼, 暢爲陽, 斂爲陰, 往爲動, 來爲靜.」

에 서서 陰陽이나 五行으로 氣의 구성을 체계화하려고 하지는 않았
다. 따라서 그는 理氣說을 계승하면서 朱子學의 陰陽·五行說에 따
른 自然哲學의 구조를 벗어나 서양과학의 지식을 받아들일 수 있는
새로운 經驗論的 自然哲學의 체계를 구성하였던 것이다.

3. 人間 理解의 西學的 展開

1) 靈魂概念과 西學的 人間觀

孔子의 敎說이 仁을 강조하고 德을 높임으로써 超越的인 天道도
人道 속에 內在的으로 파악되고 있다. 『中庸』의 「天命之謂性, 率性之
謂道, 修道之謂敎」는 곧 유교에서 敎를 통하여 道를 밝히고, 道를
통하여 性을 깨닫고 性을 통하여 天을 받드는 認識 過程을 제시하고
있는 것으로 보인다. 따라서 宋代의 性理學은 超越的 天의 문제보다
內在的 性의 문제를 직접적인 문제로 삼았던 것이다. 그것은 곧 性
理學이 일차적으로 人間學임을 말해주는 것이다. 여기에 四端七情의
心性情論이나 人心道心論이나 人物性同異論이 격렬한 토론의 초점으
로 등장하였던 朝鮮朝 性理學의 기반을 이해할 수 있다.

이러한 性理學의 바탕 위에 西學의 기독교적 인간론이 전래하였을
때 특히 예민한 관심과 평가를 불러일으키게 되었던 것은 지극히 당
연한 일이었다. 이때에 관심을 모았던 문제의 한 가지는 천주교 교
리서에서 제시한 靈魂不滅說이다. 「天主實義」에서는 生魂·覺魂·靈
魂의 三魂說을 통하여 인간에게 부여되는 靈魂은 死後에도 不滅하는
것으로 動物과 구별되는 人間生命의 본질로서 강조하고 있다. 이에
대하여 性理學의 鬼神·魂魄論은 氣의 聚散에 따라 死後에는 遲速의
차이는 있으나 끝내는 흩어져 消滅하는 것으로 보아 西學과는 상반

된 입장에 놓인다. 특히 Fransesco Sambiaso (畢方濟)의 「靈言蠡勺」
은 Schola哲學의 靈魂(anima)論을 소개한 것으로 愼後聃은 「西學辨」
(1724)에서 이를 性理學의 입장에 따라 비판하고 있다. 安鼎福도
1758년에 李瀷에게 보낸 편지에서 西學의 靈魂論을 비판하였다. 그
러나 그도 魂과 魄을 陽陰에 따라 나누어 이름 지은 것이지만 二物
이 될 수 없다하여 魂魄의 統一性을 강조하고, 祭祀에서 祖先의 氣
가 來格한다는 것은 흩어지지 않는 氣가 있음이 확실하다고 지적하
여 儒敎의 鬼神論을 제시하여 주고 있다[48] 洪大容도 西學의 三魂說
과 흡사하게 草木은 知가 있으나 覺이 없고, 禽獸는 覺이 있으나 慧
가 없고, 인간은 모두가 있는 것으로 생물의 종류를 나누고 있으
나,[49] 그것은 西學의 靈魂論을 이해한 것은 아니다. 다만 머리가 둥
근 것은 하늘의 形象이요 발이 모난 것은 땅을 象形한다는 따위의
소박한 物我一體觀을 비판하기 위하여, 西學에서 영혼을 분류하는
방법을 이끌어 썼던 것으로 보인다.

　天主敎의 靈魂과 儒敎의 鬼神·魂魄 문제의 논쟁에는 개념의 外延
이 다른데서 오는 混亂이 있다. 유교에서는 인간의 본질적 實體를 心
性情으로 보고 이를 理氣論으로 分析할 때 性은 理요, 情은 氣이며, 心
은 性情 곧 理氣를 포함하는 것으로 인식한다. 그리고 鬼神·魂魄은
氣의 면으로 이해되고 있다. 그러나 西學의 靈魂은 理氣로 구분되지
않는 인간생명의 본질이므로 鬼神·魂魄의 측면과 心性의 측면에 양쪽
으로 연관을 갖고 있는 것으로, 愼後聃이 靈魂을 天主의 존귀함과 비
슷하다고 비유한 것을 부정하였으나, 上帝와 비길 수 있는 것은 인간

---

48) 順庵集, 卷2, 上星湖先生書(戊寅)別紙, 「人之神一而已, 而有在陰在陽之別, 故有魂
　　魄之名, 不可別爲二物也.」
　　同上, 「祖先之氣已散, 而歸於二氣之本然, 則惟標散虛空, 與原初不異, 復有何氣,
　　更來乎, 誠有來格者, 則其別有不散者存焉矣.」
49) 湛軒書·醫山問答, 「生之類有三, 人也, 禽獸也, 草木也, 草木倒生故有知而無覺, 禽
　　獸橫生故有覺而無慧.」

에 있어서 心이라 지적한 것은 이 비판이 靈魂개념의 혼란에서 왔던
것을 엿볼 수 있게 한다.50) 이에 비하여 丁若鏞은 西學의 靈魂 개념을
명확히 이해하여 神·心·魂을 일치시켜 해명하였다.

> 神形이 妙合하여 사람이 되니, 神은 形이 없으므로 이름도 없으나
> 無形하기 때문에 빌어서 神이라 이름 지었고, 心은 血府(心臟)로 妙
> 合의 樞紐가 되므로 빌어서 心이라 이름하며, 죽으면 形을 떠나므로
> 魂이라 이름 한다.51)

丁若鏞은 또한 草木의 性은 <有生而無覺>이요 禽獸의 性은 <旣生
又覺>이요, 인간의 性은 <旣生 旣覺又靈>이라 하여,52) 三魂說을 그
대로 性三品說로 대치시킴으로써 西學의 魂 개념을 유교의 性개념
속에 받아들였던 것은 그가 用語의 혼란을 넘어서 본질적인 이해를
하고 있음을 말해준다.

崔漢綺는 인간에 부여된 본질적 實體를 神氣라 하고 五官을 통한
知覺과 神氣의 推測에 의한 經驗主義的 認識論을 전개하였다.53) 「神
氣通」(1836)과 「推測錄」(1836) 등을 통한 그의 인식론 체계는 「靈言
蠡勺」에서 제시된 Schola 철학의 인식론을 經驗主義로 克服한 獨創
的인 것이요, 여기에서 그는 主氣論 의 性理學的 입장과 西學의 인
식론을 종합하여 새로운 경지에로 止揚시켜 그의 獨創的 정신을 발
휘하였다고 할 수 있다.

---

50) 闢衛編, 卷1, 西學辨·靈言蠡勺, 「但以亞尼瑪比於天主, 而以爲其尊相似, 則此有大
   不然者, 盖吾儒之論魂也, 則必與魄而對擧, 魂者陽之靈也,……今以吾 儒之說論之,
   則人之可比於上帝者, 惟有此心耳, 主宰乎上天者帝也, 主宰乎一身者心也.」
51) 闢衛編, 卷1, 西學辨·靈言蠡勺, 「但以亞尼瑪比於天主, 而以爲其尊相似, 則此有大
   不然者, 盖吾儒之論魂也, 則必與魄而對擧, 魂者陽之靈也,……今以吾 儒之說論之,
   則人之可比於上帝者, 惟有此心耳, 主宰乎上天者帝也, 主宰乎一身者心也.」
52) 同上, II-4, 中庸講義補.
53) 朴鍾鴻; 「崔漢綺의 經驗主義」, 亞細亞研究, 통권 20호, 1965. 참조.

丁若鏞과 崔漢綺에서 볼 수 있는 바 西學의 靈魂論 내지 認識論을 유학의 바탕 위에 수용하고 있던 것에 비하여, 丁夏祥의「上宰相書」에 나타난 靈魂不滅의 증명이나 祭祀에서 鬼神의 歆享에 대한 批判은 유교의 입장에 대해 아무런 새로운 이해 없이 서양 선교사들의 교리서를 요약하여 반복하고 있는데 그치는 것으로, 당지의 천주교도들이 학문적 개발이 없이 신앙의 동기에만 사로잡혀 있음을 보여주는 것이라 하겠다.

2) 儒敎傳統의 倫理體系와 社會秩序의 動搖

倫理思想은 유교정신의 중심을 이루는 것으로, 孔子도 禮의 회복을 강조함으로써 倫理의 실천규범과 유교적 사회질서의 확립을 위한 노력을 보여주고 있다. 朱子學의 道學精神은 性理學의 理論위에 義理精神을 발휘하고 禮學의 행동양식을 규정하는 윤리적 입장을 본질적 특징으로 한다. 사실상 천주교의 전래가 유교 전통사회와 가장 직접적인 충돌을 일으켰던 것은 서양 과학이나 초월자의 개념에 있었던 것이라기보다 윤리의식과 사회질서에 대한 입장의 차이에 있었던 것으로 보인다.

許筠이 本能과 倫理를 각각 天과 聖人에 근거하는 것으로 구분하고, 聖人을 어길지언정 天稟의 本性을 어길 수 없다고 주장한 것은 儒敎의 聖人과 超越的 天을 相反될 수 있는 것으로 파악함으로써, 유교의 윤리체계에 저항 하였다는 점에서 천주교의 입장과 통하고 있는 것이다. 그러나 인간의 내면에 윤리적 근거가 부여 되었다는 점에서 유교와 기독교가 공통성을 갖는다. 또한 인간은 善과 惡으로 나아갈 두 가지 가능성이 있음을 양쪽 다 인정한다. 따라서 李漢은 천주교의 윤리적 교리서인『七克』(Pantoja著, 1614)에 대하에 유교의 克己說에 해당하는 것이라 하고, 「七枝의 節目이 많고 條目에 질서가 있으며

比喩가 절실하여 간혹 유교에서 계발하지 못한 것도 있어 禮를 회복하는 功에 도움 됨이 크다」54)고 적극적인 긍정을 보여 주었다.

그러나 천주교교리에서 天主의 인격적 의지에 대한 신앙과 더불어 인간 영혼의 死後 不滅과 인간 행위의 善惡·功罪에 따라 死後에 禍福의 賞罰을 받는다는 주장은 신앙에 근거를 둔 윤리체계이므로 유교의 합리적 내지 실적 윤리체계와는 근본적으로 차이가 나타난다. 따라서 李瀷도 七克說에 天主·鬼神의 說을 섞은 것은 해괴한 것이라 비난하고,55) 愼後聃은 천주교 윤리체계의 바탕에 놓인 靈魂不滅說과 더불어 禍福說이나 天堂地獄說의 신앙은 貪生惜死의 利를 추구하는 마음이라 하여 義에 背反되는 것으로 비판 하였다.56)

丁若鏞은 神의 존재에 대한 신앙과 윤리적 실천의 동기를 결합시킴으로써 기독교적 입장을 유교의 윤리사상 속에 수용하고 있다. 그는 「中庸」에 이른바 不睹·不聞하는 곳에서 戒愼·恐懼하는 君子의 愼獨修養은 他人와 耳目을 떠난 個人的 세계를 의미하는 것이 아니라, 無形 無聲한 鬼神이 鑑臨하고 있는 것이라 하고, 鬼神 곧 上帝의 現存을 자각할 때에 敬畏와 愼獨이 이루어질 수 있다고 밝혔다.57)

西學의 천주교교리가 일찍부터 유교사회에서 공격을 받았던 점은 天主의 존숭을 강조하지만 君이나 父에 대한 존숭이 적절하지 못하다는 것이요, 따라서 아비를 아비답게, 임금을 임금답게 섬기지 못하는 無父 無君의 無倫理的인 夷狄 禽獸의 교리라는 것이다. 이에 대

---

54) 星湖僿說, 人事門 · 七克,「七枝之中, 更多節目, 條貫有序, 比喩切己, 間有吾儒所未發者, 其有助於復禮之功大矣.」
55) 同上,「但其雜之以天主魂神之說, 則駭焉.」
56) 闢衛編, 卷1, 西學辨 · 靈言蠡勺,「其所謂精神不滅者, 旣足以中世人惜死之心 輪回報應等說, 又有以持世人之心而恐誘之, 故擧世靡然從之者, 亦爲利也.」
57) 與猶堂全書, Ⅱ-4, 中庸講義補,「中庸之德, 非愼獨不能成, 愼獨之功, 非鬼神無所畏, 則鬼神之德, 卽吾道之本也.」

해 李蘗의 「천주 공경가」에서도 「집안에는 어른 있고/나라에는 임금 있네/네 몸에는 영혼 있고/하늘에는 천주 있네/부모에게 효도하고/임금에게 충성하네/삼강오륜 지켜가자/천주공경 으뜸일세」라는 표현으로 유교사회에 대하여는 전통윤리와의 조화를, 천주교도들에 대하여는 유교윤리 사상을 통하여 천주교 신앙에로의 접근을 추구하였음을 알 수 있다. 그러나 천주교도인 尹持忠과 權尙然은 神主를 불태우고 祭祀를 폐지한 것은 천주교에 禁止하는 것이기 때문이며, 士大夫에게 罪를 얻을지언정 天主에게 罪를 짓지 않겠다는 선택의 태도를 밝혔고, 또한 君上의 命도 어길 수 있고 父母의 命도 어길 수 있지만 天主의 敎는 極刑을 당하더라도 바꿀 수 없다는 확신을 밝혀 유교적 윤리체계의 권위를 거부하였다.58) 이러한 천주교도의 입장은 黃嗣永의 帛書에서 천주교 신앙의 탄압을 해소시키는 방법으로 朝鮮을 滿洲에 예속 시키게 하든가 서양군함을 끌어들여 위협하게 하는 등의 계책이나, 천주교를 탄압하는 이 나라를 殄滅하더라도 천주교의 모범에 해로울 것이 없다는 주장으로 나타나고 있다.59) 이것은 곧 극단적인 억압과 신앙의 갈등 속에서 천주교신앙을 절대적 가치로 제시하여 유교의 전통윤리에 대립하는 것이요, 이 시대의 윤리적 부조화를 드러내는 것이라 하겠다.

　實學派의 現實意識에 근거한 利用의 강조는 유교사상의 범위 안에 있지만 重義輕利的인 義理學의 전통과 관심의 방향에 차이를 드러내었고, 北學派가 淸朝 文物을 적극적으로 도입하려는 태도는 尊明蔑淸의 尊周義理論과 방향을 달리하는 것이었다. 여기에 한걸음 나아가 천주교도들이 班常의 신분윤리를 무지하고 신앙공동체를 형성하며, 男女有

---

58) 正祖實錄, 卷33. 15年 辛亥, 11月 戊寅, 「持忠供,……士大夫木主, 天主敎之所禁, 故寧得罪於士夫, 不願得罪於天主.」

　　同上, 「尙然供,……君上之命可違, 父母之命可違, 天主之敎, 雖被極律 決不可變改.」

59) 闢衛編, 卷5, 嗣永帛書, 「雖殄滅此邦, 亦無害於聖敎之表樣.」

別 내지 男尊女卑的 意識을 벗어난 신앙 활동이 확대되면서 身分的 사
회제도에 억압되었던 계층에 광범한 영향을 미치게 되었다. 신분윤리
의 사회적 모순에 대한 반성은 유학자들 중에서도 간혹 주장되었으나
관습화한 제도의 개혁에까지 이르지 못하였다. 柳馨遠은 奴婢를 血統
의 身分으로 구속하는 것은 반대하였으며,60) 丁若鏞이 온 백성을 모두
兩班으로 만들어 兩班이 없도록 하고 싶다는 피력은 봉건신분제도를
벗어난 인권평등사상의 표현이라 할 수 있다.61)

하늘로부터 부여받은 本性은 聖人과 凡人이 같으나 氣稟은 사람에
따라 差別이 있다는 性理學의 人間論이 氣稟의 차이 쪽에 강조를 두
는 身分制度에 대한 개혁의 관철에로 나아가지 못한 데 반하여, 천
주교 신앙의 전파는 인간의 영혼이 천주로부터 평등하게 부여받은
것이라는 신념을 현실화 시켰던 것이다. 正祖이후 天主敎 禁壓이 士
大夫 層에 특히 심하였고 그 반면 신앙운동은 庶民層으로 확대됨으
로써 유교전통의 社會秩序는 底邊의 大衆 속에 동요를 일으켰다고
볼 수 있다. 관료의 타락과 경제 질서의 붕괴 속에 대중들의 저항은
哲宗 때에 천국 각지의 民亂으로 나타났고, 이때에 봉건신분윤리의
모순을 극복하려는 시대적 요구는 천주교 신앙운동의 자극 속에 新
興 민중종교의 형태로 출현을 보게 되었다. 東學은 人乃天思想내지
事人如天을 표방하여 인간의 존엄성을 절대시해서 신분윤리를 극복
하려 하였으며, 甑山敎에서 「天尊과 地尊보다 人尊이 더 크니 이제
는 人尊시대라」(大巡經典 6-119)는 인간 존중의 意識과 解冤思想을
통해 억눌린 서민 대중을 다시 발견하고 있다. 金恒(號 一夫,
1826~1898)의 「正易」에서는 陰을 누르고 陽을 높이는 것이 先天의

---

60) 磻溪隨錄, 卷26, 奴隷, 「奴婢之名, 本起於以罪沒入, 無罪而使爲奴婢, 古無其法也,
夫以罪沒入者, 亦不罰及後嗣, 況無其罪者乎.」

61) 與猶堂全書, Ⅰ-14, 跋高亭林生員論, 「若余所望則有之, 使通一國而爲兩班, 卽通一國
而無兩班矣.」

思想이지만 陰과 陽이 調和하는 것이 後天의 사상이라 밝히고 있으며,62) 여기서 「正易」의 思想은 先後天說로서 역사와 사상의 변혁을 지시하였고, 抑陰尊陽에서 調陽律陰으로의 전환은 天地·上下·男女에 대한 유교적 전통사회의 질서가 새로운 개혁을 일으키게 됨을 제시하는 것으로 이해할 수 있다.63) 이처럼 천주교사상의 영향과 수용 양상은, 교리의 직접적인 도입에서보다, 우리의 전통과 시대적 상황 속에서 근대의 방향을 향한 주체적인 전개로 나타났던 사실에 더욱 큰 의의가 있다고 하겠다.

---

62) 正易, 8張, 「抑陰尊陽, 先天心法之學, 調陽律陰, 后天性理之道.」
63) 李正浩; 正易研究, 1976, pp.23-25 참조.

第4章 丁茶山의 思想에 있어서
西學受容과 儒學的 基盤

1. 天·上帝觀의 信仰的 深化

信仰과 哲學이 分化되기 이전부터 人間은 普遍的으로 하늘을 人間의 意識 속에 가장 크고 넓고 깊고 강하고 두려운 存在로서 感知하여 왔다. 儒教를 통하여 確立를 보았던 中國古代精神의 傳統 속에는, 上·上帝·帝·天 등의 名稱으로 불리워지는 超越的이고 絶對的인 存在가 核心的인 역할을 하고 있다. 이러한 사실은 經典 속에서 뚜렷하게 찾아볼 수 있다. 孔子의 教說에서는 天의 超越性보다 人間의 內面的 道德律을 통하여 파악되는 內在性이 현저하게 강조되고 있음을 볼 수 있지만, 그가 刪定한 儒教經典에는 超越的인 絶對者로서의 天내지 上帝의 개념이 결코 排除되거나 拒否되었던 것은 아니다. 後期의 宋代 性理學에 있어서 上帝의 名稱이 후퇴하고 內在的인 天의 개념이 合理的으로 分析되어 體系化되었다. 그러나 儒教人의 意識 속에 超越的 天의 概念은 經典과 더불어 면면히 흘러왔고, 또한 祭儀에서는 合理性을 넘어 信仰의 領域으로 傳承되었음을 否認할 수는 없다. 그러나 李朝儒學이 性理學의 理論體系를 극도로 擴大深化시켜가는 過程에서 少數의 知識人들은 合理的 體系에 安住하고 있었으나, 信仰的 性格이 쇠퇴해진 性理學的 天·理의 概念이 大衆에게 精

神的 安堵를 제공하지는 못하였던 것이다. 여기에 비록 性理學의 闢異端論이 峻嚴하였고 儒敎가 大衆生活을 支配하는 絶對的 統治理念이었으나, 大衆의 信仰的 要求를 充足시키는 데는 佛敎·道敎·巫俗 등이 중요한 역할을 담당하여왔음을 무시할 수 없다.

丁茶山의 時代에 西學을 통하여 傳來한 天主敎敎理가 一部 知識人에게 支持를 받고 大衆 속에 信仰運動으로 침투되어 상당한 세력을 형성하게 되었던 것도 性理學이 지닌 合理主義 一邊倒에 대한 反作用으로서의 內的要因에 말미암은 것으로 생각할 수 있다. 앞에서 言及한 바와 같이 茶山 自身도 靑年時節에 天主敎와 깊은 관계를 가졌었고, 그가 儒學硏究에 있어 취하고 있는 根本立場이 性理學의 權威를 拒否하고 經典儒學[64]에로 復歸하고 있는 것은 특히 중요한 意味를 갖는 것이다.

茶山이 經典硏究를 통하여 남긴 著述은 詩·書·禮·樂·易·春秋·論語·孟子·中庸·大學에 걸쳐 厖大하지만[65] 그 始初는 그가 成均館儒生時節인 23歲때(甲辰, 1784) 正祖가 太學에 내린 中庸疑問 70條에 대한 대답으로 作成된 『中庸講義』[66]에서 비롯한다. 이 對答을 작성할 때에 茶山은 李蘗과 各條問을 토론하였고, 이 著述 속에서 當時 西學硏究의 선구자이었던 李蘗의 영향이 강하게 作用하였음을 엿볼 수 있다. 茶山의 儒敎經典硏究 속에서는 여기서 확립된 입장이 後半生의 經典硏究全般에로 확대되었을 뿐 아니라, 그의 思想에 根本的인 性格을 形成하고 있음에 주의할 필요가 있다.

---

64) 茶山은 「六經四書 以之修己, 一表二書 以之爲天下國家, 所以備本末也」(全書, 1-16, 18a, 自撰墓誌銘<集中本>)라 하여 自身의 學問이 經典에 바탕을 두고 있음을 밝혔고 이러한 學問的 立場과 意義를 가리켜 茶山을 「近世洙泗學派의 創始者」(李乙浩; 上揭書, p.31) 라 한 것은 적절한 지적이라고 생각된다.

65) 自撰墓誌銘(集中本) 속에는 經集 232卷의 目錄이 보이고, 與猶堂全書에는 이를 정리하여 經集 48卷 · 禮集 24卷 · 樂集 4卷(計 76卷)이 收錄되어 있다.

66) 『中庸講義』는 1784年에 對策으로 올려진 原稿를 1814년 修正增補하여 『中庸講義補』(六卷, 全書에는 一卷으로 收錄)로 남아있다.

1) 天·上帝論

中庸의 첫머리가 「天命之謂性」에서 시작되지만 茶山이 中庸에서 가장 드러내어 강조하고 있는 것도 「天」과 「性」의 개념이라 하겠다. 그의 天論은 天의 概念을 ① 「蒼蒼有形之天」과 ② 「靈明主宰之天」으로 區分하는데서 출발한다.67) 自然界의 事物로서 可視的이고 形體가 있는 머리 위의 푸른 하늘(蒼蒼大圜)과 自然界를 超越하는 形而上的 存在 (自地以上)가 모두 「天」이라고 불리지만 원래 區分되어야 할 것이 다.68) 天이란 말이 여러 가지 의미로 쓰임을 宋儒들이 몰랐던 것도 아 니요, 그 意味가 分析되지 않았던 것도 아니다. 程伊川은 天의 概念을 專言하면 「道」이나, 分言하면 形體·主宰·功用·妙用·性情의 面에 따라 「天」·「帝」·「鬼神」·「神」·「乾」으로 말한다고 分析하였다.69) 여기서 이미 形體의 天과 主宰의 天이 區分되고 있음을 볼 수 있지만, 宋學의 一般的인 方法이 엄격한 分析보다는 統合의 融通에 있으므로, 主宰의 天내지 「帝」 또는 「上帝」의 意味가 흐려지고 「道」라는 包括的 인 概念 속에서 宇宙論 내지 自然法則의 面에서 天이 理解되어 왔던 것이다. 이에 대한 批判은 初期天主敎 宣敎師에 의하여 날카롭게 指摘 되었다.

M. Ricci(利瑪竇)는 天主가 唯一者요 無形한 存在 이므로 九層으로 나 누어지거나 圓形 등의 形體로 敍述될 수 있는 蒼蒼有形之天이 아님을 강 조한다. 그는 또한 欽崇되는 主宰의 天과 欽崇될 수 없는 自然物로서의 蒼蒼之天 내지 天地를 명확히 구분하고 있다.70) 이러한 主宰之天의 意

---

67) 全書, I-8, 30a, 中庸策; 「臣以爲高明配天之天, 是蒼蒼有形之天, 維天於穆之天, 是 靈明主宰之天.」
68) 全書, II-4, 2a, 中庸講義補; 「先儒言天, 原有二種, 其一以自地以上謂之天, 其一以蒼 蒼大圜謂之天.」
69) 周易傳義大全, 卷一, 乾; 「夫天專言之, 則道也……分而言之, 則以形體謂之天, 以主 宰謂之帝, 以功用謂之鬼神, 以妙用爲之神, 以性情謂之乾.」

識은 詩經과 書經 등 經典 속에서 풍부히 찾아질 수 있는 것이기에,
M. Ricci도 宋儒의 合理主義的 宇宙論을 批判하는 論據를 儒教經典의
先秦儒學에서 많이 이끌어내었던 態度를 살필 수 있다.71) Ricci와 茶
山 사이의 根本立場의 差異를 認定하여야겠지만 두 사람 사이에 많은
공통된 態度가 엿보인다. 中庸의 「郊社之禮의 所以事上帝也」(19章)라
는 句節에 대하여 朱子는 「郊는 祭天이요, 社는 祭地니, (上帝만 말하
고) 后土를 말하지 않은 것은 省略된 글이다」라고 註釋하였다.72) 이것
은 宋儒가 天과 地를 「天地」로 並列시켜 陰陽二元의 相對的 構造로 把
握하는데서 나타나는 見解이다. 그러나 Ricci는 孔子가 上帝의 唯一性
을 밝히고 있는 것이며, 后土(地神)에 相對하는 天神을 言及한 것이 아
니요, 따라서 后土를 省略한 것이 아니라고 朱子를 反駁하였다.73) 더
욱이 Ricci는 天主와 上帝는 동일하다 主張하고, 儒教經傳속의 上帝는
天(특히 蒼蒼之天)이 아님을 經傳의 句節로써 立證하고 있다.74) Ricci
를 비롯한 初期 예수회 宣教師들이 主宰之天 또는 無形之天과 蒼蒼之
天 또는 有形之天으로 天의 概念을 區分하면서 前者를 承認하였다. 그
러나 天主教 教團에서는 점차 意味의 混同을 일으키기 쉬운 「天」을 忌
避하고 「天主」라는 名稱을 강조하였고, 後期 宣教師들 사이의 論爭을
거쳐서 「天」 및 「上帝」의 명칭조차 「天主」와 同一視하거나 混用하지
못하도록 하게 되었던 것이다.75)

---

70) 天主實義, 第二篇, 天學初函(一), pp.417-419, (中國史學叢書 23, 臺灣學生書局,
   1965); 「蒼蒼有形之天, 有九重之析分, 烏得爲一尊也, 上帝索之無形, 又何以形之
   謂乎……蕭心持志, 以無形之先天, 孰指玆蒼蒼之天, 而爲欽崇乎.」
71) 拙稿; 鬼神死生論과 儒教西學間의 論辯, 成均館大論文集, 第17輯, 1972, p.287
   參照.
72) 中庸章句大全, 제19장; 「郊祭天, 社祭地, 不言后土者, 省文也.」
73) 天主實義, 第二篇, p.415: 「夫至尊無兩, 惟一焉耳, 曰天曰地, 是二之也,……竊意仲
   尼明一之以不可爲二, 何獨省文乎.」
74) 同上, pp.415f.: 「吾天主乃古經書所稱上帝也……夫帝也者非天之謂……歷觀古書而
   知上帝與天主特異以名也.」
75) Ricci이후 예수회의 意見分裂과 도밍고會의 Ricci에 대한 反對意見으로 일어난 神

茶山에 있어서는 天의 本質的 意味를 主宰之天에서 찾았으며, 이
天의 主宰者를 上帝라하고, 蒼蒼有形之天은 土地・水火 등 事物과
같은 品級이라 하였다. 또한 그는 上帝와 主宰之天과 蒼蒼之天의 位
階를 比喩하여 上帝가 國君이라면 主宰之天의 天은 國土요, 蒼蒼之
天은 집의 지붕에 해당하는 것이라 말하고 있다.76) 中庸의 「效社之
禮, 所以事上帝也」에 대해서도 茶山 역시 朱子의 祭天・祭地說을 拒
否하고 萬物의 根本은 一原임을 主張하였다. 그에 의하면 이 一原
곧 上帝는 「天之明神」이요, 管掌하는 對象이 天(自然的 天)인가 地인
가에 따라 天神・地示로 呼稱하는 것이라 한다. 따라서 天神과 地示
는 上帝의 命을 받아 萬物을 보살피는 存在이요, 后土가 上帝와 同
格으로 놓일 수 없는 것으로 밝히고 있다.77) 天과 上帝의 槪念이 性
理學의 傳統 속에서 同一視되었던 것은 窮極的 存在를 理로 解明하
고 天이나 上帝도 純粹한 理로써 理氣論에 의하여 合理的으로 說明
함에 따라 그 超越性내지 人格性이 稀薄해졌음을 보여준다.

그러나 茶山은 天과 上帝를 同一한 存在에 대한 號稱의 差異에 不過
하다고 言及하면서도 「主宰之天」에서 主宰의 人格的 主體와 天이라는
對象的 客體를 區分함으로써 人格的 主宰者로서의 上帝를 絶對者로 파
악하여, 그 信仰的 唯一神의 性格을 提示하였던 것이다. 따라서 茶山에
있어서는 主宰者의 人格性을 직접적으로 드러내는 「上帝」가 一次的인

學的인 論爭은 Roma와 敎皇廳에까지 擴大되어 「儀禮問題」(Quaestio de Ritibus)
를 일으켰고, 이에 따라 (i) 「天主」 이외에 「天」・「上帝」의 呼稱을 使用하는 것. (ii)
祖上에 대한 祭祀 및, (iii) 孔子에 대한 祭祀를 禁止하는 敎令이 내리기에 이르렀
다. (方豪 : 中西交通史(五), 1954, 臺灣 pp.138-140)

76) 全書, Ⅱ-6, 38b, 孟子要義; 「天之主宰爲上帝, 其謂之天者, 猶國君之稱國, 不敢斥言
之意也, 彼蒼蒼有形之天, 在吾人不過爲屋宇帡幪, 其品級不過與土地水火平爲一等.」

77) 全書, Ⅱ-4, 32b-33a, 中庸講義補; 「天神地示雖分二類, 萬物一原, 本無二本, 日月
星辰風雨司命之神, 社稷五祀五獄山林之神, 都是天之明神, 特其所掌, 有司天司地
別, 故或云天神, 或云地示也, 上下神示, 皆受帝命, 保我萬物, 而王者祭而報之, 無
非所以事天, 故曰郊社之禮, 所以事上帝, 不言后土, 非省文也.」

名稱으로 강조되고 있음을 주의하여야 하겠다. 이때에 上帝와 天이 二
重의 信仰對象이 될 수 있는 것은 아니요, 經典 속에서 超越的 絶對者
로 「天」이 言及된 것은 「上帝」를 가리키는 것임을 指摘하게 된다.78) 上
帝 내지 天의 다른 名稱으로서 皇天(書·泰誓上), 昊天(書·堯典), 旻天
(書·多士), 上天(詩·大雅·文王), 蒼天(爾雅·釋天), 皇上帝(書·湯誥),
皇天上帝(書·召誥), 昊天上帝(周禮·春官·大宗伯) 등이 보이고, 이에
대한 漢儒以來의 解釋이 복잡하여 때로는 上帝의 唯一性을 흐리게 하는
論說이 나타나고 있다.79) 이에 대하여 茶山은 書·堯典에 보이는 「乃命
羲和, 欽若昊天」과 周禮·春官·大宗伯의 「以禋祀, 祀昊天上帝」를 들
어 昊天을 上帝의 正號라 言明함으로써 上帝의 名稱에 標準을 提示하
였다.80)

　天과 上帝에 대한 茶山의 究明은 經典儒敎속의 人格神的 主宰者로
서의 性格을 밝히는 것이었다고 할 수 있다. 그러나 天·上帝에 관한
문제는 儒學의 傳統 속에는 窮極者에 대한 哲學的 解明이 큰 比重을
차지하여 왔음을 否認할 수 없고, 또 茶山에 의하여 본격적으로 提起
되고 强調된 主宰者의 信仰的 性格을 注意하지 않을 수 없다. 따라서
宋儒에 의하여 窮極的 存在로 提示된 太極·理의 槪念에 대한 茶山의
理解態度와 鬼神과 上帝의 관계에 대한 그의 解明을 살펴봄으로써,
그의 立場이 갖는 신앙적 성격을 뚜렷이 할 수 있을 것이다.

---

78) 全書, Ⅱ-36, 20a, 春秋考徵;「人主之稱 或稱曰國, 或稱曰大王, 或稱曰乘輿, 非於大王
　　之外, 別有國主, 別有乘輿之君也, 上帝或稱天, 或稱昊天, 猶人主之或稱國, 或稱乘輿.」
79) 全書, Ⅱ-3, 28b-29a, 中庸自箴;「孝經曰郊祀后稷, 以配天, 宗祀文王, 以配上帝, 忽
　　以天與上帝分爲二, 此文本之緯書.」
　　全書, Ⅱ-7, 51b, 論語古今注;「天謂上帝也, 枉道求媚則獲罪於天, 天之所怒, 非衆
　　神之所能福, 故無所禱也.」
80) 全書, Ⅱ-22, 7a, 尙書古訓;「昊天乃上帝之正號也.」

2) 太極論

周易에서 「易有太極, 是生兩儀」(繫辭上)라 하여 陰陽兩儀의 原理로
서 太極이 提示되었고, 宋代의 周濂溪가 『太極圖說』에서 「無極而太
極, 太極動而生陽」이라 하여 大極說을 言及한 이래, 大極은 萬物의
窮極厚理요 唯一·絶對의 存在로 이해되어 왔다. 朱子가 「上天之載,
無聲無臭, 而實造化之樞紐, 品彙之根柢也, 故曰無極而太極」이라 하고,
「太極之有動靜, 是天命之流行也」라 註釋하는 가운데 上天과 大極을
同一視하고 있음을 볼 수 있다.81) 栗谷이 「太極在天曰道, 在人曰性」
이라 言及한 것도 太極이 窮極的 包括槪念임을 보여 주고 있는 것이
다.82) 또한 본래 太極은 理·道·理之尊號 등 理念的인 것으로 해석
되었으나, 때로는 北極神·太一神 등으로 이해되기도 하였다.83)

이에 反하여 M. Ricci는 太極과 天地之主宰를 混同할 수 없는 것
으로 區分하였다. 太極이 理라면 理는 自立者(實體)가 아니라 依賴者
(屬性)이요, 따라서 太極은 天地萬物의 根源이나 造化의 樞紐가 될
수 없다고 주장하고 있다.84) 더구나 『太極圖說』에 대하여 Ricci는
太極이 奇偶之象을 取한데 不過한 것이요, 天地를 創造하는 實在가
될 수 없는 虛象이라고 否定하였다.85)

茶山은 易學에 관한 著述 속에서 太極을 天地의 分化에 先在하는
것이요, 萬物의 太初, 陰陽의 胚胎 또는 陰陽混沌의 物體라 言及하여

---

81) 宋龜峯은 「蒼蒼者上天, 而載是大極也」(龜峯集, 卷3, 4a, 太極問)라 하여 上天과
   太極을 區分하였으나 그는 上天을 蒼蒼之天으로 限定시켜 해석하였다.
82) 栗谷全書, 卷20, 聖學輯要·窮理
83) 唐君毅; 中國哲學原論,1966, 香港, p.435.
84) 天主實義, 第2篇, p.407; 「若太極者, 止解之以所謂理, 則不能爲天地萬物之原矣,
   蓋埋亦依賴之類, 自不能立, 曷立他物哉.」
   同上, p.414; 「造物之功盛也, 其中固有樞紐矣, 然此爲天主所立者, 物之無原之原
   者, 不可以理以太極當之.」
85) 同上, p.405; 「吾視夫無極而太極之圖, 不過取奇偶之象言, 而其象何在, 太極非生天
   地之實可知已.」

生成論的인 始源으로 把握하고 있다.86) 그의 易學體系 속에서는 太極을 無形之天과 同一視하는 것을 明白히 反對하고 있으며, 太極을 理로써 파악하는 것조차 拒否하였다.87) 그는 太極이 有形의 始源일 수는 있으나 無形의 理일 수는 없는 것으로 보았고, 『太極圖說』에서 太極을 無形이라 하고 理라고 하면서 그림으로 나타내고 있는 것은 不當하다고 비판한다.88) 易經에서 말하는 太極의 意味는 다만 撲蓍法에서 50策을 나누기 以前의 全體 내지 64卦의 全體를 가리키는 것으로 解明하였다.89) 따라서 茶山에게 있어서는 性理學에서 太極의 槪念이 갖는 窮極存在로서의 理念은 철저히 否認되고 있다고 하겠다. 그는 易이 字義上 日月을 뜻한다하고, 日月이 相易하는바 즉 陰陽의 관계에서 卦·爻의 變化法則이 이루어지는 것이라 하였다.90) 그러나 이러한 自然秩序의 易에서 窮極的 根源을 設定하려는 態度를 拒否하여 太極을 道體로 推尊하는 것이나 一陰一陽을 道體의 根本이라 하는데 反對하고 그 一陰一陽 위에 宰制之天이 있음을 言明하고 있다.91) 따라서 그는 易의 制作이 天命을 請하고 그 뜻을 따르는데 意圖가 있는 것으로 보았으며,92) 「周易」 自體가 改過遷善하는 倫理

---

86) 全書, Ⅱ-47, 1b, 易學緖言·沙隨古占駁; 「太極者, 天地未分之先, 渾敦有形之始, 陰陽之胚胎, 萬物之太初也.」

87) 茶山에 있어서 易學속의 天槪念은 自然天과 上帝天으로 分屬될 수 있는 것으로 생각되고, 儒學思想史에 있어서 天槪念의 變遷은 茶山까지 包含한다면 上帝→天命·理; 自然→上帝로 보고 싶다.

88) 全書, Ⅱ-47, 1b, 易學緖言·沙隨古占駁; 「所謂太極者, 是有形之始, 其謂之無形之理者, 所未敢省悟也, 濂溪周先生, 嘗繪之爲圖, 夫無形則無所爲圖也, 理可繪之乎.」

89) 全書, Ⅱ-44, 26a, 周易四箋·著卦傳; 「太極者, 五十策之未分者也,……太極者, 六十四卦之∝昆圖無別者也.」

90) 全書, Ⅱ-45, 29b, 易學緖言, 漢魏遺義論; 「易者日月也, 日月者陰陽也, 卦變之法, 陽往則陰來, 陰往則陽來, 此日月相易也, 爻變之法, 陽純則爲陰, 陰純則爲陽, 此日月相易也.」

91) 全書, Ⅱ-46, 2a, 易學緖言·韓康伯玄談考; 「無陰陽者, 方欲推尊太極爲道體之本, 一陰一陽包函其中, 則體貌不尊, 必欲離陰陽, 超于其上, 故改一爲無以自伸其虛玄之義也, 豈不怪哉,……一陰一陽之上, 明有宰制之天, 而今遂以一陰一陽爲道體之本, 可乎.」

92) 全書, Ⅱ-40, 15a, 周易四箋·易論; 「易何爲而作也, 聖人所以請天之命而順其旨者也.」

的 目的을 갖는 戒律書의 性格을 갖는 것으로 밝히고 있다.93)

茶山의 太極論에서 提起되고 있는 特徵은, 우선 太極 내지 理의 窮極性을 推究하였던 宋儒의 太極槪念을 전면적으로 否認하였던 Ricci 이래의 立場과 一致하는데서 찾아볼 수 있다. 또한 그가 太極을 陰陽의 混沌的 全體 내지 生成의 發生的 始源으로 보면서, 그 위에 主宰者의 存在를 확인하고 있는 것은 上帝論을 自然的 世界 전체에 관철시키고 있는 것이라 하겠다. 나아가 茶山은 易學의 本質的 性格에 대하여, 漢儒 이래 機械論的 宇宙觀이나 宋儒의 義理主義的 宇宙觀과 달리 信仰的·倫理的 立場에서 해명하였고, 傳統的 宇宙論의 基盤인 易學을 天·人 關係의 방법인 儒學的 信仰論 속에서 再評價하였던 것이다.

3) 鬼神論

上帝·主宰之天이 宋儒에서처럼 太極·理로 分解되었을 때는 투명하고 理念的인 存在이지만, 經傳 속에서 震怒와 威嚴을 보이고 災殃과 懲罰을 내리고 절대적인 命令을 내리며 敬虔한 祭祀와 欽崇을 받고 있는 上帝는 생생한 實在로서 人格神的인 성격을 띠고 있음을 볼수 있다. 그렇다고 上帝가 西學의 天主(Deus) 또는 神과 모든 면에서 성격이 전혀 일치한다고 할 수는 없으나, 人間의 合理的 理解나 經驗的 限界를 넘어서는 神的 性格을 主宰者의 本質로 하고 있는 데는 서로 공통되고 있다. 易에서 이미 「陰陽不測之 謂神」(繫辭上)이라하여 陰陽論이 곧 神論으로 直結될 수 없음을 밝히었고, 「敢昭告于上天神后(書·湯誥), 「予仁若考, 能多材多藝, 能事鬼神」(書·金縢), 「禮職,……以事鬼神」(周禮·天官·小宰之職) 등 經典에서는 全般的으로 鬼神을 崇奉하는 일이 중요시되고 있다. 孔子에 있어서도 그가 갖는

---

93) 全書, Ⅱ-44, 3b, 周易四箋·繫辭上傳; 「周易一部, 是聖人改過遷善之書也.」

人本的 立場에도 불구하고, 「祭神如神在」(論語・八佾), 「獲罪於天, 無所禱也」(同上)라 하여 神의 實在性이나 天의 神位性을 言及하였다. 周代의 體系化된 儀禮에는 모든 信仰對象에 대한 祭儀가 制度化하기에 이르렀고, 이에 따라 上帝 내지 天과 自然的 對象, 死者의 靈魂 등 信仰對象의 種類에 따른 神格의 分類가 나타났다. 이것이 곧 中國人의 意識 속에 宇宙論의 基本範疇로 파악되는 天・地・人의 三才說94)에 따라 各各에 神格이 부여된 天神・地示・人鬼의 說이다.95) 여기에 天・地・人에 해당되는 神格이 神・示・鬼로 分析되기도 하지만, 「地神」・「鬼神」 등으로 混稱 내지 並稱되어 그 性格이 본질적으로 相通하는 것임을 보여준다.

性理學의 體系 속에서는, 經典의 祭儀가 禮學으로 傳承되고 있지만, 理論的 分析에서 「鬼神」을 문제 삼았고, 특히 이를 理氣說로 解明하면서 鬼神의 信仰的인 性格을 除去하고 氣의 極念 속에 이를 合理的으로 解消시키고 말았다. 中庸의 鬼神章(16章)에 대한 註釋의에서 張橫渠는 鬼神을 「二氣의 良能」이라 하고, 程子는 「天地의 功用이요, 造化의 迹」이라 하였다. 또한 朱子는 鬼神을 陰陽 二氣로 보면 鬼는 陰의 靈이요, 神은 陽의 靈이고, 一氣로 보면 至・伸하는 것은 神이요, 反・歸하는 것은 鬼라 分析하여 氣의 作用으로 說明하고 있다.96)

Ricci는 經傳에서 鬼神에 대한 祭祀를 중요시하는 사실을 들어 宋儒가 「二氣의 良能」, 「造化의 迹」, 「氣의 屈伸」으로 鬼神을 해명하고 있

---

94) 易・繫辭의 「三極之道」를 朱子는 「三極, 天地人之至理, 三才太極也」(周易傳義大全・繫辭上, 2)라 註釋하였고, 易 各卦의 構成原理도 「立天之道曰陰與陽, 立地之道曰柔與剛, 立人之道曰仁與義, 兼三才而兩之, 故易六畫而成卦」(繫辭下, 2)라 하여 三才가 基本範疇임을 보여준다.
95) 周禮・春官・大宗伯; 「大宗伯之職: 掌建邦之天神人鬼地示之禮.」
96) 中庸章句大全・第16章; 「程子曰鬼神, 天之功用, 而造化之迹也, 張子曰鬼神者, 二氣之良能也, 愚謂以二氣言則鬼者陰之靈也, 神者陽之靈也, 以一氣言則至而伸者爲神, 反而歸者爲鬼, 其實物而已.」
    拙稿: 鬼神・死生論과 儒學・西學間의 論辨, pp.275-277 參照

는 것은 經傳의 정신에 어긋난다고 지적하였다.97) 또한 鬼神을 實在로
서가 아니라 作用으로 해석하거나, 氣의 現象으로 보아 消滅할 수 있
는 것이라는 主張에 대하여 전적으로 否定하고, 後儒들이 鬼神의 存在
有無를 懷疑하여 論難하고 있는 태도에 대하여 정면으로 반박하고 있
다.98) 西學에서는 絶對的 主宰者로 제시한 天主의 存在가 그 근본적
성격으로서 形體를 超越하여 있음을 특히 神이라 하고, 이 神은 身形
의 存在와 相反되고 있음을 밝히고 있다.99) 그러나 神의 槪念을 自立
者이고 生命과 知能을 소유하며 行德과 犯罪를 할 가능성을 갖는다 하
면,100) 이미 神이 天主와 同一한 것이 아니라 天主를 벗어나 있는 것이
요, 그 아래에 위치하고 있는 양상을 의식할 수 있게 된다. 鬼神은 無
形한 것이나 天主의 命令을 받아 造化를 管掌할 뿐 專權을 갖는 것이
아니라 보고, 孔子가 「敬鬼神而遠之」(論語·雍也)라 한 것도 鬼神에게
天主의 權能을 갖는 것으로 惑信하는 것을 경계하였던 말이라 설명한
다.101) 이러한 입장에서 A. Caballera(利安當)은 中庸 鬼神章에 대하여
註釋하면서 鬼神은 無形無聲한 것으로 靈體를 갖춘 존재의 總稱이라
하고, 鬼神을 分析하여 正當한 것은 神 곧 天神이고 邪惡한 것은 鬼 곧
魔鬼라 하였다.102) 따라서 西學의 神論에서는 神을 形氣로 보는 것을
拒否하지만, 絶對者인 天主와 이 天主의 命令을 받는 超自然的 存在에
共通的인 名稱으로 보고 있음을 알 수 있다.

---

97) 天主實義, p.453; 「所謂二氣良能, 造化之迹, 氣之屈伸, 非諸經所指之鬼神也.」
98) 同上; 「蓋小人疑鬼神有無, 因就學士而問以釋疑, 如答之以有無, 豈非愈增其疑乎.」
99) 天主實義續編(龐迪我 述), 天主教東傳文獻續編(一), p.164(中國史學叢書 40, 1966,
    臺北); 「夫神與身者, 體情相悖, 殊類, 不能相通也.」
    辟學遺牘, 天學初函(二), p.663; 「天主無形無色無聲者, 神也, 神無所待而有.」
100) 天主實義續篇, 上揭書, p.165; 「夫神也者, 自立之體, 有生命, 可以行德, 可以犯罪.」
101) 天主實義, p.468; 「夫鬼神, 非物之分, 乃無形別物之類, 其本職, 惟以天主之命, 司
    造化之事, 無柄世之專權, 故仲尼曰敬鬼神而遠之, 彼福祿免罪, 非鬼神所能, 由天
    主耳, 而時諂瀆, 欲自此得之, 則非其得之之道也.」
102) 天儒印, 天主教東傳文獻續編(二), 上揭書, p.1002; 「凡無形無聲而具靈體者, 總稱
    曰鬼神, 分言之則, 正者謂神, 卽聖教所云天神是, 邪者謂鬼, 耶聖教所云魔鬼是.」

茶山은 鬼神의 문제에 대하여 周禮의 三品說 가운데 地示로서 崇奉
되는 社稷・五紀・五嶽・三林・川澤 등은, 天이 天神을 통하여 管掌하
게 한 것이거나 人臣으로서 그가 分掌하였던 事業에서 功이 많았던 者
를 天神에 配享시킨 것으로서, 天神이나 人鬼에 속한다하여 地示의 獨
立的 存在를 否定하였다.103) 地示의 固有性을 拒否하고 있는 것은 自
然對象의 神格을 믿는 自然神論 나지 汎神論의 태도를 排除하는 것이
다. 神性의 源良을 오직 上帝(天)에서 찾아 鬼神의 至尊至大한 것이 곧
上帝라 하고, 自然對象의 神格的 樣相은 上帝로부터 명령을 받는 上帝
의 臣佐로서의 天神으로 究明하여104) 上帝의 主宰者的 地位를 강조하
고 있는 것이 茶山의 근본입장임을 엿볼 수 있다. 따라서 그는 鬼神을
理氣論으로 해석하는데 반대하였으며105) 鬼神을 「天地之功用」, 「造化
之遺跡」, 「二氣之良能」이라 보았던 宋儒에 대하여 天地도 鬼神의 功用
이요, 造化가 鬼神의 遺跡이라 하여, 鬼神이 二氣나 造化의 作用 내지
遺跡이라는 結果的 現象이 아니라 二氣의 作用을 支配하는 主宰的 實
在임을 斷言하였다.106)

그는 鬼神이 無形無質한 본질적 특성에서 上帝와 相通하는 것으로
보아 中庸 鬼神章의 鬼神은 곧 上帝를 가리키는 것이라 하여, 西學者
들 보다 鬼神의 意味를 더욱 絶對者의 機能으로 철저히 純粹化시켰

---

103) 全書, Ⅱ-4, 20b, 中庸講義補; 「天以天神各司 水・火・金・木・土・穀・山川・林
澤, 人主亦使人臣分掌是事, 及其後世, 乃以人臣之有功者, 配於天神, 以祭社稷, 以
祭五祀, 以祭山川, 則名雖地示, 其實皆天神人鬼也.」
同上, 32b; 〔天神地示, 雖分二類, 萬物一原, 本無二本, 日月星辰風雨司命之神,
社稷五祀五嶽山林之神, 都是天之明神, 特其所掌, 有司天, 司地之別.」
104) 同上, 20b; 「天神者, 本無形質爲上帝之臣佐.」 同上, 23a; 「天地鬼神, 昭布森列,
而其至尊至大者, 上帝是已.」 同上, 33a; 「上下神示, 皆受帝命, 保佑萬物.」
105) 同上, 22b-23a; 「大抵鬼神, 非理非氣, 何必以理氣二字, 左牽右引乎.……鬼神不可
以理氣言也.」
全書 Ⅰ-8, 29b 中庸策; 「鬼神是無形之品, 其本體不帶著一些形質, 則不可屬之於氣.」
106) 全書, Ⅱ-4, 20b-21a; 「天地者鬼神之功用, 造化者鬼神之留跡, 今直以跡與功用謂
之乎神, 可乎.」

고, 특히 上帝의 感格臨照의 양상을 鬼神이라 해명하고 있다.107) 나아
가「使天下之人, 齊明盛服, 以承祭祀.」(中庸・16章)라 하는 鬼神의 盛
德은 人間의 生活을 主宰하는 上帝의 威力으로 파악하였고,「洋洋乎,
如在其上, 如在其左右」(同上)나「戒愼乎其所不睹, 恐懼乎其所不聞」(中
庸・1章)에서 鬼神(上帝)의 鑑臨 곧 天命이 提示되고 있음을 밝혀, 上
帝와 人間과의 근원적인 관계와 人間의 上帝에 대한 姿勢 및 倫理的
行爲의 本質을 究明하고 있다. 이 문제에 대하여는 다음에서 論及될
것이다.

2. 自然觀의 開放的 再構成

儒學의 傳統 속에서는 自然 내지 對象的 事物의 世界가 그 自體로서
客觀的으로 탐구되기 보다는 항상 人間과 관련 속에서 이해되어 왔다
고 할 수 있다. 易에서 仰觀天文하고 俯察地理한다 하여 自然의 變化
秩序와 法則을 推究하였고,108) 天地가 있은 다음에 萬物이 있는 것이
요 萬物은 天地를 가득 채우고 있는 것이라 하여, 충만과 事物의 始初
發生을 뜻하는 屯으로 易에서 天地를 가리키는 乾坤 다음의 첫 卦를
삼았다.109) 그러나 易의 卦爻 속에 제시되는 變化法則은 모두 人事에
相應하여 이해되어 왔다. 『大學』의 格物을「窮至事物之理」(大學章句
・經一章, 朱子註)라 하여 事物의 客觀的 理가 實在하는 것을 인정하
였지만, 事物의 理와 吾心의 理를 一致시킴으로써 主觀을 떠난 客觀的
世界의 獨立性이 確立된 것은 아니라 하겠다. 대체로 儒學에 있어서

---

107) 全書, Ⅱ-3, 16a, 中庸自箴;「上帝之體, 無形無質, 與鬼神同德, 故曰鬼神也, 以其
感格臨照而言之, 故謂之鬼神.」
108) 易・繫辭上, 3;「仰以觀於天文, 俯以察於地理, 是故知幽明之故.」
109) 易・序卦, 1;「有天地, 然後有萬物生焉, 盈天地之間者喉萬物, 故受之以屯, 屯者
盈也, 屯者物之始生也.」

事物의 世界 내지 自然은 항상 人間의 道德的 世界와 流通하는 것이며, 또한 超自然的 내지 形而上學的 世界와도 直結되어 파악되고 있다. 따라서 自然의 문제에 固有한 論理나 法則이 提起되었던 것이 아니라 自然의 法則과 構造는 바로 人間에도 적용될 수 있는 것이요, 그것이 곧 보편적인 理요 道인 것이다. 茶山에 있어서도, 自然의 문제가 實學的 態度내지 實用的 關心에서 탐구되었다 하더라도, 哲學的인 自然觀의 固有한 體系나 方法이 제시되었던 것은 아니다. 그러나 自然의 문제에 있어서 儒學의 傳統的인 論理로서 理氣論·陰陽論·五行論이 適用되고 있음에 대하여 西學의 批判的 立場과 茶山이 취하는 態度를 비교하여 검토할 필요가 있다.

1) 理氣論

天地 즉, 宇宙의 근원에 대한 탐구에서 제시된 개념으로「易有太極」의 太極이나, 「天何言哉, 四時行焉, 百物生焉」(論語·陽貨)의 天이나, 「一陰一陽之謂道」(易·繫辭上)의 道를 찾아볼 수 있다. 그러나 이 根源의 개념은 宇宙 속의 現象에 대한 直接的인 名稱으로서 物(萬物·事物)에 대한 根據내지 總體를 의미하는 것이요, 具體的이고 個別的인 現象의 集合인 自然과 구별되고 있다. 여기에 形而上者로서의「道」와 形而下者로서의「器」로서 形體를 기준으로 道·器의 區分이 생겼다.110) 宋學에 이르러 具體的인 事物의 구성내용을「氣」라 하고 氣의 作用原理 내지 所以然인 根據를「理」로 규정하여 理氣論에 의한 自然哲學의 체계가 정립되었다.111) 물론 理·氣가 物質的 世界에만 적용되는 것이 아니라 倫理와 人間精神의 문제에도 적용되었으나, 一次的으로 氣는 事

---

110) 易·繫辭上, 12;「形而上者謂之道, 形而下者謂之器.」
111) 馮友蘭에 의하면 理는 희랍哲學의 形式(from)이요, 氣는 材質(matter)에 해당한다고 보았다. (中國哲學史, 第2篇, 第13章 朱子, p.903)

物과 人間을 포함한 萬物의 形身을 이루는 物質의 總稱이다. 따라서
人間도 萬物 가운데 다만 다른 사물보다 精密하고 純粹한 氣로서 이루
어진 것일 뿐이라 보아 事物과 人間이 優劣의 差異는 있으나 同一한
次元 속에 놓이게 된다.112) 또한 理와 氣의 관계에 있어서도, 理와 氣
는 서로 떠날 수도 없고 混同될 수도 없는 것이지만, 理는 氣를 命令하
고 主宰하는 本體요 實在로 이해되고 있다.113)

　　여기서 太極이나 理는 自然法則이나 原理의 抽象的 概念이 아니라
根源的 實在로 파악되었던 것이다. Ricci는 理의 窮極的 實在性을
否認하고 다만 自然法則 내지 合理性의 基準으로만 보았다.114)

　　그러나 西學의 宇宙論은 理의 實在性을 拒否하였다고 하여 張橫渠
에서 보는 氣의 窮極的 實在性을 是認하는 것은 아니다. 被造物로서의
萬物을 自立者와 依賴者로 나누어, 理는 Aristoleles의 範疇論에 따른
依賴者로 보고, 氣는 위의 圖와 같은 分類過程에서 「純」의 四行인
火・氣・水・土 중의 하나로서 氣를 提示하였다.115) 따라서 性理學의
根本概念으로서의 理氣論은 西學에서 全面的으로 否認되고 있다.

---

112) 朱子語類, 卷4, 13b;「自一氣而言之, 則人物皆受是氣而生, 自精粗而言, 則人得其
　　氣之正且通者, 物得其氣之偏且塞者.」
113) 退溪全書(一), p.354, 答李達李天機;「理本其尊無對, 命物而不命於物, 非氣所當
　　勝也.」
　　栗谷全書(一), p.208, 答成浩原;「理無形也, 氣有形也, 理無爲也, 氣有爲也, 無有
　　無爲而爲有形有爲之主者理也, 有形有爲而爲無形無爲之器者氣也.」 李東俊 敎授
　　는 理를 「氣의 樞紐요, 根抵요, 主宰」라 하였다. (栗谷에 있어서 理의 究極性에
　　關한 考察, 閔泰植博士古稀紀念 儒敎學論叢, 1972, p.151)
114) 天主實義, p.407;「事物之情, 合乎人心之理, 則事物方謂眞實焉, 人心能窮, 彼在
　　物之理, 而盡其知, 則謂之格物焉, 據此兩端, 則理固依賴, 奚得爲物原乎.」
115) 天主實義, p.462, 物宗類圖 參照.
　　同上, p.467「夫氣者, 和水火土三行, 而爲萬物之形者也.」

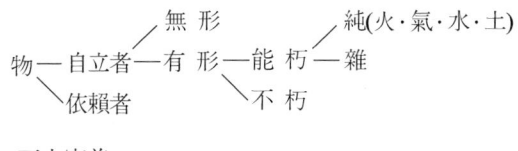

<天主實義, p.462>

李朝儒學의 正統을 이루었던 性理學이 특히 理氣의 문제에 集中的인 관심을 보여 왔고, 退溪와 栗谷이 그 巨峰을 이루었음은 周知되는 사실이다. 退溪의 理氣互發說과 栗谷의 氣發理乘一途說은 嶺南學派와 畿湖學派로서 팽팽히 對立되어 왔다. 茶山은 兩者에 있어서 理氣의 概念內容이 다름을 지적하여, 退溪는 人心에 한정하여 專言(專就)한 것이고, 栗谷은 太極이래 天地萬物의 全體를 總括(總執)한 것으로 分析하였다.[116] 그는 理氣의 概念을 전혀 無意味한 것이라 否定하지는 않았지만 性理學의 理氣論이 觀念的인 論爭에 빠진 弊端을 신랄하게 비평할 뿐 아니라, 이러한 論爭이 無意味한 것이므로 自身은 여기에 휘말리지 않겠다는 입장을 밝혀, 그의 思想體系는 이미 理氣論에 근거를 두고 있지 않음을 알 수 있다.[117]

　　오늘날 성리학을 하는 者는 理와 氣를 말하고, 性과 情을 말하고, 體와 用을 말하고, 本然과 氣質, 理發과 氣發, 已發과 未發, 單指와 兼指, 理同氣異나 氣同理異, 心善無惡이나 心善有惡을 말하며, 세 줄기 다섯 가지에 천 가지만 잎사귀로 털같이 분간하고 실같이 쪼개어 서로 성내고 서로 떠든다. 어리석은 마음으로 잠잠히 궁리하고는, 성낸 기운으로 목 줄기를 붉힌다. 스스로 천하의 교묘한 이치를

---

116) 全書, Ⅰ-12, 17a-b, 理發氣發辨; 「乃二之曰理曰氣, 其字雖同, 而其所指有專有總.……蓋退溪專就人心上八字打開,……栗谷總執太極以來理氣而公論之謂.」
　　　全書, Ⅰ-21, 25a-b, 西巖講學記; 「蓋退溪所論理氣, 專就吾人性情上立說,……栗谷所論理氣, 總括天地萬物.」
117) 全書, Ⅰ-19, 30b, 答李汝弘;「理氣之說, 可東可西, 可白可黑, 左牽則左斜 右拏則右斜, 畢世相爭, 傳之子孫, 亦無究竟, 人生多事, 兄與我不暇爲是也」

다 깨달았다 하여, 동쪽으로 두드리고 서쪽으로 부딪치며, 꼬리만 잡고 머리를 빠뜨린 자가 문마다 旗를 하나씩 세우고 집마다 陣을 하나씩 쌓아서, 세상을 마치도록 그 訟事를 능히 결단하지 못하고, 代를 전해가며 그 원망을 능히 풀지 못한다. 들어오는 者는 主人이 되고 나가는 자는 종으로 여기며, 뜻이 같은 자는 추대하고 뜻이 다른 자는 공격하되 자기 스스로 의거하는 바가 극히 바르다하니 어찌 어설프지 아니한가.118)

따라서 茶山은 비록 그 자신이 理氣說을 論할 때 理·氣를 言及하지만, 그는 氣의 本來的 意味를 孟子가 말하는 浩然之氣의 氣를 가리키고 있다.119) 그에 의하면 氣는 人間의 生·養·動·覺 활동의 근거가 되는 血과 氣의 두 요소 중의 하나이다. 이때에 氣는 形質上으로 血보다 精·銳한 것으로 志의 支配를 받지만, 血의 支配者(領)로서 血을 驅使하는 것이요, 마치 天地에 游氣(空氣)가 있듯이 人體 중에 충만 되어 있는 것으로 究明되고 있음에 주의할 필요가 있다.120) 그가 西學의 四行說을 直接 끌어 들이지는 않았으나, 이미 氣를 物質의 根本概念이 아니라 한 樣相으로 규정하고 있고, 事物의 基本的인 存在樣式을 有形·無形으로 나누어 보는 데에서도 西學과의

118) 全書, Ⅰ-11, 19a-b, 五學論「今之性理之學者, 曰理曰氣, 曰性曰情, 曰體曰用, 曰本然氣質, 理發氣發, 已發未發, 單指兼異, 理同氣異, 氣同理異, 心善無惡, 心善有惡, 三幹五椏, 千條萬葉, 毫分縷析, 交嗔互嚷, 冥心默硏, 盛氣赤頸. 自以爲極天下之高妙, 而東振西觸, 捉尾脫頭, 門立一幟, 家築一壘, 畢世而不能決其訟, 傳世而不能解其怨, 入者主之, 出者奴之, 同者載之, 殊者伐之, 竊自以爲所據者極正, 豈不疎哉.」
119) 茶山은 理氣論의 氣는「有形質者」(全書, Ⅱ-5, 17b, 孟子要義·公孫丑問不動心章註)를 가리키는 것으로 규정하고, 그가 말하는 氣의 意味와 混同하지 않을 것을 요구하고 있다. (氣之爲物, 不可不蔽, 若以後世理氣之說渾合言之, 則大不可也.<同上 17a>
120) 全書, Ⅱ-5, 17a, 孟子要義;「吾人之所以生養動覺, 惟有血氣二物, 論其形質, 血粗而氣精, 血鈍而氣銳, 凡喜怒哀懼之發, 皆心發爲志, 志乃驅氣, 氣乃驅血,……志者氣之帥也, 氣者血之領也,……是氣之在人體之中, 如游氣之在天之中.」

접근을 엿볼 수 있다. 또한 그는 氣를 「自有之物」이라 하고 理를 「依附之品」이라 규정하여 西學의 自立者와 依賴者의 區分에 一致하고 있음을 볼 수 있는 것이다.121)

2) 陰陽論

「一陰一陽謂道」(易 · 繫辭上)는 中國古代의 思惟 속에서 陰陽이 宇宙現象의 근원적인 두 가지 구성 요소임을 밝혀주는 말이다. 『太極圖說』에서 「大極動而生陽, 動極而靜, 靜而生陰, 靜極復動, 一動一靜, 互爲其根, 分陰分陽, 兩儀立焉」이라 하여 動靜의 現象에서 陰陽의 實在를 입증하고 있으며, 여기서 性理學의 體系 속에 氣의 基本 樣式으로서 陰陽說이 確立을 보게 되었던 것이다. 나아가 陰陽(動靜)의 二元的 實在論은 宇宙를 天 · 地로 나누고, 人間을 男 · 女로 나누며, 自然現象의 日 · 月, 晝 · 夜, 寒 · 暑, 往 · 來, 生 · 死, 增 · 減, 出 · 入, 呼 · 吸, 剛 · 柔, 內 · 外 등 모든 相對的 樣相을 陰陽의 現象으로 이해한다. 또한 이 陰陽의 交錯에서 萬物이 多樣하게 生成되는 것으로 파악하는 易學의 體系가 生成論의 기본적인 논리를 이루고 있다.122)

西學의 宣敎師들은 陰陽論이 中國人의 意識 속에 자리 잡고 있는 광범한 의의를 별로 중요지하지 않아 크게 문제 삼지 않았던 것으로 보인다. Ricci는 太極圖를 비판하면서 太極에서 展開되어 오는 陰陽 兩儀를 奇數와 偶數의 表象에 不過한 것으로 보았다. 西學에서는 理를 靈覺이 있는 存在가 아니라 하여 그 自立性이 拒否되었으며, 나

---

121) 全書, Ⅱ-4, 65a, 中庸講義補; 「蓋氣是自有之物, 理是依附之品, 而依附者, 必依於自有者, 故纔有氣發便有是理, 然則謂之氣發而理乘之可, 謂之理發而氣隨之不可.」
122) 周易은 陽과 陰을 -과 --의 記號(爻)로 表象하여 이를 二重 · 三重 · 六重으로 錯綜시켜 四象 · 八卦 · 六十四卦로 展開시키고, 이 64卦에서 萬物과 人事를 包括하는 모든 變化現象의 原型을 제시하고 있다.

아가 陰陽도 靈覺이 있을 수 없는 것이라 하여 事物의 生成能力이 否認되고 있음을 엿볼 수 있다.123) 따라서 그에 있어서는 陰陽이 모든 事物의 存在나 生成에 있어서 근본적인 樣式내지 構造가 아니다. 그는 事物의 所以然으로서 內分과 外分을 나누고, 內分(事物의 內面的 存在原因)을 陰陽이라 하고 外分(事物의 外來的 存在原因)을 製作者라 한다. 그러나 이 陰陽이 事物 속에서 그 存在原因이 되는 것은 마치 손발이 사람 몸에 있는 것과 같다고 하여, 陰陽을 物의 根本構造가 아니라 다만 部分的인 構成要素로만 보고 있는 것이다.124) Aristoleles의 四原因說에 따라 事物의 所以然으로서 作(運動因)·模(形相因)·質(質料因)·爲(目的因) 가운데 事物에 內在한 模와 質이 陰陽에 該當하는 것125)이라 하여 性理學의 陰陽槪念이 가리키는 범위를 이해하고는 있지만, 이러한 西學의 태도는 陰陽論에 대하여 별다른 반응이나 본격적인 비판을 벌이기보다는 論爭點에서 처음부터 排除하였던 것이라 볼 수 있다.

그러나 茶山은 儒學의 傳統 속에 陰陽論이 갖는 비중을 무시하지 않았고, 이 문제에 대해 자신의 근본적인 입장을 밝히고 있다. 中庸의 「天命之謂性」에 대하여 朱子는 「天以陰陽五行, 化生萬物, 氣以成形, 而理亦賦焉」(中庸章句大全·第1章)이라 註釋하여 人間이나 事物의 形質을 構成하는 質料로서 陰陽과 五行을 제지하였다. 이에 대하여 茶山은 陰·陽이란 日光의 照掩에 따라 붙여진 名稱으로서, 日光이 비쳤는가 가렸는가에 의해 明·暗이 있을 뿐이요, 萬物의 父母 즉 生成原理 내지 바탕이 될 수 있는 體質이 있는 것이 아님을 주장

---

123) 天主實義, p.411, 「反覆論辯, 難脫此理, 吾又問彼陽者何由得靈乎, 此于自然之理, 亦大相悖.」
124) 同上, p.481; 「所以然者, 有在物之內分, 如陰陽是也, 有在物之外分, 如作者之類是也,……或在物爲其分, 若手足在身, 陰陽在人焉.」
125) 同上, p.391, 「其模者·質者, 此二者在物之內, 爲物之本分, 或謂陰陽是也, 作者·爲者, 此二者在無之外, 超於物之先者也, 不能爲物之本分.」

하여,126) 性理學의 基本原理를 이루는 朱子의 陰陽論을 否定하고 있다. 그에 의하면 地上의 모든 地域이 東西南北에 따라 太陽의 出入時刻은 다르지만 日光이 비치고 가려있는 時間의 總量은 꼭 같으므로, 陰陽이 갖는 對待의 原理를 易學에서 天道 내지 易道로 삼게 되는 것이다.127) 따라서 茶山은 陰陽의 實在性을 否認하지만 對待關係의 形式을 是認하는 새로운 입장에서 陰陽論의 意義를 밝히려 하였다. 특히 茶山의 易學研究는 易의 基本構造를 이루고 있는 陰陽에 대하여 Ricci와 더불어 奇數와 偶數의 表象이라고 보는 공통된 입장을 보여준다.128) 陰陽兩儀에서 儀라는 말은 「形容」을 뜻하는 것이요, 兩儀는 二分하는 것으로 둘을 表象한 것이라 하여, 陰陽兩儀는 天地를 表象한 것일 뿐이지 직접 天地를 指示하는 말은 아니라 한다.129) 그는 易을 字義에 있어서 日과 月의 會意로 보았고, 陰陽은 곧 日月을 表象한 것이요, 日月이 相易하는 現象을 陰陽으로 나타낸 것이 卦變과 爻變의 法則이라고 보았다. 따라서 茶山에 있어서 陰陽論은 萬物의 變化現象을 說明하기 위하여 그 가장 현저한 변화양상을 보여주는 日·月의 변화를 表象한 對待의 形式으로서 陰陽을 파악하는 것이다. 또한 그가 陰陽의 生成論的인 기능을 부정하고 있으나, 周易體系를 단순히 파괴한 것은 아니다. 萬物을 生育하는 天의 神化妙用하는 작용현상을 陰陽으로 일컫는 것이라 하여,130) 陰陽의 二元的

---

126) 全書, Ⅱ-4, 1b-2a, 中庸講義補;「陰陽之名, 起於日光之照掩, 日所隱曰陰, 日所映曰陽, 本無體質, 只有明闇, 原不可以爲萬物之父母.」

127) 同上, 2a;「天下萬國, 或東或西, 其日出入時刻, 有萬不同, 而其所得陰陽之數萬國皆同, 毫髮不殊, 以之爲晝夜, 以之爲寒暑, 其所得時刻, 亦皆均適, 故聖人作易, 以陰陽對待爲天道爲易道而已.」

128) 全書, Ⅱ-44, 29a, 周易四箋·說卦傳;「陰陽者, 著數之奇偶也.」

129) 同上, 26a, 繫辭下傳;「兩儀者分而爲二, 以象兩者也,……儀也者, 形容也,……著策之分而爲二者, 爲天地之形容而已, 非直天地也.」

130) 全書, Ⅱ-46, 2a, 易學緖言·韓康伯玄談考,「一陰一陽之謂道者, 天以所以生育萬物, 其神化妙用, 只是一晝一夜, 一寒一署而已,……合而名之, 則一陰一陽, 易之所以爲易, 法此而已.」

形式이 일체의 변화 현상이나 질서를 現象論的으로 설명하기 위한 기본적인 구조를 이루는 것으로 받아들이고 있다.

3) 五行論

書經 洪範篇에는 宇宙와 人事를 총괄하는 原理를 아홉 가지로 區分하여 九疇를 제시하고 있다. 이 洪範九疇는 곧 1. 五行, 2. 五事, 3. 八政, 4. 五紀, 5. 皇極, 6. 三德, 7. 稽疑, 8. 庶政, 9. 五福·六極으로서 주로 數個의 條目으로 廣汎한 영역을 集約시킨 것이다. 이것은 禹가 하늘로부터 받은 것이요, 또한 殷末周初의 賢子인 箕子가 武王에게 傳授한 것이라는 이유 외에도, 그 體系가 갖는 全體的인 包括性으로 인하여 儒學의 論理 속에서 가장 오래고도 包括的인 思惟體系로 받아들이고 있다. 여기서 易學의 數理와 관련하여 九疇가 洛書와 符合시켜지기도 하며, 九疇를 무한히 演繹하여 擴大할 수 있는 것으로 보게 된다. 특히 五行은 이 九疇 가운데서도 첫머리에 오는 것으로―비록 九疇의 中心은 5. 皇極이지만―萬物의 기본적인 구성원리가 되는 것으로 중요시 되었다. 이 五行은 1. 水(潤下), 2. 火(炎上), 3. 木(曲直), 4. 金(從革), 5. 土(稼穡)서 自然哲學的인 基本原素라 볼 수 있다. 後期의 陰陽五行說이 儒學 속에 흡수되면서 인간의 性品 속에 內在한 仁義·禮·智·信의 五常이나, 그 밖의 色, 季節, 方位, 音, 味覺, 臟器를 五行에 分屬시키고 穀物, 家畜까지 五行에 配當하였다. 또한 五行의 相生·相勝說[131]을 받아들여 宇宙萬物의 모든 현상을 陰陽五行의 관계로 해명하였고, 性理學의 氣說을 통하여 五行의 根源性을 哲學的으로 확립시키게 되었던 것이다.

---

131) 五行相勝說(金勝木, 火勝金, 水勝火, 土勝水, 木勝土)은 戰國時의 鄒衍에 의하여 제창되고 五行相生說(木生火, 火生土, 土生金, 金生水, 水生木)은 漢代의 董仲舒에 처음 나타난다고 한다. (稀哲: 先秦諸子學, 1966, 香港, p.435 參照)

周濂溪는 「陽變陰合而生水火木金土, 五氣順布, 四時行焉, 五行一陰陽也 陰陽太極也」(太極圖說), 「五行之生也, 各一其性, 無極之眞, 二五之精, 妙合而凝」(同上)이라 하여 太極에서 陰陽으로, 다시 五行으로 展開되어 萬物을 生成하는 原理를 說明하였다.132) 여기에 五行은 氣속에서도 맑은 것(淸氣)은 陰陽이요, 흐린 것(濁氣)은 五行으로 氣의 찌꺼기(渣滓)를 가리킨 것이라 본다. 따라서 事物을 形成하는 材料는 陰陽과 五行의 일곱 가지의 結合인 것이다.133)

西學의 立場은 이미 앞에서 말한 바와 같이 太極 내지 理를 依賴者라 하여 事物에 대한 主宰的 機能을 拒否하였고, 또한 陰陽도 事物의 部分的인 構成要素로 보며 五行은 陰陽에 속하는 것으로 보거나 偶然的인 列擧에 지나지 않는 것으로 보아, 五行에 대하여 거의 문제를 삼지도 않는 態度를 취하고 있다.134) 그러나 西學에서는 五行論 대신에 四行論을 제시하여 事物의 形成原理로 삼고 있다. Ricci는 Platon의 四元說(four elements)에 따라 天下의 事物은 火(fire)・氣(air)・水(water)・土(earth)의 四行으로 結合되지 않은 것이 없고, 火는 熱乾하나 水는 冷濕하여 相反하고 氣는 濕熱하나 土는 乾冷하여 서로 背馳되므로, 한 事物의 內部에서는 四行 사이에 갈등이 일어나 均衡을 깨뜨리게 되고 따라서 한 事物은 崩壞되지 않을 수 없다는 것이다.135)

---

132) (易・繫辭上) 易(太極)→兩儀(陰陽)→四象→八卦. (太極圖說)太極(理)→二氣(陰陽)→五行→萬物. 兩者의 展開過程은 易이 事物의 現象的인 形式을 찾는 것이라면, 太極圖는 萬物의 生成的인 構造를 파악하는 것으로 보인다.

133) 朱子語類, 卷94, 4a;「五行陰陽七者 滾合, 便是生物的材料.」
馮友蘭, 上揭書, p.908參照.

134) 天主實義, p.410;「陰陽五行之理, 一動一靜之際, 輒能生陰陽五行, 則今有車理, 豈不動而生乘車乎, 又理無所不在, 彼旣是無意之物, 性必直遂, 任其所發, 自不能已, 何今不生陰陽五行於此, 孰能禦之哉.」

135) 同上, p.433;「凡天下之物, 莫不以火氣水土四行相結以成, 然火性熱乾, 則背于水, 水性冷濕也, 氣性濕熱, 則背于土, 土性乾冷也, 兩者相對相敵, 自必相賊, 旣同在相結一物之內, 其物豈得長久和平, 其間未免時相伐競, 但有一者偏勝, 其物必致壞亡.」

儒學의 五行論과 西學의 四行論을 爭點으로 삼았던 것은 儒學側이었다. 正祖때 茶山의 仲兄 丁若銓은 科擧에서 「五行」이란 策問에 대한 答案으로 四行을 論及하였다하여 물의를 일으킨 일이 있었다.136) 茶山은 洪範九疇의 五行에 대하여 形質이 있는 것으로 하늘이 만든 것이요, 材物이기는 하지만 天地의 生成之理가 될 수 없는 것으로 言明하고 있다.137) 이 基本的인 材物은 四正(<易> 天·地·水·火), 四位(<禮記·表記> 天·地·水·土), 四用(<禮記·禮運> 水·火·金·木), 四質(<皇極經世·觀物內篇> 水·火·土·石)이나, 五正(<左傳·昭公29年> 木·火金·水·土), 五材(<同上> 木·金·水·火·土), 五和(<國語·鄭語> 土·金·木·水·火)……등 條目이나 順序에 原則없이 列擧된 것이 많음을 증거로 들어 四·五·六·八의 몇 條目을 드는 것에 깊은 이치가 없는 것이라 하여 五行論의 生成論的인 根源性을 否認하였다.138) 나아가 茶山은 五行을 다만 萬物가운데 五種의 物件에 지나지 않는 것이라 보고 五行이 萬物을 生成 할 수는 없음을 밝히고 있다.139) 그는 오히려 易의 四正卦와 四偏卦에 注意를 기울인다. 四正은 天(乾)·地(坤)·水(坎)·火(離)요, 四偏은 風(巽)·雷(震)·山(艮)·澤(兌)이다. 四偏卦는 四正卦가 相合·相錯에서 成立하는 것이요, 이 八卦의 變化에서 萬物이 生成되 는 것이라 한다면,140) 四正卦는 萬物의 基本形質이 되는 것이다. 茶山은 四正卦 가운데 乾(天)은 氣요, 坤(地)은 土라 보고 있는데,141) 氣와 土에다

---

136) 全書, Ⅰ-15, 39b, 先仲氏墓誌銘 參照.
137) 全書, Ⅱ-25, 31a, 尙書古訓·洪範;「五行, 是有形質, 天作之物也.」
　　同上;「或稱五行(甘誓), 或稱六府(禹貢), 總認爲材物, 未嘗云天地生成之理本於此五也.」
138) 同上;「可四可五可六可八, 別無深理, 隱伏其中, 又何必尊之先之.」
139) 全書, Ⅱ-4, 3b, 中庸講義補;「況五行不過萬物中五物, 則是物也, 而已五生萬, 不亦難乎.」
140) 同上, 2a;「天火相合以生風雷, 水土相錯以成山澤, 變化蒸育以生萬物.」
141) 全書, Ⅱ-44, 5b, 周易四箋·繫辭上傳:「乾者氣也, 坤者土也.」

水와 火를 합치면 西學의 四行과 易의 四正卦가 指示하는 것이 일치
하게 된다. 따라서 茶山이 四行論을 表面에 내세웠던 것은 아니지만,
易의 四正卦는 茶山의 易學體系에 기초가 되고 있는 만큼 그는 五行
에 의한 生成論을 넘어, 四正卦의 易論에서 形質의 기본 구조를 확
립하였던 것이다.

3. 人間觀의 感性的 再發見

儒學을 「修己治人之道」로 특징지울 때, 修己를 個人內面的 倫理로
서, 治人을 社會政治的 秩序로서 나누어 볼 수 있지만, 전체적으로는
철저히 인간의 문제에 근거를 두고 있는 것이라 할 수 있다. 이러한 人
間學은 「修己」·「明明德」·「修身」의 個人內面을 根本으로 하고 「安百
姓」·「親民」·「齊家·治國·平天下」의 社會的 面을 末端으로 하여 本
末의 體系를 確立 함으로써 儒學의 學問的 性格과 範圍·方法을 드러
내고 있다. 孔子의 敎說 속에 仁이 核心을 이루고 있는 점이나, 그의
一貫之道를 「忠·恕」로 밝히고 있는 것이나, 또는 大學에서 三綱領으
로 「明明德·親民·止於至善」을 제시하였던 것도 儒學의 傳統을 規定
짓는 人本主義的인 根本立場을 잘 보여주고 있는 것이다. 그러나 儒學
에서 문제 삼고 추구하는 인간이란 세속적이고 현실적인 인간의 生態
나 生物學的인 인간이 아니라 崇高한 價値와 眞理를 含有하는 無限한
깊이를 가진 인간인 것이다. 따라서 詩經에서 「天生烝民, 有物有則, 民
之秉彛, 好是懿德(大雅·烝民)이라 하여 人間은 彛倫(倫理的 本性)을
갖춘 存在임을 말하였고, 中庸에서 「天命之謂性」이라한 것도 人間의
內面에 超越的 價値가 內在하고 있음을 밝히는 것이다. 여기서 한걸음
나아가 「人能弘道」(論語·衛靈公)라 하여 眞理에 대한 人間의 능동적
인 책임이 강조되었고, 宋代에 性理學은 宇宙論的 實在와 人間의 內面
性을 同한 理念에 근거하여 推究함으로써 窮極的으로 天과 人間을 合

一시켜 파악하였던 것을 엿볼 수 있다.

茶山에 있어서도 人間의 문제는 그의 經學體系 속에서 가장 基礎的인 바탕을 이루고 있으며, 모든 문제는 人間에서 발생하는 것이고 또한 人間에로 수렴되고 있음에 주의할 필요가 있다. 그는 自身의 學問的 結實인 著述을 「六經·四書로 修己를 하고 一表·二書로 爲天下國家하여 本末을 갖추었다」142)고 말하는 가운데 스스로 자신의 學問이 人間의 문제에 立脚하고 있음을 밝혔던 것이다.

1) 心·性論

孔子는 人間에 관한 깊은 관심을 기울이면서도 人間內面의 本質에 대한 究明보다는 그 實踐規範을 제지하는데 치중하고 있었던 것이 사실이다. 그러나 그의 繼承者들은 學問의 方向을 人間內面에로 定位시킴으로써 儒學의 傳統을 현성하였던 것이다. 曾子가 大人之學의 本源으로 「明明德」을 제시하고, 子思는 「天命之謂性」을 立言하며, 孟子가 四端과 性善을 論證하였던 것은 人間內面을 본격적으로 推究하기 시작하는 발자취를 보여주고 있다. 더욱 宋學에 이르러 心·性·情을 分析하고 理氣說의 論理로써 이를 解明하는데 집중적인 관심을 기울였고, 방대한 論述이 論爭과 對立을 통하여 集積되었던 것이다.

人間은 身體와 心性으로 區分될 수 있고, 身體는 氣質로만 이루어졌으나 心性은 氣質을 벗어난 本然의 普遍的 理가 깃들어 있다고 言及되어 왔으며, 宋學의 關心은 形氣의 身體가 아니라 本然의 心性에 기울어졌다. 이때에 心과 性·情의 관계에 대한 分析에서 心이 性·情을 包攝하는 人間의 內面性 全體라 하고, 그 속에서 특히 普遍的이

---

142) 全書, Ⅰ-16, 18a, 自撰墓誌銘(集中本). 註 1) 參照.

고 純粹한 實體를 性으로 보고, 具體的이고 身體的인데 제약을 받는
作用의 측면을 情으로 나누는 理論이 朱子를 통하여 확립을 보게 된
性理學派의 기본적인 主張이다. 陸象山이나 王陽明이 心·性을 더욱
철저히 一元化시켜 心卽理를 주장하지만 性卽理說이나 心卽理說은
모두 人間의 內面에 普遍的 實在가 있음을 確認하는 것이요, 또 이
普遍性에 價値의 基準을 두고 人間存在의 本來性을 究明하려는 觀念
論的인 性格을 띠고 있는 것이다.

　西學의 立場은 인간을 身體와 靈魂의 二元的인 結合으로 보고, 兩
者가 모두 神에 의하여 創造된 것이요, 특히 靈魂은 個別的으로 創
造되는 것으로 본다.143) Ricci는 魂과 心·性의 槪念을 性理學위 理
論과는 관계없이 전혀 獨自的으로 사용하였다. 魂이나 心·性이 人
間에게만 內在하는 것은 아니라 하여, 心을 獸心과 人心으로 區分하
였고, 性을 形性과 神性으로 나누며,144) 魂(anima)을 植物의 生魂과
動物의 覺魂과 人間의 靈魂으로 分析하여 Aristoteles 이래 Schola
哲學의 靈魂論인 魂三品說을 주장하고 있다.

---

143) 拙稿; 鬼神·死生論과 儒學·西學間의 論辨, p.278-280 參照.
144) 天主實義, p.434; 「一物之生, 惟得一心, 若人兼則有二心, 獸心·人心是也, 則亦
　　有二性, 一乃形性, 一乃神性也.」

魂 三 品	機　　　　　　　能	存 滅 與 否
上品: 靈魂(人魂)	兼生魂·覺魂. 能扶人長養. 使人知覺物情. 又使之能推論事物·明辨理義	人身雖死. 一魂非死·永存不滅..
中品: 覺魂(禽獸之魂)	能附禽獸長育 又使之以耳目視聽. 以口鼻啖嗅. 以肢體覺物情.	至死 一魂亦滅.
下品: 生魂(草木之魂)	扶草木以生長	草木枯萎. 一魂亦消滅.

<天主實義, 第二篇, p.430>

靈魂은 生魂과 覺魂을 包括하고 있으면서도 生魂·覺魂이 可滅的
인데 比하여 不滅的인 것으로서 本質的으로 相異한 것이라 하였다.
따라서, 鬼神·魂魄을 氣의 聚散으로 보는 性理學의 魂概念에서는
魂이 心·性의 下位概念이지만, 西學의 靈魂은 心·性을 包含하고
있으며 人心·神性과 통하는 上位概念이라는 상당한 차이를 안고서
自己流의 이론을 전개하고 있음을 볼 수 있다. Ricci는 性을 「各物
類의 本體」라 하여 事物을 超越한 普遍的 性이 아니라 個別的 事物
의 本質的 性格이 性이라고 言明하였던 것이다.145)

茶山은 人間存在란 神(精神)과 形(肉身)의 結合으로서 「身」 또는 「已」
로 일컫는 것이라 하고, 이 人間存在 속에 「虛靈」하고 「知覺」이 있는
것을 推究하고 있다. 그는 이 虛靈·知覺의 存在를 命名하여 '心',
'神', '靈', '魂', '大體·小體'(孟子·告子上), '法身·色身'(佛敎)이라
부르고 있으나 모두 빌어다 쓰는 述語라 하였다. '心'도 五臟 가운데
血氣를 主管하는 것 卽 心臟 가리키는 말이지만 神形이 妙合한 人間

---

145) 同上, p.563-564;「夫性也者, 非他, 乃各物類之本體耳.……但物有自立者, 而性亦
　　 爲自立, 有依賴者, 而性兼爲依賴.」

存在의 모든 活動에 血氣가 따르므로 心이란 말을 빌려 內面에까지
通稱한다는 것이다.146) 그는 이 心을 三分하여「五臟之心」·「靈明之
心」·「心之所發之心」으로 구별하고,147) 心의 槪念을 區分하지 않고
理·氣로 論하거나 性과 견주어 大·小를 言及하고 端初의 數를 限定
하는 것은 無意味한 것으로 批判하였다.

性의 槪念은 心과 性의 관계를 통하여 다양하게 規定되고 있다.
心과 性을 大小관계로 밝혀 보려는 性理學의 論辨에 대하여 茶山이
論評한 것을 다음처럼 정리해 볼 수 있을 것이다.

立 場	心大性小(包攝關係)	性大心小(優劣關係)
主 場	「心統性淸」	「性是理而心是氣」
茶山의 論評	主神形妙合, 只有一心而言之	把此性字以爲大體·法身之專稱

<與猶堂全書, Ⅱ-2, 心經密驗>

이러한 心性論에 대한 茶山의 立場은, 理氣論의 論理에 대한 理解
를 보이면서도 그 範圍를 指摘하여, 思辨的 論爭에서 벗어나 새로운
方法과 論理를 찾는 것이다. 그는 心의 槪念을 有形的이고 生理的인
心臟에서 無形的이고 靈明한 心體와 그 作用活動 까지를 包含한 人
間의 內面全體를 가리키는 것으로 보아「含蓄在內, 運用向外者」라
하여 그 實在性을 明言하였고, 性의 槪念을 心의「嗜好」라 하여 人
間心體의 本質的 屬性으로서 性을 이해하고 있다.148) 虛靈之本體인
心은 孟子의「大體」(告子下)에 해당한다면, 大體의 發用이「道心」이
요 大體의 嗜好가「性」이라 하였고, 이 性은 本體를 가리키는 것이

---

146) 全書, Ⅱ-2, 25b, 心經密驗;「誠以五臟之中, 其主管血氣者心也, 神形妙合, 其發
用處, 皆與血氣相須, 於是假借血氣之所主, 以爲內衷之通稱.」
147) 全書, Ⅰ-19, 30a-b, 答李汝弘;「心之爲字, 其別有三, 一曰五臟之心,……二曰靈明
之心……三曰心之所發之心.」
148) 全書, Ⅱ-6, 39a, 孟子要義;「心者吾人大體之借名也, 性者心之所嗜好也.」

아니라 사람이 태어날 때 心에 부여된 嗜好厭惡 하는 性質에 내한 名稱일 뿐이라 한다.149) 따라서 性理學에서 性이 窮極的 實在로 높여지고, 太極·陰陽說에 따라 論難되거나 本然·氣質로 分析되는 理論體系는 비록 高踏的이고 精密한 論理를 構成하고 있지만 하나의 觀念的 虛構에 지나지 않은 것으로 비판되고 있다.150) 嗜好로서의 性은 꿩이 山을 좋아하는데서 보는 바 快樂을 追求하는 感性(目下之耽樂)의 측면과 벼(稻)가 물을 좋아하는데서 보는 바 그 種類의 生存에 必要한 對象을 追求하는 固有한 機能으로서 本性(畢竟之生成)의 측면을 구분하고 있다.151) 그러나 이러한 性은 그 個別存在의 具體性에서만 成立하는 것이요, 身體와 더불어 存在하는 것이라 보고, 茶山은 결코 本然之性의 概念과 같은 普遍的 理念으로서의 性概念을 認定하치 않는다.152) 또한 孔子가 「性相近也」(論語·陽貨)라 하거나 孟子가 「動心忍性」(孟子·告子下)이라 할 때 茶山이 여기저의 性을 本心의 好惡(樂善惡惡) 또는 嗜好라 한 것은 高遠廣大한 理念이 아니라 具體的 情感에서 性의 本質을 파악하고 있는 것이다.

이 性이 純粹無雜한 理로써 人間과 萬物에 普遍的으로 內在하는 것이라 보는 本然之性의 측면에서 人物性同論이 提起되고, 人間과 事物을 構成하는 形氣에 偏正의 差異가 있는 것이라 하여 氣質之性의 측면에서 人物性異論이 제시되는데 대하여, 茶山은 전혀 相反된 立場에서 이를 반대하였다. 그에 의하면 本然之性은, 人間은 樂善恥惡 修身向道의 性品을 本然으로 하고 犬은 守夜吠盜 食穢踪禽의 性

---

149) 全書, Ⅱ-15, 10b;「以虛靈之本體言之則謂之大體, 以大體之所發而言之則謂之道心, 以大體之所好惡而言之則謂之性, 天命之謂性者, 謂天於生人之初, 賦之以好德恥惡之性, 於虛靈之本體之中, 非謂性可以名本體也, 性也者以嗜好厭惡而立名.」

150) 全書, Ⅱ-3, 26b, 心經密驗;「今人推尊性字, 奉之爲天樣大物, 混之以太極陰陽之說, 雜之以本然氣質之論, 眇芒幽遠, 怳忽夸誕, 自以爲毫分縷析, 窮天人不發之秘, 而卒之無補於日用常行之則, 亦何益之有矣.」

151) 同上, 26a;「嗜好有兩端, 一以目下之耽樂爲嗜好,……一以畢竟之生成爲嗜好.」

152) 全書, Ⅱ-15, 11a, 論語古今註;「天之降衷, 必在身形胚胎之後, 何得謂之本然乎.」

品을 本然으로 하는 것이라 하여, 人間과 萬物은 性을 共通으로 갖는 것이 아님을 주장한다. 또한 知覺·運動이나 食色의 氣質之性은 오히려 人間과 禽獸가 相通하는 것이라 하여 氣質之性은 人物의 相同함을 주장한다.153) 여기에 茶山이 人間과 萬物의 性을 三品으로 區分하는 性三品說의 理論이 이러한 性論의 근거가 되고 있음을 이해할 수 있고, 그 속에 西學의 魂三品說이 직접적 영향을 끼쳤음을 엿볼 수 있다.154)

性 三 品	機　　　　　　　　　能	魂 三 品
草木之性	有生而無覺(生)	生 魂
禽獸之性	旣生而又覺(生＋覺)	覺 魂
吾人之性	旣生·旣覺又靈 (生＋覺＋靈)	靈 魂

<與猶堂全書, Ⅱ-4, 47a, 中庸講義補>

2) 德·善惡論

孟子가 不忍人之心으로 惻隱·羞惡·辭讓·是非의 心을 仁·義·

153) 全書, Ⅱ-6, 19b-20b, 孟子要義: 「朱子中庸之註曰天以陰陽五行, 化生萬物, 氣以成形, 理亦賦焉, 此所謂本然之性, 謂賦生之初, 其理本然, 此所謂人物同得也, 然臣獨以爲本然之性, 原各不同, 人則樂善恥惡, 修身向道, 其本然也, 犬則守夜吠盜食穢縱禽, 其本然也……今也人不能蹤禽吠盜, 牛不能讀書窮理, 若其本同, 何若是不相通也, 人物之不能同性也審矣, 大抵人之所以知覺運動趨於食色者, 與禽獸豪無所以,……氣質之性, 明明人物同得, 而先儒謂之各殊, 道養之性, 明明吾人獨得, 而先儒謂之同得, 此臣之所深惑也.」

154) 茶山은 「神形妙合, 乃成爲人, 神則無形亦尙無名, 以其無形故借名曰神, 心爲血府爲妙合之樞紐, 故借名曰心, 死而離形, 乃名曰魂」(全書, Ⅱ-5, 32a-b, 孟子要義)이라 하여 心이 魂과 直結되는 것으로 보고 「今人又或差誤, 生則曰性, 死則曰魂, 其實性與魂異, 性非吾人大體之全名也.」(同上)라 하여 性과 魂은 다른 것임을 明言하였으나, Ricci의 魂三品에 대하여 心三品을 말하지 않고 性三品을 말한 것은 그의 心·性槪念이 갖는 특징이라 할 수 있다. 西學에서도 Caballera는 生性·覺且生之性·靈而且覺生之性의 三品을 말하여 茶山과 一致를 보여주는 경우도 있다. (天儒印, 上揭書, p.999)

禮·智(四德)의 端이라 하여 四端說을 提起하였고, 禮記의 中庸篇에
서 喜·怒·哀·樂이나 禮運篇에서 喜·怒·哀·懼·愛·惡·欲의
感淸을 列擧하는 데에서 七情說이 提示되었던 것은 性理學 특히 李
朝儒學의 四端七淸論을 일으키게 하였다. 이 四端은 性이요 理로 규
정되고(或은 四端은 淸이나 四德은 性이라 함) 七情은 情이요 氣로
規定되어 性情論과 理氣論이 복잡하게 交錯되는 性理學의 體系를 구
성하였던 것이다. 四端의 仁·義·禮·智는 人心의 四德으로 天地의
四德인 元·亨·利·貞과 서로 통하며, 自然의 秩序인 春·夏·秋·冬
이나, 東·西·南·北의 四方과 五行의 水·火·木·金에 相應되는
人性의 基本構造로 確認되어 왔다.155) 또한 性·情의 問題는 性이
純善無惡으로, 情이 或善或惡으로, 善惡論에 의하여 鮮明되고 있다.
性善論이 儒學의 正統으로 확립되는 過程에는 孟子의 性善說과 荀子
의 性惡說, 告子의 性無分於善惡說, 揚雄의 性善惡混說, 韓愈의 性三
品說 등 善惡의 문제로 本質을 밝히려는 다양한 이론과 입장이 있었
다. 그러나 宋學에서 性이 根本理念으로 추구되면서 本然之性은 純
善無惡이요, 氣質之性에 或善或惡이 있으나 惡은 氣質의 雜駁에서
오는 것이므로, 性의 本質은 善이라는 立場이 定論으로 확립되었던
것이다.

　孔子는 教說을 통하여 仁을 강조함으로써 仁은 그의 中心思想을
이루고 있다. 孟子의 「仁. 人心也」(告子上) 나中庸의 「仁者, 人也」(20
章)는 仁을 人間의 본질적 德으로 또는 人間內面의 本性으로 보는 것
이다. 宋儒에서도 仁은 四德을 包括하는 內面의 核心으로서 性·理의
理念과 相通하는 本體로 파악되었다. 그러나 仁의 本質이 「愛人(論
語·顏淵)으로 말하는 구체적이고 情感的인 作用의 측면과 「心之德·

---

155) 仁·義·禮·別(四端), 愛·恭·宜·別(四端의 發用), 元·亨·利·貞(天地의 四
　　德), 春·夏·秋·冬(四時: 時間的 宇宙), 東·西·南·北(四方: 空間的 宇宙),
　　木·火·金·水(五行, 中央土除外)

愛之理」(孟子集註·梁惠王上)라는 朱子學的인 本體의 측면은 體用論으로 包括될 수 있지만, 어느 쪽에 비중을 두는가에 따라 人間에 대한 理解의 입장에 차이를 낳을 수도 있다. 西學에서는 人間內面에 本來的으로 內在된 德을 推究하는 것이 아니라 人間의 行爲를 통하여 일어나는 善惡의 문제를 중요시 하고 있다. Ricci는 人性(人間의 本質的 性品)은 推論하는데 있다하고 仁·義·禮·智도 推論의 結果로 나오는 것이요 本性이 아니며, 理는 依賴者인 만큼 本性이 될 수 없다고 하였다.156) 善惡에 대하여서 善은 可愛可欲이라 하고 惡은 可惡可疾이라 하여 本體의 面에서 보다 作用으로 파악하고 있다. 물론 西學에서 性을 善한 것으로 보는 데는 찬성하지만, 性의 體와 淸은 天主가 化生한 것이므로 本善無惡한 것이나, 自我의 活動인 性의 用과 機에는 善惡이 定해져 있지 않은 것이라 한다.157) 또한 惡은 實在가 아니요 善의 缺乏인 消極的 槪念으로 보아, 窮極的 實在인 天主로부터 賦與받은 人間의 性品이 惡일 수는 없으나, 性品의 本來的의 善인 良善은 人間의 固有한 善이나 功이 아니요, 善한 行爲의 實現인 德의 善卽習善으로 個別的 人間의 善惡與否가 결정되는 것이라 본다.158) 사람의 出生時의 心·性을 素簡(白紙) 또는 타고난 용모가 아름다운 女人에 비유하여 설령 美가 있더라도 그의 功이 아니요, 衣服과 化粧으로 꾸민 美가 그의 功에 의한 美가 되는 것처럼, 人間은 性에다 德에 의한 꾸밈을 부여해야 善의 功을 얻을 수 있는 것이라 한다. 따라서 德은 性의 本質的인 實在가 아니라 神性(靈魂)의 實

---

156) 天主實義, pp.564-565; 「能推論理者, 立人於本類, 而別其體於他物, 乃所謂人性也, 仁義體智在推理之後也, 理也乃依賴之品, 不得爲人性也.」

157) 同上, p.565; 「若論厥性之體及情, 均爲天主所化生, 而以理爲主, 則俱可愛可欲, 而本善無惡矣, 至論其用機, 又由乎我, 我或有可愛, 或有可惡, 所行異, 則用之善惡無定焉.」

158) 同上, p.569 「性之善爲良善, 德之善爲習善, 夫良善者天主原化性命之德, 而我無功焉, 我所謂功, 止在自習積德之善也.」

服으로서 義로운 생각과 행동을 實踐함으로써 얻어지는 것으로 규정되고 있다.159) 神靈의 세 가지 司(器官)로 司記含(記憶)·司明悟(推論)·可愛欲(道德)을 제시하고, 明悟는 眞理를 追求하는 것으로 義를 이루며 愛欲은 好를 追求하는 것으로 仁을 근본으로 하는 것이라 한다. 明悟는 仁의 善함을 밝히고 愛欲은 義의 德을 사랑하므로, 兩者의 관계는 相補的인 긴밀한 것이다.160) 특히 仁은 義의 至精한 것으로 가장 높은 德이요,161) 天主를 사랑하는 것이요 사람을 사랑하는 것이라 하고, 天主가 人心에 새겨준 것으로 經傳의 明德·明命에 해당한다고 하였다.162)

茶山이 性을 嗜好로 보는 태도는 西學에서 可愛可欲으로 性의 善惡을 說明하는 입장과 접근하고 있는 것으로 볼 수 있다. 性의 善惡에 대한 解明에서 靈體(心性)를 性(嗜好)·權衡(意志)·行事(行爲)의 측면으로 分析하여, 性은 樂善恥惡하는 것으로 性善을 立言함이 마땅하나 靈體의 全體속의 權衡·行事에 있어서는 善·惡이 모두 가능하다고 본다.

靈體의 三理	善惡과의 關係	主　張　者
性 (嗜 好)	樂 善 而 恥 惡	孟 子 (性 善)
權　　　衡	可 善 而 可 惡	告 子 · 揚 雄
行　　　事	難 善 而 易 惡	荀 卿 (性 惡)

<與猶堂全書, Ⅱ-2, 心經密驗>

---

159) 同上, p.570; 「德乃神性之寶服, 以久習義念義行生也.」
160) 同上, pp.575-576; 「司愛者尙眞, 可愛者尙好, 是以吾所達愈眞, 其眞愈廣潤, 則司明者愈成充, 吾所愛益好, 其好益深厚,……司明之大功在義, 可愛之大本在仁,……然惟可明者明仁之善, 而後可愛者愛而存之, 司愛者愛義之德, 而後司明者察而求之.」
161) 同上, p.567;「但仁也者, 又爲義之至精,……故君子之學, 又以仁爲主焉, 仁尊德也.」
162) 同上, pp.577f;「仁也者, 乃愛天主與夫愛人者,……天主銘之人心, 原不能壞, 貴邦儒經所謂明德明命是也.」

人間의 心·性이 善하다는 것은 그 性品의 樂善恥惡하는 성격만을 가리켜 말하는 것이요, 心의 發用은 可善可惡한 것이라 하고,163) 性에 善惡이 있다는 것은 人心에 부여된 自主之權(意志의 自由)에 따라 善惡을 行할 수 있는 可能性이 있는 것으로서, 이 때문에 心을 性으로 混同한데서 오는 것이라고 揚雄의 性善惡渾說을 批判하였다.164) 그러나 그는 性理學에서 虛靈한 것 卽 義理之性(本然之性)은 純善無惡한 것이라 하고 形氣에서 말미암은 것 卽 氣質之性은 惡의 根源으로 보는데 반대하여, 無形한 데에서도 惡이 나올 수 있음은 無한 神가운데 惡鬼가 있는 사실이나 驕傲·自尊의 罪도 虛靈한데서 나오는 것을 들었고, 虛靈을 純善이라 하고 惡의 根源을 氣에서만 찾는 論理는 佛教에서 온 것이라 批判하고 있다.165) 따라서 茶山에 있어서 善惡의 問題는 人心에서 論할 수 있고, 性은 그 概念 自體가 善을 嗜好하는 것이라 하였기에 善한 것일 따름이라 보는 것이다. 특히 人心道心說에 따라 心性을 分析하여 人心(惟危)은 可善可惡한 靈體의 權衡으로 보고 道心(惟微)은 樂善惡惡하는 性으로 보고 있다.166)

茶山에 의하면 德은 朱子가 「明德者, 人之所得乎天, 而虛靈不昧, 以具衆理, 而應萬事者也」(大學章句·經章)라 한데서 보는바 理나 性과 통하는 本體를 가리키는 것이 아니다. 그는 大學의 三綱領에서의 明德을 孝·弟·慈의 人倫으로 보았다.167) 德은 나의 直心을 實行하는 것이요, 孝·弟·忠·信·仁·義·禮·智 등 條目이 있으나 實行하지 않

---

163) 全書, Ⅱ-2, 37b, 心經密驗; 「心之發用, 可善可惡, 與性不同, 故古經無心本善之說.」
164) 全書, Ⅱ-5, 34b-35a, 孟子要義; 「天之於人予之以自主之權, 使其欲善則爲善, 欲惡則爲惡, 游移不定, 其權在己, 不似禽獸之有定心, 故爲善則實爲己功, 爲惡則實爲己罪, 此心之權也, 非所謂性也, 揚雄誤以爲性, 故乃謂之善惡渾, 非初無是事, 而揚雄誣之也.」
165) 同上, 35a-b; 「凡以虛靈之體, 謂純善無可惡之理者, 佛氏之論也.」
166) 全書, Ⅱ-2. 29b, 心經密驗; 「人心惟危者, 吾之所爲權衡也, 心之權衡, 可善可惡, 天下之危殆不安, 未有甚於是者, 道心惟微者, 吾之所謂性好也, 天命之謂性, 率性之謂道, 斯之謂道心也.」
167) 全書, Ⅱ-1, 6b 大學公議; 「明德也, 孝弟慈.」

고는 德이 없는 것이라 하고, 虛靈한 心之體가 德일 수 없다고 한
다.168) 이러한 德은 先天的으로 주어진 것일 수 없는 것으로, 善行의
實踐에서 人間의 心靈 속에 功으로 획득되는 後天的인 것으로 이해하
고 있다. 여기에서 善·惡의 問題는 德의 實踐性을 통하여 人間個別者
에서 具體的인 功·罪의 問題로 提起되는 것이다. 孔子의 「性相近也,
習相遠也」(論語·陽貨)에서 「習相遠」은 善人을 習하여 德을 增進하는
길과 惡人을 習하여 惡을 增進하는 길로 나뉘어 善과 惡으로 멀어지는
것을 말하며,169) 德은 善을 習하여가는 과정에서 心靈에 획득되고 成
長되는 것이라 본다면, Ricci가 말하는 性의 善인 良善과 德의 善인 習
善의 槪念으로 孔子의 性과 習의 관계를 해명하였던 것으로 볼 수 있다.

仁·義·禮·智의 德目도 內面的 性이 아니라 行事(實行) 이후에
성립하는 명칭이라 보았으며, 이를 本心의 全德이라 하여 實行 이전
에 內在한 것이라 한다면, 사람의 任務는 德의 實踐에 힘쓸 것 없이
壁을 향하여 觀心을 하는 것으로 그치게 될 것이라 반박한다.170) 또
한 四端의 端도 性의 末端으로서 性을 認識하는 端緖가 되는 것이
아니라, 德의 始端으로서 德을 實踐하는 出發로 파악하고 있다.171)
따라서 四端은 性·理가 아니요 心이며, 아직 德이라고까지 말할 수
도 없다고 한다.172) 이 四端도 孟子가 惻隱·羞惡辭讓·是非의 心을
列擧하였으나, 一心(靈明之體)의 發明은 無限한 것이므로 四라는 數

---

168) 全書, Ⅱ-3, 25a, 中庸自箴; 「德者, 行吾之直心也, 不行無德也, 孝弟忠信仁義禮
    智, 斯爲之德, 未及窮行, 安有德乎.」
    全書, Ⅱ-6, 28b, 孟子要義; 「實行旣著, 乃稱爲德, 心體之湛然虛明者, 安有德乎,
    心本無德.」
169) 全書, Ⅱ-15, 10b, 論語古今註; 「孔子曰性相近者, 謂其好德恥惡之性, 聖凡皆同以
    此之, 故兩人之賢不肖本相近也, 習於善人, 則薰陶漸磨, 日進其德, 此移於善也,
    習於惡人, 則狎昵濡染, 日增其惡, 此移於惡也.」
170) 全書, Ⅱ-5, 22b, 孟子要義; 「仁義禮智知以爲本心之全德, 則之職業, 但當向壁觀
    心, 回光反照, 使此心體虛明洞徹.」
171) 同上, 23a; 「端也者始也, 物之本末謂之兩端, 然猶必以始起者爲端.」
172) 同上, 23b; 「此四端可曰心不可曰性, 可曰心不可曰理, 可曰心不可曰德.」

에 구애될 필요가 없을 뿐 아니라, 惻隱·羞惡 등의 名稱도 不變的인 것일 수 없는 것으로 보아 173) 四端說의 嚴格하고 高邁한 體系는 茶山에 의하여 근본적으로 뒤 흔들어 졌다고 할 수 있다.

仁에 있어서도 人心 속에 한 덩어리로 挿入되어 先天的으로 內在하는 것이라거나, 「天地生物之心爲仁」·「東方木德爲仁」·「滿腔子一團和氣爲仁」이라는 등 抽象的 槪念이나 超越的인 實體가 아니라, 孝親·구체적 행동으로 실천하는 가운데 功으로 얻어지는 것이 仁이라 강조한다.174) 특히 그는 仁을 字義로 「二人」을 뜻한다하고 子와 父兄과 弟, 君과 臣 등 두 사람 사이에서 이루어지는 孝·弟·慈·忠·愛 등의 他人을 사랑하는 實踐으로 보고 있다.175) 이러한 仁은 孝弟·慈를 包含하는 德의 基本的 形態로서 茶山이 仁을 說明하면서 天에 대한 사랑은 말하지 않고 있으나 他人 대한 사랑으로서의 意味는 매우 강조하였다고 할 수 있다.176)

3) 事天·修養論

人間內面의 本質的 性品은 하늘로부터 부여된 것이요, 이 性品을 따르는 것이 人間의 道德的 義務라는 확고한 信念을 經傳 속에서 쉽게 찾아볼 수 있다.177) 또한 하늘은 특히 人間行動의 善惡에 따른 功罪에 대하여 賞罰을 主宰하는 存在이기에, 人間이 自己人格의 完

---

173) 全書, Ⅰ-19, 32a, 答李汝弘;「心一而已, 其發而爲心者, 可千可萬, 孟子偶以惻隱之心爲仁之端, 非必惻隱爲椿定不易之物, 若有人復曰孩悅之心仁之端, 亦復合理.」
174) 全書, Ⅱ-5, 22a, 孟子要義;「仁之爲物, 成於人功, 非賦生之初, 天造一顆仁塊揷于人心也.」
175) 全書, Ⅱ-1, 40a, 大學公義;「仁者二人也, 事父孝曰仁, 子與父二人也, 事兄悌曰仁, 弟與兄二人也……」
    全書, Ⅱ-4, 36a, 中庸講義補;「凡二人之間盡其本分者, 斯謂之仁.」
176) 全書, Ⅱ-12, 21a, 論語古今註;「仁者二人也, 子愛親臣愛君, 牧愛民, 皆仁也.」
177) 書·湯誥;「惟皇上帝, 降衷于下民, 若有恒性.」
    中庸·首章;「天命之謂性, 率性之謂道.」

成에로 指向하는 德行과 修養은 곧 하늘을 恭敬하고 섬기는 方法이
되는 것이라고 儒學에서 敎示되어 왔다.178) 따라서 人間의 道德的
行爲는 단순히 倫理學의 限界內에서만 문제되는 것이 아니라 하늘을
섬기는 일이라는 信仰的 世界에 연결되고 있는 것이요, 儒敎의 祭儀
에서는 信仰對象의 實在가 문제 되기에 앞서 齋戒의 誠心과 恭敬의
德이 강조되는 이유를 이해할 수 있다.179)

    그러나 儒學의 傳統 속에는 超越的 世界가 人間에게 日常生活의 前
面에 君臨하기 보다는 人間世界의 秩序와 道德의 本質的 內容과 一致
되고 있으며, 內在的 性格을 더욱 强하게 지니고 있다고 하겠다. 이러
한 道德과 修養論의 强調가 外形的으로 禮學의 發達을 가져왔다면 內
在的으로 誠敬論을 重要視하게 하였던 것이다. 性理學의 合理的 精神
을 통하여서도 이러한 儒學의 修養論的 傳統은 더욱 强化되고 세련되
어 갔다. 理가 所以然(存在)과 所當然(當爲)의 兩面으로 파악되었고,
이 理를 窮究하는 知的 努力은 敬虔한 姿勢의 確立을 바탕으로 한다는
居敬窮理의 態度가 學問과 修養을 統一시켜 주고 있다. 또한 人欲을
막고 天理를 지키기 위하여 修養의 內面化에서 存心養性과 實踐過程에
서 省察을 강조하는 自己否定의 태도는 心性의 修養論인 동시에 敬
天·事天의 信仰을 그 속에 內包하는 것으로써 道德과 信仰을 徹底히
合理的으로 統一시키는 貫性을 보여주는 것이다.180)

---

178) 書·伊訓;「惟上帝不常, 作善降之百祥, 作不善降之百殃.」
      書·太甲下;「惟天無親, 克敬惟親, 民罔常懷, 懷于有仁, 鬼神無常享, 享于克誠.」
      孟子·盡心上;「盡其心者, 知其性也, 知其性, 則知天矣, 存其心, 養其性, 所以事
      天也, 妖壽不貳, 修身以俟之, 所以立命也.」
179) 書·君陳;「黍稷非馨, 明德惟馨.」
      論語·雍也;「務民之義, 敬鬼神而遠之, 可謂知矣.」
180) 退溪는 儒學의 核心的인 體系를 10圖로 集約하였던 『聖學十圖』에서, 太極圖·
      西銘圖·小學圖·大學圖·白鹿洞規圖의 5圖를 「本於天道, 而功在明人倫懋德業」
      이라하고, 心統性情圖·仁說圖·心學圖·敬齋箴圖·夙興夜寐箴圖의 5圖를 「原
      於心性, 而要在勉日用崇敬畏」라 하여 修養과 事天이 긴밀히 結合되고 있음을
      明示하였다.

Ricci의 仁에 대한 해명에서 「① 天主를 사랑하고 天主를 위하기를 그 이상이 없도록 하며, ② 天主를 위하는 자는 다른 사람을 자기와 같이 사랑하는 것이요, 이 두 가지를 행하면 모든 德行이 갖추어 진다」[181]고 하여 人間의 德行은 天主에 대한 上向的 사랑을 經으로 하고 이에 근거하여 이웃에 대한 사랑을 緯로 하는 倫理構造에 根據를 두고 있는 것이다, 여기서는 人間의 道德的 行爲는 事天에서 出發하여 愛人(仁)을 거쳐 事天에로 歸結하고 있는 만큼, 人間相互의 倫理는 過程이요 手段的인 二次的 比重을 갖는다. 人生의 窮極的인 目標는 諸德의 完成에 있다기보다는 救援에 있는 것이다. 그러나 이 救援은 聖寵을 통하여 얻어지는 것이니, 人間의 善行도 人間의 自己 意志로만 될 수 없고 聖寵의 特祐를 입어야 한다는 것이다.[182] 이러한 西學의 救援論에서는 地上的인 道德이 必要한 것이지만 充分條件은 될 수 없으며, 事天과 修養의 관계도 事天을 目的으로 修養을 方法으로 하는 信仰을 中心으로 한 價値秩序를 확립하고 있다고 하겠다. 茶山의 人間論에 있어서 특징적인 사실은 修養의 根據를 人間의 道德規範으로만 보려는 태도를 벗어나 上帝 내지 鬼神이라는 超越的 存在의 現存에서 찾으려 하고 있는 점이다. 中庸에서 君子의 個別的 修養方法을 보여 준다.[183]

여기서 修養方法으로 戒愼·恐懼함이 提示되었고, 이러한 狀況으로 不睹·不聞을 지적하고 있다. 이 不睹·不聞을 耳目이 미치지 않는 곳 또는 他人의 耳目이 미치지 않으나 自己 혼자 아는 곳에서 所忽해지기

---

181) 天主實義, p.582;「夫仁之說, 可約而以二言窮之, 曰愛天主爲天主無以尙, 而爲天主者愛人如己也, 行斯二者, 百行全備矣.」

182) 靈言蠡勺, 天學初函(二), pp.114lf.;「亞尼瑪(anima)在人, 他無終向, 惟賴聖寵, 可盡力向事陡斯(Deus), 立功業以享天上眞福也……額辣濟亞(gratia)者, 以明天上眞福, 非人之志力與天主公祐, 所能得之, 必有額辣濟亞之特祐, 然後能爲義者, 爲天主所愛, 而當受眞福也.」

183) 中庸·首章;「君子戒愼乎其所不睹, 恐懼乎其所不聞, 莫見乎隱, 莫顯乎微, 故君子愼其獨也.」

쉬운 人心의 常情을 警戒하여 自省하는 것으로 보았던 朱子의 立場에 반대하였다. 茶山에 의하면 君子의 敬畏는 靜的인 때만이 아니라 動靜 兩時에 걸치는 것이요, 不睹·不聞은 他人의 耳目이 못 미치는 특정한 場所나 事物을 가리키는 것이 아니다.184) 視之而不見하고 聽之而不聞 하는 無形無聲한 鬼神이 鑒臨하고 있음이요, 보이지 않는 天(鬼神)의 體와 들리지 않는 天의 馨을 말한다고 주장한다.185)

人間이 自省과 修養의 方法으로 愼獨·敬畏하는 것은 超越者의 現 存을 통하여서만 가능하다고 確信하고 있다. 나아가 天命 또는 鬼神 (上帝)의 現存을 確信하지 못할 때 愼獨은 모든 應事接物에 敬을 다하 지 못하고 靜에로 빠지게 될 염려가 있으며, 이러한 靜坐工夫만으로 는 敬天·敬神에서도 敬을 실천할 수 없게 된다.186) 上帝·鬼神의 現存은 敬畏와 愼獨에 確固한 根據를 주는 만큼, 이 現存의 確信 없이 는 人間의 모든 欲望이 억제되지도 못하며 그 修養마저도 不誠하게 되고 말 것이므로, 敬畏의 실제적 대상인 鬼神은 道의 根本이 된다고 明言하고 있다.187) 茶山의 이러한 愼獨·敬畏의 修養論은 上帝·神에 대한 信仰에 확고한 근거를 두고 있으며, 이 點에 있어서 性理學의 道 德的 입장보다 西學의 信仰的 입장과 깊은 관련성을 보여 준다고 하 겠다. 茶山은 誠이 意·心·身·家·國·天下의 일을 실현하는 物(事 實)의 始終을 貫徹하는 原理를 이루어 모든 德行의 根本이 되는 것으

184) 全書, Ⅱ-4, 5a, 中庸講義補; 「章句曰, 君子之心, 常存敬畏, 常存二字, 豈非通動 靜者乎, 臣又之思不睹不聞, 非謂他人之所不覺也.」

185) 全書, Ⅱ-4, 5a, 中庸講義補; 「不睹不聞者, 鬼神之鑒臨也.」
同上5b; 「鬼神之體, 人所不睹, 鬼神之馨, 人所不聞.」
全書, Ⅱ-3, 4b, 中庸自箴; 「所不睹者何也, 天之體也, 所不聞者何也, 天之馨也.」

186) 全書, Ⅱ-2, 30b-31a, 心經密驗; 「敬之爲德, 必應事接物, 而後乃得施行,……靜坐 無事, 無所嚮往, 何以用敬, 惟敬天敬神, 可爲靜坐之工, 然亦必默運心思, 或想天 道, 或窮神理, 或省舊愆, 或紬新義, 方爲實心敬天, 若絶思絶慮, 不戒不懼, 惟務 方塘一面, 湛然不波, 則此靜也, 非敬也.」

187) 全書, Ⅱ-4, 23b, 中庸講義補; 「中唐之德, 非愼獨不能成, 愼獨之功, 非鬼神無所 畏, 則**鬼神之德, 卽吾道之本也**.」

로 보며, 中庸의 根本精神을 誠字에서 찾았다.188) 이러한 誠은 字義上
「言」과 「成」의 會意요, 成己(仁)·成物(知)의 「成」으로서 實踐性이 중
요시 된다.189) 善惡이 없는 喜怒哀樂의 未發 즉 中에서 善惡이 나뉘
는 已發의 和에로 실현되는 것으로 보고, 致中和는 愼獨의 修養과 통
하는 것이요, 이것이 곧 誠의 실천적 영역을 이루는 것이다.190)

여기에 中·和의 問題도 觀念的 心性論을 철저히 排除한 實踐의
修養論으로 파악되었고, 더 나아가 誠과·愼獨의 修養은 神의 降格
(現存)을 바탕으로 한 敬畏의 心性위에서 이루어지는 것으로 이해한
다. 특히 茶山에 있어서 修養의 極致는 天人合一의 觀念的인 融合에
로 나가는 것이 아니라, 德行의 純粹함과 精神의 專一함을 이룬「格
人」으로서 上帝에 感通하고 그 啓牘를 받들고 天命을 아는 信仰人의
모습에서 發見하고 있음을 본다.191)

---

188) 全書, Ⅰ-8, 30b-31a, 中庸策;「夫中庸之全體大用, 不可枚擧, 而就其中, 拈出其樞
   紐機括之會, 則誠一字是已.」
189) 全書, Ⅱ-3, 23b, 中庸自箴;「誠成者, 六書之諧聲也, 以其成己成物, 非誠不能, 故
   字從成也.」
190) 全書, Ⅱ-4, 6b, 中庸講義補;「致中和者, 愼獨君子之事也.」
   同上, Ⅱ-3, 6b, 中庸自箴;「愼獨之爲至誠, 至誠之爲愼獨, 旣然無疑則, 未發之中,
   已發之和, 惟愼獨者當之.」
191) 全書, Ⅱ-25, 17b, 尙書古訓;「格人者, 格天之人,……凡其德行純粹精神專一者,
   能感通于上帝, 仰承啓牖, 昭知天命, 斯之謂格人.」

第3部 儒學과 西學의 教理的 葛藤과 近代思想의 歷史的 展開

第5章 1儒學과 西學의 教理的 論辨과 思想的 性格

1. 主宰者의 創造性과 人格性

1) 主宰者의 名稱과 概念

우주와 인간을 포함한 만물을 생성하고 주재하는 궁극적이고 초월적 존재에 대한 관심은 유교나 기독교에 공통적으로 존재하고 있다. 이에 대해 유교경전에서는 帝·上帝·皇天上帝·昊天上帝·天·命·太·道·理 등으로 다양하게 표현되어 왔다. 그러나 이들 명칭에 대한 개념적 파악을 하려는 노력은 宋代의 性理學派에 의하여 주로 이루어졌다. 程伊川은 天을 全體로 말하면 「道」요, 분석하여 말하면 形體가 「天」이요, 主宰가 「帝」요, 功用이 「鬼神」이요, 妙用이 「神」이요, 性情이 「乾」이라 해명하였다.[1] 또한 朱子에 의하면 「天」은 自然한 것을 말하고, 「命」은 流行하여 사물에 부여하는 것을 말하며, 「性」은 그 전체로서 만물이 얻어 生成을 해가게 되는 것을 말하고, 「理」는 모든 사물이 각각 그 법칙을 갖고 있는 것을 말한다 하고, 결국 天·命·性·理가 서로 통할 수 있음을 밝혔다.[2]

---

1) 易傳·乾「夫天專言之則道也.……分而言之則, 以形體謂之天, 以主宰謂之帝, 之功用謂之鬼神, 以妙用謂之神, 以性情謂之乾.」

기독교가 중국에 전래하여 唐代의 景教3)나 元代의 也里可溫教4)라
칭하였던 것에 비하면, 明末에 天主教(西學·天學·聖教라고도 표현)
라 명칭을 정착시키게 된 것은 Deus를 天主로 번역하게 된 필요성
에 기인한 것이다. 天地萬物之主宰者임을 기본성격으로 갖는 天主의
명칭이 유교의 명칭인 上帝 또는 天과 어떤 共通點 및 相異點을 갖
는가에 대하여 처음부터 많은 論難을 일으켰다. Matteo Ricci(利瑪
竇)는 진지하게 유교사회에 적응적인 전교방법을 채택하여 유교경전
을 인용하면서 上帝와 天主가 동일한 존재임을 역설하였다. 그러나
그의 대표적인 교리서인 『天主實義』의 首篇에서는 기독교교리에 따
라서 天主의 성격을 설명하고, 第二篇 「解釋世人錯認天主」에서는 天
主의 개념과 유교전통의 天·太極·理의 개념을 비판적으로 분별하
여 해명하였다.5) 나아가 Ricci 이후에는 「天」·「上帝」의 명칭을 사
용할 수 있는가의 여부로 교단 안에서 논쟁이 일어났고 마침내
1704년 教皇 Cle-ment 11世의 訓諭에 의하여 「天主」라는 호칭만이
허용되기에 이르렀던 것이다.

朝鮮朝社會에 기독교가 전래하였을 때에는 『天主實義』·『七克』·
『靈言蠡勺』 등 예수회의 初期 漢文 教理書를 통하여 文獻을 中心으
로한 연구가 이루어졌으며, 특히 이 教理書 속에서 '유교와의 一致'

---

2) 性理大全, 卷29, 性理一·性命,「天則就其自然者言之, 命則就其流行而賦於物者言
   之, 性則就其全體而萬物所得以爲生者言之, 理則就其事事物物各有其則者言之, 到
   得合而言之, 則天卽理也, 命則性也, 性則理他.」
3) 景教流行中國碑頌,「眞常之道, 妙而難名, 功用昭彰, 强稱景教」(天學初函(一)1965, 臺
   北, pp.64-5)
   李之藻, 讀景教碑書後,「景者, 大也, 炤也, 光明也.」(天學初函(一), p.82)楊森富, 中
   國基督教史, 1968, 臺北, p.10,「景教二字亦卽, '正大光明之宗教'之意..」
4) 也里可溫은 몽고어 Arkaun (福分人, 有緣人)의 音譯으로「奉福音之人」또는「信
   奉福音的基督徒」의 뜻으로 쓰인 것이라 한다. (楊森富, 上揭書, p.32)
5) Ricci는 蒼蒼有形之天이 無形의 天主가 될 수 없으며,「天」이나「天地」를 敬奉
   한다는 표현은 語法일 뿐이라 하였다. 또한「太極」은 尊奉의 대상이 될 수 없는
   象이요 實이 아니라 하고,「理」는 依賴者로서 物體가 있는 다음에 존재하게
   되는 것으로 만물의 근원인 天主와 같을 수 없는 것이라 규정하였다.

(合儒) 내지 '유교의 새로운 확대'(袖儒)를 모색하는 논리를 통하여 설득력 있게 전달될 수 있었다. 따라서 天主와 上帝의 개념이 상통하는데 대한 이해가 처음부터 쉽게 이루어졌던 것이다. 李瀷은 天主가 곧 유교의 上帝임을 긍정하였고,[6] 愼後聃도 天主가 天地를 主宰하고 萬物을 安養한다는 점에서 上帝와 공통된 것으로 긍정하였다.[7] 初期의 천주교신도인 李蘗은 「聖敎要旨」에서 「天主」란 칭호보다 오히려 「상제」, 「上主」란 호칭을 쓰고 있다.[8] 그러나 朝鮮社會에 천주교 신앙집단이 형성되기 시작하는 18세기 후반은 이미 중국에서 儀禮問題에 대한 禁止令이 적용되는 시기이었다. 따라서 北京敎會의 지시를 받으면서 天이나 上帝의 명칭은 후퇴하고 천주란 칭호만이 사용됨으로써 유교사회와의 異質的인 氣風이 신앙운동의 초기부터 일찍 시작되었다. 丁若鍾의 『주교요지(主敎要旨)』는 초기의 교리서이고 『天主實義』의 표현법을 빌려 썼지만 「텬쥬」로만 호칭하고 이미 유교경전과의 접근을 시도하는 태도는 안 보인다. 丁夏祥은 『上宰相書』에서 主宰者가 존재한다는 증명을 하는데 「以享上帝」(易), 「昭事上帝(詩), 「禋于上帝」(書), 「獲罪於天, 無所禱也」(論語) 등 경전구절을 인용하지만 天主를 天이나 上帝로 칭할 수 없는 입장 위에 서있다.

　이러한 主宰者의 명칭에 대한 유교와 기독교의 사이에 놓인 간격은 主宰者의 성격에 대한 이해의 차이가 대립하는 만큼 쉽사리 극복되기 어려운 것이었다. 安鼎福은 Ricci가 天主와 上帝를 동일시하는데 대한 批判으로서 天主는 主宰者인 上帝가 될 수 없는 것을 증명하려하고 있다. 특히 「天主」라는 명칭은 史記에 나오는 八神의 하나

---

6) 星湖先生全集, 卷55, 跋天主實義, 「其學專以天主爲尊, 天主者卽儒家之上帝也.」
7) 愼後聃, 西學辨・天主實義, 闢衛編卷一, 「程子曰以主宰謂之帝, 則彼謂天主之主宰天地者, 其說亦可矣, 朱子曰萬物隨帝而出入, 則彼謂天主之安養萬物者, 其義亦近之.」
8) 聖敎要旨의 本文에는 「未生民來, 前有上帝, 唯一眞神」에서 上帝가 한번 보이고 節의 해설에서는 자주 「上主」라 하였다. 그러나 聖敎要旨의 諺解本에서는 「텬쥬」가 자주 나타난다.

로서 天을 다스리는 神인 경우9)와 漢書에서 흉노의 休屠王이 金人
을 만들어 天神으로 제사하는 기록10)을 들어 上帝와 구별하였다. 또
한 Ricci가 天을 蒼蒼之天으로 규정하고, 太極과·理의 主宰者的 지
위를 거부한데 대하여, 安鼎福은 天에 主宰之天(理)과 形氣之天(物)
의 구별이 있음을 밝히고 主宰之天은 理요 곧 上帝, 太極과 동일한
것임을 역설하여 主宰者의 명칭에 대한 유교적 입장을 제시하였
다.11) 유교에서 西學을 비판하는 입장은 이처럼 먼저 天主나 上帝의
개념이 기본적인 면에서 일치하고 있음을 인정한 위에 개념의 차이
를 분석하는 입장에서 다음에 전혀 상반되고 이질적인 것으로서 거
부하고 배척하는 입장으로 비판 형태의 변천과정을 찾아볼 수 있다.
前者의 例로서 18C末 洪正河의 경우도 上帝와 天主가 萬有의 宗을
가리키는 점에서 동일하다고 긍정한 뒤에 양자의 차이점을 분석하였
다.12) 또 後者의 例로는 19C中葉 李恒老가 『闢邪錄辨』 첫머리에서
「上帝與天主相反辨」을 題目으로 표출시키는 데서도 엿보게 된다.13)
이러한 차이는 기독교에서 Ricci의 접근태도와 後期 선교사의 배척
태도가 갖는 입장의 차이와 일치하는 것이다. 즉 主宰者 명칭에 대
해서도 유교와 기독교 사이에는 交涉過程에서 兩者의 共通性에 관한
관심의 눈과 相異性에 관한 관심의 눈이 모두 나타났던 것이다 그런
데 다만 초기의 공통성에 대한 이해는 교류가 확장됨에 따라 상이성
을 강조하는 데로부터 兩極化되는 변천양상을 보였다.

그러나 유교와 천주교의 대립이 격렬하던 절정기가 연속되는 시기

---

9) 史記, 卷28, 封禪書, 「八神, 一曰天主, 祠天齊.」
10) 漢書, 卷68, 霍光·金日磾傳,「休屠作金人爲祭天主.」
11) 順菴集, 卷17, 天學問答, 「以有主宰而言之則曰上帝, 以無馨無臭而言之則曰太極曰
    理, 上帝與太極之理, 其可貳而言之乎.」
12) 許伩, 大東正路, 卷5, 實義證疑(洪正河),「儒門之上帝, 尊駕之天主, 其指爲萬有之
    宗則同, 但尊駕之天主, 有心於爲主者也, 儒門之上帝, 無心而自然爲主者也,……」
13) 華西集, 卷25, 闢邪錄辨,「今當論吾所謂上帝之如何, 彼所謂天主之誤, 言之赤可, 不
    言亦可也.」

에서도 主宰者의 궁극성과 초월성에 대한 공통적 이해를 버릴 수는 없는 것이다. 따라서 上帝의 호칭 사용을 먼저 금지하였던 기독교에서도 天主와 上帝의 일치성을 강조하는 주장을 또다시 제시하고 있다. 즉, 開化期로 보이는 시기에 대구에서 활동하던 佛人神父 로베르(Robert)는 유학자(李沂)와의 논쟁에서 天主와 上帝의 칭호는 글자가 다르지 뜻은 같다고 주장하였다. 그는 또한 天은 만물 가운데 가장 큰 존재요, 主는 모든 명칭 가운데 가장 존귀한 것으로 天主는 지극히 크고 지극히 존귀함을 의미하는 명칭이라 하여 명칭의 是非보다 명칭이 내포한 의미를 강조하였다.14)

결국 主宰者의 명칭문제에 대한 긍정적 내지 배척적 태도의 문제는 主宰者의 개념과 성격에 대한 그 이해의 내용에 근거를 두지 않을 수 없다. 따라서 유교와 기독교가 主宰者에 대해 어떠한 이해를 갖는지 또 어떻게 그 입장을 주장하는지 비교되어야 할 것이다. 그러나 여기서도 일관되는 사실은 두 사상이 자기의 응고된 체계의 한계를 넘어서 서로의 공통기반에 놓여있는 포괄적인 보편성을 추구하는가, 아니면 표현내용의 차이에 집착한 소극적이고 대립적인 자세를 고집하는가에 따라 교섭양상이 결정되었던 현상을 반성해 볼 수 있다.

2) 創造主와 天地

舊約聖經의 첫머리 「創世紀」는 天地와 萬物과 인간을 창조하는 主宰者의 장엄한 모습과 능력을 보임으로써 기독교 교리에 있어서 모든 존재의 근원을 설명하는 동시에 主宰者의 기본성격을 創造主로서 뚜렷이 제

---

14) 答嶺南儒者李沂書(韓國教會史研究所 所藏의 筆寫本으로 著者가 밝혀져 있지 않음)의 「天主名目」條, 「天主之稱, 與儒家所稱主宰上帝, 字異而義同, 盖天主固難爲名, 亦不可無稱, 而萬物之中, 惟天爲大, 萬名之中, 惟主爲尊, 故取其至大至尊之義, 稱之以天主也.」

시하였다. M. Ruggerius의『天主聖教實錄』(1584)이나 Ricci의『天主實義』(1595)와 같은 초기 교리서에서도 天主의 存在를 증명한 다음에는 곧 天主의 創造能力을 그 기본성격으로 설명하고 있다.15) 李蘗의『聖教要旨』(全49節)도 創造主인 天主를 설명하고 있다.

六日力作, 先闢天地, 萬物多焉, 旣希且異, 遂辦和土, 將爲靈矣, 命處賜臺, 千百皆與.
천주 엿새 동안 힘써 만드시어, 천지를 개벽하고 또한 만물을 만드시니, 그저 기이하고 신기로운 것이니라.
흙을 빚어서 영혼이 있는 우리들 사람을 만드시니, 이어 살아갈 땅과 터를 주시고, 또한 모든 것을 장만하여 주시었나니라.16)

丁夏祥도 主宰者의 存在를 萬物・良知・三段으로 증명하면서, 天地의 萬物이 自然으로 生成된 것이 아니라 製作者가 있는 것은 마치 家屋이나 藝術作品에 製作者가 있는 것과 같음으로 비유하고, 萬物에는 質(材料)・貌(形狀)・作(工匠)・爲(需用) 의 四因이 있으므로 作者 곧 創造者가 없을 수 없다는 주장을 인용하였다.17) 기독교의 主宰者인 天主는「天地의 主宰者」요, 따라서 天地를 主宰의 對象으로 삼고 있다. 天主는 天地위에 존재하므로 天主와 天地는 主從關係에 놓인 것으로 파악된다.

中國의 古代神話에서도 盤古氏 또는 天皇氏와 같은 創造神이 있었

15)『天主聖教實錄』의 16章中 第4章「天主制作天地人物」이나『天主實義』의 首篇題目인「論天主始制天地萬物, 而主宰安養之」에서도 創造는 天主의 가장 기본적인 성격으로 강조되고 있음을 보여 준다.
16)『聖教要旨』第一節의 둘째 및 셋째 句節 譯文은 諺解本을 現用 맞춤법으로 고친 것임, (聖教要旨, 하성래・이성배譯, 가톨릭출판사, 1976, 참조)
17) 上宰相書,「若曰柱石樑椽, 門戶墙壁, 渾然相合, 兀然自立, 必曰狂人之言也, 今夫天地大房屋也, 飛者走者動者植者, 奇奇妙妙之像狀, 豈有自然生成乎.……宇宙萬物, 藝藝職職林林葱葱者, 亦一奇文名畫, 而自古及今, 寥寥沁沁, 獨不問作者何哉.……以若介大天地, 豈無作者. 此以萬物, 而知有主宰也.」

다. 따라서 天主도 이 神話的 存在로 이해되기도 하였던 것이다.18)
그러나 실제에는 이 神話的 傳承이 유교경전에서 배제되었다. 다만
主宰者의 創造的 機能을 인정하는 意識 을 유교경전 속에서도 찾아
볼 수는 있다. 周易에서 「大哉, 乾元, 萬物資始, 乃統天」(乾), 「天地
之大德曰生」(繫辭下), 「帝出乎震,……萬物出乎震」(說卦)이라한 구절이
나 書經의 「惟天生民有欲」(仲虺之誥), 또는 詩經의 「天生烝民, 有物
有則」(大雅·蕩)에서 乾元·天地·帝·天 등이 萬物과 인간의 生成
的 根源으로 제시되고 있음을 본다. 그러나 이러한 主宰者는 神話的
創造事實을 그 特性으로 보여주는 것이 아니라 모든 個別的 存在의
窮極的 根源이요 論理的 根據로 이해된다. 따라서 現象的 存在는 創
造主의 一回的인 創造에서 비롯되는 것이 아니라 永續的인 生成의
循環 속에 놓여있는 것이다. 유교의 傳統에서 天 또는 上帝와 더불
어 天地·理·道·太極 등이 궁극적 존재를 가리키는 명칭으로 흔히
사용되며, 특히 上帝는 天 또는 道의 主宰的 性格을 지시하는 것으
로 한정 시키고 있는 것도 創造的 역할이 아니라 生成의 論理的 根
據에 관심의 초점을 두고 있기 때문이라 생각할 수 있다. 「天地」도
「天」과 「地」의 상대적인 영역인 물질적 존재를 넘어서 生成의 全體
즉 自然全體를 의미하는 것이다. 程子의 언급 속에 「道는 곧 자연으
로 萬物을 生成하는 것이다」 또는 「道는 곧 自然으로 生成해 나가
쉼이 없는 것이다」19)라고 한 것은 天地·道 등의 궁극개념은 自然
의 生成的 連續性을 기본 성격으로 갖는 것임을 제시하고 있다. 따
라서 性理學의 理氣論에서는 形而上學的인 理念인 「理」와 實在論的
인 物貫의 基礎인 「氣」는 각각 그 궁극성을 갖는 것이다.20) 理가 氣

---

18) 燕巖集, 卷15, 熱河日記, 黃圖紀略·風琴,「天主者, 猶言天皇氏·盤古氏之稱也.」
19) 性理大全, 卷34, 天地, 「道則自然生萬物,……道則自然生生不息.」
20) 同上, 卷26, 性理·總論 「朱子曰天地之間, 有理有氣, 理也者, 形而上之道也, 生物
之本也. 氣也者, 形而下之器也, 生物之具也.」

에 先行한다는 것은 時間的인 先後가 아니라 存在論的인 根據를 의
미하는 것이다. 程子의 「動靜無端, 陰陽無始」(性理大全, 卷一太極圖)
라는 견해는 氣도 宇宙와 더불어 존재하는 것이지 결코 일정한 시간
에 主宰者의 創造로 존재하기 시작한 것이 아님을 명백히 보여준다.
따라서 유교의 主宰者는 無에서 有를 創造하는 존재가 아니고 有에
서 有로 生成 · 造化하는 존재법칙이요, 곧 個別的 有의 根源이며 抱
括者요 運行者인 自然 그 自體로서의 天理를 의미한다고 보겠다.

愼後聃은 天主가 天地를 主宰하고 安養한다는 점을 是認하면서도
天地를 制作하였다는 創造說은 無根據한 理論으로 거부하고 있다.21)
그는 Ruggerius와 Ricci 以來 天主敎敎理書에서 반복하여 사용하는 비
유 곧 집이나 방이 저절로 이루어지는 것이 아니라 工匠의 制作에 의
하여 이루어지는 것으로써 天主를 工匠에 비유하는 것은 天地의 開闢
을 설명하는데 적절하지 않은 것이라 지적한다.22) 그는 周易의 「易有
太極, 是生兩儀」(繫辭上)를 들어, 天地를 太極의 眞理에 根本을 두고
兩儀의 實質에서 成立하는 것으로 규정지었다.23) 여기서 上帝도 天地
가 形成된 다음에 그 속에서 主宰하는 것으로 形而上學的 道의 측면과
形而下學的 器의 측면을 결합하여 이름 지은 것으로 본다. 마치 사람
이 태어난 다음 心이 肉身을 主宰하지만 心이 肉身을 制作할 수는 없
는 것과 같다고 비유하여 創造說을 배격하였다.24) 洪正河는 J. Aleni
(艾儒略)의 『萬物眞源』에 나타난 創造說의 교리를 條目에 따라 비판하
고 있다. 먼저 그에 의하면 「創造者가 物質을 자료로 삼지 않고 無에서

---

21) 愼後聃, 上揭書, 「至謂天地之成, 由於天主之制作, 則此乃於理無徵, 於經無稽, 而
　　特出於妄度之論也.」
22) 同上, 「彼雖引工匠成房屋之事, 以證之, 然吾恐天地之開闢, 不如房屋之出於人爲也,
　　彼惟皇之帝, 不可比之於工匠也.」
23) 同上, 「天地者, 乃原於太極之眞, 成於兩儀之實而已.」
24) 同上, 「所謂上帝, 則盖亦天地成形之後, 主宰乎其間, 合道器而爲之名, 如人賦生之後,
　　方有此心主宰乎人身, 而固不能制作人身, 則上帝雖主宰乎天地, 而豈有制作天地之理
　　乎, 此彼說之所以妄也.」

化成하였다」(有能造者, 不資物料, 純以無物化成)는 주장에 대해「化」한
다는 개념은 한 물체를 다른 물체로 變化시키는 것이라 하야 모순된
주장이라 논박되고 있다.25) 이것은 곧 유교의 자연철학에서 물질의 생
성근원이 無에서 시작되는 것이 아니라 氣의 窮極性을 明示하는 입장
이라 할 수 있다. 또한 그는 天主가 天地를 造成할 때「生成하고자 하
면 곧 生成된다」(欲生卽生)는 주장에 대하여 生成하고자 하는 것은 天
主의 意識內에 있는 것이요 生成되는 것은 天地가 스스로 生成되는 것
인만큼 意識이 物質을 낳을 수 없으므로 불합리한 주장으로 비판한
다.26) 그는 또한 Aleni와「전혀 시간이 걸리지 않고 순식간에 天地가
이루어진다」(絶不待時刻, 瞬息而天地耶立)는 주장과「만물이 繁多하여
그 속에 차례가 있다」(但萬有繁多, 其中更有次第)는 주장은 모순된 명
제임을 지적한다. 또한 天主가 天地를 造成하는데「결코 心力을 쓰지
않는다」(絶不費心力)는 주장이 있는데 비해「(天主의) 뜻에 따라 (天地
萬物이) 변한다」(隨意而變)는 주장에서 뜻(意)은 마음이 쓰이는 것이니
곧 心力이므로 서로 모순되는 것이라 비판한다.27) 洪正河는 기독교의
창조설이 기독교 古經과 聖傳諸書에 기록되었다하나 經傳도 인간에 의
하여 기록된 것이요 인간이 육신을 갖고서는 天堂과 地獄을 볼 수 없
으므로 虛妄한 것이라 비판하였다.28) 그는 나아가 西學의 地水火氣의
四元行說과 儒學의 金木水火土의 五行說 사이의 차이를 分析하면서 氣
를 物質의 基本構成인 五行의 凝結되지 않은 상태인 基礎로 제지하여
氣개념을 통한 物質의 窮極的 自律性을 확립시키고 있음을 볼 수 있다.

---

25) 許伏, 上揭書, 卷5, 萬物眞源證疑,「化得此物變成彼物之謂也, 旣無物矣, 將何所化
    而成之耶.」
26) 同上,「欲生者卽天主也, 卽生者卽天地也, 天主意內但欲生而已, 卽生者天地自生也,
    謂之欲成天地則可也, 安在其造成天地耶.」
27) 同上,「夫意者心之所之也……旣曰意, 則已是心力, 何爲言不費心力乎.」
28) 同上,「耶穌雖是人, 而天主當其定經之時, 肉身尚在猶是人也, 諸聖雖是聖人, 聖人亦
    是人也, 天堂之高, 地獄之深, 以人血肉之身, 實無可見之道.」

기독교의 創造說이 主宰者의 超越性을 강조하는 입장이라면 유교는 自然의 現實性 속에서 主宰者를 찾고 있다. 곧 기독교에서는 主宰者앞에서 自然 속에 파묻히지만, 유교에서는 인간이 自然 속에 감추어진 主宰者를 발견하게 된다. 따라서 主宰者의 存在를 쉽게 同意할 수 있더라도 主宰者의 性格에 대한 이해의 입장에서는 날카로운 대립을 일으키게 되는 것이다. 이러한 대립의 핵심은 인간과 主宰者의 관계에 대한 觀點의 角度에서 비롯하는 것으로 이해할 수 있다. 또한 기독교에서 天主가 天地와 人間을 創造한다는 사실은 天主의 至高的 권위를 의미하지만 유교에서는 工匠처럼 造作하는 행위는 비천한 능력이요 神聖한 超越的 능력으로 평가될 수 없다. 여기에서 기독교와 유교 사이에 초월성과 창조행위의 의미를 부여할 수 있는 기반으로서 物質 내지 현실세계에 대한 이해의 철학적 체계의 차이를 명확히 파악하는 것이 요구된다.

3) 人格神과 天命

孔子가 50세에 知天命을 하였다고 述懷한 것이나, 「不知命, 無以爲君子」(論語·堯曰)라 하여 論語의 마지막 句節에서 君子의 필수적인 조건으로 天命을 알아야 한다고 強調한 것은 人間이 超越的인 존재를 認識하며 또 그에게 順從하여야 함을 말해준다. 天命은 超越者인 天과 現實的인 인간의 관계를 밝히는 유교의 기본개념이다. 命은 命令하는 자와 命令받는 자의 사이를 나누고 있음을 前提하며, 또한 높은 天과 낮은 人間의 上下관계를 前提하고 있다. 命令은 그 속에 意志가 내포되어 있고 順從을 요구하는 힘이 깃들어 있다. 따라서 命令을 하는 主體인 天에 人格的 요소가 깊이 內在하고 있음을 부인할 수는 없다. 특히 詩經과 書經에 나타난 上帝 및 天은 忿怒와 親愛의 感情을 보이며 인간에게 禍福을 내리는 행위를 통하여 인격적 성격을 생생하게 드러내고 있다. 또한 祭儀를 통하여 上帝에게 犧牲이 바쳐졌고 이 祭物에 歆享하고 降福하는 것으로 믿어져 왔다. 그러나 周代 이후에 점차 天내지 上帝는 絶對的 超越存在로서 鬼神 (自然神 및 祖上神)의 경우보다 더욱 인격성을 초월한 것으로 파악 되었다. 또한 孔子의 「天生德於予」(論語·述而)나 中庸의 「天命之謂 性」에서처럼 性이나 德으로서 인간에게 內在된 것으로 파악되면서 理念的 성격을 갖게 되었다. 이처럼 天의 超越性과·內在性이 道, 太 極 또는 理의 개념으로 더욱 뚜렷이 理念化함으로써 유교적인 天人 關係의 입장을 굳혀 갔던 것이다. 이때 天의 인격적 이해는 오히려 미숙한 認識 段階로 평가되지 않을 수 없었다. 기독교신앙에 있어서 天主의 인격적 성격은 가장 핵심적 요소이었다. 따라서 예수회 선교 사들이 天主를 유교의 上帝개념과 일치시키면서 유교경전을 이끌어 왔으나 이미 동일한 경전구절도 이해하는 입장은 같을 수가 없었다. Ricci 이후 일반적 입장은 기독교 경전의 神話的 사실을 통하여 天 主의 사랑과, 분노, 창조와 계시, 成肉身과 救贖을 설명하여 人格性 을 강조하였고, 또한 유교경전 속에 나타난 上帝의 人格的 성격의 표현을 긍정적으로 받아들였으나, 그 반면 太極·理의 개념은 전혀 天主와 관련시킬 수 없는 下位槪念으로 거부하였다.29) 여기에 儒敎 와의 논쟁이 필연적이었다.

李瀷은 天主의 降臨, 啓示 및 靈跡에 대해 전혀 不合理한 것으로 배척하기 시작하였다.

「욕망을 따르는 무리가 날로 많아지고 이치를 쫓는 자가 날로 드 물어지니, 이에 天主가 크게 慈悲를 發하여 몸소 와서 救世할 때 貞 女를 택하여 어미로 삼고 交感 함이 없이 胎를 빌어 유태國에 降生

---

29) 天主實義, 第2篇, 「若太極者, 止解之以所謂理, 則不能爲天地萬物之原矣, 盖理亦依 賴之類, 自不能立, 曷立他物哉.」

하에 예수라 하였다 한다.……그 敎가 불교를 배척함이 지극하나 오
히려 필경에는 함께 幻妄한데로 돌아감을 깨닫지 못한다.30)

　「만약 天主가 인간을 불쌍히 여겨 이 세상에 幻影을 나타내어 혹
은 말로 타이름이 마치 사람이 가르침을 베푸는 것과 같다면, 무수
한 지역에 사랑하고 불쌍히 여길 자가 한이 없을 것이로되, 한 天主
가 두루 다니며 일깨운다면 수고롭지 않을 수 있겠는가.」31)

　지극히 상직적인 반박으로 보이지만, 유교의 입장에 따르면 天이
모든 인간에게 보편적으로 內在할 수는 있으나 특정한 인간의 모습
으로 成肉身한다는 것은 天 개념에 대한 가장 직접적 모순이요 불합
리한 것으로 받아들여진다. 또한 奇跡처럼 특수한 사건 혹은 우연적
인 사실로서 天主의 存在를 설명하려는 태도는 天의 절대적 필연성
이라는 본질에 모순되는 것으로 憁鬼의 짓이라 거부하고 있다.

　　「구라파 以東에는 구라파의 敎를 듣지 못하였고, 또 어찌 天主의
　　드러난 靈跡이 없어서, 구라파에 여러 가지 靈異함이 있는 것과 같
　　지 않은가? 그렇다면 이 여러 가지 靈異한 것이 魔鬼의 버릇에 있
　　지 않음을 알겠는가?」32)

　李瀷은 非合理的인 奇蹟의 현장을 天의 意志로 인정하기보다는 人
間의 幻想이라 봄으로써 天의 근본성격으로서 合理性을 지키고 있
다. 그는 또한 「유교에서 實跡을 추구함으로 實跡이 없으면 愚者도
믿지 않으나 西學은 幻跡을 추구하여 幻跡이 眩妙할수록 迷者가 더
욱 迷惑된다」33)고 言明하여 儒學과 西學의 價値基準을 「實」과 「幻」

---

30) 星湖先生文集, 卷55, 跋天主實義.
31) 同上, 「若天主慈悲下民, 現幻於實界間, 或相告語, 一如人之施教, 則億萬邦域, 可
　　慈可悲者何限, 而一天主遍行提警, 得無勞乎.」
32) 同上, 「自歐羅巴以東, 其不聞歐羅巴之教者, 又何無天主現迹, 不似歐羅巴之種靈異
　　耶, 然則其種種靈異, 亦安知夫不在於魔鬼套中耶.」

으로 구분함으로써 兩者의 입장이 놓인 合理性과 信仰의 차이를 명확히 지적해 주었다.

　天主가 인간의 몸으로 降臨한다는 사건은 뒤이어 예수의 죽음과 부활로 더불어 기독교의 基督論 및 救贖論으로서 핵심적인 신앙내용을 이루고 있다. 그러나 이러한 기독교 신앙에 대하여 유교적 입장에서는 더욱더 비합리적이고 反倫理的인 것으로 비판한다. 安鼎福은 漢文敎理書인 『眞道自證』을 인용하여 반박하면서 上帝가 몸소 강림하였다고 주장하고 나서 강림한 上帝가 못 박혀 죽었다는 것은 神聖에 대해 모독적인 것이라 비판하였다.34)

　愼後聃은 「職方外記」를 비판하면서 기독교 신앙의 奇蹟이 論理的 矛盾을 갖는 것이라 지적하고 있다. 그는 天主가 聖人 모세에게 十誡를 주었다는 사실에 대해 모세가 聖人이라면 十誡를 줄 필요가 있었겠는가 또는 모세가 聖人이 아니라면 天主는 다른 사람에게는 주지 않고 모세에게만 주었겠는가라는 反問을 하였다.35) 곧 天主가 絶對者라면 普遍性을 벗어난 個人的 私意를 나타낼 수는 없는 것이라 비판하는 것이다. 예수의 降生에 대하여 天主가 降生한 것이라 할 수 있을지라도 天下萬國에 輪廻降生하는 것도 아니고 오직 유태에서만 降生할 수 있겠는가를 물어 공변되지 못함을 지적하였다.36) 또한 예수에 父母가 없다면 그만이지만 만약 父母가 있다면 上帝의 尊嚴으로 한 夫婦의 胚胎에 의탁했다고 말할 수 있겠는가라고 反駁한다.37) 여기서 愼後聃을 통해 볼 수 있는 儒敎的 立場에서는 上帝는 肉身의 형태로 人間化할 수

---

33) 同上, 「蓋中國言其實迹, 迹泯而愚者不信, 西國言其幻迹, 迹眩而迷者愈惑, 其勢然也.」

34) 順菴集, 卷17, 天學問答, 「旣曰上帝親降, 又曰無異眞天主云, 則敢曰彼釘而死, 不得考終耶, 其愚昧無知, 侮慢尊嚴, 甚矣.」

35) 闢衛編, 卷1, 愼遯窩西學辨, 職方外記, 「使美瑟而聖也, 則復焉用十誡爲歟, 使美瑟而非聖也, 則天主何不賜戒於他人而獨於美瑟賜之歟.」

36) 同上, 「雖可以降生, 而何不於天下萬國輪廻降生之, 獨於如德亞不鄙夷之而降生歟.」

37) 同上, 「使耶蘇而無父與母則已矣, 若其有父與母, 則將謂上帝之尊, 托於耶蘇父母之胚胎歟.」

없다는 上帝의 超越性에 대한 확고한 신념이 나타난다.

洪正河에 의하면 儒敎經典에서 上帝가 意志나 感情을 나타내는 것은 上帝自體에 心性願慾이 있기 때문이 아니라 耳目과 情量에 의존하는 인간의 理解를 돕기 위한 理의 議擬之辭요 譬喩임을 밝히고, 上帝 또는 理는 心性願慾의 根據임을 言明한다.[38] 따라서 上帝의 情感的 人格性은 譬喩에 그치는 것이요, 사실로서의 信仰對象이 될 수 없는 것이라 보았다. 나아가 上帝도 그 本質은 理요 普遍的 合理性은 人間的 情感의 根據로서 作用하고 있음을 제시하고 있는 것이다.

儒敎에서 上帝를 道·理·太極 등 普遍的 理念과 일치시켜 情感的 人格體와 對立시키고 있는 것은 이를 통하여 上帝의 超越性과 絶對性을 確立하고 있음을 엿보게 한다. 그러나 여기에 性내지 德을 통하여 上帝의 內在性 또는 天人의 一貫的 相通性을 제시하는 것이다. 이에 비하여 기독교는 人間의 被造性과 不完全性 罪惡性을 통하여 天主의 絶對性과 超越性을 강조하고 그 반면 情感的 人格性을 통하여 天主와 人間의 相關性을 찾고 있는 것이라 볼 수 있다. 다시 말하면 情感的 人格性의 계기는 기독교에서는 神과 人間의 紐帶意識을 가능케 하는 것이지만 儒敎에서는 神聖性의 모독이요 超越性의 否定으로 받아들이는 相反된 方法的 見解가 나타나고 있다. 儒敎的입장은 情感的이고 恣意的 人格性은 아니지만 道德的이고 普遍的인 人格性에서 天과 人間의 相關性을 찾는 것이다. 이에 따라 기독교가 동양사회에서 大衆과 知識階層의 요구에 呼應度의 현저한 차이를 드러낸 것도 사실이지만, 敎理的 論爭은 이러한 兩者의 方法的 差異에 집중되었을 뿐이다. 對話와

---

38) 許伏, 大東正路, 卷5, 賞義證疑, 「理旣無形色, 則實非人人耳目之所可致, 理旣無方所, 則又非人人淸量之所可及,……此所以古昔聖賢之於此, 就人之耳目所到, 情量所及譬喩之.」
同上, 「理固無心性願慾, 而實爲心性願欲之故,……長短在物, 尺則只爲知長短之故耳, 天下之考長短者, 皆主於天, 天固爲知長短之主宰也, 安可以此便爲尺有心性耶, 然而其所以曰怒曰享者, 亦非眞有人之心性喜怒.」

理解를 통한 超越的 主宰者의 多樣한 性格에 대한 理解를 넓히고 나아
가 主宰者의 超越性과 內在性에 대한 근원적 이해의 공통기반에 도달
하려는 關心이 不足하였던 것은 사실이다.

2. 靈魂의 不滅性과 死後世界

1) 靈魂의 實體槪念

超越的 主宰者로서 儒家의 上帝 또는 天과 西學의 天主가 敎理論
辨을 통하여 槪念內容에서는 相異性을 보이지만 存在領域에서는 一
致하는 것이라 할 수 있다. 이러한 上帝 내지 天主의 問題와 더불어
儒學과 西學의 敎理論辨에서 두 가지 基本的인 主題를 이루고 있는
다른 하나는 人間存在의 靈魂·鬼神問題이었다.39) 특히 愼後聃·安
鼎福등에 의하여 西學批判이 本格的으로 開始되었을 때 儒學者들의
관심은 靈魂問題에 一次的으로 集中되고 있다.40)

人間存在가 靈魂과 肉身으로 이루어져 있다고 할 때에 靈魂 내지
精神은 바로 人間의 特性을 形成하는 要素로서 肉身의 優位에 있고,
肉身을 統御하는 態力을 지닌 것이며, 肉身과는 質的으로 다른 實體
로 이해되고 있다. 다시 말하면 西學과 儒學이 인간 존재에 대한 이
해에 있어서 가지고 있는 기본적인 공통의 입장은 인간존재의 構造

---

39) F. sambiaso는 『靈言蠡勺』引에서 st. Augustius의 말을 引用하여 哲學(費祿蘇非
亞, 格物窮理之學)은 두 가지 大端으로 귀결되는데 그 하나는 論亞尼瑪(Anima)
요 다른 하나는 論陡斯(Deus)라 하였다. (亞吾斯丁曰費祿蘇非亞, 總歸兩大端. 其
一論亞尼瑪, 其一論陡斯, 亞尼瑪者, 令人認已, 論陡斯者, 令人認其源, 論亞尼瑪者,
使人可受福, 論陡斯者, 使人享福. <天學初函(二), 靈言蠡勺引, p.1130>)
40) 愼後聃의 「西學辨」은 西學의 靈魂論인 「靈言蠡勺」에 대한 批判을 前提로 「天主
實義」를 批判하고 있으며, 安鼎福은 1758년에 星湖에게 올렸던. 西學問題를 討
論하는 書翰에서 鬼神說을 別紙로 提示하고 있다.

를 靈魂과 肉身의 上下關係로 파악하고 있다는 사실이다. 人間 속에
서 物質的이나 植物的 내지 動物的인 身體의 요소를 넘어서 인간으
로서의 價値와 品性을 擔持하고 있는 實體로서의 靈魂 내지 精神은
身體와 구별되어 이해될 뿐 아니라 身體에서 分離되어 存在할 수도
있는 것이라 주장된다, 특히 죽음을 통하여 인간존재는 靈魂과 肉身
의 遊離化가 일어나는 것으로 인식되는 사실에서 靈魂의 實體的 獨
立性을 엿볼 수 있는 것이다.

靈魂이란 用語는 儒敎의 전통 속에서 일반적으로 通用되는 것이 아
니다. 오히려 魂魄이나 鬼神이 靈魂의 개념에 우선 가까운 것이라 할
수 있다. 最初의 漢文西學書인 Ruggerius의 「天主聖敎實錄」(1584)이나
Ricci의 「天主實義」(1595)에서 天主敎敎理의 기본 용어로서 靈魂을 이
끌어 그 槪念內容을 提示하면서부터 또한 Sambiaso(畢方濟)의 「靈言
蠡勺」(14)을 통하여 西學의 靈魂論이 치밀한 체계로 詳述되면서부터
靈魂이란 槪念은 儒學者의 관심을 끌었고 나아가 敎理 論辨을 惹起하
게 되었던 것이다.[41]

「靈言蠡勺」에서는 西學의 立場에서 靈魂의 實體概念을 定義하여 9
個項으로 提示하고 있다.[42] 곧 i) 自立之體, ii) 本自在者, iii) 神之
類, iv) 不能死, v) 由天主造成, vi) 從無物而有, vii) 成於賦我之所・賦
我之時, viii) 爲我體模, ix) 終賴額辣濟亞(Gratia), 賴人之善行, 可享眞
福이 그것이다. 여기서 自立之體라는 것은 靈魂의 總稱으로서 靈魂이
어떤 實體의 屬性이나 狀態가 아니라 그 자체로 독립한 實體임을 말
한다. 특히 本自在者라는 것은 靈魂의 專稱으로서 人間의 靈魂이 草
木・禽獸의 生魂・覺魂과 달리 質料나 身體와 관계없이 存在하여 죽

---

41) 『天主聖敎實錄』(全16章)의 第6章과 『天主實義』(全8篇)의 第3篇은 「論人魂不滅大異
禽獸」라는 같은 題目으로 靈魂論을 提示하였고 『靈言蠡勺』(2卷)은 全篇을 통하여
亞尼瑪(Anima)를 論述하면서 亞尼瑪를 靈魂 또는 靈性이라 飜譯하고 있다.
42) 靈言蠡勺, 天學初函(二), pp.1134-45. 參照.

은 이후에도 不滅하는 것임을 말한다. 또한 由天主造成이라 하여 天
主에 의해 창조된 存在임을 밝히며, 賦我之所와 賦我之時에 靈魂이
生成된다하여 나의 個體存在와 동시적으로 存在하게 되는 것으로 靈
魂도 個體的으로 存在하는 것임을 제시하였다. 이러한 靈魂은 萬物이
속하는 有始有終한 世俗의 時間과 天主에 있어서 無始無終한 永遠의
時間이라는 두 時間次元의 地平에 있는 有始無終의 독특한 存在인
것이다.43) 따라서 西學의 靈魂概念은 靈魂이 非物質的 實體이며 個體
的 獨立存在요, 天主에 의해 造成된 이후에는 神的인 不滅性을 지닌
存在이다.

이에 비하여 儒敎的 傳統 속에서는 靈魂이란 名稱보다 魂이란 名
稱이 일반적으로 사용되고 있었다. 靈은 神的인 것에 광범하게 적용
되는 것으로 魂의 神的 存在와의 交流機能 내지 神的 性格을 서술하
고 있는 것이다.44) 따라서 anima를 靈魂이라 飜譯한 것은 魂이란
人間個體를 이루고 있는 實體에다 魂의 神的 性格을 結合시키고 있
는 것이라 하겠다. 魂은 儒敎的 意識 속에서 일반적으로 魂 - 魄또
는 魂魄 - 鬼神으로 연관되어 서술된다. 인간개체에 있어서 魄이 身
體的인 것이라면 魂은 精神的인 것으로 魂魄이 結合되어 나타난
다.45) 또한 生存할 때의 인간이 魂魄으로 구성되었다면 死亡하였을
때에는 鬼神이 되는 것이다.

愼後聃은 西學에서 靈魂의 尊貴함이 天主와 相似하다는 言及을 批判

---

43) 靈言蠡勺引, 同上, p.1129, 「亞尼瑪爲世時與永時兩時間之地平. (同註) 世時者有始
　　有終, 永時者無始無終, 天下萬物皆有始有終, 天主無始無終, 亞尼瑪有始無終, 在天
　　主與萬物之간間.」

44) 說文에 依하면 霝(靈)은 巫라 하고 玉으로 神을 섬기는 것(以玉事神)을 의미한
　　다 하였다. 謚法에 「極知鬼神曰靈, 好祭鬼神曰靈」이라 한 것이다. 曾子의 陽之精
　　氣曰神, 陰之精氣曰靈 또는 毛公의 「神之精明者稱靈」이라 한 것은 神과의 交流
　　機能이나 神的 性格을 지적하고 있는 것이라 볼 수 있다. (說文解字注 靈字條)

45) 春秋左傳, 昭公七年, 「子産曰……人生始化曰魄, 旣生魄, 陽曰魂, 用物精多, 則魂
　　魄强.」

하면서 西學에 있어서 神的 性格의 靈魂과 儒學에 있어서 陰陽의 氣인 魂이 그 개념에 있어서 서로 一致할 수 없음을 명백히 지적하고 있다.46)

> 上帝는 天의 主宰이니 「天主」라고 稱하는 것도 無理하지 않고, 人
> 魂을 「아니마」라고 부르는 것도 서양의 方言이니 상관이 없다. 다만
> 「아니마」를 天主와 비교하여 그 尊貴함이 相似하다고 하는 것은 전
> 혀 잘못이다. 儒敎에서 魂을 論하는 것은 魄에 相對한 것이다. 인간
> 에 있어서 陽之靈을 魂이라하고 陰之靈을 魄이라 하며, 天의 陽靈을
> 神이라하고 陰靈을 鬼라 하니, 魂魄과 鬼神은 陰陽屈伸의 迹이라는
> 點에서만 견줄 수 있는 것이다47)

鬼神도 分析되어 魂은 神이 되고 魄은 鬼가 된다는 입장과 살아 있는 상태에서의 神이 죽어서는 鬼가 된다는 입장이 있다.48) 여기서 生死에 따른 鬼神槪念에 混錯이 있는 것은 鬼나 神또는 魂과 魄이 多義的인 意味를 내포한 것이기 때문이다. 오히려 魂魄·鬼神을 포함한 인간의 生死는 氣의 聚散에 따른 것으로 解明되고 있다.49) 곧 인간은 氣로 이루어진 것이다. 氣는 精·氣의 狀態에 따라 魂·魄이 되고 聚·散, 屈·伸의 運動에 따라 生·死, 鬼·神으로 나타난다.50) 그렇다면 인간을 구성하고 있는 氣는 우주의 氣와 永續하는 것이요 始終이 없다. 超越者의 被造物이 아니라 永遠한 自然의 一部分이다. 魂魄·鬼神은

---

46) 闢衛編, 卷1, 西學辨·靈言蠡勺, 「雖以亞尼瑪謂之魂, 而觀其所論者, 未嘗略及氣陰陽屈伸之迹, 與吾儒之所以論魂者, 全不相似.」

47) 同上, 「……但以亞尼瑪比於天主, 而以爲其尊相似, 則此有大不然者, 蓋吾儒之論魂也, 則必與魄而對擧之, 魂者陽之靈也, 而主乎伸, 魄者陰之靈也, 而主乎屈, 若以象類而推之, 則如天之有鬼神, 神者伸也, 天之陽靈也, 鬼者屈也, 天之陰靈也, 故陰陽屈伸之迹, 在乎天, 則謂之鬼神, 在乎人, 則謂之魂魄, 若是者爲相似, 而可以比之也.」

48) 性理大全, 卷28, 「南軒張氏曰鬼神之說,……就一身而言之, 魂氣爲神, 體魄爲鬼.」
栗谷全書, 拾遺卷4, 死生鬼神說, 「其生也, 伸而爲神, 其死也, 屈而爲鬼.」

49) 朱子語類, 卷3, 「氣聚則生, 氣散則死.」

50) 性理大全, 卷28, 「精是魄, 魄者鬼之盛也, 氣是魂, 魂者神之盛也.」

인간의 個體를 이루는 것이요, 全人類 내지 全宇宙와 分裂된 異質性에서 그 본질적 성격을 지니는 것도 아니다. 魂과 魄이 모두 氣요 魂과 鬼가 모두 神인 것이며, 人間의 鬼神은 自然의 鬼神과 樣相의 차이를 갖는 것이지 本質의 차이를 갖는 것은 아니다.

　靈魂의 個體性이 갖는 意味가 西學에서 非物質的이고 同質的 自己 連續性을 지닌 實體로서의 個體와 儒學에서 氣의 物質的 特殊狀態 또는 機能으로서의 個體는 差異를 갖는다. 사실 儒學的 論理에서는 人間의 個體性이란 身體와 떠날 수 없고 人間의 非身體的 本質인 心 또는 性은 이미 普遍的 性格을 지닌 것이다. 愼後聃은 儒敎의 立場에서는 人間에게 있어서 上帝와 견주어질 수 있는 것은 魂이 아니라 「心」이며, 「心」이나 「帝」는 각각 一身과 上天을 主宰한다는 點에서 그 位格이 같다고 言明하고 있다.51) 西學의 靈魂은 天主에 의하여 個別的으로 創造되는 것이기에 인간의 個體性이 궁극적으로 확립되고 있음이 확인되며, 非物質的 性格에 근거하여 靈魂의 永續的 不滅性이 성립되는 것이다. 여기서 人間存在의 個體性과 永續性이 西學에서는 靈魂 속에 結合되어 있지만 儒學에서는 個體性을 魂에서 찾을 수 있는 반면 永續性은 性에서 엿볼 수 있다. 西學에서 anima를 靈魂 또는 靈性으로 飜譯한 것도 靈魂槪念 속에 內성된 兩面的 意味 때문이라 생각해 볼 수 있다.

2) 靈魂의 不滅性과 魂魄의 聚散

　예수회의 宣敎師들은 기독교교리를 儒敎思想과 一致시키려는 適應主義的인 努力을 기울였음에도 불구하고 根本槪念에서의 相異點을 덮어 둘 수는 없었다. 특히 宋學의 理論體系는 經典 속의 含蓄的이

---

51) 闢衛編, 卷1, 西學辯・靈言蠡勺, 「今以吾儒之說論之, 則人之可比於上帝者, 惟有 此心耳, 主宰乎上天者帝也, 主宰乎一身者心也, 人之有此心如天之有上帝.」

거나 多義的인 표현과는 달리 개념의 엄격성을 지니고 있던 만큼 西學의 教理와 직접적인 충돌을 일으킬 여지가 컸다. Ricci는 宋學에서 鬼神이나 魂魄을 氣의 陰陽·屈伸으로 설명하고 있는데 대하여 氣를 鬼神이나 靈魂의 實體라 보는 것은 개념을 혼란시키는 것이라 반박하였다. 그는 옛 經書에 「氣」字와 「鬼神」字가 다르게 쓰인 것은 각각의 理致가 다르기 때문이라 지적하면서, 「鬼神에 祭祀하는 자는 있지만 氣에 祭祀하는 자가 있다고 듣지 못하였다」하여 氣와 靈魂 내지 鬼神을 연결시키는 것을 否定하고 있다.52) 여기서 西學과 儒學 사이에 있어서 氣·魂·鬼神의 개념은 동일한 用語 위에서 서로 다른 이해를 하고 있음을 엿보게 된다. Ricci는 靈魂이 氣가 아니라는 주장을 하면서 西學의 立場에 따라 氣란 水·火·土·氣四行의 하나로 보고 靈魂이 一身의 主宰가 되지만 氣는 呼吸할 때 出入하는 것이라 보았다.53) 사실 西學에서 말하는 空氣(air)의 뜻으로서의 氣를 儒學에서 魂이라 하지는 않을 것이다. 西學의 입장에서는 靈魂·鬼神이 氣일 수 없다고 주장할 뿐 아니라 「道體」도 靈魂과는 다르다고 밝히고 있다. 龍華民(Nicolaus Longobardi)은 『靈魂道體說』에서 靈魂과 道體를 비교하여 분석하였다. 그에 의하면 道體 는 萬物에 共有되는 것이지만 靈魂은 각 사람이 따로 갖는 것이며, 道體는 거듭 만들어지는 것이 아니지만 靈魂은 사람이 태어날 때마다 創造되는 것이다. 또한 道體는 物質의 體이지만 靈魂은 精神의 體이며, 道體는 冥冥한 것이지만 靈魂은 明悟한 것이고, 道體에는 功罪·禍福이 없으나 靈魂은 行爲에 따라 功罪와 賞罰이 있다는 等 10條目으로 分辨하고 있다.54)

---

52) 天主實義, 第4篇, 天學初函(一), p.459, 「以氣爲鬼神者, 紊物類之寔名者也, 立教者, 萬類之理, 當各類以本名, 古經書云氣云鬼神, 文字不同, 則其理亦異, 有祭鬼神者矣, 未聞有祭氣者.」
53) 同上, p.467, 「夫氣者, 和水火土三行, 而爲萬物之形者也, 而靈魂者, 爲人之內分, 一身之主, 以呼吸出入, 其氣者也.」

西學에서 儒學의 魂氣說을 批判하는 근본입장은 靈魂이 非物質的
이요 神的 實體라는 데 있으며, 이러한 批判의 화살은 魂滅說에 집
중적으로 나아간다. 儒學에서 魂은 氣의 한 形態요 死生은 氣의 聚
散에 따르는 것이라 하면, 곧 죽음에 따라 魂은 散滅되어 氣의 다른
狀態에로 돌아가고 만다. 이에 대해 西學은 「氣는 氣이고, 魂은 魂
이니 전혀 別個이다」55)라는 입장에서 魂不滅說을 立證하는 論辨의
始發點을 삼고 있다. Ricci에 의하면 萬物을 構成하고 있는 火·
氣·水·土의 四行은 그 사이에 相伐이 일어남으로써 泯滅하지 않는
物體가 없게 된다. 따라서 靈魂은 神이요 四行과 無關한 까닭에 不
滅하는 것이라 주장하는 것이다.56) 여기서 物質的인 存在는 永遠할
수 없고 散滅된다는 事實에는 儒學과 西學이 共通된 이해를 갖고 있
음을 본다. 다만 人間個體에서 情感과 意志를 主管하는 機能의 主體
를 身體와 連續된 氣즉 魂이라 보는가 또는 身體와는 全혀 異質的인
神的(存在 즉 靈魂이라 보는가에 따라 靈魂觀의 根本的 差異가 나타
나는 것이다. 儒學의 立場에서 西學의 靈魂論에 대한 批判은 가장
먼저 靈魂不滅說 에 集中되고 있으며, 이와 더불어 死後에 靈魂이
간다는 天堂地獄說이 적극적인 비판대상이 되었다. 그것은 바로 宋
代이래 儒學이 佛敎를 批判하던 主題와 同一한 것이었기에 가장 批
判理論이 整備되어 있던 部分이기도 하였다. 安鼎福은 Ricci가 提示
하는 生魂·覺魂·靈魂의 魂三品說까지도 荀子가 말하는 生·知·
義에 相應하는 것으로 肯定하면서 靈魂가 不死한다는 말은 佛敎와
다름이 없다는 한마디로 否定하고 있다.57) 또한 그는 靈魂不滅說의

---

54) 方毫, 中西交通史(五), p.134. 참조
55) 馮秉正, 盛世芻蕘·靈魂篇, 天主敎東傳文獻續編(三), p.1504, 「氣是氣, 魂是魂,
判然各別了.」
56) 天主實義, 第3篇, 上揭書, p.433, 「凡天下之物, 莫不以火氣水土四行相結以成,……此
有四行之物, 無有不泯滅者, 夫靈魂則神也, 於四行無關焉, 從而悖滅之.」
57) 順庵集, 卷17, 天學問答, 「荀子云水有氣而無生, 草木有生而無知, 禽獸有知而無義,

矛盾을 죽은 다음 天堂地獄에 간다면 無數한 鬼神을 受容할 空間이 없을 것이라는 점에서 찾았다.

　　만약 西士의 說과 같다면 사람은 善惡을 막론하고 모두 靈魂이 있으며 天堂地獄의 報應이 있어서 아득한 옛날부터 변함없이 존재한다 하니 그 鬼神이 지극히 많을 것이다. 이른바 天堂은 광활하여 혹시 용납할 수 있는 이치가 있을지 모르나, 이른바 地獄은 地球의 주위가 9萬里이고 그 지름이 3萬里이니 3萬里 속에 어찌 許多한 鬼神을 용납할 수 있겠는가. 혹시 용납할 땅이 있다 하더라도 形質이 가득 차 있어 빈 空間이 없는데 비록 鬼神이 無形하다 하나 어찌 용납할 수 있겠는가. 靈魂이 흩어지는데 遲速이 있다면 가능하지만 永遠이 흩어지지 않는다면 不可能하다.58)

安鼎福의 見解에는 鬼神은 氣의 狀態라는 儒敎的 입장 위에서 西學의 靈魂을 규정하려함으로서 物質的 空間槪念을 벗어날 수 없었던 것이요, 地獄도 地下의 空間으로만 생각하는 文字에 따른 自然現象에서만 이해하는 것이었다. 西學의 靈魂論을 가장 체계적으로 본격적인 비판을 시도한 儒學者는 愼後聃이다. 그는 西學의 靈魂論인『靈言蠡勻』을 엄밀히 검토하면서 비판하고 있다.『靈言蠡勻』에서 靈魂을 「自立하는 實體」(自立之體)라 규정하고 있는데 대하여, 愼後聃은 「魂이란 形體에 依持하여 존재하는 것이요, 形體가 없어지면 消散하여 無에로 돌아간다」하여 自立하는 實體가 될 수 없다고 反駁하였다.59) 그는 사람이

　　人有氣有生有知有義, 故最爲天下貴也,……西士之言與此大同, 但靈魂不死之言, 與釋氏無異, 吾儒之所不道也.」
58) 同上, 卷2, 上星湖先生書別紙, 「若如西士之說, 則人無論善惡, 皆有靈魂, 有天堂地獄之報, 亘古恒存, 其鬼至多, 所謂天堂閒曠, 或有可容之理, 所謂地獄, 地周九萬里, 其經三萬里, 三萬里之中, 豈能容許多鬼神, 假或容之地, 有形質窒塞無空, 鬼神雖云無形, 亦何以容之耶, 謂之散有遲速則可, 謂之永世不散則不可矣.」
59) 闢衛編, 卷1, 西學辨 · 靈言蠡勻, 「魂者乃依於形而爲有, 形旣亡則消散而歸於無者也, 烏得爲自立之體乎.」

태어나는 데는 먼저 形體가 있고 그 다음에 陽氣가 와서 붙어 魂이 되는 것이라 하여, 魂은 形體의 氣와 異質的인 實體가 아니라 氣의 陽的인 要素라 봄으로써 魂의 實體性을 拒否하는 것이다.60) 또한 「靈言蠡勺」에서 人間의 靈魂은 植物的 生魂이나 動物的 覺魂을 內包하고 있어서 死後에는 植物과 動物의 生魂과 覺魂은 消滅되지만 人間의 靈魂은 生魂·覺魂의 機能이 停止될지라도 不滅한다는 주장을 反駁하고 있다.

生魂과 覺魂을 이미 쓰지 않는다면, 비록 不滅한다 하더라도 消滅된 것과 다르지 않다. 비록 天堂의 樂이 있더라도 반드시 그 즐거움을 깨달을 수 없을 것이며, 비록 地獄의 苦가 있더라도 그 괴로움을 깨달을 수 없을 것이다. 만약에 이렇다면 반드시 天堂에 오르고자하는 것은 무슨 까닭인가.61)

愼後聃에 있어서 魂의 가장 기본적 기능은 知覺이나 意志라 볼 수 있으며, 따라서 죽음과 더불어 魂의 기능은 정지될 것이고, 또한 消滅되지 않을 수 없다.

韓末의 嶺南儒學者인 李沂는 천주교교리서인 「理證」을 批判하면서 形體와 神魂의 관계를 燈火에서 油炷와 光明에 비유하고 있다.62) 기름심지 없이 불빛이 남아있을 수 없다는 사실에서 身體의 死後에 靈魂이 존재할 수 없음을 비유하는 것은 靈魂이 다만 身體의 特殊狀態임을 입증하는 것이다. 個體的인 蠟體에 따라 靈魂도 身體의 個體的機能임을 인정할 수 있지만 身體를 넘어서 不滅의 個體的 靈魂은 인정하지 않는다.

---

60) 同上, 「人之生也, 先有形體, 然後陽氣來附, 而爲魂.」
61) 同上, 「且生覺旣不用, 則雖不滅而與滅無異矣, 雖有天堂之樂, 而必不能覺, 雖有地獄之苦, 而必不能覺若, 若是而必欲求升天之事者, 亦何也.」
62) 答嶺南儒者李沂書, 「譬之燈火, 油炷形體也, 光明神魂也, 寧有去其油炷, 而獨留光明者乎.」

儒敎的 靈魂論에서는 個體性과 不滅性은 결코 融合될 수 없는 矛盾개념으로 파악되고 있음을 거듭 확인할 수 있는 것이다. 여기서 기독교의 神槪念으로서 普遍性을 지닌 동시에 個體的 人格性을 지니는 三立體의 超合理的 信仰을 前提하지 않고는 西學의 靈魂論을 이해한다는 것은 논리적으로 무리한 일이라 볼 수 있다.

3) 天堂地獄과 祭祀

儒學者들이 靈魂의 不滅性을 否認하는 立場에 서있는 한 死後世界인 天堂地獄의 實在에 대한 信仰을 否定하게 되는 것은 지극히 당연한 論理的인 것이다. 그러나 天堂地獄에 대한 批判은 靈魂聚散說에서만 아니라 天堂地獄그 自體가 지닌 機能이나 倫理性에 있어서도 批判되고 있다. 安鼎福은 Ricci가 儒敎에도 天堂이 있다 하여 經典을 引證하고 있는 것까지는 同意할 수 있다한다.[63] 그러나 地獄은 罪를 未然에 막으려는 聖王의 制刑精神에 어긋나며 地獄의 刑이 참혹한 것은 上帝의 至仁之心에 背反된다고 지적하였다.

> 저들은 地獄이 있다고 말하지만, 나는 地獄의 刑罰이 聖王께서 刑罰을 制定하는 義理와 다른데 매우 의심이 간다. 聖王의 刑罰은 未然에 制御하는 것이니 仁에 어떻겠는가. 地獄의 형벌은 살아있을 때엔 사람이 惡을 저지르도록 맡겨두었다 가죽은 다음에 盤魂에게 追論하니 거의 백성을 속이는 것이 아니겠는가. 이제 그들의 서적을 보니 이른바 地獄의 형벌이란 이 세상과 비교할 수 없으니 어찌 上帝의 至仁之心으로 이렇게 慘毒할 수 있겠는가.[64]

---

63) 順菴集, 卷6, 與權旣明書(甲辰), 「彼曰有天堂, 吾亦曰有天堂, 詩云文王陟降在帝左右, 又曰三后在天, 書曰多先哲在天, 旣有上帝, 則豈無上帝所居之位乎.」(天主實義, 上揭書, p.551, 參照)

64) 同上, 「彼曰有地獄, 吾乃曰, 地獄之刑, 異於聖王制刑之義, 甚可疑也, 聖王之刑, 制之於未然, 何如其仁也, 地獄之刑, 生時任人爲惡, 死後追論靈魂, 不機於罔民乎, 今

사실상 기독교의 天堂地獄에 의한 死後의 賞善罰惡은 現世에서 人間의 善惡에 대한 賞罰이 公正하지 못한 것을 天主의 至公한 本性에 비추어 死後에라도 公正하게 해주어야 한다는데 합리성을 갖는 것이다. 따라서 靈魂이 死滅한다면 賞罰을 公正히 할 수 없다는 데에서 靈魂이 消滅될 수 없는 理由가 되기도 한다.65) 물론 儒敎의 입장에서도 福善禍淫의 意識이 있다. 따라서 儒敎的 應答은 金致振의 批判처럼 「만약 天堂地獄이 정말 있다면, 天理는 至公하므로 君子가 天堂에 오를 것이요 小人이 地獄에 갇힐 것이니 어찌 구구하게 念經, 守齋·瞻禮의 기독교적 儀式에 걸려 있겠는가」66)라는 표현으로 나타나게 된다. 실질적으로 기독교의 입장은 기독교 신앙을 가진 사람은 善人으로 天堂을 갈 수 있으며 惡人이라도 용서받을 수 있다는 것이다. 곧 기독교에서는 그 信仰의 契機를 善惡의 窮極的 基準으로 보고 있으며, 天堂의 賞을 받는, 즉 救援을 받는 절대적 조건으로 삼는다. 이에 비하여 儒敎의 禍福說은 信仰的인 것이라기보다 天理에 順하는가 逆하는가에 따른 倫理的 必然法則으로 이해될 수 있다. 따라서 「예수를 섬기면 罪를 용서받아 天堂에 오르고 그렇지 않으면 大賢이라도 地獄에 떨어진다면, 그것은 私欲을 위한 것에 不過한 것이니, 만약 예수가 天帝라면 私欲을 따를 이치가 없을 것이라」 反駁하게 된다.67)

天堂地獄說에 대한 相互의 攻駁은 기독교에 있어서 信仰을 바탕으

見其書, 所謂地獄之刑, 殆非人世可比, 豈以上帝至仁之心, 何如是慘毒乎.」
65) 天主實義, 上揭書 p.445, 「天主報應無私, 善者必賞, 惡者必罰, 如今世之人, 亦有爲惡者, 富貴安樂, 爲善者, 貧賤苦難, 天主固待其旣死, 然後取其善魂而賞之, 取其惡魂而罰之, 若魂因身終而滅, 天主安得而賞罰之哉.」
闢衛編, 卷7, 上宰相書, 「天主至公, 無善不報, 天主至義, 無惡不罰, 若身死之後, 魂亦隨滅, 則賞也罰也, 施於何所乎, 又當知靈魂之不滅也.」
66) 金致振, 斥邪論·辨斥天堂地獄, 「盖論天堂地獄, 若眞有, 則天理本至公矣, 升必君子, 囚必小人, 其升其囚, 豈係於區區念經守齋瞻禮之法乎.」
67) 同上, 「事耶蘇者, 得赦其罪而升天, 不然則雖大賢俱下地獄云, 如是則不過爲己之私也, 耶蘇假若眞天帝, 豈有循私之理哉.」

로 한 倫理的 敎化機能과 유교에 있어서 合理的 道德規範에 근거한 敎化機能의 論爭인 것이라 볼 수 있다, 그것은 사실상 동일한 목적을 지향하는 방법의 차이에서 오는 대립이었다고 보아야할 것이며, 궁극적으로는 그 방법의 효용성에서 兩者가 評價될 수밖에 없을 것이다. 死後生命의 문제에 있어서 儒敎에서는 기독교의 天堂地獄說을 批判하였다면, 기독교에서는 儒敎의 祭祀儀禮를 拒否하는 데에서 심각한 論爭을 불러일으켰었다. 天主敎信仰問題를 社會的으로 擴大시킨 것도 辛亥年(1791, 正祖 15年)에 尹持忠·權尙然의 廢祭焚主事件에서 發端하였던 것이다. 祖上祭祀를 拒否하는 기독교적 입장을 명백히 밝혀주었던 인물은 丁夏祥이었다.

　　飮食은 肉身에 바치는 것이요, 道德은 靈魂의 糧食이다. 비록 至極한 孝子라도 父母가 잠들어 있는 앞에 飮食을 바칠 수 없는데 하물며 영원히 잠든 앞에서랴. 祭需들은 헛된 것이 아니라면 거짓된 것이다. 사람의 자식 된 자로서 헛되고 거짓된 禮로써 어찌 죽은 父母를 섬길 수 있겠는가.68)
　　木主(神主)도 부모와는 氣脈이 관련되어 있는 것도 아니요, 길러준 恩惠도 없는데, 父母라는 重大한 칭호로 부를 수 있겠는가. 理致도 없고 良心도 허락하지 않는다.69)

死者는 靈魂이 天國이나 地獄으로 가버린다는 信仰과 屍身은 飮食을 먹을 수 없는 사실에 비추어 祭需를 차려놓는 것은 無意味하다고 해석될 수 있다. 神主도 나무로 만들었으니 父母와는 본래부터 상관

---

68) 闢衛編, 卷7, 上宰相書·又辭, 「飮食肉口之供, 道德靈魂之粮, 雖至孝之子, ……不能供父母寢寢之前者, ……況大寢乎, 稻梁黍稷芬芯之果, 非虛則假, 爲人子者, 以虛假之禮, 豈事已亡之親乎.」
69) 同上, 「所謂士大夫木主, 亦天主敎之所禁也, 旣無氣脉骨血之相連, 又無生養劬勞之相關矣, 父母之稱, 何等重大, 以工匠之所制造, 粉墨之所粧點, 因謂之眞父眞母乎, 正理無據, 良心不允.」

이 있는 것은 아니다. 나아가 祖上神에 대한 祭祀는 虛位에 대한 虛
拜를 하는 虛僞일 뿐 아니라, 天主에게만 드려야 할 가장 尊貴한 禮
인 祭祀를 他神에게 드리는 것은 僭濫이요, 先祖에 祭祀를 드릴 때
魔鬼가 곁에서 歆享하니 魔鬼를 섬기게 되는 混雜이라고 批判하였
다.70) 결국 天主敎는 祭祀를 否定하는 것이 아니라 祭祀는 天主에게
만 드려져야하는 것이요 祖上에 대해서는 天主에게 祈禱하여 속히
天堂에 오르도록 懇請할 뿐이다.

　그러나 儒敎의 입장에서도 祭祀문제에 관하여 철저한 再批判을 加
하고 있다. 祭祀는 追遠報本의 義理요 事死如事生의 儀禮이며, 따라
서 祭需를 차리는 것은 鬼神이 飮食을 먹는다는 것이 아니라 事死如
事生의 人情에서 먹기를 바라는 子孫의 精誠을 표현하는 것임을 밝
힌다.71) 그리고 天堂이나 地獄으로 간 靈魂이 祭祀에 來降하지 않을
것이므로 虛位라는 기독교의 批判에 대해 기독교에서는 地獄에 있다
는 魔鬼도 出沒한다는데 屈伸往來를 本質로 하고 있는 鬼神이 往返
할 수 없다는 것은 모순이라 反駁하고 있다.72) 또한 神主가 鬼神自
體는 아니지만 無形한 鬼神이 有形한 木主에 憑依하게 하는 것임을
밝혀주었다.73)

　祖上祭祀를 拒否하는 기독교의 입장이 天主에 대한 信仰을 강화하
는 것이요, 이 祭祀를 重視하는 儒敎의 입장은 祖上과 子孫間의 紐

---

70) 答嶺南儒者李沂書,「善者之魂, 賞以天堂, 惡者之魂, 罰以地獄, 兩處大定, 永不還
　　世, 子孫之設虛位而行虛拜, 父母之所不知, 故曰虛僞也,……百禮之中, 惟祭獨尊,
　　萬有之上, 惟主獨尊, 非獨尊之主, 不能當獨尊之禮, 故曰僭濫,……此魔極巧, 乘人
　　祭祀之時, 從傍代享, 如臨如在, 則名雖爲先, 賞是事魔, 事魔之人, 豈能事主, 亦將
　　安歸, 所以聖敎之切禁者是耳, 故曰混雜也.」
71) 同上,「且人之祭父祖, 必以酒肉者, 非謂其父母能飮食之也, 雖不飮食, 吾心則猶欲
　　其飮食也, 此固事死如事生之義耳.」
72) 金致振, 斥邪說·辨祭祀,「彼國聖賢之靈, 莫不顯蹟, 在獄之魔, 亦能出而禍人云,
　　則他人之靈, 謂獨不來假於子孫之家者何歟, 夫神者, 忽焉在彼, 忽焉在此, 而屈伸
　　往來者也, 安有一往無返之理哉.」
73) 同上, 東人問答,「今士大夫家木主制度, 則程子著爲定式, 以爲神明憑依之主者也.」

帶意識에 대한 情感을 儀禮 속에 具現하는 것이다. 따라서 이러한 兩者의 입장에서 祖上 祭祀를 拒否하거나 天主에 대한 祈禱를 拒否하거나 死者의 靈魂에 대한 共通된 肯定이 나타나고 있다. 木主의 儒敎信仰的 象徵機能을 拒否하지만 十字架의 기독교 신앙적 象徵性을 스스로 否認할 수는 없을 것이며, 神的 存在에 대한 祭獻이 순수히 精神的인 것이 아니라 祭物의 形態로 나타내는 데에도 共通根據가 엿보인다. 어기서 敎理論爭을 통해 나타나는 靈魂槪念과 儀禮의 문제는 그 形式的 對立이 격렬함에도 불구하고 本質的인 共通性을 드러내고 있으며, 敎理的 葛藤은 오히려 그 時代的 現實 속에서 社會的 基盤과 敎勢를 확보하려는 敎團的 對立에 根據하고 있음을 다시금 確認해 볼 수 있다.

3. 道德規範과 社會秩序

1) 父子觀과 男女觀

西學에 대한 批判과 더불어 激熱한 排斥 내지 禁壓을 加하게 되었던 儒敎社會의 反應은 社會의 傳統秩序와 그 道德的 基盤을 교란시킬 수 있다는 危懼心에서 그 動機를 찾아볼 수 있다. 여기서 傳統的 道德規範인 忠孝에 대해 拒否的인 것으로 西學의 性格을 규정짓게 되었고, 滅倫亂常·無父無君이라 하여 敵對的 批判立場이 확립되었던 것이다. 儒敎社會의 基本構造가 家族秩序에 있다고 한다면, 父子關係는 바로 家系의 繼承을 통한 家族의 연속적 存在를 가능하게 하는 근거를 이루게 된다. 따라서 三岡인 父子·君臣·夫婦의 關係에서 父子關係의 規範인 孝가 先行的인 것으로 나타나며, 君臣關係도 父子關係의 擴大로 이해된다.74) 또한 나아가 父子關係는 天地에 대한 나의 關係에까지 一貫된 原理로서 擴大될 수 있는 것으로 파악되고 있는 것이다.75) 곧 孝는 忠君 또는 敬天事地의 源泉的 規範이요, 人倫綱常의 基礎를 이루는 것으로 지시된다.

이에 반하여 西學은 父母나 君王의 위에 大父母요 大君主로서 天主를 우선적으로 내세우고 있다.76) 즉 父母나 君主에 比較하여 天主는 超越的이며 絶對性을 갖는 것으로 前提된다. 그것은 「欽崇一天主萬有之上」이라는 十誡命의 第一誡에서 단적으로 표현되고 있는 것이다. Ricci는 父母의 善惡에 대한 報應이 子孫에 내려간다는 儒教의 意識을 반박하여, 나는 나이고 子孫은 子孫이므로 無關하다고 주장하는 것은 父子關係의 血緣的 紐滯를 根本的인 것으로 강조하는 儒教의 입장에 대하여 人間은 單獨的 個體로서 天主와 關係한다는 기독교의 입장을 밝혀주는 것이다.77) 그것은 儒教에서 父子關係는 身體的・精神的인 連結을 근본입장으로 하는데 반하여, 西學에서는 父子가 身體的으로 연결되고 있으나 靈魂의 측면에서는 父子가 分裂獨立 하며 天主와 人間의 연결을 근본입장으로 갖고 있음을 의미한다. 특히 西學은 傳來 初期부터 現世를 人世가 아니라 禽獸之本處所라 하고 인간이 暫定的으로 奇居하는데 지나지 않는다하여 死後의 世界를 重視하였다.78) 이러한 來世志向的 意識은 東洋傳統의 社會秩序나 道德規範이 지닌 現世中心的 意識에 相反될 뿐 아니라 現實的 社會體制의 權威에 否定的 態度로 나타날 가능성을 이미 內包하고 있는 것이다.

---

74) 聖學輯要, 第三正家・第二孝敬, 「陳氏曰移事親之孝以事君則忠矣.」
75) 同上, 「眞氏曰天地者, 人之父母, 故事父孝則事天之理明, 事母孝則事地之理察, 明察云者, 謂昭然顯著, 洞悟於心也, 事父曰事天地豈有二道乎.」
76) 答嶺南儒者李沂書, 「天主非特吾人之大君主, 亦爲吾人之大父母.」
77) 天主實義, 上揭書, p.545, 「我自爲我, 子孫自爲子孫, 夫我所親行善惡, 盡以還之子孫, 其可謂公乎.」
78) 天主實義, 上揭書, p.427, 「現世者, 非人世也, 禽獸之本處所也, …… 人之在世, 不過暫次寄居也.」
闢衛編, 卷7, 上宰相書, 「世福缺而不全, 天福全而不缺, 世福暫而不永, 天福永而不暫, 與其求缺且暫之世福, 曷若求全且永之天福乎.」

十誡에 대해서 儒學者는 事君의 항목이 없고 孝敬父母도 第四誡에
서나 언급하고 있다는 것이 儒敎的 綱常의 體系에 어긋난다는 것을 지
적하고 있다.79) 蔡濟恭도 西學에서는 아비로 섬기는 것에 첫째는 上帝
가 있고 둘째는 造化翁이 있고 셋째로 所生父가 있다 하여 天主를 높
이고 父母를 낮추는 사실에서 西學이 父母를 父母로 여기지 않는 無父
의 弊端을 낳는다고 批判하였다.80) 또한 西學에서 靈魂은 天主가 賦與
하는 것이요 父母는 肉身을 生養하는 것이라 하여 肉身보다 靈魂이 重
한만큼 天主를 父母보다 높이는 입장에 대해 父母를 輕視하여 孝親의
人倫을 파괴하는 것으로 비판하고 있다.81) 尹持忠의 供辭에서도 父母
의 祭祀를 廢하고 神主를 埋하는 理由로서 天主는 大父母이므로 天主
의 命인 天主敎의 禁令을 지키기 위한 것이라 언급하고 있는 것은 父
母의 의미도 天主를 통하여서만 긍정될 수 있음을 밝혀주는 것이다.82)
安鼎福은 西學에서 己身(感覺的 慾望)과 世俗(財勢功名의 慾望)과 魔
鬼를 三仇라 하여 否定하는데 대해 己身의 慾望은 克己說로 否定하고
있지만 身體를 仇라고 否定하면 결국 身體를 낳아준 父母를 仇라 보게
된다하여 悖倫에 빠진다고 批判하였다.83)

洪正河는 西學에서 天主와 父母를 上下로 差別하는 것을 根源的인
錯誤라 지적하고 父母에 孝敬하는 것이 바로 天理의 當然이요 順天

---

79) 闢衛編, 卷2, 李進士(基慶)答書, 「厥學十誡之中, 無事君之事, 孝敬父母, 亦在第四,
　　決非士子之所可見也.」
80) 正宗實錄, 卷33, 十五年辛亥冬 十月 丙寅, 「其所謂無父云者, 父事者有三尊, 上帝
　　爲第一父,……至於以造化翁爲第二父, 所生父則反居第三云, 是則無倫悖義之說.」
81) 憲宗實錄, 卷6, 五年己亥冬 十月 庚辰, 斥邪綸音, 「彼乃以生我者爲肉身父母, 天主者
　　爲靈魂父母, 親愛崇奉, 在於彼, 不在於此, 以自絶父母, 是畀血氣之倫, 所可忍乎.」
82) 正宗實錄, 卷33, 十五年辛亥冬 十一月 戊寅, 「以天主爲大父母, 不遵天主之命, 則
　　決非欽崇之意, 而士大家木主, 天主敎之所禁, 故寧得罪於士大, 不願得罪於天主, 果
　　埋神主於家庭之內.」
83) 順菴集, 卷17, 天學問答, 「己身爲仇之說, 其悖倫大矣, 人有此身, 則不無形氣之慾,
　　吾儒克己之說所以立也, 今若以此身之生爲仇, 則此身從何生乎, 此身之生由於父母,
　　是以父母爲仇矣.」

하는 道理임을 力說하였다.

그대의 學은 언제나 父와 天主를 上下의 等級으로 나누고 下父를
거스르며 上父를 존중하니 이것이 바로 源頭의 錯認處이다. 人子가
事親하고 것은 처음부터 두 가지 일이 아니다. 事父를 잘하는 것이
곧 事天을 것이다. 왜 그런가, 그대는 비록 한 等級 높은 孝로 天主
를 섬겨서 天主의 기뻐함을 얻고자 하지만 다만 理는 知覺이 없으
니 비록 孝하고자 하지만 어떻게 할 수 있겠는가. 다만 사람의 자식
으로서 낳아준 父母에게 바로 天理의 當然함이다. 진실로 부모에게
자식 된 도리를 다하여 德을 어긋나는 悖나 仁을 해치는 賊이 되지
않을 수 있다면, 곧 여기에 上天의 뜻을 잘 계승하고 사업을 잘 펴
는 자식이 되며 順天하는 도리가 된다. 만약 事親을 副次的 도리로
여긴다면 이미 天道와 어긋나는 데 어찌 事天할 수 있겠는가.[84]

人性 속에 天命을 발견하고, 人倫을 통하여 天倫을 提示하며, 人
道와 天道를 表裏의 全體的 調和 속에 파악하는 것이 儒敎의 근본입
장을 이해하여야 한다. 그것은 天의 內在性에 입각한 儒敎的 道德規
範의 성격을 밝혀주는 것이다. 따라서 西學에서 天主의 超越性을 前
提로 하고 天主를 통하여 만이 現實世界의 人間行爲가 義로와 질 수
있다는 입장은 儒學과 對比하였을 때 人間理解에서나 窮極的 存在에
대한 關係의 觀點에 相反된 측면이 있으며, 나아가 文化的 내지 倫
理的 表現樣式에서 현저한 矛盾을 보여주는 것이 사실이다. 그러나
人間의 根本的 道德規範으로써 孝敬을 肯定하며, 孝敬의 對象이 일
차적으로 父母를 지향할 것인지 天主를 지향할 것인지의 방법적 차

---

84) 許傳(撰), 大東正路, 卷6, 盛世蒭蕘證疑, 「尊駕之學, 每分父與天主爲上下兩等, 而
必欲犯下父而尊上父, 此乃源頭錯認處, 人子之事親事天, 初非兩項事, 善事父者, 卽
是善事天地, 何也,……但人子之盡孝敬於親生之父母者, 此乃天理之當然也, 苟能盡
其爲子之道於父母, 得免爲違德之悖, 害仁之賤, 則於是爲上天善繼善述之子, 而順
天之道矣, 若以事親爲第二件道理, 則已與天道相背, 安得事天也.」

이를 넘어서, 그 根據를 天命이요 天倫으로 파악하고 있는 點에서는
일치한다고 하겠다. 了夏祥도 「忠孝」二字는 萬代不易의 道理라 是認
하고 있는 사실에서도 엿볼 수 있는 것처럼, 서로에 대한 批判的 態
度의 根底에는 비록 충분히 계발되지 못하였지만 相互理解의 가능성
도 發見되었음을 알 수 있다.85) 父子關係는 人間存在의 普遍的 根據
요, 儒教의 人倫的 天倫으로서의 理解나 기독교에 있어서 人間의 天
主에 대한 根源的 關係요 天主의 誡命으로서의 이해에서 공통된 것
임을 인식할 수 있는 것이다.

男女의 문제는 인간의 현실적 존재에 있어서는 父子의 문제보다 先
行한다. 西學에서 創造神話를 소개하면서 天主가 最初로 一男一女를
직접 제작하였다는 人間創造의 神話를 言及하였고, 儒教에서도 「有天
地然後有萬物, 有萬物然後有男女, 有男女然後有夫婦, 有夫婦然後有父
子, 有父子然後有君臣, 有君臣然後有上下」(易 · 序卦)라 하여 天地 →
萬物 → 男女 → 夫婦 → 父子 → 君臣 → 上下로 發生的 順序를 보여 주
었다. 父子關係가 縱的이요 永續的이 라면, 男女 · 夫婦의 관계는 橫的
이고 斷面的 성격을 지니는 것이라 볼 수 있다. 따라서 道德規範은 父
子關係의 基盤에 男女 · 夫婦의 關係가 提示되어야 하는 것이다.

儒教社會는 男女와 夫婦의 嚴重한 分別을 강조하여 男女有別이 되
어야 父子有親도 이루어진다하고, 分別과 義理가 없다면 禽獸의 상
태에 빠진다 하였다.86) 즉, 父子關係의 현실적 기초로서 男女 · 夫婦
의 關係를 肯定하지만 後者의 動物的 本能을 克服함으로서 인간적
道德規範이 성립할 수 있는 것으로 보는 것이다. 다시 말하면 男女

---

85) 闢衛編, 卷7, 上宰相書, 「夫忠孝二字, 萬代不易之道也, 養志養體, 人子之當然, 而
    奉教之人, 尤切謹愼.」
86) 小學, 明倫第二, 「男女有別, 然後父子親, 父子親, 然後義生,……無別無義, 禽獸之
    道也.」
    同上, 集解, 「馬氏曰……男子無別於內, 則夫婦之道喪, 而淫辟之罪多, 雖父子之親,
    亦不得而親之也.」

는 自然的 必然性으로 받아들이고 여기에 道德的 規制를 加해야 인간적 세계가 가능하다고 보았다.

西學의 傳來와 더불어 天主敎敎理나 西洋風俗은 傳統的 男女觀과 뚜렷한 차이를 나타내었다. 그것은 敎理 속에 貞德을 존중하여 不婚을 긍정적으로 보는 사실과 西洋의 풍 속에 따라 男女가 자리를 함께할 수 있다는 사실에서 드러난다. 儒敎의 입장에서 보면 前者의 不婚은 人類를 斷絶지킬 수 있는 것이요 後者의 雜居는 風俗을 어지럽혀 禽獸로 타락시킬 수 있다는 비판이 가능하게 된다.87) 또한 不婚이 貞德일 수 있다는 意識에 대해 色은 身體的 慾望인 동시에 天理之自然이요 生人之本이므로 斷絶할 수 없음을 강조하며, 天主가 男女를 만들어 놓고서 絶色者를 寵愛한다는 것은 矛盾이라 지적하고 있다.88)

다른 한편으로 男女의 雜居를 許容하는 것을 通色이라는 儒學의 批判에 대해 西學은 十誡 가운데 第六誡가 「毋行邪淫」이요 第九誡가 「毋願他人妻」라 하여 通色은 西學이 가장 嚴禁하는 것임을 주장하여 부당한 批判임을 辯護하고 있다. 오히려 西學은 夫婦에서 夫는 妻에 대해 「孚」(中孚之信) 또는 「扶」(扶助之責)의 뜻을 가지고, 妻는 夫에 대해 「齊」(均齊之位) 또는 「棲」(共棲之誼)를 갖는 평등한 相反結合의 關慊를 강조한다. 나아가 儒敎社會의 蓄妾制度는 後嗣가 없으면 不孝라는 敎理를 그릇 이끌어다가 私慾을 채우는 것으로, 天主의 定命에 따르지 않을 뿐더러 倫理의 常情에도 합치하지 못한다 하여 娶妾을 異端의 항목에 넣어 批判하였다.89) 이 批判에 대한 洪正河의 辯

---

87) 憲宗實錄, 卷6, 五年乙亥 十月 庚辰, 斥邪綸音, 「有陰有陽, 必有夫婦, 不易之理也, 彼乃以不嫁不娶, 忘托貞德, 其下焉者, 男女混處, 穢亂風敎, 由前則人之類減矣, 由後則人之倫漬矣.」

88) 大東正路, 卷5, 實義證疑, 「色者不特形氣之欲也, 乃天理之自然, 生人之本, 安可絶也.」 同上, 「天主旣以生人爲全能之驗, 又使之男女殊形以爲生人之路逕, 而於此則絶色者寵之, 不絶色者不寵之, 又何故也.」

護도 後嗣를 통해 父母의 血氣를 傳承해야 한다는 儒敎的 生命意識
을 강조하는 것이며, 蓄妾이 不得已함을 辯明하는 것이지 그 자체의
正當性을 立證할 수는 없었다.90)

儒敎의 男女·夫婦는 自然性을 肯定한 基盤 위에 倫理的 制約의
分別을 강조하고 있으나, 기독교는 男女의 本來的 罪意識을 前提로
一夫一妻의 家族秩序를 認定하는 것이다. 儒敎의 긍정위에 부분적
부정의 방법이나 기독교 부정위에 부분적 긍정의 방법이 社會傳統
속에서 생활양식은 차이를 보이지만, 男女·夫婦의 關係에 있어서
家族秩序의 건전한 維持를 위하여 적절한 본능적 욕구의 계약이 요
구된다는 사실과 誡命이나 道德規範에 따라 正當化될 수 있다는 사
실은 공통된 意識이라 할 수 있다.

2) 君臣觀과 身分觀

儒敎社會의 傳統에서 君臣關係는 父子關係와 더불어 綱常을 이루
고 있으며, 「忠·孝」는 第一義的 基本 道德規範으로 받아들여져 왔
다. 父子關係가 親愛의 성격을 띤 것이라면 君臣關係는 義理로 맺
어진 더욱 嚴重한 것으로 이해되기도 한다. 君主는 백성의 父母요,
天地를 父母라 할 때는 宗子의 위치를 갖는 것이기도 하다.91) 물론
君主는 德을 통하여 天命을 받아 세워지는 것이요, 德을 잃으면 革
命에 의하여 易位될 수도 있다. 그러나 儒敎 傳統의 君主制 아래서
는 君父와 臣民의 義理는 絶對的이요 不變的인 綱常으로서 확고하게

---

89) 盛世芻蕘, 異端篇, 天主敎東傳文獻續編(三), p.1692, 「假使正妻之外, 再娶偏房, 夫失
信, 妻失助, 位不齊, 棲不共, 現與夫妻二字之義, 大不相合, 上不尊天主之定命, 下不
合倫理之常情, 一經說破, 悖謬極矣, 乃貪婬迷色之人, 强借無後之說, 以縱其私心.」
90) 大東正路, 卷六, 盛世芻蕘證疑, 「苟可以於妻生子, 傳父母之血氣, 則何苦而妾爲哉.」
91) 書經, 泰誓, 「惟天地萬物父母,……元后作民父母.」
     西銘, 「乾稱父, 坤稱母,……大君者吾父母宗子.」

정립되었던 것이다.92)

西學이 意圖的으로 君主의 權威를 否定하는 것은 아니지만 天主에 대한 至上의 權威를 강조하는 것은 상대적으로 君主의 權威를 格下시키는 것으로 받아들일 수 있다. 權尙然은 刑訊을 받는 자리에서 血肉이 물커진 상태가 되어도 呻吟하는 기색이 없이 「天主의 가르침이 至嚴하여, 君上의 命은 어길 수 있을지언정, 父母의 命은 어길 수 있을지언정, 天主의 가르침은 極刑을 받을지라도 결코 바꿀 수 없다」고 단호하게 주장하였다.93) 丁夏祥도 君主에 대한 忠을 긍정하면서도 天地大君으로서의 天主에 대해서는 下位的인 것으로 밝히고 있다.

　임금이 禁해도 백성에 天主敎를 행하는 자가 있고 아비가 禁해도 자식에 행하는 자가 있는 것은……아비의 命을 듣지만 임금의 命을 듣지 않으면 그 罪가 무거울 것이요, 임금의 命을 듣지만 天地大君의 命을 듣지 않으면 그 죄는 더욱 심하여 견줄 수 없다. 그러면 天主를 받들어 섬기는 것은 고의로 君命을 어기는 것이 아니요 부득이한데서 나온 것이다.94)

또한 天主敎의 敎皇(敎化皇)은 婚姻하지 않으므로 世襲이 아니요 賢者를 擇하여 擁立하며, 各國의 君主가 臣下로 복종한다는 制度95)

---

92) 孟子의 革命論에 대한 宋儒 司馬光의 批判과 名分論의 强化를 留意할 필요가 있다.
　　(安炳周,「倫學의 政治思想」,儒學原論, pp.268-273)
93) 正祖實錄, 卷33, 十五年辛亥冬 十月 戊寅,「當其刑訊之時, 箇箇考察, 血肉糜爛, 呻吟不形於色辭, 言言稱天主之敎至嚴, 謂君上之命可違, 父母之命可違, 天主之敎, 雖被極刑, 決不可變改, 果有刀刃爲榮之意.」
94) 闢衛編, 卷7, 上宰相書,「但國君禁之, 而民有行之者, 家父禁之, 而子有行之者,……聽家父之命, 而不聽國君之命, 則其罪重矣, 聽國君之命, 而不聽天地大君之命, 則其罪尤極無比, 然則奉事天主, 非欲故違君命, 出於不得已者.」
95) 天主實義, 上揭書, p.603,「敎化皇, 專以繼天主, 頒敎諭世爲己職,……然不婚配, 故無有襲嗣, 惟澤賢而立, 餘國之君臣, 皆臣子服之.」

에 대해서는 中國의 天子를 中心으로 諸侯가 布列되는 華夏的 正統
에 대해 하나의 異質的 集團으로 비쳐지지 않을 수 없었다. 蔡濟恭
은 바로 이 教皇制가 君主를 君主로 여기지 않는 無君의 悖倫이라
批判하였던 것이다.96)

물론 西學이 天主를 絶對視하여 君主위에 높이지만 儒教에서도 君
主가 天地 또는 上帝를 넘는 것으로 생각하지 않는다. 天主와 西洋
의 君主 사이의 관계에서 君主는 天主를 받들므로 그 地位가 正當化
되는 것처럼, 儒教의 君主도 天命을 代行함으로써 正當化된다는 사
실에서는 天과 君과 民의 關係는 공통된 構造를 갖고 있다. 다만 西
學의 天主와 儒教의 天이 어떻게 이해되는가에 따라, 兩者가 對立되
고 排他的인 정도만큼 한편의 天이나 天主는 다른 편의 君主를 正當
化시켜줄 수 없고 또한 그 逆도 마찬가지가 된다. 東洋과 西洋의 社
會構造가 信仰構造와 密着되어 있었던 것이기에 信仰對象의 變化는
社會構造와 統治機能의 正當性까지 위협하는 것으로 받아들여지게
되었음을 알 수 있다.

儒教傳統의 社會構造에는 身分階層의 秩序가 確立되어 있다. 身分階
層의 秩序는 周代에 禮教의 발달과 더불어 天子・諸侯・大夫・士・庶
人의 五服制度로 定着하여 生活化되었으며, 나아가 士農工商의 職業이
나 嫡庶의 血統도 貴賤으로 나뉘어 階層化되었다. 朝鮮社會도 다소의
流通은 있었으나 兩班(士大夫)・中人・良人・賤人의 身分이 分化되어
엄격한 社會的 制限을 받는 身分階層社會이었고, 특히 儒教的 禮教를
통하여 그 身分的 制約이 强化되었던 것은 사실이다.

그러나 儒教의 根本思想에는 天賦의 人性이 本然之性으로서 모든
人間에 遍在한다는 信念이 있으며 氣質之性이나 修德程度의 差異는
先天的인 것은 아니다. 따라서 身分의 血統的 固定化나 社會的 制約

---

96) 正祖實錄, 卷33, 十五年辛亥冬 十月 丙寅, 「無君云者, 其國俗, 本無君長, 擇於凡
民中純陽者, 立以爲君云, 尤極凶惡.」

이 深化된 現象에 대해서는 儒學者 자신의 反省的 批判이 道學者나 實學者에 의하여 끊임없이 제기되어 왔다.97)

　또한 儒教의 教化方法인 禮樂에서 禮는 尊卑와 次序를 分別하지만 樂은 上下가 調和하는 것을 추구하는 것이요 禮樂이 그 자체로 相補的 調和를 이루어야 하는 것이다. 따라서 尊卑의 分別도 教化의 現實的, 樣相으로 나타나지만, 尊卑上下의 身分階層이 相虐相敵하는 對立的인 것이 아니라 相愛相助하는 調和를 理想으로 한다.

　그러나 朝鮮後期에는 社會的 混亂과 더불어 身分階層의 矛盾이 深化되었던 것이 사실이요, 이때 西學은 儒教社會의 전통적 身分秩序를 無視하고 특히 中人·庶人·賤人과 婦女子들 속으로 廣範하고 迅速하게 傳播됨으로써 社會體制에 내한 逃戰的 危脅으로 意識되었다. 기독교의 政教分離的 傳統은 世俗的 身分階層과 더불어 信仰的 兄弟意識을 지켜왔고 兩者의 並行 속에 社會的 調和를 이루어왔다. 여기서 身分을 넘어선 西學의 信仰的 兄弟愛의 强調는 人性의 普遍性에 대한 理念에도 불구하고 현실적인 身分階層의 矛盾 속에 抑壓된 下層階級에게는 福音이 아닐 수 없다.

　西學의 信仰的 平等意識은 儒學의 生命論的 理念과 相通하지만, 社會制度的 名分論에 背馳되는 것으로 받아들일 때 常賤을 誘惑하고 名分을 破壞 한다는 批判이 提起되었다.

　　그 法(西學)은 먼저 無知한 常賤과 愚迷한 婦女를 誘惑한다. 誘惑하는 方法은 반드시 저들에게 편리하게 한 다음에 나의 誘惑을 따르게 하는 것이다. 그러므로 그 教說은 모두 常賤과 婦女에게 이롭다. 왜 그런가? 常賤이 두려워하는 것은 名分이 으뜸이다.……말마

---

97) 栗谷과 重峯의 奴婢贖良 및 庶孽許通의 主張(李東俊,「十六世紀 韓國性理學派의 歷史意識에 關한 研究」pp.232f, 參照), 柳馨遠·李瀷 등이 奴婢世襲制의 廢止를 主張(姜萬吉·「爲民意識과 政策反映」, 李乙浩博士紀念實學論叢, pp.174ff. 參照)을 볼 수 있다.

다 貴賤의 區別이 없고 一敎의 안은 모두 兄弟라 한다. 그 처지를
구분하지 않으니 名分이라는 두 글자는 남김없이 打破되고 만다.98)

그러나 西學에서 身分制度를 拒否하고 人間의 社會的 平等을 敎示
한 것과 아울러 西學의 傳來와 同時代에 朴趾源의 「兩班論」을 통한
身分制度의 矛盾에 대한 풍자적 비판이나 丁若鏞의 모든 百姓을 兩
班化 하겠다는 身分制度의 否定99)을 통하여 儒學의 立場에서도 이
미 진지하게 提示되고 있음을 보게 된다. 그것은 前近代的 社會制度
의 矛盾을 克服하여 儒學의 理念을 새롭게 覺醒하는 것이요, 여기서
儒敎와 西學이 本來的으로 一致하는 面貌를 發見할 수 있는 것 이
다. 身分制度를 옹호하는 儒學的 立場은 그 社會的 傳統體制의 옹호
이었던 것이라는 점에서 意味를 찾을 수 있을 뿐이다.

3) 利害觀과 死生觀

儒敎와 西學이 추구하는 價値規範은 個別的 領域에 대한 差異에서
葛藤을 일으켰거니와 全體的 志向에서도 더욱 銳利한 對立을 일으켰
다. 儒學은 義와 利를 分別하고, 「君子는 義에 밝고, 小人은 利에 밝
다.」(君子喩於義, 小人喩於利<論語・里仁>)는 人格의 근본적 價値志
向을 提示하였다. 朝鮮時代의 道學은 基本的으로 性理學과 禮學의
理論體系를 內包하고 있지만 그 根本性格은 義理精神의 具現에서 볼
수 있다.100) 「人慾을 막고 天理를 지키는」(退人慾, 存天理) 修養原則

---

98) 大東正路・盛世芻蕘證疑,「其法先誘無知之常賤愚迷之婦女, 誘之之法, 必便於彼而後
方從我誘, 故其說皆利於常賤婦女, 何也, 常賤之所畏者, 最是名分, 故先說皆輕思世主
賤鄙貴人, 言必稱貴賤無分, 一敎之內皆稱兄弟, 不分其地處, 名分二字, 打破無餘.」
99) 與猶堂全書, Ⅱ-14, 23b-24a, 跋顧亭林生員論,「苦余所望, 則有之使通一國而爲兩
班, 卽通一國而無兩班矣.」
100) 拙稿,「李朝儒敎에 있어서 闢異端의 理念과 傳統」, 國際大論文集 第2輯, pp.347-349
參照.

과 더불어, 孟子도 仁義와 利를 對立시켜 提示하였지만, 利를 拒否하고 義를 추구하는 態度는 「生命까지 버리더라도 義를 추구하는데」(捨生取義) 이르기까지 貫徹되었던 것이다.

이에 비하여 西學에서는 天主의 恩寵을 통한 靈魂의 救援을 最終의 目標로 하며, 天主의 審判을 거쳐 永遠한 生命의 賞과 天國의 福을 추구하고 있다. 이미 愼後耼은 西學의 靈魂不滅說을 「貪生惜死之利心」이라 하고 「常生眞福之欲」도 自私・自利를 주로 하는 것이라 비판하였다.101) 그는 또한 西學에서 敬天・畏天하는 것도 儒學에서 對越上帝하는 誠心이 아니라 求福이요 憐禍일 따름이며, 西學은 오로지 利心에서 나온다고 批判하고 있다.102)

기독교신앙의 倫理的 基礎는 天主가 人間에게 自由意志와 理性의 判斷能力을 부여하였으나, 行爲의 善惡에 대해 現世에서 良心이나 自然 또는 社會의 裁制를 받지만 그것으로는 不完全하며, 窮極的으로 來世에서 天主의 審判을 받음으로서 賞罰의 報應이 完全할 수 있다는 것이다. 丁夏祥도 世俗의 福은 不完全하며 暫時的이고 天堂의 福은 完全하며 永遠한 것이라 구분하여, 世俗의 福을 求하기보다 天堂의 永福을 求하여야 할 것을 言明하고, 따라서 죽음을 당하더라도 毅然히 굽히지 않는 것이라 강조하고 있다.103)

그러나 洪正河는 儒教의 입장에서 天主조차도 本質的으로 利己的 存在로 規定한다. 곧 天主 내지 예수에 대한 絶對的 審判 賞罰權의 信仰은 天主(예수)가 權威를 빌어 利益을 貪하는 것이요, 天堂地獄說로 威脅하고 誘惑하는 것이라 비판하였다.104) 또한 廢祭焚主하면서

---

101) 闢衛編, 卷1, 西學辨・靈言蠡勺, 15b-16a; 25a 參照.
102) 同上・職方外記,「其所謂敬之也, 非誠心而敬之也, 非誠心而畏之也, 求福而已, 怵禍而已, 其學之全出於利心, 而不足與論於聖賢對越之誠.」
103) 闢衛編, 卷7, 上宰相書,「嗚呼, 世福缺而不全, 天福全而不缺, 世福暫而不永, 天福永而不暫, 與其求缺且暫之世福, 曷若求全且求之天福乎,……在世之時, 朦然不覺, 身死之後, 悔之何及, 是以斧鉞在前, 鼎鑊在後, 而毅然不屈者, 代不乏人.」

오직 하나의 天主만 尊奉하게 하는 것은 天主가 專權하여 獨享하는
利를 추구하는 利己的 성격의 존재라 지적하며,105) 天主가 人間을
창조하여 人間으로 하여금 자신을 섬기게 하는 것은 사람이 牛馬를
기르는 경우처럼 利己的인 것이라 비판하고 있다.106) 이에 비해 儒
敎는 福善禍淫說이 있지만 그것은 順理하느냐 逆理하느냐에 따라서
結果的으로 주어지는 것이라 보고 賞罰이 人間行動의 善惡에 대한
選擇動機가 될 수는 없는 것이라 確言하였던 것이다.107) 물론 西學
도 天堂의 祝福을 추구하도록 요구하지만 利害를 밝히는데 그치는
것은 아니다. Ricci도 利害에는 身之利害·財貨之利害·名聲之利害의
3種을 들고서 春秋에도 身之利害와 財貨之利害를 拒否하지만 名聲之
利害가 남아 있다고 지적하였다.108) 그리고 그는 利가 德에 害로운
것은 義를 거스를 때이지 利自體가 害로운 것은 아님을 밝히며, 來
世의 利益을 重視하면 現世의 利益을 가볍게 여기게 될 것이므로 爭
奪을 막을 수 있다고 옹호하였던 것이다.109)

  儒敎의 義理論은 西學을 人間의 價値志向이나 天主의 本性이 貪利
的이요 利己的인 것이라 비판하였다. 그러나 儒敎에서 義를 强調하고
利와 對立된 것으로 파악한다고 하여 利를 根源的으로 否認할 수는 없
다. 사실상 儒敎의 本來的 立場은 義와 利를 調和하는 것이요, 元亨利

---

104) 大東正路, 實義證疑,「耶穌之心性願欲, 入於天之中, 於是乎, 有據權貪利之計, 旣有
   據權貪利之計, 則於是乎, 威脅利誘爲天堂地獄之說, 一操縱也.」
105) 同上,「至於廢其祭, 燒其主, 而單單共奉一天主, 以成其專權獨享之利.」
106) 同上,「天主之造二人, 欲使人知恩認主常感而事之也, 則天主之生人也, 果是爲人耶,
   爲己耶, 人之養牛馬, 將以服乘也, 勞歸於牛馬, 而利歸於人, 然則天主之道, 將以利
   己而已.」
107) 闢衛編, 卷1, 西學辨·靈言蠡勻,「福善禍淫之說, 吾儒亦有之矣, 此特以理言, 順理
   者自當獲福, 逆理者自當遇禍.」
   大東正路, 卷6, 眞道自證疑,「今若以賞而爲善, 以罰而避惡, 則苟無賞不必爲也.」
108) 天主實義, 上揭書, pp.532f,「春秋成而亂臣賊子奚懼焉, 非懼惡名之爲害不已乎.」
109) 同上 p.534,「重來世之益者, 必輕現世之利, 輕現世之利, 而好犯上爭奪弑父弑君
   未之聞也.」

貞에 있어서 天之德으로도 提示되었던 것이다. 다만 利가 私慾과 利己心에 빠져 公義를 害칠 때 拒否되는 것일 뿐이다. 따라서 儒敎와 西學의 利害觀이 對立되는 것은 利害의 基準으로서 세우는 義理의 槪念的 表現形式의 差異에서 오는 것이요, 또한 義理와 利害를 연결시키는 方法의 形式的 差異에서 오는 것이지, 결코 어느 쪽도 全的으로 義를 否認하거나 利를 否認하는 것은 아니라 하겠다. 價値規範의 窮極的 表現은 死生觀을 통하여 가장 잘 드러난다. 天堂地獄의 死後世界를 강조하는 것도 西學이 志向하는 窮極價値가 現代的 生命을 넘어서는 것임을 지시하는 것이요, 捨生取義, 殺身成仁을 강조하는 것도 儒敎의 價値가 生命을 넘어서는 것임을 보여준다. 「朝聞道, 夕死可矣」(論語·里仁)라는 孔子의 言明 속에서 身體的 生命을 넘어선 永遠한 生命의 道를 認識할 수 있다. 「도끼가 앞에 있고, 끓는 가마솥이 뒤에 놓여 있어도 毅然히 굽히지 않는 者가 끊임없이 이어간다.」(斧鉞在前, 鼎鑊在後, 而毅然不屈者, 代不乏人)<上宰相書>는 天主敎徒의 殉敎를 통해 보이는 信仰的 態度가 盲目的 죽음이 아닌 永遠한 生命의 確信임을 알 수 있다. 그러나 儒敎的 입장에서 天主敎徒의 殉敎의 行動을 볼 때, 그들의 確信된 生命의 世界를 認定하지 않는 限 그것은 生命希求의 人間的 常情을 喪失한 迷惑으로 보일 수밖에 없다.110) 그러나 儒敎에서 天主敎徒의 殉敎를 否認하더라도 儒敎的 節死를 높여왔던 사실을 看過할 수 없는 것이다. 결국 天主敎徒의 殉敎는 愚昧한 者가 天堂地獄說에 속고, 예수가 眞天主라는 말에 속아서 죽음을 榮光으로 알고 背敎하지 못하는 것이라 함은 殉敎를 否認하기에 앞서 西學自體가 邪慝함을 立證하여 批判하지 않을 수 없음을 보여준다.111)

---

110) 純祖實錄, 卷3, 元年辛酉冬 十月甲子, 討邪頒敎文, 「喜生惡死, 人情也, 而視刀鋸如衽席.」

111) 金致振, 斥邪論, 辨斥致命, 「其徒皆有節義識道理, 殺身成仁, 捨生取義, 而然哉, 不過馬矣雨沒覺泊於一已之濫欲, 而深惑天堂地獄之說也,……愚俗惑於耶穌眞天主之說, 至死不忍背之, 悲夫.」

天主教信仰은 來世의 永遠한 生命에 대한 確信을 통하여 가장 眞摯한 信仰的 性格을 發揮하였던 것이요, 또한 이로 因하여 殉敎의 희생이 치러졌지만 信仰의 生命力을 지킬 수 있었다고 할 수 있다. 來世의 永生에 대한 信仰의 意味는 바로 現世 속에서 强忍한 기독교적 삶을 可能하게 하였다는데서 찾아져야 할 것이다. 이에 대해 儒敎社會는 土着的 基盤위에서 傳統的 體制를 擁衛하기 위하여 西學을 禁壓하였으나 西學徒에 대해 身體的 生命 以上의 處刑方法이 없을 때 信仰과 政治權力의 對決이 되고 말 것이다. 西學徒에 대한 儒敎의 排斥이 理論的批判과 感化의 方法을 넘어서 刑罰에 대한 禁壓의 方法을 써야 한다는 것은 이미 信仰의 本質的 世界를 벗어난 社會體制와 權力의 영역에 依存하는 것이라 할 수 있다. 여기에 儒敎的 死生觀이 提示되지 않을 수 없었으며, 義理의 絶對的 超越的 價値基準으로서 性格을 더욱 뚜렷이 나타내지 않으면 안 되었다. 儒敎的 綱常의 義理가 大衆 속에 얼마나 깊은 呼訴力과 確信을 주고 또 그것을 維持할 수 있는가의 현실적 문제가 기독교 신앙에 대한 批判理論의 說得力과 더불어 儒敎社會를 지킬 수 있는 原動力이었다고 할 수 있겠다. 그러나 儒敎的 義理精神이 死生觀의 確固한 信念으로 大衆 속에 살아있지 못할 때, 殉敎를 통해 지키는 기독교 신앙의 擴大를 根本的으로 막을 수 없게 되고 마는 것이다. 死生觀은 觀念的 理論體系로서가 아니라 人間의 삶과 精神 속에 살아있는 信仰으로서만이 意味를 가질 수 있는 것이라 하겠다.

第6章 華西學派의 斥邪衛正論과
韓國思想의 近代的轉換

1. 華西學派의 斥邪衛正論과 自主意識

1) 華西 李恒老의 斥邪論 과 華夷論

(1) 道器論 과 西學的 眞理觀의 批判

儒學의 道統을 규정하는 근본개념을 中庸에서 찾는다면 그것은 곧
兩極的 世界의 包容이요 調和이다. 따라서 性理學이 存在論의 基本
形式으로 제시하는 理氣槪念이나, 自然現象의 두 樣相인 陰陽槪念
내지 周易繫辭의 古典的 分析인 形而上의 道와 形而下의 器는 결코
矛盾·對立關係가 아니라 對待·相須關係로 파악되어야 할 것이다.
여기서 道學은 相對하고 있는 兩者의 올바른 像을 垂直的인 秩序로
解明하여 왔다. 즉 尊卑·主客·上下·通局 등으로 相對的 관계를
규정함으로써 道 내지 理를 우월적이고 근원적인 것으로 이해하는
입장을 道學의 正統으로 삼았다.

華西도 道와 器의 相須的 關係를 강조하고 言明하고 있다.

> 道가 아니면 器를 기를 수 없고 器가 아니면 道를 실을 수 없다.
> 道는 天地萬物의 至尊이요, 器는 天地萬物의 至寶이다.112)

또한 兩者를 主客의 上下關係 내지 大小의 輕重關係로서 明示하였던 것이다.

> 道理는 天下의 公物이므로 至大至重하며, 形氣는 一己의 私物이므로 至小至輕하다.[113]
> 理는 一이요 二가아닌 것이니, 物에 命을 내리는 것이요 命을 받지 않는 것이며, 主가 되는 것이요 客이 되지 않는 것이다. 氣는 二요 一이 아닌 것이니, 物에 命을 받는 것이요 命을 내리는 것이 아니며, 客이 되는 것이요 主가 되지 않는다.[114]

事實上 理氣내지 道器의 槪念 問題는 性理學의 理論體系 속에서 多樣한 가능성이 용납될 수도 있다. 그러나 兩者의 관계에 대한 上下的 秩序를 轉倒시킨다면 그것은 道學의 근본적 否定을 의미하는 것이다. 道學이 窮極的 存在에 대한 氣論的 입장을 正統에서 排除하는 엄격한 태도를 堅持하여 왔던 것은 바로 이처럼 道器관계에 대해 確固한 價値觀을 前提로 하고 있기 때문이다.

華西는 道내지 理를 窮極存在로 파악하는 道學的 입장에서 西學의 敎理 와 學問基盤을 批判하고 있다. 곧 그는 西學의 窮極存在는 理가 아니라 氣의 性格을 내포하고 있는 것으로 규정함으로써 道學的 價値秩序에 背反 되는 것이라 拒否하였던 것이다. 華西에 의하면 儒敎에서 섬기는 대상인 上帝는 「太極의 道」를 가리키는 것이요, 인간이 털끝만큼도 私有할 수 없는 것이니 곧 「理」라 보았다.[115] 따라서

---

112) 華西集, 卷25, 雜著 · 道器說, 「非道無以生養是器, 非器無以承載是道, 道是天地萬物之至尊, 器是天地萬物之至寶.」
113) 同上, 卷3, 擬疏, 「道理者, 天下之公物也, 故至大至重, 形氣者, 一己之私物也, 故至小至輕.」
114) 華西雅言, 卷1, 理氣, 「理者一而不二也者, 命物而不命於物者也, 爲主而不爲客者也, 氣者二而不一者也, 命於物而不命物者也, 爲客而不爲主者也.」
115) 華西集, 卷25, 闢邪錄辨 · 上帝與天主相反辨, 「吾所謂上帝者, 指太極之道也, ……

理로서의 上帝는 자기 스스로를 인간에게 顯示하는 것이 아니라 形氣를 지닌 聖人을 통하여 證驗될 수 있는 것이다. 이때 儒敎의 聖人은 道德에 上達하는 君子의 쪽에 서는 것이요 形氣에 下達하는 小人의 쪽에 서는 것이 아니다. 또한 義와 德을 지향하는 君子에 대하여 利와 能을 지향하는 小人을 分別함으로써, 西學을 利와 能을 추구하는 小人의 形氣之學으로 규정짓고 있는 것이다.116) 여기서 나아가 孟子의 이른바 「存其心, 養其性, 所以事天也」라는 存心·養性을 통한 儒敎的 事天이 天을 道·理로 파악하는데 대하여, 西洋의 拜天·祈福을 통한 事天은 天을 形氣·情欲으로 파악하고 있음을 대립시켜 제시하고 있다.117)

　西學은 특히 科學技術을 통하여 그 合理性과 效率性을 일반적으로 認定받아 왔다. 따라서 儒敎社會內에서도 적극적인 受容이 企圖되기도 하였다. 正祖 이후 天主敎信仰이 禁壓되고 있음에도 불구하고 西洋人의 科學과 技術에서의 優越性을 否認하기가 어려웠던 것이다. 이때에 華西는 天主敎信仰을 排斥하는 闢異端論을 전개하는 과정에서 西洋의 科學技術이 갖는 機能을 形氣的인 것으로 限定하고, 따라서 道의 根源性을 缺如한 下級的 段階로 評價하고 있다. 그것은 바로 道學에 있어서 道器의 上下的 秩序에 대한 기본입장을 再確立하는 것이기도 하거니와 道器를 같은 次元에 둘 수 없다는 입장에서 西學의 格下를 의도하는 것이다. 華西는 科學技術에 있어서 西洋이 뛰어난 것은 禽虫의 偏智曲技에 지나지 않는 것이라 하고, 禽獸와 人間이 다르며 工匠의 技術과 聖賢의 道德이 달라 混同될 수 없는

　　　非一毫人力所得而私也, 是所謂理也.」

116) 同上, 「雖無所能而苟有其德, 則天下之善, 皆歸焉, 雖有所能而苟無其德, 則天下之惡, 皆歸焉, 此乃形氣道德之大界分也.」

117) 同上·西洋事天與吾儒事天相反辨, 「孟子曰存其心, 養其性, 所以事天也……西洋則不然, 不問天所以命我者是何事, 只以拜天祈福爲天, 此無他焉, 吾儒所謂事 天之天, 專以道理言也, 洋人所謂事天之天, 專以形氣情欲言也.」

것이라 엄격히 구별 짓고 있다.118) 또한 그는 儒敎가 道德을 밝히는
것은 聖賢의 心法이라 한다면 西學이 技術에 有能한 것은 工匠의 事
業에 속하는 것이라 하여 兩者는 하늘과 땅이나 龍과 돼지만큼이나
高底·貴賤이 명백하다고 西學의 科學技術을 輕蔑하였다.119)

華西의 西洋科學에 대한 批判은 그 技藝가 巧妙함을 否定할 수는
없었지만 末技의 巧妙함이 있으나 道理의 根本이 排除되고 形氣의
情欲에 좌우됨으로써 道에 有害한 것이라 排斥하는 데로 나가게 된
다. 時憲曆을 통하여 朝鮮社會도 西洋曆法을 採用하였지만, 華西는
堯의 曆法이 敬天心·明人倫의 根本을 확립한 것이나 西洋曆法은 慢
天心·廢人倫을 주장하는 것이라 하여 극단적인 排斥態度를 보여주
고 있다.120) 이러한 華西의 批判은 물론 自然現象의 客觀的 法則秩
序와 人間社會의 道德的 生活規範을 分別하지 않는 道器의 不相離라
는 性理學的 觀點에서는 가능한 것이기는 하다. 그러나 그는 여기서
기독교 신앙과 西洋曆法을 西學의 테두리 안에서 混合하여 分別하지
못하고 있었다. 그것은 그의 意圖가 지닌 西學의 全面的 拒否라는
排斥態度의 閉鎖的 性格을 보여 주는 것이다. 이러한 태도는 西洋醫
學에 대한 그의 曲解에서도 잘 드러나고 있다. 그는 天地가 物을 生
하는 것을 本心으로 하며 따라서 萬物도 生하는 것을 本心으로 삼고
있다는 性理學的 見解에서 醫藥은 疾病과 天死를 救濟함으로써 天地

---

118) 華西集, 卷5, 與柳公始洛文, 「盖其所長, 亦不過禽蟲之偏智曲技耳, 如蜜子造甘,
非易牙所及, 鮫魚產珠, 非魯般所能, 豈其智不足耶, 禽自禽, 人自人, 工匠自工匠,
道德自道德, 合而同之可得乎.」
119) 同上, 卷25, 闢邪錄辨·聖賢工匠得名不同辨, 「明於道德, 聖賢之心也, 能於術業,
工匠之事也, 霄壤龍豕, 高低貴賤, 昭然不揜.」
120) 同上, 西洋曆法與堯時曆法不同辨, 「堯時曆法, 專以敬天之心明人之倫爲本, 故所
行之令, 無非五倫五常之典, 觀於夏小正月令之屬則可見,……今夫西洋則於天叙天
秩天命天討之大綱細目, 全不學論, 惟以仰天祈懇滅罪資福爲終日事業而止焉, 則烏
用是天時月令爲哉, 堯時曆法, 專以敬天心明人倫爲本, 西洋曆法, 專以慢天心廢人
倫爲主.」

가 物을 生하는 本心을 돕는 것을 기능으로 한다고 지적하였다. 그
러나 그는 西洋人은 일찍 죽는 것을 福으로 여긴다는 사실에서 西洋
의 醫藥이 생명을 救濟한다면 사람을 해치는 魔障이 될 것이므로 醫
藥本來의 역할을 하지 않을 것이라 推斷하였던 것이다.121)

華西의 西學批判論에 놓여있는 근본입장은 儒學의 道器論 내지 理
氣論에 비추어 西學은 근본적으로 器내지 氣를 궁극존재로 보아 두
입장은 근본적으로 모순된 것으로 파악하고 있다는 것이다.122) 사실
Matteo Ricci도 太極 내지 理의 窮極用 實在性을 否定하였고 또 天
主의 人格神的 性的이 窮極存在의 形氣的 要素를 제시하는 것이라
이해할 수도 있다. 더구나 西洋科學 技術의 壓倒的인 優勢는 西學의
전체적 성격을 器의 형식으로 파악할 수도 있을 것이다. 이에 대하
여 華西의 태도는 강경하고 신랄하지만 그것은 强力한 異質的 體系
의 排斥을 통하여 전통질서를 보존하려는 防禦的 消極性을 벗어나는
것은 아니다. 이에 따라 그의 性理說은 理氣의 不離性보다 不雜性을
강조하여 理와 氣를 斷切시켜 上下의 階層으로 構成되는 秩序를 강
조하게 되었던 것으로 보인다.

天下의 物은 理와 氣 두 가지가 있는데 그칠 뿐이다. 그렇다면 이
것은 二物이니 相離하여 相雜할 수 없는 것이다. 相離할 수 없다면
理는 머무를 곳이 없고 氣는 主宰가 없게 되니, 理가 理될 수 없고
氣가 氣될 수 없다. 相雜한다면 理는 掩蔽되며 氣는 猖獗할 것이니
理가 理될 수 없고 氣가 氣될 수없다.……理가 主人이 되고 氣가 부
림을 받는다면, 理는 純하고 氣는 正하여 萬事가 다스려지고 天下가
편안할 것이다. 氣가 主人이 되고 理가 갈라진다면, 氣는 强하고 理
는 숨을 것이니 萬事가 어지러워지고 天下는 위태로울 것이다.123)

---

121) 同上, 西洋醫藥與炎帝醫藥不同辨, 「今聞洋人以速死爲福, 則其醫藥濟生適爲害人
    傷物之魔障, 烏用是鍼灸藥石溫凉補瀉爲哉.」
122) 崔昌圭, 「韓國人의 政治意識」, 韓國文化研究所, 1971. pp.69f 參照.

따라서 華西의 理氣論은 存在論的으로 理氣二元論이요 當爲論的
으로는 理尊氣卑說의 입장을 지니고 있는 것이라 볼 수 있다. 또한
바로 이러한 그의 理氣論的 眞理觀은 西學과 道學的 傳統의 갈등
속에서 道學을 再闡明하기 위한 그의 시대적 상황과 요청을 반영
하고 있는 것이라 하겠다.

(2) 正邪論과 西學의 倫理的批判

孟子는 楊朱·墨翟의 思想을 비판하는 闢異端論에서 異端을 배척
해야 하는 필연적 이유를 밝히면서 異端의 本質을 「邪說로 백정을
속이며, 仁義를 막아버리는 것」이라 규정하였고, 異端의 害毒을 「짐
승을 이끌어 사람을 잡아먹게 하며, 사람이 서로 잡아먹게 되는 것」
이요, 또한 「邪說이 마음에서 일어나면 일을 해롭히고, 일에서 일어
나면 政治를 해롭히는 것」이라 지적하였다.[124] 곧 異端은 邪說이요
인간의 本性을 그르치는 邪道로 규정되고 있는 것이다.

華西는 西洋의 文物을 가장 심각한 異端의 형태로 확인하는 입장
위에서 西學을 邪說로 제시하고 있다.

仁義를 막고 惑世誣民하는 邪說이 어느 시대에 없었으리오마는
西洋처럼 참혹한 경우는 아직 없었다.[125]

華西가 西學을 邪說로 배척하는 理論은 기독교교리의 信仰的 要素
도 문제 삼고 있지만, 특히 儒敎의 윤리적 근본입장과 사회질서를

---

123) 華西集, 卷25, 雜著·理氣問答, 「天下之物, 止有理與氣兩件事而已, 然是二物也,
　　相離不得相雜, 不得相離, 則理無注泊, 氣無主宰, 理不足以理, 而氣不足以爲氣矣,
　　相雜, 則理有掩蔽, 氣有猖獗, 理不得以爲理, 而氣不得以爲氣矣……理爲主, 氣爲役,
　　則理純氣正, 萬事治而天下安矣, 氣爲主, 理爲貳, 則氣强理隱, 萬事亂而天下危矣.」
124) 孟子·滕文公下, 「楊墨之道不息, 孔子之道不著, 是邪說誣民, 充塞仁義也, 仁義充
　　塞, 則率獸食人, 人將相食, 吾爲此懼, 閑先聖之道, 距楊墨, 放淫辭, 邪說者不得作,
　　作於其心, 害於其事, 作於其事, 害於其政, 聖人復起, 不易吾言矣.」
125) 華西雅言, 卷12, 洋禍, 「充塞仁義, 惑世誣民之說, 何代無之, 亦未有如西洋之慘也.」

파괴하는 反倫理的 要素를 西學에서 발견하고 있는 것이다.

먼저 信仰的 측면의 批判을 보면 기독교의 神에 대한 崇仰과 祈禱를 惑信과 諂瀆이라 규정하고 있다. 華西는 사람과 鬼神이 본래적으로 理致가 다른 別個의 존재가 아니라 形氣에서 人顯鬼幽・人實鬼虛의 차이가 있을 뿐이라는 것이다. 따라서 事人의 道를 알면 事鬼의 道를 아는 것이요, 生의 이치를 알면 死의 이지도 알게 된다. 孔子가 「백성의 義로움에 힘쓰고, 鬼神을 공경하되 멀리하는 것을 지혜롭다고 할 수 있다」(論語・雍也)고 한 말에 비추어 기독교의 태도는 鬼神를 惑信하고 祈禱에 諂瀆하여 사람이 마땅히 해야 할 바의 일에 專心致力 할 수 없게 될 것임을 지적하고 있다.126) 華西는 기독교의 신앙태도를 두 가지 양상으로 나누어 비판한다. 첫째, 鬼神의 實理를 몰라서 戒愼恐懼할 수 없기에 頑塞하여 꺼리는 것이 없는 태도가 있으며 그것은 곧 西學이 祭祀를 폐지하는 따위에서 볼 수 있고, 둘째 幽怪誕妄한 말에 빠져서 사특하게 아첨하여 福을 求하는 태도가 있으니 그 것은 곧 西學이 天主에 禮拜하는 행동에서 나타나는 것이라 비판하였다.127)

華西에 의하면 기독교신앙의 神秘나 奇蹟은 幻戲惑人하는 欺瞞的인 것이요. 그 목적은 貨利를 추구하는 貪欲의 充足에 있다고 비판한다. 그 實例로서 借力은 洋人의 邪術로서 盜나 亂에 쓰일 것이요, 아편은 地利를 盡脫 할 것이라 지적하고 있다.128) 또한 天堂地獄에 대한 신앙은 心術을 壞敗시키고 禍亂을 召致하는 매우 不祥한 邪說이라 하며 그 이유를 3조목으로 분석하였다. 첫째는 西學에서 자기

---

126) 華西集, 卷7, 答金穉章(平默), 「務民之義而敬鬼神而遠之, 則明者之事矣, 惑信鬼神, 而諂瀆祈禱, 則必不能專心致力於人所當爲低事矣.」

127) 同上, 「盖不知鬼神之實理, 而不能戒懼謹愼者, 實頑塞無忌憚之人也, 沈弱於幽怪誕妄之說, 而邪媚求福者, 卽書所謂巫風, 孔子所謂諂鬼, 程子所謂惑也, 由前則西洋廢祭之類也, 由後則西洋禮天之類也, 一頑一諂, 可謂全昧天道, 全沒人理矣.」

128) 華西集, 卷25, 闢邪錄辨・吾儒窮神知化與異端說相反辨, 「洋人謎於幻戲之習, 而專力利欲之○○,……幻戲惑人, 專在貨利, 而若非盜天, 必是盜人,……如立成借力鵝片烟, 盡地利之類.」

말을 따르면 죽어도 還生하여 天堂에서 살 것이라 하고 따르지 않으
면 죽어서 다시 살아나 반드시 地獄에 들어갈 것이라 하여 자신을
속이고 사람을 속이는 것은 바로 「慢天侮聖」하는 것이다. 둘째는 天
性의 本然과 人間의 當然에 따라 愛親敬君하고 好善疾惡 하여야 할
것인데, 이를 실천하지 않고서 죽은 다음에 요행하게 福을 求하는
것은 바로 「滅性殉欲」하는 것이다. 셋째는 西學이 사회의 賞罰과 制
度에 대해 존중할 것을 拒否하여 顯名을 영광으로 여기지 않고 權威
를 두려워 않으며 人倫과 禮樂을 폐기하고, 자기를 따라 빌어 간청
하면 罪를 滅하고 福을 받아 無量한 快樂을 누린다하여 愚夫愚婦가
밀려가며 죽기를 즐겨하는 것은 바로 「惑世誣民」하는 것이다.[129] 西
學에 대한 華西의 이러한 敎理的 批判은 倫理와 信仰을 一致시키는
儒敎의 입장 위에 있는 것이며 기독교에 있어서 理性과 倫理를 초월
하는 信仰의 論理를 拒否하는 것이니, 그의 비판이론은 결코 合理性
을 잃거나 맹목적 거부반응이 아니다. 더구나 그의 비판 속에는 倫
理體系의 보편적 내지 인간적 根源性에 대한 신념이 담겨 있으며,
大衆敎化의 社會制度的 合法性에 대한 인식이 내포되어 있다. 그러
나 그의 비판태도에는 西學에 대한 對話와 理解의 여지를 남겨 두지
않는 철저한 배척자세로 일관하고 있는 점에서 儒敎的 信仰에 또 하
나의 獨斷的 性格을 드러내고 있는 것이라 하겠다.

윤리적 비판은 人欲을 막고 天理를 지키는 태도와 人欲을 충족시
키고 天理를 이기려는 태도를 갈라서 義利를 分別하는 價値觀위에
있다. 華西는 西洋이 天地의 大勢로 보아 西極의 偏氣를 타고 났기
에 그 性品은 輕生樂死하고 그 心氣는 喜利昧義하고 그 術法은 喜幻
厭常하는 것이라는 先天的 氣質을 규정하여 前提하였다.[130] 따라서

---

129) 同上, 天堂地獄辨, 「愚以爲其壞敗心術, 召致禍亂, 不祥之大者有三, 慢天侮聖一
　　也, 滅性殉欲二也, 惑世誣民三也……」
130) 華西集, 卷17, 鳳岡疾書, 「西洋以天地大勢言之, 則西極肅殺之偏氣, 水國鱗甲之同

西洋의 기본특징을 利欲에서 發露되는 通貨・通色에서 찾고 있다.

　　西洋의 教說은 비록 천만가지 端緒가 있더라도 다만 그것은 無父
無君을 근본으로 하고 通貨・通色을 방법으로 하는 것이다.131) 後
世에 洋學하는 것을 처벌하려는 者는 그가 무슨 책을 읽고 어떤 행
동을 하는지 알아볼 필요가 없다. 몰래 財貨를 융통(通貨)하고 男女
가 교제(通色)하며 명분과 의리가 없는 말을 하는 者는 모두 西洋學
하는 것이다.132)

　　華西가 西洋의 기본성격을 通貨・通色으로 규정하여 배척하고 있
는 것은 곧 西洋이 전통의 人倫과 國家의 질서를 어지럽히는 원인을
通貨・通色에서 찾았기 때문이다. 또한 그것은 貨와 色이 인간의 욕
망에 직결되는 것이므로 西洋의 通貨・通色이 義理를 결여하고 人慾
을 내세우는 것이요, 따라서 人倫을 파괴하여 우리 사회를 夷狄禽獸
의 상태로 타락시킬 것이라 경계 하는 것이다.133)

　　인간이 原始的인 自給自足의 경제생활을 하는 것이 아니라면 실제
적으로 인간 생활에서 財貨의 流通을 全的으로 거부할 수는 없다.
그런데도 華西가 西洋과의 通貨를 강경하게 거부하는 이유는 두 가
지 要因으로 제시되고 있음을 본다. 첫째는 倫理的 要因으로서 洋物
은 奇技淫巧한 것으로 民生의 日用에 필수적이 아니며 奢侈와 虛榮
의 物慾을 자극하는 有害無益한 것으로 보았다. 그는 周의 召公이

流, 是以其性輕生而樂死, 其心喜利而昧義, 其術喜幻而厭常.」
131) 同上, 卷15, 溪上隨錄二, 「西洋之說, 雖有千端萬緒, 只是無父無君之主本, 通貨通
　　色之方法.」
132) 同上, 「後世之誅洋學者, 不必問渠讀何書, 渠修何行, 陰主通貨通色, 無分無義之說
　　者, 皆西洋也.」
133) 同上, 卷26, 書付垓・㙯・㙮, 「如近世洋學, 有許多機悟, 然其存主, 只是通物我毁
　　分義而已, 貨色, 人慾之切近者也, 故其勢必先自通貨色始, 是豈非亂倫亂國之大賊
　　乎, 只知其害之至於亂倫亂國, 而實不究其害之由於通貨通色之禍, 不待一轉而陷入
　　於禽獸夷狄.」

武王에게 旅에서 바치는 珍奇한 개(獒)를 거절하도록 충고하여 玩物
喪志의 失德을 경계하는 사실을 引證하면서 西洋이 正使로 聘禮를
갖추어 歲貢을 하더라도 洋物을 받아들일 수 없다고 강조하고 있
다.134) 물론 여기서 華西가 洋物을 奇技淫巧한 것으로만 규정하는
것이 올바른 관찰이라고 볼 수는 없다. 그러나 洋物의 精巧・便利
함이 物慾을 자극하여 義理를 衰退시킬 수 있다고 파악한 것은 절실
한 현실적 판단이라 할 수 있을 것이다. 둘째는 經濟的 要因으로서
西洋은 손으로 만들어 매일 써도 여유 있는 工産品이요 우리는 土地
에서 나서 해마다 부족한 農産品이므로 通貨가 허용되면 우리는 더
욱 빈곤해치고, 西洋은 더욱 부유해질 것이라는 사실이다.135) 交易의
不利는 국가의 경제를 파탄에 빠뜨릴 것 이라는 華西의 경고는 通貨
가 亂倫과 더불어 亂國을 가져올 것이라는 사실을 현실적으로 깊이
통찰하고 있음을 보여주는 것이다.

通色의 배척은 西洋의 男女平等 내지 開放的 風俗이 우리의 전통
적 가족 질서와 사회질서에 정면으로 對立되는 것임을 주의한 입장
이다. 通色에 따른 전통질서의 동요는 곧 전통적 윤리체계와 국가체
제의 존립을 위협할 것이라는 점에서 亂倫亂國으로 지적하고 있는
것이다. 여기서 華西는 通色보다 通貨가 더욱 광범하고 강력한 폐해
를 가져올 것임을 지적하고 있다.136) 그것은 華西의 통찰이 실제의
인간 생활에 물질적 욕망의 역할이나 사회질서에 경제적 기반이 지

---

134) 同上, 卷3, 辭同義禁疏, 「夫洋物之來, 其目甚多, 要皆奇技淫巧之物, 而於民生日
　　用不惟無益, 爲禍滋大者也, 揆以召公戒獒之義, 則正使洋夷歲貢此物, 如聘享之禮,
　　且不可受.」
135) 同上, 「彼之爲物也, 生於手而日計有餘, 我之爲物也, 産於地而歲計不足, 以不足交
　　有餘, 我胡以不困, 以日計接歲計, 彼胡以不贍.」
136) 同上, 卷26, 書付浚・燦・璞, 「色者人生精壯之前, 精衰之後 則無情欲之萌, 一日
　　之間, 亦有異處不近之時矣, 至於食貨不然, 自人物墜地之初, 口之欲食, 體之欲溫,
　　容有一刻休歇之時乎, 漸次支蔓推衍張大, 直至氣絶不會呼吸時, 方始休了, 此又較
　　重較難於色者矣.」

닌 중요성을 인식하고 있는 현실적 성격을 엿보게 한다.

華西는 西學이 그 倫理的 戒律의 禁目인 七克에서 貨利의 人慾을 禁하는 것은 있으나 儒教의 人倫 道德을 違背한데 대한 禁目이 없음을 지적하여 儒教倫理와 相違됨을 지적하고 있다.[137] 그리고 더 나아가 西學에서 勿妄念·勿妄言·勿妄動의 三勿妄이라는 戒律은 拜君·拜父·祭神 등 儒教의 倫理的 行爲를 妄佞된 것으로 지시한다는 사실을 지적하여 西學의 反儒教的 내지 反倫理的 성격을 강조하였던 것이다.[138] 여기서 華西는 西學이 正學인 儒學에 背馳되는 邪說의 要素로서 義理를 輕視하고 利慾에 치우친 사실뿐만 아니라 儒學의 道理와 禮法을 否定하는 敵對的 측면을 주의하여 제시하고 있음을 엿볼 수 있다.

(3) 華夷論과 西勢의 拒斥

華夷論은 中國이 自身의 政治的 正統性과 文化的 優越性을 바탕으로 邊方民族을 服屬·制禦하기 위한 對外政策의 論理라고 할 수 있다. 孔子가 「春秋」를 통해 제지하는바 周室의 王權을 옹호하고 諸侯의 覇權을 拒否하였던 尊周義理는 華夏中心의 天下觀에 政治的 正統性과 倫理的正當性을 賦與하는 것이다. 또한 南宋代의 朱子가 中原을 장악한 女眞族의 金에 저항하여 華夏의 正統性에 입각한 「資治通鑑網目」을 편찬하였던 것도 歷史批判을 통하여 尊中華攘夷狄의 義理를 밝혀주고 있다. 朝鮮王朝가 道學을 正統理念으로 받아들인 사실은 바로 尊華攘夷의 義理를 기본이념으로 채택하고 있음을 말한다. 그것은 中國大陸의 强大와 韓半島의 弱小에서 오는 以小事大의 政治

---

137) 同上, 卷25, 闢邪錄辨·洋人七克與吾儒八刑相反辨, 「今夫七克之云, 止說貨利一邊, 而不及道理一邊, 觀此七克之目, 則可微其綱常倫紀之全闕, 而辨不及此何哉.」
138) 同上, 三毋妄與四勿相反辨, 「洋人所謂勿妄念勿妄言勿妄動三者, 不論何者是妄何者是眞, 而遽加虛喝, 不免爲隱頭說話, 且其所謂妄者, 指拜君拜父祭神許多人道而言耳, 此界眞乎妄乎, 三勿妄之說, 與吾儒四勿之訓, 正相反也.」

的　事大主義를　통한　自存의　필요성을　넘어서,　華夏文化의　正當性을
韓半島에　實現함으로써　文化的　優越性을　확보하려는　自尊의　태도를
제시하는　것이다.　仁祖以後　淸이　中原을　통치하는데　대해　朝野에서
排淸尊明을　大義로　내세웠던　것은　丙子胡亂의　屈辱으로　因한　民族感
情의　復讐意識도　중요한　契機이겠지만　더욱　근본적인　것은　華夏文化
的　正統性을　朝鮮王朝가　保存하겠다는　正體意識의　當爲性을　表出하
는　것이라　할　수　있다.　孔子에서　朱子까지의　尊攘義理는　孝宗·尤庵
으로　대표되는　尊明滅淸의　大義로　제기되었고　다시　華西에　이르러
계승·강화되었던　것이다.　華西는　尊華攘夷의　當爲的　根據를　人間的
인　삶의　必須的인　條件으로　理解하고　있다.

　　孔子가　春秋를　지으심에　大義가　數十가지가　있겠으나　尊周가　가
　　장　크다.　朱子가　綱目을　편찬한　것도　또한　이　義理다.　한　백성이라
　　도　이　義理를　講究하지　않고,　하루라도　이　義理를　밝히지　않는다면,
　　三綱이　무너지고　九法이　흩어질　것이요　禮樂이　붕괴되고　夷狄이　횡
　　행할　것이니　어찌　禽獸가　되지　않겠는가.139)

　　따라서　華西는　綱常과　禮樂의　儒敎的　華夏文化體系를　보존하기　위
하여　이에　背馳되는　異方의　文物을　排斥하는　尊華攘夷의　義理를　사
회적　實薦규범의　근본적　형식으로　받아들여　범의　근본적　형식으로
받아들여「窮天地之大經」이라　규정하였던　것이다.140)
　　華西가　華夷論을　근본적인　규범으로　받아들이고　있는　것은　道學의
傳統을　계승하는　입장이라　할　수　있다.　그러나　華夷를　分別하는　기

---

139) 同上, 卷3, 辭職告歸兼陳所懷疏, 「孔子之作春秋也, 大義數十, 而尊周最大, 朱子
　　之修綱目也, 亦然此義也, 有一民之不講, 而一日之不明, 則三綱淪而九法斁, 禮樂
　　崩而夷狄, 幾何其不爲禽獸也.」
140) 同上, 卷15, 溪上隨錄二, 「尊中華攘夷狄, 窮天地之大經, 黜己私奉帝夷, 有聖賢之
　　要法.」

준이 中原(漢族)이냐 아니냐에 있다고 보는 漢族中心의 華夷論에 대한 批判이 儒敎文化圈 안에서도 일어났다. 淸의 雍正帝는 「大義覺迷錄」(1730刊)과 「駁呂留良四書講義」(1731刊)를 통해 所生之地가 아니라 道德의 有無로서 華夷를 區分해야 한다고 주장한다.141) 이미 華西보다 一世紀 앞서서 實學派 인물들에서도 漢族中心의 華夷說을 脫皮하려는 입장이 제기되어 自主意識의 發牙로 평가되고 있다.142) 또한 당시의 인물도 華西에게 하늘에서 본다면 上下四方이 모두 땅이니 華夷·中外·尊卑·主客의 구별이 없지 않겠는가라 물었다. 이에 대해 華西는 六合內外가 모두 하늘이지만 太一이 머무르는 곳이 하늘의 樞이듯이 四方八面이 모두 땅이지만 風氣가 고른 곳이 땅의 中이 되고, 여기에 夷夏·內外의 구분과 尊攘·扶抑의 義理가 있다고 解明하였다.143)

華西가 中國의 地理的 自然條件이 世界의 中心이요 教化와 道德의 源泉일 수밖에 없다는 必然性을 立證하려는 理論을 강조 하에 提示하는 것도 이미 中國中心의 華夷觀에 대한 意識의 동요를 막기 위한 意圖的 努力이라 볼 수 있다. 華西는 門人 柳重敎와 金平默을 시켜 「宋元華東史合編綱目」을 편찬하게 하였거니와 이는 金·元의 異族王朝를 否定하고 漢族인 宋·明의 華夏的 正統性을 闡明하는 華夷論的 歷史批判을 전개한 것이다. 여기서 華西는 中國의 正統史에 韓半島의 歷史를 併記하여 우리를 華夏文化圈에 연결시키고 있다. 그는 우리나라도 中國에 대하여 外夷인 것을 是認하면서 다만 中國에 인접

---

141) 閔斗基, 「淸朝의 皇帝統治와 思想統制의 實際」, 中國近代史硏究, 1973, pp.41ff. 參照.

142) 洪大容의 域外春秋論이나 朴趾源과 朴齊家의 北學論은 당시 道學者의 尊明排淸 義理에 내포된 偏執性을 비판하는 대표적 입장이다.

143) 華西集, 附錄卷3, 語錄·金平默錄三, 「六合內外均是天也, 而太一之居, 獨天之樞也, 四肢百體均是身也, 而方寸之心, 獨身之主也, 四方八面均是地也, 而風氣之均, 獨土之中也, 知此說者, 知夷夏內外之妙, 尊攘扶抑之義矣.」

하여 風氣가 近似하여 蒙古·女眞·西洋보다 優越하다고 確信하는 입장을 보여준다.144) 이 점에서 華西의 華夷論은 中國中心을 脫皮하지 못하였다는 批判을 벗지 못하고 있다.145)

그러나 華西가 華夷論을 통하여 尊崇하려는 것은 中國이라는 政治集團을 넘어서 道의 所在인 것이요, 또한 攘斥하려는 夷狄이 儒敎의 전통을 위협하는 西洋이었다는 사실에 注意한다면 단순한 事大主義的 입장은 아니라 하겠다. 華西의 華夷論은 傳統擁護의 反西洋的인 태도에 그 特徵이 있다. 또한 그는 西洋이 禽獸夷狄의 상태에서 中國의 華夏文化에 의한 敎化를 받지 못한 이유는 西洋이 中國과 처음 交流하였을 때가 西秦末期의 焚詩書하던 때와 뒤에는 明末에 陽明學이 일어나 正學이 閉塞되었을 때이기 때문이요, 西洋이 中國에서 배운 것도 侮聖蔑法之科에 지나지 않는다고 지적한다.146) 西洋은 無敎化의 夷狄상대가 아니라 反敎化의 禽獸로 규정되는 만큼, 그는 西洋을 攘斥의 제일차적 대상으로 밝히고 있음을 본다.147)

西洋의 文物에 내포된 근본성격이 貨色을 通交하여 利慾을 추구하고 綱常의 倫紀를 蔑視하는 것이라 파악하였을 때 西洋과의 交流는 곧 害毒을 입는 것으로 警戒되지 않을 수 없다. 이러한 洋禍에 대한 危機意識을 절박하게 自覺하고 있는 根據는 自然現象에서 南北은 風俗과 産物이 相通하지 않지만 東西는 쉽게 相通될 수 있다는 점이요, 東西의 거리가 멀어 風俗의 차이가 심하면 심할수록 그 害毒도

---

144) 同上,「問吾道亦外夷, 而賢德輩出, 仁義禮樂, 侔幷中華何也, 曰此則帝出于震之理也,……迫隣中國, 風氣不甚相遠故也, 若此之類, 又豈蒙古女眞西洋之比哉.」

145) 文一平은「李恒老門下의 尊攘은 尊華라 하여 그 目標를 朝鮮 그곳에 두지·아니한 것이다. 이것이 바로 朝鮮과 日本이 判異한 점이다.」(湖岩集, 卷3)라고 지적하였다.

146) 華西集, 卷17, 鳳岡疾書,「聞風興慕, 僅及於西秦之末, 時則焚詩書尙殺伐之欲也, 貢物致款, 僅及於皇明之衰, 時則陸王充塞正學陸沈之日也, 是以其所謂慕悅而變革者, 不越乎侮聖蔑法之科.」

147) 華西集, 附錄卷二, 語錄·金平默錄二,「北虜夷狄也, 猶可言也, 西洋禽獸也, 不可言也.」

크다는 사실로도 입증된다. 이에 따라 西洋의 害毒은 極東인 韓半島
에서 가장 심각할 것이므로 더욱 철저히 攘斥할 것을 주창하는 것이
다.148) 그러나 더욱 중요한 對西洋危機意識은 華西의 生涯 最晚年頃
인 1866년(高宗 3年, 丙寅)에 프랑스 艦隊가 江華島를 侵攻함으로써
현실화되었다. 물론 프랑스軍은 佛人宣教師 9名과 朝鮮人 天主教徒
의 殺害에 대한 報復을 이유로 내세웠지만 이들의 侵略은 朝鮮 王朝
의 政治的 主權과 文化的 傳統을 全面的으로 危脅하는 것이었다. 이
에 華西는 75歲의 病든 老軀로 강경한 斥和主戰의 上疏를 잇달아
올리고 있다.

華西는 主戰論을 國邊人의 주장이라 하여 이를 따르면 나라 안에
衣裳之舊(文化傳統)를 보존할 수 있고, 主和論은 賊邊人의 주장이니
이를 따르면 人類가 禽獸의 상태에 빠지게 된다고 단호한 대도를 밝
혀 주었다.149) 또한 洋賊과 對敵하는 斥洋의 方法으로서 義兵을 組
織하여 賊이 오면 막아 내어 모욕을 방지함으로써 王室(國權)을 호
위하고, 賊이 물러가면 綱倫을 닦아 밝힘으로써 邪教를 쇠퇴시켜야
한다고 提案하고 있다.150) 따라서 華西에 있어서는 洋賊을 對敵하는
根據를 國權의 옹호와 더불어 斥邪論과 尊華攘夷論의 理念에 두고
있는 것이다. 그는 西洋人의 傳教에 따르는 天主教徒를 곧 洋賊에
內應하는 앞잡이로 지목하고, 天主教가 盛行하는 理由를 民心이 怨
叛하는데 있다고 파악한다. 나아가 西洋의 侵略的 性格에 대한 認識

---

148) 同上, 卷24, 東西南北說, 「南北土産永不相通, 東西土産互相繁殖, ……我國濱東海
之極, 洋國盡西海之極, 日出日入, 光影已龥, 春生秋殺, 氣象相反, 樂生樂死, 好
惡頓別, 主義主利, 俗尙絶異矣, ……今西洋之俗, 駸駸來逼, 受害中毒, 最先於萬國,
固其勢也, 受害最先, 故防患尤不可不嚴, 中毒最深, 故塞源尤不容不猛.」

149) 同上, 卷3, 辭同副承旨兼陳所懷疏, 「今國論兩說交戰, 謂洋賊可攻者, 國邊人之說
也, 謂洋賊可和者, 賊邊人之說也, 由此則邦內保衣裳之舊, 由彼則人類陷禽獸之域,
此則大分也.」

150) 同上, 「使之收拾忠義氣節之人, 以爲義旅與官軍相爲應援, 賊來則折衝禦侮以衛王
室, 賊去則修明彝倫以息邪教.」

과 더불어 民心의 安定을 위한 內修를 요구하는 闢邪·衛正 내지
尊華·攘夷의 肯定的 및 否定的 두 契機의 相補的 중요성을 충분히
각성시키고 있다.151) 여기에 華西의 華夷論은 그 시대의 歷史的 狀
況으로서 西洋의 軍事的·經濟的 侵略性과 文化的·道德的 破壞性에
대한 斥洋論으로 具體化·積極化되고 있는 현상을 엿볼 수 있게 된
다. 이것은 바로 華西의 道學體系 속에서 主理論的 性理學說과 華夷
論的 義理精神이 歷史的 現實의 非理를 批判하는 論理的 展開요 正
道를 옹위하는 信念의 實踐的 具現이라 하겠다.

2) 重庵·省齋의 正統論과 禦洋策

(1) 斥邪의 論據

華西 李恒老의 代表的 斥邪論著인 「闢邪錄辨」은 「頒敎文」(憲宗5
年, 已亥斥邪論音)과 安鼎福의 「天學問答」·「天學考」를 비롯하여 당
시의 斥邪論者인 李正觀의 「闢邪辨證」(1839)과 南肅寬의 「遠西艾儒
略萬物眞源瓣」 등의 斥邪文獻을 토대로 천주교교리를 비판한 것이었
다.152) 華西의 斥邪論的 著述은 이에 앞서 1836년(憲宗2年, 45歲時)
에 이미 시작되었다.153) 그리고 1863년(哲宗14年, 72歲時)에 「闢邪
錄辨」에 대한 自身의 序文을 쓰면서 門人金平默의 勸誘로 이 著述을
改稿하였음을 밝히는 것으로 보아 邪學에 대한 辨斥은 華西 自身의
生涯後半에 持續的인 關心의 對象이었음을 알 수 있다.154)

---

151) 同上, 辭同義禁疏, 「近日洋賊猖獗, 苟求其故, 則實由於我民之內應, 我民之內應,
由於民心之怨叛.」
    同上, 「蓋洋夷之僭入我國, 廣傳邪學者, 豈有他哉, 欲以植其黨與, 表裏相應, 偵我
虛實, 率師入寇, 糞穢我衣裳, 奪掠我貨色, 以充谿壑之欲也, 情狀已露, 婦孺皆知,
然則內修外攘之擧, 如根本枝葉之相須不可闕一也明矣.」

152) 華西集, 卷5, 與柳公始洛文. (辛丑, 1841, 憲宗7年) 參照.

153) 華西集, 附錄 卷9, 年譜, 丙申 十月, 著說論洋敎之禍.

154) 華西集, 卷25, 闢邪錄辨, 「雨村金友平默, 勸余作一文, 而久未得眞藏, 不可輕下拳踢
辭謝矣, 壬戌翻動書廚, 偶得舊蹟, 仍錄出肯綮數段, 塡補其疎略,……」

이러한 華西의 斥邪論은 그의 門人들에게 계승되고 있음을 보게 된다. 門人 重庵 金平默도 李正觀의 「闢邪辨證」을 基本資料로 하여 斥邪의 批判理論을 더욱 强化하고 있다. 그는 李瀷과 安鼎福의 西學 批判理論을 더욱 强硬한 입장에서 再批判함으로써 極端的인 斥邪論을 展開하는 「闢邪辨證記疑」(1847年作, 1866年序)를 저술하였다. 나아가 金平默은 丙寅洋擾이래 더욱 急迫하게 침투해오는 西洋勢力을 排斥하는 主張으로서 「禦洋論」과 「斥洋大義」 등 일련의 斥洋對策을 제시하면서도 斥邪論을 그 理念的 根據로 삼았던 것이다.

華西의 門人省齋柳重敎는 「玉溪散錄」에서 李正觀의 「闢邪辨證」, 李度中의 「斥邪論」·金致振의 「斥邪論」 등을 인용하면서 自身의 斥邪論的 立場을 밝히고 있으며, 「甲申變服令後 示書社諸子」에서는 斥邪의 精神에서 反開化의 信念을 悲壯하게 게시하고 있음을 보게 된다.

華西學派의 斥邪衛正論은 華西가 提示한바 朱子學 傳統의 闢異端論에 입각한 것이다. 곧 孟子의 楊墨批判이나 朱子의 老佛批判 또는 春秋의 尊王賤覇나 尤庵의 尊明排淸에서 보는 儒敎的 正邪論 내지 華夷論을 계승하는 엄중한 비판과 배척의 전통을 배경으로 삼고 있다.

華西이래로 西洋에 대한 배척태도는 華夏와 夷狄으로 분별하는 것을 넘어서 人類와 禽獸로 구별하는 극단적 배척의 증오감을 나타내었다. 金平默은 서양인을 禽獸라 前提하고, 서양문명의 優秀性이란 벌이 꿀을 만들거나 말이 길을 아는 것처럼 禽獸의 뛰어난 機能에 불과하다고 단정하였다.[155] 당시에 서양문물을 받아들이려는 입장의 인물이 그에게 「사람이 집안에 家畜을 길러 利用하는 것처럼 서양인의 機械나 技術을 쓸 수 있지 않겠는가」라고 反問하자, 金平默은 「西洋人은 禽獸 가운데도 승냥이(豺狼)나 짐새(鴆鷲) 이어서 사람을 해칠 뿐이라」고 단

---

155) 重庵先生別集, 卷5, 闢邪辨證記疑, 「彼之靈明, 一於形氣之私, 而其入用者, 亦不過一技一能之長,……設或有中國人所不及之技, 譬如蜂之造甘. 易牙不能, 馬之識路, 管仲不能.」

정하여 西洋과는 어떠한 타협도 拒否하고 있다.156) 그는 西洋 宣教師
를 「西士」라 일컬어 왔던 사실조차 비판하여 「西胡」라 부를 것을 주장
하며,157) 서양에 대한 비판에서 「何必」이란 말을 쓰는 것은 無益하다
는 정도이니 반드시 「不可」라고 써서 有害함을 지적해야 한다는 敵對
的인 태도를 강하게 나타내고 있다.158) 그는 春秋의 정신에 따르면 한
번이라도 夷狄의 도리를 따르면 夷狄으로 대하는 것처럼, 한번이라도
洋俗을 행하고 洋人을 돕는 말을 하면 곧 洋賊이 되는 것이라 하여159)
단호한 拒否로 一貫하고 있었던 것이다.

　柳重教에 있어서도 천주교는 中國의 무당(巫覡)이나 주술(咀呪)과
같은 것이요, 洋夷는 禽獸이거나 鬼魅라 규정되고 있다.160) 그는 西
洋文物의 弊端을 分析하여, 天地에 있어서는 「天地를 侮辱하고 五行
을 흩어 놓으며 人과 鬼를 뒤섞는다」하고, 人道에 있어서는 「倫紀를
끊고, 貨와 色을 어지럽힌다」하여 온갖 罪惡이 갖추어 있다고 批判
하였다.161) 그는 天主教에서 제시하는 靈魂의 槪念을 批判하면서 靈
은 知覺의 機能을 가리키는 것이라 지적하여 人類와 禽獸를 구별하
는 것이 될 수 없다고 주장한다. 그는 人間이 人間일 수 있는 것은
人間과 禽獸가 共有하는 靈的 知覺에 있는 것이 아니라 義埋에 있는

---

156) 重菴集, 卷38, 斥洋大意, 「或問, 人家何以畜牛馬犬猫也, ……洋人以資器用何不可
　　之有, 曰洋人謂之禽獸, 以其類豺狼鴟鷲耳, 豈謂其類牛馬犬猫乎, 牛馬犬猫利於人
　　者也, 豺狼鴟鷲害於人者也, 可以家畜乎.」

157) 重菴別集, 卷5, 闢邪辨證記疑, 「順庵開口便稱士何也, 以四民言之, 則講大人之事
　　者謂之士, 業小人之事者謂之農工商賈, 利胡所講者果大人明德新民之事乎, 抑小人
　　工技形氣之事乎,……」

158) 同上, 「盖何必云者, 無益辭也, 不可云者, 有害之辭也, 二者相去遠矣.」

159) 重菴集, 卷34, 海上錄, 「春秋之法, 一事有狄道, 則以狄待之, 不少假借, 據此則一
　　事犯洋俗, 一言右洋人, 一念向洋徒, 便是一分洋人.」

160) 省齋集, 卷37, 玉溪散錄, 「蓋其始出只如中國巫覡咀呪之類.」
　　省齋集, 卷2, 除司憲府持平後陳情疏, 「至於近日洋夷之騁怪宇內, 則又夷狄之降而
　　爲禽獸者也, 淫邪之極而爲鬼魅者也.」

161) 同上, 「在天地, 則侮辱天地, 汨陳五行, 雜糅人鬼, 三罪具焉, 在人道, 則滅絶彝倫,
　　瀆亂貨色, 衆惡備焉.」

것이라 하고, 西洋人이 義理를 강조하지 않으면서 靈魂을 내세우는 것은 西洋人이 禽獸가 되는 까닭이라 지적하고 있다.162)

西洋人을 禽獸로 卑下시키고 나아가 惡獸로까지 敵對視하며, 기독교신앙을 利害와 禍福에 치우쳐서 人心을 파괴하며 利欲에 빠뜨리는 邪學이라 규정하는 强硬한 排斥的 批判理論이 華西門下로 철저히 계승되어 갔다. 이들의 斥邪論은 道學的 傳統의 價値觀을 正道로 보고 또 이를 正統으로 계승하는 것이었다. "그러나 이 批判理論은 正과 邪의 根據를 再省反하는 理論的 論爭이 아니라 正統의 擁衛라는 至上命題에서 西學의 全面적인 拒否라는 입장을 확립하고 있었다고 하겠다. 사실상 이들의 斥邪的 理論이나 態度가 西洋에 대한 올바른 이해를 위한 客觀的 冷靜함을 잃었다고도 할 수 있고, 또 그만큼 時代狀況이 危急했다고도 할 수 있을 것이다. 여기서 華西學派의 斥邪論에 대한 正當한 評價를 하고자 한다면, 먼저 斥邪의 動機요 目的이 되는 衛正에로 눈을 돌려서, 傳統社會가 擁衛하는바 正의 意味와 價値를 올바르게 파악 하여야 하겠다.

(2) 正統의 闡明

19세기 後半에 이르러 西洋勢力의 侵透壓力이 점차 높아감에 따라 傳統社會에서는 危機意識이 더욱 강하거나 擡頭하게 되었다. 이미 朝鮮朝後期에 滿洲族의 淸이 中原을 支配하고 있었고, 淸의 침략에 屈服하였던 朝鮮王朝는 北伐의 復讐雪恥를 企圖하기도 하였던 것이다. 이러한 時代에 主導的 理念으로 提示되었던 것은 春秋大義에 입각한 尤庵 宋時烈의 尊明滅淸論이다.

그것은 이미 滅亡한 明朝에 바치는 盲目的 事大主義가 아니라, 天下秩序의 名分과 正義를 확립하려는 意志라 할 수 있다. 어떠한 侵

---

162) 省齋集, 卷37, 玉溪散錄, 「棄去義字, 就知麗上面强生層節, 挑出一靈字, 屬之人, 殊不知靈只是能知能覺之稱, 苟不本之於義, 雖靈而又靈, 無以自別於禽獸也.」

略行爲도 歷史의 正義를 위하여 批判되어야 한다는 信念이라 할 것이다. 華西가 退溪나 栗谷을 건너뛰고 朱子에서 尤庵으로 道統을 直結시키고 있는 것은 哲學的 理論體系의 性理學을 넘어서 華夷의 義理를 밝히고 歷史의 正統을 회복하려는 義理學에 더욱 큰 比重을 두고 있기 때문이었다.

華西의 지시에 따라 柳重敎는 21歲때(1852)부터 金平默은 46歲때(1864)부터 「宋元華東史合編綱目」을 編纂하였다. 이것은 朱子의 「資治通鑑綱目」 이후 淸朝下의 中國에서는 不可能한 華夷의 義理에 의한 비판적 歷史編纂이었다. 西洋의 侵略危脅앞에서 華夏의 正統을 밝히고 歷史의 正義를 回復한다는 것은 華西學派의 至上 最大의 課題이었다고 할 수 있다.[163] 金平默은 「學統考」(1884)에서 熊賜履의 「學統」을 批判的으로 받아들임으로써 道學의 正統性을 嚴正하게 제시하고자 하였다.[164] 또한 柳重敎는 「正統論」을 통하여 人間은 父子相承의 一本이 있고 君臣相乘의 一統이 있어서 人倫의 不變的인 大綱임을 闡明하고, 특히 君臣은 義理로 結合된 것이므로 正·不正의 統緖를 분변하여야만 綱常 외 義理를 밝힐 수 있음을 치적하였다.[165] 여기서 正統은 勢力이 아니라 義理인 것이므로 外民族의 侵略은 어떤 형태이거나 否定하고 抵抗하는 自主意識을 內包하고 있음을 볼 수 있다.

正統에는 이처럼 道學(眞理)의 正統과 王朝(國家)의 正統으로 分別

---

163) 省齋集, 卷2, 除司憲府持平後陳淸疏, 「恒老平生講道, 以斥洋爲第一大義, 上告下諭, 無非此說, 而其臨終倦倦, 亦在於此, 臣與平默謹守旨意, 不敢失墜.」

164) 重庵集, 卷33, 學統考, 「數子者, 不過爲寵利所動, 籠絡所入, 復踏許衡吳澄之轍迹, 則動不動爲康熙之使喚而已, 編輯學統, 亦其一事也, 雖然卽書而者之, 首揭孔子爲正統之祖, 而以顔曾思孟, 周程朱子爲正統之宗, 適次列翼統·附統·雜統·異統之名, 而分別千古之學術者, 其大綱亦善矣, 雖其間去取低昂, 不能無得失之可言, 而要亦不可無之書也.」

165) 省齋集, 卷34, 正統論, 「天之生物也, 必父子相承,……語其本則一而已, 故曰本無二根, 人無二本, 人之有生也, 必君臣相乘,……語其統則一而已, 故曰天無二日, 地無二王, 此二者, 人倫之大綱, 而窮天地不可易者也……君臣以義合, 故其爲統也, 有在不正, 而不可以明辨之.」

하여 볼 수 있지만, 근본적으로는 正・不正(正・邪)을 分辨하는 普遍的
基準을 前提하여야 한다. 「正」은 곧 道學의 窮極槪念인 道・天・理 등
으로 提示되고 있는 것이다. 華西學派가 理主氣客 내지 理尊氣卑의 主
理說을 강조하는 것은 이러한 「正」의 根據를 확립하여야 한다는 時代
精神의 要請에 一致하는 것이라 하겠다. 그러나 「正」은 보편적이고 합
리적인 개념이기 보다는 구체적이고 당위적인 理念이다. 그것은 天命
이요 人道요 所當然의 原理로 나타난다. 「正」의 意味는 柳重敎의 「眞
正大一統者」166)에서 正・一・統이 窮極的으로 統一되어야 하는 것으
로 파악되고 있음을 볼 수 있다. 그것은 또한 尤庵의 「直」167)이 지닌
義氣를 內包하였다고 하겠다.

　金平默은 사람이 사람 될 수 있고 나라가 나라 될 수 있으며 天
下가 온전하게 扶持될 수 있는 根據를 「人道」라 하며, 그 條目으로
四端之德과 五品之倫과 禮樂刑政之敎를 提示하였다.168) 그것은 正統
의 道를 人道로 闡明하는 것이다. 그리고 西洋의 敎를 「禽獸之道」라
하여 「人道」와 辨別하고 있다. 이 人道를 缺如하거나 喪失하면 곧
夷狄이요 禽獸가 되는 것이다. 그는 또한 禮法은 時代에 따라 변해
가는 것임을 인정하지만 「三綱五常」은 天地의 經緯요 人間의 本性으
로서 영원히 바뀔 수 없는 窮極的 準則으로 言明하고 있다.169) 나아
가 金平默은 尤庵이 肅宗에게 進言한 「聖人이 修道하고 立敎하는 것
은 五常과 三綱에 不過하며, 節義라는 것은 바로 이것을 扶植하는
것이라」는 말에서 三綱五常을 道學의 核心이라는 주장을 받아들였

---

166) 同上, 「蓋有眞正大一統者, 有統之而不能一者, 有一焉而不得正者, 此其大分也.」
167) 宋子大全, 附錄 卷11, 年譜, 崇禎 年 己巳 6月 壬申(受命日), 「天地之所以生萬
　　物, 聖人之所以應萬事, 直而已, 孔孟以來相傳, 惟是一直字.」
168) 重庵集, 卷38, 禦洋論, 「四端之德・五品之倫・禮樂刑政之敎, 人之所以爲人, 國之
　　所以爲國, 天下之所以扶持全安也,……此則人道也, 若西洋之所謂敎則禽獸之道也.」
169) 重庵集, 卷34, 讀三綱五常說志感, 「三綱五常, 天經地緯, 生民之彝,……雖窮天地
　　亘萬世, 可因而不可革者也.」

다. 그는 또한 「節義와 道學은 兩分될 수 없다」는 尤庵의 言及을 빌어 三綱五常의 道를 위한 節義를 자신의 信念으로 밝히고 있다.170)

　柳重教는 「三綱五常說」(1882)을 지어 人倫의 大綱으로서 「三綱」과 人道의 大經으로서 「五常」을 詳論하여, 三綱五常이 사람의 사람되는 근거임을 입증하고 있다. 그는 甲申年(1884)에 좁은 소매(狹袖)를 입게 하는 變服令이 내려졌을 때 四千年 道統의 一脈이 끊어진다고 통곡하였다. 이때 그는 「衣服은 바깥이고 志行은 안이니 夷服을 입고도 義理를 행할 수 있지 않겠는가」라는 質問을 받았다. 이에 대하여 「衣服이란 옛 聖王이 貴賤을 나타내고 男女를 구별하고 夷夏를 한정하는 制度이다. 衣服이 바뀌면 名分이 달라지고, 名分이 달라지면 義理가 떨어져나간다」라고 답하여, 制度(形式)의 變化가 그 準則이 되는 義理(本質)를 遊離시킴으로써 正統을 崩壞시키게 됨을 警告하였던 것이다.171)

　그 전까지는 西洋文物을 따르면 刑罰을 받았지만 이제는 傳統文物을 지키면 刑罰을 받게 되는 天地의 變革 앞에서, 變服令이 王命이라는 事實에 대하여 三綱을 强調하는 道學者로서 柳重教는 어떤 態度를 取하고 있는지 주목할 필요가 있다. 그는 「君令에 臣下가 服從하는 것은 常道이지만 義理에 不可한 것은 君令이라도 받을 수 없는 경우가 있는 것이 處變의 大權이라」고 주장하였다.172) 그는 나아가 「선비란 朝廷에서 아무것도 받은 바가 없을지라도 그의 자리는 天位요, 그의 任務는 天職이라」하여 선비가 道學正統의 義理를 지키는 主體的 人格

---

170) 同上, 節義說, 「華陽宋夫子,……曰聖人之修道立敎, 不過曰五常也三綱也, 節義者所以扶植此物者也,……曰臣未聞舍節義而爲道學者也.」

171) 省齋集, 卷34, 甲申變服令後示書社諸子, 「有客以寬辭譬之曰, 衣服外也, 志行內也, 服夷服而行吾義, 未有不可者, 子何哀桐之乃爾, 處士曰惡此何言也, 居吾明告子, 夫衣服者古昔聖王所以爲文章, 表貴賤也, 蓋不惟表貴賤, 亦以辨吉凶, 別哭女, 定夷夏也, 服改則名移, 名移則義不得而獨立.」

172) 同上, 「君令而臣從, 道其常耳, 義之所不可, 君命有所不受, 亦處變之一大權也.」

임을 밝히고 있다. 따라서 「天子라도 선비의 몸은 죽일 수 있지만 선비의 뜻을 빼앗을 수 없다」고 言明하며, 「天職은 무겁고 君令은 가볍다」는 信念을 확고히 제시하였던 것이다.173)

이미 선비가 지키는 義理의 正當性은 天道에 근거하는 것이므로 私情에 빠질 수 있는 君王의 權威보다 더욱 크다는 것을 提示함으로써 柳重敎는 節義殉道할 姿勢를 확립하였다고 하겠다. 여기서 逆說的으로 「天地의 大父(天主)는 君主보다 높으니 君王에 得罪할지언정 天主에 得罪할 수는 없다」하여 君令에 抗議하며 殉敎하는 天主敎徒를 無父無君이요 厭生樂死하여 人性을 잃었다고 批判하였던 儒學者가 自身이 君命을 拒否하면서 捨生取義하겠다고 하는 態度를 보여주는 것은 너무나 一致하는 모습이라 할 수 있다. 天主敎徒의 목을 베던 바로 그 칼이 선비의 목을 베게 되는 사실에서 世俗的 王權과 眞理 내지 正義와의 離合相을 볼 수 있으며, 儒敎와 天主敎의 葛藤 속에서 하나의 眞理가 다른 하나의 眞理와 鬪爭하는 意味를 깊이 吟味해볼 필요를 느낀다.

(3) 禦洋의 對策

正統(正道)을 擁衛하려는 目的을 위해 夷狄(邪學)을 배척해야 한다는 方法이 出現하게 되는 것이다. 斥邪의 對象 곧 邪가 天主敎信仰이었던 時期도 지나고 西洋의 器物이었던 段階도 지났다. 金平默과 柳重敎가 活動하는 時代는 西洋뿐만 아니라 조금 앞서 西洋文物을 받아들여 西洋化한 日本이 그 軍事的 내지 經濟的인 勢力으로 우리의 낡아서 삭은 담장에 밀려와 흔들고 넘어오는 소리가 요란하게 일어나고 있었다.

丙子修好條約(1876)이 進行되는 동안 金平默은 京畿·江原의 兩道儒生과 더불어 上疏(疏首, 洪在龜)를 올리면서, 日本이 西洋을 위

---

173) 同上, 「未所謂士者, 雖未嘗有所受於公朝, 而其所履亦天位也, 其所修耶天職也……
雖以萬乘之尊, 其身可戮, 其志不可奪也, 何哉, 天職爲重, 而君命爲輕也.」

한 앞잡이 鬼神(倀鬼)이요 洋賊을 이끌어 들여 우리 疆土에서 뜻을
이루려는 侵略的 性格을 지니고 있음을 일찍이 看破하였다.174) 그는
舊倭續好한다는 通商의 名分에 대해 당시의 倭人은 洋船을 타고 洋
砲를 쓰는 사실 등을 條目別로 들어 日本은 前月의 隣國이 아니라
洋賊의 前導로서 倭洋一體를 이루어 위협으로 交易을 要求하는 것이
라 지적하고 있다.175) 西洋이 우리와 通好交易 하려는 目的은 우리
의 婦女와 財帛에 대한 욕심을 채우려는 것이요, 우리가 弱함을 보
이고서 和親을 하면 마침내 그들의 橫暴를 막을 길이 없게 될 것임
을 警戒하였던 것이다.176)

金平默은 緊迫한 外勢의 危脅에 대해 그 侵略的 性格을 認識하면
서, 나아가 이에 대한 對應策을 提示하고 있다. 그는 最急務로서 洋
物을 嚴禁하도록 要請하였다. 洋物은 百姓의 財産을 枯渴시키고 百
姓의 心志를 좀먹는 害惡을 낳는다고 지적하여 經濟的·精神的 被害
를 밝혔던 것이다.177) 그리고 이러한 斥洋·斥倭의 信念과·方法이
華西의 信念을 繼承하는 것임을 강조하고 있다.178)

1880年 金弘集이 日本에서 黃遵憲의 「朝鮮策略」을 가져오고 朝廷
에서 이를 받아들이려는 機微가 보이자, 이를 反對하는 嶺南儒生 李
晩孫의 「萬人疏」가 올라갈 때에 金平默은 自身의 老論黨色을 넘어서
通商을 하겠다는 主和的 입장의 老論大家를 非難하고 李晩孫의 義理
를 極讚하는 書翰을 보내기도 하였다. 뒤따라 華西門人이요 自身의
門下이기도 한 洪在龜 등이 올린 君王의 主和政策을 批判하는 强硬

---

174) 重庵集, 卷5, 代京畿江源兩道儒生論洋倭情迹, 仍請絶和疏, 「今倭人爲洋夷之倀鬼,
   導洋賊而得志於我境, 則是孟子所謂率獸食人者.」
175) 同上, 「臣等斷然, 以爲洋賊之前導, 而非復前日之倭也.」
176) 同上, 「蓋洋賊之於我國通好交易, 欲充其婦女財帛之欲, ……我旣示弱許和於前, 豈
   能舊氣咈逆於後說.」
177) 同上, 「申嚴洋物之禁, 又其最急, 而至切者也.」
178) 同上, 「臣等竊謂恒老之當不暝目於地下也, 故臣等祖述其道, 而踵襲其緖, 凡於攘斥
   洋教, 杜絶洋禍之方, 未嘗不捨死致力以竊自附於聖人之徒也.」

한 上疏에 參與하였다가 洪在鶴은 處刑되고 自身은 南西海上의 智島
로 流配를 당하기에 이르는 斥洋·斥倭·斥和의 抗疏運動에 앞장섰
었다. 柳重教도 金平默과 더불어 抗疏運動에 參與하였으나 그에게
罪가 내려지지 않자, 그는 義禁府에 나아가 스스로 同律의 罪를 내
려달라고 要求하는 데까지 나아갔다.

金平默과 柳重教 등이 내세운 禦洋論은 西洋文物이 經濟的·社會
的·文化的으로 大衆에 광범하고 강력한 影響을 미치게 할 威力이
있음을 깊이 認識하는 危機意識에서 출발하는 것이며, 나아가 國家
의 主權이 危脅당하고 마침내 侵略당하리라는 將來에 대한 예리한
洞察을 內包하고 있다. 그러나 이러한 禦洋의 對策이 義理를 理念으
로 하고 있을지라도, 自强의 基盤이 마련되지 않았던 現實에서 防禦
란 실질적으로 최종적인 정공이 불가능함을 알고 있었다. 따라서 金
平默은 禦洋의 急務로서 內修가 있어야함을 强調하였고, 그 條目으
로 「士卒을 鍛鍊시킬 것」·「府庫를 채울 것」·「百姓의 生業을 安定
시킬 것」·「邊方의 守備를 굳게 할 것」을 提示하였던 것이다.179)

金平默과 柳重教의 斥邪衛正論을 再吟味한다면 먼저 그 時代狀況
속에서 信念과 勇氣로 華西의 斥邪思想을 繼承 發揮하였다는 데에
그 意義를 찾을 수 있겠다. 물론 當時에 斥邪衛正論을 提唱했던 人
物이 이 두 사람이나 華西門下에 그치는 것이 아니라 道學者의 大多
數라 하리만큼 많았다. 그러나 그 行動의 영향력에서 또는 信念의
투철함에서 華西門下는 이 時代斥邪禦洋의 主導的 役割을 해왔던 것
이 사실이다. 이들의 斥邪·禦洋活動은 政治的 側面에서 본다면 비
록 閉鎖的 防禦態度에 머물고 있지만, 동시에 强한 危機意識을 通해
國家의 自主意識을 크게 擡頭시켰던 것이다. 그리고 文化的 側面에
서는 傳統의 維持와 道學의 正統性을 義理論으로 發揮하였지만, 自

---

179) 重庵集, 卷5, 代京畿江原兩道儒生……疏, 「至於內修之方, 則鍊士卒, 充府庫, 安
民業, 固邊備, 四者是倉猝禦侮之急務.」

己克服의 進就性을 살려 내지는 못하였다고 하겠다. 또한 斥邪論은 經濟的·社會的 側面에서는 自主性을 守護하는 鬪爭的 信念을 보였으나 당시의 內的인 經濟的·社會的 矛盾을 克服하는데 寄與하는 理論이라고 볼 수는 없을 것이다.

3) 勉庵·毅庵의 對日抗爭과 自主意識

(1) 勉庵 崔益鉉의 斥邪義理와 斥倭論

華西와 그의 門下가 斥邪衛正論을 그 時代에 闡明한 것은 丙寅洋擾를 契機로 上疏活動을 하면서 本格化되었다. 洋擾가 일어나자 華西는 75歲의 老軀로 奔問入京하여 斥和戰守를 주장하는 强硬한 上疏를 올릴 때 門人 金平默·柳重敎·柳麟錫 등이 侍從했었다. 이로부터 斥邪衛正論은 西學에 대한 理論的 批判과 禁壓의 段階를 넘어서 洋賊이라는 侵略的 外勢에 대한 排斥과 抗爭의 段階에로 轉換이 이루어졌던 것이다.

華西門下인 勉庵 崔益鉉(1833-1906)은 丙寅洋擾直前에 올리려다 그만둔 上疏文에서 當時의 最大急務로 開言路·保聖躬·勉聖學·務儉約·復皇廟·掃洋氣의 6條를 提示하고 있다. 여기서 掃洋氣의 條目은 이미 西學의 敎理에 내한 言及이 없이 洋賊에 대한 制禦對策에 關心을 集中시키고 있는 事實에서도 勉庵의 斥邪論이 지닌 特徵을 엿볼 수 있는 것이다. 그는 西洋之族을 夷狄이 아니라 바로 禽獸이면서 사람의 形狀을 가진 것이라 斷定하고 사람과 交流하면 禍가 미칠 뿐이라 敵對視하고 있다.[180] 그는 洋物은 모두 奇技淫巧로서 人心을 破壞하는 것이라 보고, 西洋의 工業生產品과 우리의 農業生產品을 交易하면 우리 經濟가 파탄에 빠지게 될 것을 警告하였다.[181]

---

180) 勉庵集, 卷3, 丙寅擬疏, 「西洋之族, 則又夷狄之不若, 直是禽獸而人形者也, 一日混於人間, 則有一日之禍, 二日混於人間, 則有二日之禍.」

勉庵이 當時에 直面한 西洋은 經濟的 내지 軍事的인 侵略性을 表面化하기 시작하였던 만큼 西學에 대한 禁教令으로 解決될 수 있는 것이 아니라 國家의 安危에 直結된 外患으로 覺醒하는 段階이었다. 따라서 그는 禦洋策으로서 外攘에 앞서 內修의 緊迫함을 강조하였고,182) 그 內修를 통한 自强論으로 安樂에 빠지지 말고 講武練卒하여 外患에 대한 對備를 하는 것이 國家의 恒久策임을 주장하였던 것이다.183)

日本이 한걸음 앞서 門戶를 開放하여 明治維新의 近代化를 斷行한 다음 西洋의 帝國主義를 모방하여 朝鮮海岸에서 雲揚號事件을 일으키고 武力威脅 아래 丙子修好條約(1876)을 締結하였다. 이러한 現實狀況에서 斥邪論은 倭洋이 一體라는 認識 위에서 日本이라는 具體的 對象을 향하여 沸騰하게 되었다. 條約締結을 위한 會談이 進行되는 동안 洪在龜를 疏首로 하여 柳麟錫 등 華西門下를 中心으로 하는「京畿江原兩道儒生疏」(金平默製)가 올려졌고, 勉庵도 重峯 趙憲의 古事를 따라「持斧伏闕斥和議疏」를 올렸다. 이 持斧上疏에서 그는 倭賊과의 講和가 반드시 國家에 亂亡의 禍를 일으키리라는 것을 五端으로 提示하였다.

① 和議는 우리가 弱함을 보이는 데서 나오면 主導權이 저들에 있어서 저들이 도리어 우리를 制壓할 것이니 그 和議는 믿을 수 없다.……우리의 物資는 有限한데 저들의 요구는 끝이 없으니 한번이라도 副應하지 못하면 이리의 忿怒를 일으켜 침략하고 유린하여 前功도 모두 없어질 것이다.

---

181) 「丙寅擬疏」가 丙寅四月에 지은 것이라면(勉庵集 附錄 卷1, 年譜, 丙寅 四月條 參照), 上記內容의 句節은 丙寅十月에 올려진 華西의 「辭同義禁疏」(華西集, 卷3)에 거의 꼭 같이 再錄되어 있는 것으로 보아, 華西와 勉庵은 斥洋論에 相互 合致된 文案을 共有 했었던 것이라 할 수 있다.

182) 勉庵集, 谷3, 丙寅擬疏, 「恨其內修之道未擧, 而外攘之方不密也.」

183) 同上, 「宴安般樂, 非國家之福, 而敵國外患, 非國家之災也, 今若因此勵志, 修擧講武練卒, 以鞏國勢, 則一時之外患, 又烏知其不爲國家久遠之基也.」

② 우리 백성의 生命을 의존하는 有限한 津液과 膏腴로 저들의 무
궁한 사치스럽고 기묘하며 마음을 좀먹고 풍속을 무너뜨리는 것
과 交易한다면 몇 년 안에 온 나라가 황폐해져 의지할 것이 없
어질 것이다.

③ 저들이 비록 이름은 倭人이나 실지는 洋賊이다. 和議가 한번 이
루어지면 곧 邪學書와 天主像이 交易 속에 섞여 들어올 것이
다.……장차 집집마다 邪學을 하고 사람마다 邪學을 하여 자식이
면서 그 아비를 아비로 여기지 않고 臣下이면서 그 임금을 임금
요로 여기지 않으며, 衣裳은 거름더미에 빠지고 人類는 禽獸가
될 것이다.

④ 和議가 성립한 후에 저들은 우리 땅에 들어오고자 할 것이다.……
막을 수 없어 맡겨둔다면 財物과 婦女를 약탈하고자 할 때 누가 막
을 수 있겠는가.

⑤ 저들은 財貨와 女色을 알뿐 털끝만큼 義理도 없으니 곧 禽獸일 뿐
이다. 사람과 禽獸가 어울려 살면서 근심이 없다는 것은 말이 안
된다.[184]

勉庵의 斥倭論은 무엇보다 먼저 倭가 强하고 우리가 弱하다는 現
實的 狀況에 대한 명확한 認識이 前提되어 있다. 이에 따라 條約의
不平等性과 倭의 侵略性을 看破하였던 것이며, 交易에 있어서 産業
構造의 差異와 不利한 條件에 따른 經濟的 弊害를 명확히 認識하였
다. 나아가 그는 倭와 西洋이 同質的임을 파악하고 人倫과 風俗을
害치는 禽獸임을 밝혀 文化的 價値基準의 相反性을 明示하고 있는
것이다.

勉庵은 倭人이 洋服을 입고 洋砲를 사용하며 洋船을 타고 온 사실을
단적으로 지적하여 倭洋一體를 確認하며,[185] 倭는 洋賊의 前導인 寇賊

---

184) 勉庵集, 卷3, 持斧伏闕斥和議疏(丙子正月 二十二日).
185) 同上, 「倭之寇賊, 果何以眞知也, 以其爲洋賊之前導矣,……今倭人之來者, 服洋服,
用洋砲, 乘洋舶, 凡此皆倭洋一體之明證也.」

임을 强調하여 斥洋과 斥倭가 同軌의 論理임을 보여준다. 따라서 倭와
講和하는 것은 華夏文化의 禮樂을 폐기하는 不義요 倫常을 저버리는
非人道的인 것으로서 西洋에 同化되는 길이 된다는 것이다. 바로 이러
한 觀點에서 勉庵은 倭와의 講和를 後和에 春秋筆法에 따라 「某年某月
에 洋人이 朝鮮에 들어와 某地에서 會盟하였다」고 筆誅한 것이라 하여
尊華攘夷의 春秋義理에 비추어 斥倭의 立場을 밝히고 있다.186) 결국
日本과 西洋을 一體로 邪術과 不義의 寇賊으로 規定하는 것은 우리의
危機意識을 강조하는 것이요, 또한 民族意識을 覺醒시키는 데로 나가
게 된다. 中國大陸이 滿洲族의 淸朝에 의해 中華의 正統이 大陸에서는
斷切되고 韓半島에만 存續한다는 歷史理解 아래서 日本이 다시 西洋의
前導가 되어 侵略의 威脅을 加하고 있을 때, 우리의 疆土를 山地 剝卦
上九爻의 象으로 譬喩하여 碩果不食의 意味로 즉 地上에서 善의 最後
로 파악하였던 것이며, 이를 守護해야 할 至上的 當爲性을 悲壯한 決
意로 表現하고 있는 것이다.187)

勉庵의 斥邪論이 갖는 意義는 日本의 西洋帝國主義的 侵略性과 日
本의 帝國主義化한 性格을 銳利하게 洞察하고 批判하는데 있다. 또
한 그는 儒敎傳統의 規範과 秩序를 守護하려는 確固한 信念에서 나
아가, 國家의 政治·經濟的 自主性에 대한 覺醒과 民族의 文化的 自
尊意識으로 더불어 外勢의 壓力에 대해 抵抗精神의 發揮를 통하여
民族意識의 形成에 寄與하고 있었던 事實을 注目해야 할 것이다.

---

186) 同上, 「異日中國秉春秋綱目之筆者, 大書其事曰, 某年某月, 洋人入朝鮮, 盟于某地
云爾, 則是箕聖之故疆, 大明之東屛, 太祖大王以來, 用夏變夷, 制禮作樂, 彝倫丕
叙之邦域, 一朝而沒於泰西之腥羶也.」
187) 同上, 「環海內外, 圓顱方趾者, 擧皆似似泄泄爲之倀鬼, 獨我箕封一區, 憑藉祖宗之
威靈, 不失好惡之正性, 譬則剝之上九碩果之象也, 若擧此一區之臣民, 而納之禽獸
之域, 爲純坤無陽之世界, 則是豈仁人君子所忍爲乎.」

(2) 開化論과 民族意識의 鼓吹

開港(1876)以後 甲申政變(1884)이 일어나기 前까지 勉庵이 豫測한 대로 日本을 先頭로 하에 美國, 英國·獨逸·러시아의 西洋에 대한 門戶가 차례로 열리고 西歐式 器物과 制度가 廣汎하게 浸透하면서 이를 能動的으로 受容하여 社會的 改革을 추구하는 이른바 開化運動이 일어나게 되었다. 日本·淸·露를 비롯한 西洋列國 등의 政治·經濟·軍事的 壓力과 利害의 對立이 交錯하는 渦中에서 朝鮮政府는 西歐制度에 따른 改革을 志向하여 自强政策을 追求하는 立場을 取하게 되었다. 朝鮮政府의 이러한 能動的 改革政策은 時代意識에 입각한 現實的 要請에 副應하려는 것이었지만 傳統的 基盤으로부터 理解와 同意를 얻지 못한 채 强行되었고 侵略意圖를 깔고 있는 日本의 간섭과 압력까지 받았을 때 斥邪論의 立場은 改革政策에 대해 강한 拒否的 態度를 나타내었던 것이다.

甲申政變과 甲午更張(1894)의 改革政策이 日本의 策謀와 親日開化派에 의해 推進되었을 때 勉庵은 開化를 批判하고 舊制度의 保存을 위한 信念을 上疏로 밝히고 있다. 곧 그는 開化派의 「開化」가 華夏의 制度를 夷狄의 制度로 바꾸고 人類를 禽獸로 타락하는 것이라 하고, 「自主」란 倭에게 政令을 咨稟하는 것이요, 父를 亡命한 諸侯로 대접하면서 稱號만 皇帝로 높였다하고, 服制를 바꾸어 오랑캐를 따라가는 것을 「文明」이라 하며, 軍制를 버리고 防戍를 폐기하여 國勢를 날로 약화시키는 것을 「富强」이라 한다고 지적하여 開化派의 모든 改革理念과 施政이 義理와 名實에 背反되는 것 이라 비판하였다.188) 그는 특히 服制의 改革을 重視하여, 衣服이란 華夷의 文化的

---

188) 勉庵集, 卷4, 請討逆復衣制疏, 「徒以用夷變夏, 降人爲獸爲能事, 而名之曰開化, 此開化 二字, 容易亡人之國, 覆人之家, 或名爲自主, 而以國與倭一政一令, 必以咨稟, 或待君父, 如列國寓公, 而佯尊大號, 或毁裂衣裳, 下從夷狄, 而强稱文明, 或自言富强, 而去軍制罷防戍, 使國勢日弱, 其餘凡百施措類, 不過如兒童之戲, 而一無長久遠大之規.」

區分과 貴賤의 社會身分을 나타내는 基本式이요 義理의 表現手段으로 파악하고 衣服이 바뀌면 數千年 文化의 正統이 斷切된다는 信念을 밝혀 服制의 復舊를 주장하고 있다.189) 勉庵은 開化의 效果가 우리의 傳統을 破壞하고 倭에 예속되어 갈 뿐이요, 富國强兵은커녕 날로 衰弱해져 危亡의 지경에 이르게 되었음을 지적하여, 開化論의 立場에 대한 斥邪論的 批判을 넘어 開化의 現實的 效果에 대한 批判을 제지하였다. 그리고 이러한 事態의 原因으로서 倭가 禮義를 버리고 利益만을 꾀하는 敵이므로 經費와 兵力을 소모하면서 결코 이웃나라의 富强을 도와줄리가 없으며, 반드시 凶謀奸計를 속에 품어서 우리를 도와준다는 이름을 빌어 실제로는 우리를 망하게 하려는 것임을 밝혀주고 있다.190)

乙未事變(1895)으로 日本人 손에 閔妃가 弑害되고 親日內閣은 斷髮令을 내려 改革政策을 强行하자 毅庵 柳麟錫을 비롯한 儒林의 抗日義兵이 全國에서 일어났다. 이때 政府는 勉庵을 宣諭大員으로 任命하여 義兵을 무마시키고자 하였으나, 勉庵은 이를 拒絶하면서 義兵의 名正言順함을 옹호하고 倭의 罪를 同盟 各國에 公法과 條約에 비추어 問罪함으로써 萬國公論의 批判받도록 할 것을 요구하는 上疏를 올렸다.191) 여기서 勉庵도 西洋을 夷狄禽獸로 排斥하는 態度를

---

189) 同上,「惟變服一事, 尤其害義之甚, 而不可不急先復舊者也, 夫衣服者, 先王所以辨別夷夏, 表章貴賤者也, 我國衣制, 雖非盡合於古, 然是中華文物之所寓, 東方風俗之攸觀, 先王先正, 嘗講明而遵守之矣, 天下萬國嘗仰幕而欽歎之矣, 此而棄之, 則堯舜文武相傳之華夏一脈, 無地可尋, 而殷師及我祖宗用夏變夷之盛德大功, 亦無以發明於天下後世矣.」

190) 同上,「夫近日所以爲開化者, 其效果何如哉,……委國於倭, 而受其節制, 聽其頤指, 事事學倭, 件件學倭, 而終不聞錢穀加富, 人民加多, 甲兵加强, 而但見削弱日甚, 危亡日至, 此又何故也,……彼倭者棄禮義, 但謀利之虜也, 何苦而經年積勞, 動兵費財, 爲隣國富强之謀, 而無所取其利哉, 必其凶謀奸計包藏已久, 藉名助我, 而實欲亡我也.」

191) 勉庵集, 卷4, 宣諭大員命下後陳懷待罪疏,「今急數罪倭賊爲文, 傳移于同盟各國, 照之以公法, 證之以約條, 則在我之義, 固已明且正, 而彼之違法背約之罪, 將無所逃於萬國公共之論矣.」

벗어나서 萬國의 公法과 公論을 통해 日本의 侵略性을 問罪하는 입
장을 밝힘으로써 西洋中心의 國際社會를 긍정하고 抗拒의 對象을 日
本으로 集中시키는 現實的 意識을 보여주고 있다. 그것은 곧 尊華義
理에만 얽매이지 않은 民族自主의 義理이다. 따라서 당시의 斥邪論
이 걸고 隸屬的 事大主義가 아니라 國際關係 속에 國家의 自主性을
保障받기 위한 國際秩序의 維持를 위한 意志위에 입각하고 있음을
확인할 수 있으며 民族國家의 自主를 保障할 수 있는 새로운 國際秩
序를 능동적으로 찾아가고 있음을 엿볼 수 있다. 여기에 勉庵의 斥
倭上疏와 乙巳保護條約(1905) 이후 抗日義擧가 民族意識과 自主意識
에 基盤을 두고 있음을 確認하게 된다.

　勉庵은 乙巳保護條約이 이루어져서 日本의 植民地政策이 드러나자
이에 同調했던 李完用 등 五賊을 國民의 怨讐로서 討罪를 주장하고
日本의 恃强劫弱하는 罪를 各國 使館에 通照할 것을 요구하였다.192)
또한 그는 1905년에 泰仁에서 擧義하면서 本政府에 보내는 글을 띄
워 丙子修好條約 이래 朝鮮의 自主獨立을 保障한다는 條約을 第一款
으로 거듭 밝혔음에도 불구하고 信義를 背反한 罪를 16條로 열거하
여 批判하고 있다.193) 그것은 擧義가 日本의 侵略에 抗拒하는 것이
요, 國家의 自主獨立을 위한 抗爭임을 밝히는 것이다. 勉庵의 義兵은
일주일 만에 官軍과 倭兵의 공격에 무너졌지만 官軍은 同胞라 相敵
할 수 없다고 선언하고, 체포되어 對馬島의 衛戍營 안에 拘禁된 後
倭人의 飮食을 拒否하여 斷食하다 죽음을 取한 것은 民族意識의 강
한 發露이었다고 할 수 있다.194)

---

192) 勉庵集, 卷五, 請討五賊疏, 「急通照于各國使館, 大同會辦聲明日本恃强劫弱之罪,
　　如是而陛下之心事, 人民之情愿, 可以昭布于天下各國, 使天下各國之人, 亦知我君
　　民之本心, 而奮發振起之功, 可以轉亡爲存, 回死爲生矣.」
　　同上, 再疏, 「安有天地祖宗鬼神草木內外國民, 皆莫不讐逆賊, 而獨陛下不讐之理哉.」
193) 勉庵集, 卷16, 寄日本政府(丙午 閏四月 七日).
194) 勉庵集, 附錄 卷4, 年譜, 丙午 閏四月 丙戌 및 七月條 參照.

(3) 毅庵 柳麟錫의 對日抗爭과 自主意識

華西門下의 重庵과 省齋는 甲午更張 이전에 斥洋外의 上疏運動으로 斥邪衛正論을 展開하다 세상을 떠났지만, 勉庵과 毅庵은 乙未事變과 乙巳保護條約으로 日本의 帝國主義的 侵略을 당하는 事態에 直面하여 抗日義兵運動으로 더욱 積極的 鬪爭의 行動을 展開하였다. 毅庵 柳麟錫(1842-1915)은 華西의 門人 가운데 가장 年少한 人物로서 庚戌合邦(1910) 이후까지 生存하면서 最後까지 組織的인 對日抗爭을 계속함으로써 華西學派의 斥邪衛正論을 民族自主意識으로 發揮하였던 인물이다.

甲午更張으로 曆法·服色·官制 등이 改革되자 새로운 法令은 親日開化派가 日本軍隊의 힘을 빌려 君王을 위협한 變亂의 결과로 규정하고 不服하는 抵抗的 立場을 세웠다. 또한 服制의 改革으로 傳統 禮制가 파괴되고 王妃가 倭人의 칼에 弑害되는 變故를 당하자 毅庵은 선비로서 죽음이 義롭다는 것을 밝혀 그의 決意를 보여주었다.[195] 乙未年에 斷髮令이 내려지자 毅庵은 國難을 당하여 선비들이 取해야 할 行動原理로서 「義兵을 일으켜 逆黨을 쓸어내는 것」(擧義掃淸)과 「떠나서 舊制度를 지키는 것」(去之守舊)와 「죽음으로써 뜻을 이루는 것」(致命遂志)의 處變事를 論議하고 各者의 處地에 따라 행동할 것을 제시하였다.[196]

毅庵은 門人인 李弼熙·徐相烈·李春永 등이 곧 原州·堤川 등지에서 擧義하자 이를 激勵하고, 자신은 喪中이므로 去守할 것을 決心하여 門人 朱庸奎·朴胄淳·李正奎 등과 亡命處를 찾아 나섰다. 이 때 擧義한 門人들의 推戴로 毅庵은 寧越에서 義兵의 指揮를 맡음으로써 擧義掃淸의 적극적 抗爭에 나아갔다. 그는 八道列邑과 內外百

---

195) 毅庵集, 卷35, 乙未毀服時立言,「死, 士之義也, 人無有榮於生者, 今日之事, 有死而已.」
196) 毅庵集, 卷55. 附錄·年譜, 乙未 十一月 十五日條,「先生逎會士友議處變三事 一曰擧義掃淸, 二曰去之守舊, 三曰致命遂志, 三事皆正當, 而人之處地不同, 可各事也.」

官에 倭賊에 復讐할 것을 布告하는 檄文을 띄우고 한때 3천명의 義
兵을 거느리며 抗戰을 하였으나 倭兵의 지원을 받는 優勢한 官軍에
敗하여 忠에서 丹陽을 거쳐 旌善으로 밀리게 되었다. 그는 西北地方
에서 抗戰을 계속하려 하였으나 呼應을 얻지 못하자 滿洲로 基地를
옮기려 하였던 계획도 中國官憲의 저지를 받아 義兵을 解散하는 좌
절을 당하기도 하였다. 그러나 그는 1895년(乙未) 54歲에 義兵을 일
으킨 이래 남은 生涯를 開化論者와 日帝에 대한 抗拒와 守義를 위한
鬪爭을 계속하여 儒林義兵의 組織化와 持久的인 抗戰基盤을 구축하
는데 盡力하였다.

毅庵의 對日抗爭을 心誠·事正와 精神을 原理로 하여 誠으로 感天
하고 正으로 信人하는 것을 本體로 하며, 致强·乘虛를 方法으로 하
여 致强으로 自信하고 乘虛로 取勝하는 것을 應用으로 지적하였
다.197) 그의 抗爭은 義理만 내세우는 것이 아니라 現實的 手段과 條
件의 重要性을 認識하였고, 또한 精神的 根據의 根本的 意味를 밝힘
으로써 義兵抗爭의 理念과 方法을 충족시키려는 組織的인 抗爭原理
를 제시하였던 것이다.

毅庵은 1897年에 滿洲에서 歸國하였다가 이듬해 다시 門人들을
이끌고 遼東으로 「義諦」를 相約하였다. 그에게 있어서 「討復自勵」의
적극적인 抗爭이나 「守義爲義諦」를 통한 소극적인 守義가 民族自主
를 위한 一貫된 투쟁임을 엿볼 수 있다.198) 그는 1900年에 다시 歸
國하여 關西地方 등지에서 士類를 모아 講學을 하면서 抗義自主精神
을 鼓吹하는 동안 乙巳保護條約과 丁未七條約이 맺어져 日帝의 侵略

---

197) 毅庵集, 卷38, 書贈申靈芝秀使見諸人(丙申十一月), 「心心由誠, 事事由正, 不由誠
則無以感天, 不由正則無以信人,……致吾之强, 乘彼之虛, 不致强則無以自信, 不乘
虛則無以取勝,……心誠事正體也, 致强乘虛用也, 體用備, 事可成而義伸, 然用生
體, 體立而後用行, 則心誠事正, 又其爲本, 尤宜致力也.」

198) 毅庵集, 卷55, 附錄·年譜, 戊戌夏約定義諦條, 「初遼時, 固以討復自勵, 亦言討復不
得, 則守義, 今日守義亦非忘討復, 且守義誠實, 則亦爲討復之基, 不爲兩截也.」

앞에 王朝의 滅亡해가는 모습을 보고, 다시 나라를 떠나 義理를 지키며 抗戰基地를 만들기 위해 러시아로 가기로 決斷을 내려, 脚氣病과 中風으로 시달리면서 1908년 門人과 同志를 이끌고 러시아의 불라디보스독에 갔다. 그는 그곳에서 義軍을 조직하여 十三道義軍都總裁로 추대되었다. 그는 十三道同胞에게 一齊辦死하여 得生하는 抗日抵抗의 信念을 호소하는 通告文을 보냈다. 韓日合邦을 당하자 毅庵은 高宗에게 불라디보스독으로 播遷하여 世界의 公議를 일으켜 國權을 회복하도록 上疏를 하였고, 또 國內의 志士도 滿洲에 亡命하여 抗日戰을 계속하도록 촉구하면서 자신도 滿洲로 옮겨갔으나 뜻을 이루지 못하고 74歲로 異域땅에서 세상을 마쳤다.

毅庵의 생애는 한마디로 道와 나라가 함께 亡하는 어려운 時代에 儒敎의 正統을 지키고 나라를 回復하려는 大義를 위한 渾身의 투쟁이었다. 그는 華西門下로서 멀리 孔子와 朱子를 받들지만 가까이 우리나라에서 尤庵과 華西를 道의 正脈으로 尊崇하였다. 그는 평생 華西·重庵·省齋를 자신의 스승으로 모셨고, 華西學派의 斥邪衛正論을 계승하여 春秋를 三經에 앞서 強調하고 있다, 春秋의 尊王賤覇(尊華攘夷)와 一統大義는 毅庵의 核心精神을 이루고, 여기서 華는 明의 正統으로 朝鮮의 傳統文化요 夷는 日本으로 지시되었다.

毅庵은 철저한 反開化·守舊論者이었으나 그를 閉鎖的 保守主義로만 規定하고 만다면 그의 現實的 狀況에 대한 洞察과 民族自主를 위한 抗日精神에 담긴 깊은 意味를 잃게 된다. 그는 日本이 우리나라를 약탈하는 方法의 論理를 명확히 分析하여 認識하고 있다. 즉 日本이 나라를 빼앗는 것은 西法으로 始終한다는 것이다. 먼저 이 西法을 慕悅하는 마음을 얻어서 開化를 하고, 그 다음에 獨立을 하게 하고 그 다음에 保護를 하고, 그 다음에 合邦을 한다고 過程을 分析하였다.199) 곧 西法 → 開化 → 獨立 → 保護 → 合邦으로 進行되는 現實의 必然的 過程을 파악하는데서 毅庵이 西洋制度를 排斥하고 開化

를 拒否하는 理由를 찾을 수 있다.

毅庵은 「한 나라가 남의 나라를 빼앗을 때 먼저 人心을 빼앗으며, 人心을 빼앗으면 土地를 빼앗는 것은 어렵지 않다」고 明言하여 民族의 自主意識 내지 主體意識의 重要性을 强調하였다.200) 여기에 毅庵의 反開化論이 根本的으로 自主意識에 입각하고 있음을 다시 한번 確認할 수 있는 것이다. 그러나 毅庵은 이 民族自主의 主體的 內容을 華夏의 儒敎的 傳統으로 固守하고 있으며, 또한 그는 華夏의 構成內容을 「帝王道統」·「聖賢宗敎」·「倫常道德」·「衣髮重制」로 分析하여 제시하였다.201)

帝王大統은 春秋의 大一統精神에 제지된 中國中心의 天下(世界)意識이다. 그는 君主主義를 옹호하고 共和制를 반대하면서 聖王이 專制獨斷하는 것이 아니라 백성의 소리를 듣는데 있다는 民本精神의 儒敎的 政治理念을 밝혔다.

聖賢宗敎는 孔子를 宗師로 하는 儒敎의 正統에 대한 信念이다. 中國이 中國일수 있는 것은 儒敎를 받드는데 있고 人類가 人類일수 있는 것도 儒敎에 있다고 確信한 것이다.

倫常正道는 儒敎의 절대적일 수 있는 근거로 파악된다. 五倫은 人倫이면서 天命이요, 불변적인 眞理로 固守하였다. 傳統敎育이 人倫을 밝히는 것이지만 西洋學問의 新敎育은 形氣를 추구하여 욕망의 충족을 지향할 뿐으로 倫理的인 것이라 하여 拒否하고 있다. 또한 女性敎育과 男女平等의 問題도 五倫에 입각하여 天尊地卑의 질서가 파괴될 것이요 나아가 夫가 婦에 구속되는 질서의 轉倒가 일어날 것으로

---

199) 毅庵集, 卷51, 宇宙問答, 「日本之爲奪國也, 以西法始終之, 先得幕悅之心, 而有爲開化, 爲開化而曰爲使獨立, 獨立而曰爲保護, 保護而曰爲合邦, 盖其始也誘之以利, 其終也勒之以威, 外假西法之名, 而內行罔極之欲.」

200) 同上, 「夫奪人之國, 先奪人心, 奪人心, 土地不難奪也.」

201) 同上, 「所以爲中國, 擧其大有四, 帝王大統, 上達道理之所以立也, 聖賢宗敎, 上達道理之所以也, 倫常正道, 上達道理之所以存也, 衣髮重制, 上達道理之所以形也.」

批判하였다.

衣髮重制는 傳統의 形式的 制度에 대한 존중이다. 그는 開化時期에 좁은 소매로 變服令이 내려졌을 때 衣髮制度는 곧 華夷를 分別하는 形式的 標準이라 지적하며, 制度의 變化가 道의 파괴까지 연결되는 것임을 꿰뚫어 보았기 때문이다.

毅庵의 이러한 儒敎傳統을 固守하는 태도는 결코 反動的 保守主義에 그치는 것은 아니다. 그는 性理學의 正統과 義理精神의 發揮를 통하여 儒敎傳統의 崩壞와 西洋文化의 壓倒에 따른 歷史의 轉換點에서 傳統文化에 대한 강렬한 信念을 제시하였다. 또한 그는 日帝의 帝國主義的 侵略앞에 國家의 滅亡에 직면하여 民族正統의 확보를 위한 對日抗爭을 계속하면서 義理精信을 民族自主意識으로 發現하였던 것이다.

2. 近代思想의 形成과 開化派의 自强策

1) 實學派의 現實意識과 開化思想의 成長

朝鮮後期의 社會的 變動에 따른 諸難題에 대해 傳統의 朱子學派가 適切히 해결하지 못할 때 性理說의 精密性도 觀念主義에 젖어들게 되고, 禮論의 嚴格性도 形式主義에 빠지게 되었다고 할 수 있다. 朱子學派가 社會理念을 指導하는 役割을 충분히 감당하지 못하게 되면 實學으로서 출발한 朱子學이 虛文으로 타락할 위험을 안게 되는 것이다.202)

---

202) 尊華錄, 卷6, 綸音(高宗 36年 3月 20日), 「挽近以來, 世及日降, 其始也尙口耳而外身心, 崇虛文而昧實學, 今則並與其文而闕焉」.

朱子學派의 입장에 서도 당시의 社會現實的 矛盾을 解消하기 위하여 時弊를 지적하고 時務를 論하며 更長을 주장하기도 하였다.203) 그러나 朱子派의 主流가 性理論爭이나 禮訟에 몰두하고 義理와 名分에 사로잡혀 있을 때 과감한 批判과 改革論을 提起는 一群의 知識人들이 出現하여 現實問題에 關心을 집중하였다. 이들은 朱子學의 基盤위에서 출발하지만 學問的 관심을 現實的인 政治制度나 生産技術 또는 民生問題 등에 두었던 點에서 正統的인 朱子派와 구별하여 實學派로 구별 짓게 된다.

實學派의 基本的 特性을 開放精神・批判精神・實用精神으로 지적해 볼 수 있다. 첫째, 實學派의 人物들은 朱子學의 正統主義的 權威를 벗어나 陽明學・西學・老莊・佛敎・考證學 등 어떤 知識과도 접촉하고 또 긍정적인 理解를 보임으로써 開放精神을 발휘하였다.204) 李睟光의 『芝峯類說』이나, 李瀷의 『星湖僿說』, 李圭景의 『五州衍文長箋散稿』등 百科全書的 著述은 實學派의 學問的 開放性을 잘 보여주고 있다. 둘째, 그들은 朱子學派의 學問的 閉鎖性이나 現實社會의 矛盾에 대해 과감한 批判精神을 발휘하였다. 洪大容의 『毉山問答』이나 丁若鏞의 『五學論』등은 朱子學派의 非現實的 觀念化에 대해 신랄한 批判을 加하고 있다. 또한 社會的 矛盾에 대한 批判은 적극적으로 改革論을 提起하게 된다. 柳馨遠의 『磻溪隨錄』이나 丁若鏞의 『經世遺表』등 土地制度 및 行政制度의 改革案은 批判을 통한 提案이다. 셋째 새로운 文物의 적극적 도입이나 制度의 개혁은 현실의 實用的 目的을 위한 것이다. 北學派는 발달한 淸朝文物을 도입하여 現實에 利用하려는 것이요, 모든 制度的 改革은 厚生에 目的을 두고 있다.

그러나 實學派가 朝鮮後期를 통하여 그들의 思想을 政策決定에 반

---

203) 李東俊; 十六世紀韓國性理學派의 歷史意識에 關한 研究, 1975, pp.1-6, 參照.
204) 洪大容・丁若鏞은 陽明學 및 西學과 關聯을 가지고, 朴世堂은 老莊思想을 새로이 解釋하였으며, 金正喜는 禪學과 考證學에 깊은 知識을 가졌었다.

영시킨 경우는 극히 드물고, 사실상 官職과 단절된 山林處士의 신분에 있던 경우가 許多하다. 따라서 現實的 矛盾도 해결되지 못한대도 축적되어 갔던 것이다. 여기에 朝鮮末期의 民衆宗敎運動은 社會理念의 混亂相을 반영하는 것이요, 全國的인 民亂의 발생은 社會的 矛盾의 폭발이었다고 하겠다. 더구나 西學의 信仰運動과 科學技術에 관한 知識으로서의 전파단계를 넘어서 西洋과 日本의 帝國主義的 침략세력이 압박을 加重하자 極端的인 斥邪衛正論으로 民族自存을 위한 對外的 抗拒를 계속하였지만 對內的 秩序와 國力이 없이는 防禦도 궁극적으로는 불가능한 것이었다. 따라서 實學派의 現實問題에 관한 改革論이 새로운 關心을 불러일으키게 되고, 또한 새로운 狀況 속에서 問題解決을 위한 方法으로서 再評價 받을 수 있게 되었다. 이것이 곧 開化派에 의한 實學思想의 繼承이라고 파악할 수 있다.

實學派와 開化派 사이의 橋梁的인 인물로서 지적되는 朴珪壽(1807-1877)는 朴趾源의 孫子이었고, 그의 末年에 金玉均 · 朴泳孝 · 洪英植 · 兪吉濬 등 開化派의 中心的 人物들이 그의 門下에 모여들어 『燕巖集』과 『海國圖誌』 등을 읽으며 時務를 討論하면서 開化思想을 培養하였던 것이다.[205] 이 時期에 金正喜의 門下인 申觀浩 · 姜瑋 등이나 丁若鏞의 門人인 李晸 · 丁學淵 · 艸衣 등은 初期開化派의 인물들과 交遊하면서 특히 朴趾源과 丁若鏞의 저술을 통한 영향아래 開化思想을 發牙시켰다고 볼 수 있다. 實學派와 開化派의 思想的 聯關性은 人物의 脈絡에서만이 아니라 實學思想의 基本精神이 그대로 開化思想 속에 繼承 · 發展되고 있다는 사실에서 더욱 명백히 확인할 수 있다.[206]

205) 金泳鎬, 「實學의 近代的 轉回」, 實學論叢, 1975, pp.240-243.
李光洙, 「朴泳孝氏를 만난 이야기 – 甲申政變 回顧談」, 東光 19, 1931. 3.

206) 金泳鎬, 上揭書, pp.251-256, 實學思想이 開化思想에로 繼承發展된 要素로서 ① 利用厚生과 實事求是의 論理, ② 民族主義的 性格, ③ 民權思想, ④ 通商開國論, ⑤ 營業의 自由論, ⑥ 土地改革의 構想 등 6條를 제시하였다.

俞吉濬의 『西遊見聞』(1895)은 世界各國의 地理・風俗・器物・學術 등을 紹介하면서 西洋世界를 향하여 開放된 姿勢를 確立하고 있으며, 學問을 크게 나누어 詩文工夫만 하면서 利用厚生의 方道가 없는 것을 「虛名의 學業」이라 하고 實用에 專意하는 것을 「實狀있는 學業」이라 하여 學問의 標準을 實用精神에 두고 있다.[207] 劉鴻基(號, 大致)의 영향아래 金玉均・朴泳孝・徐光範 등은 急進的 改革主義인 開化黨을 조직하였고, 비록 失敗하였지만 「甲申政變」을 일으켜 改革政策을 試圖하였던 것이다. 사실상 開化派의 人物들이 그들의 現實意識 위에서 舊制度에 대한 改革을 基本課題로 삼고 行動하였다는 點에서 實學派의 學問的 改革理論으로부터 한걸음 進前한 것이라 할 수 있다.

2) 開化派의 時代意識과 改革政策

思想史에는 經을 이루는 理念과 緯를 이루는 歷史가 섬세하게 짜여져 있다. 특히 思想史의 轉換期에서 多樣한 理念이 並行할 때에는 現實 내지 時代狀況에 대한 철저한 認識을 근거로 하는 理念이 나타나기 마련이다. 朝鮮朝後期에 現實問題에 대한 關心 속에서 實學派는 利用厚生論과 制度改革論을 주창하였던 것이다. 그러나 19世紀末에 西洋勢力이 潮水처럼 밀어닥치는 歷史的 轉換期에서는 이미 傳統社會의 內部的 修正論인 實學을 넘어서 西歐的 近代秩序에 의하여 社會秩序를 再構成하려는 근본적 改革論으로서 開化運動이 進行되고 있었다.

英正祖때에 傳統社會의 文化가 中興하는 氣勢를 보였으며, 특히 實學者가운데 西洋의 科學技術을 도입하려는 노력을 보이기도 하였으나, 획기적인 成果를 거두지 못한 채 관습적인 趨勢에 매몰되고

---

207) 西遊見聞, p.347, 第十三編, 「學業하는 條目」.

말았다. 그러나 西洋의 近代的 軍事力과 近代化한 日本의 武力 앞에 어쩔 수 없이 門戶를 開放하게 되었을 때, 朝鮮政府는 새로운 近代 技術의 우월점과 相對的으로 우리의 落後性을 인정하지 않을 수 없었다. 더구나 侵略的 威脅이 점점 加重하여 오자 國力의 强化가 절실하게 요구되었다. 여기에 政府가 自强策을 능동적으로 講究하게 되었으며, 開化派의 思想이 傳統의 斥邪衛正論을 제치고 政策에 반영되는 길을 얻게 되었던 것이다.

丙子修好條約을 맺고나자 바로 修信使 金綺秀 일행을 日本에 파견하여 近代化한 文物을 최초로 公式的인 視察을 하게 하였고, 1880년에는 修信使 金弘集 등을 다시 日本에 파견하여 本格的으로 見聞을 넓히기 시작하였다. 이때 金弘集은 駐日淸國公使의 參贊官인 黃遵憲이 朝鮮의 外交政策을 論한 『朝鮮策略』을 가지고 돌아왔고, 여기서 提示된 親中國・結日本・聯美國의 外交政策에 대하여 朝野에 贊反論이 분분하였으나 政府는 이를 肯定하는 방향으로 姿勢를 굳혀갔던 것이다. 따라서 새로운 近代秩序를 受容할 수 있는 바탕으로 그해에 統理機務衙門을 설치하여 수백 년의 傳統的인 행정제도를 改革하기 시작하였다.

1881년에는 朴定陽・魚允中・洪英植 등의 인솔로 俞吉濬・李商在・尹致昊 등의 청년들을 포함한 紳士遊覽團을 일본에 파견하여 各部門別로 近代的인 制度와 文物을 調査・硏究하게하며, 領選使 金允植 등으로 38名의 젊은 學徒와 工匠을 인솔하여 淸에 가서 兵器製造技術을 배우게 하였다. 그 結實로서 1881년에 「別技軍」을 창설하여 日本人 敎官으로 新式敎鍊을 시키게 하며, 1883년 우리나라 최초의 近代兵器工場인 「機器廠」을 건립하고 海關을 설치하며, 近代學校로서 「元山學舍」와 「同文學」이 설립되고, 최초의 新聞으로 「漢城旬報」가 發刊되며, 1884년에는 「農務牧畜試驗場」을 세웠고 「汽船會社」까지 설립되는 등 近代的 改革을 통한 自强策의 活潑한 추진이 이루어졌다.

開化派가 中心이 되어 推進한 改革政策은 甲申政變(1884)을 통해 門閥의 타파와 人民의 平等權을 주장하는 傳統秩序에 대한 근본적인 改革도 있었으나, 오히려 1884년의 變服令이나 1895년의 斷髮令은 合理化를 위한 改革이 아니라 새로운 西歐的 近代體制의 건설을 위한 傳統의 破壞를 意圖하는 改革政策이었기 때문에 士林의 완강한 抵抗을 받음으로써 改革政策 自體의 蹉跌은 물론이요 國論의 極端的인 分裂과 相爭을 낳는 原因이 되었던 것이다.

3) 開化派의 自主意識과 對外姿勢

修交開港이후 政府의 입장이 西洋의 近代文物의 導入에 의한 開化를 통하여 富國强兵을 이룩하겠다는 방향으로 急旋回하였다, 이에 따라 政府內의 官僚들 사이에도 開化에 대한 贊反의 입장이 分裂되었고, 나아가 儒林이 守舊의 입장에서 開化를 반박하는 주장을 내세움으로써 國論은 대립과 혼란의 渦中에 빠지고 말았다. 이때 政府의 指導層은 능동적으로 開化를 추진하였으나 政權鬪爭이 파열되고 日本과 淸을 비롯한 外國勢力이 內政에 깊이 침투하면서 開化派와 執權者와 外國勢力은 複雜하게 얽히고 대립되어 있었다. 이러한 情勢의 急變하는 과정에서 開化派의 自主意識과 對外姿勢가 변천하는 양상을 크게 세 段階로 나누어 볼 수 있을 것이다.

첫 단계는 自强의 目的아래 近代的인 西洋文物을 主體的으로 輸入하는 時期이다. 丙子修好條約은 그 自體가 不平等條約으로 强要당한 것이며, 國家의 軍事力이 弱하고 國際情勢에 어두웠던 데서 초래된 것이었다. 이러한 事情을 反省하고 현실적으로 닥친 危機를 切感하였을 때 內政改革을 통한 國力의 增大와 西洋武器와 技術을 도입하여 軍事力의 增强은 가장 절박한 과제가 아닐 수 없었다. 여기에 政府가 開化에 적극적일 수 없었으며, 특히 당시의 執權勢力인 閔氏

一門이 開化派의 改革論에 이해가 깊었던 것이다. 그러나 현실적인 開化運動의 推進勢力은 日本을 비롯한 外國의 近代文物을 직접 見聞한 지식층으로서 金弘集・金玉均・朴泳孝・兪吉濬 등 少數의 開化派 人物이었다. 이들은 모두 철저히 國家의 自主的인 富强을 위하여 開化의 필요성을 確信하고 지식의 습득과 改革方案의 講究에 심혈을 기울였다. 따라서 이들은 첫 단계에서 開化政策의 主導者는 아니었으나 開化運動의 先覺者로서의 역할을 담당하였던 것이다.

둘째 단계는 開化運動을 改革政策의 實現으로 深化시키기 위한 背景으로서 外國勢力과 結合하던 時期이다. 開化運動의 指導者들이 정치적 권력과 연결되어야만 制度의 改革을 촉진시킬 수 있다는 信念 아래 當時의 國內政治에 압력을 加하고 있던 日本이나 淸 및 러시아와 政治的 結託을 이루었던 것이다. 金弘集・金允植・魚允中 등의 漸進的 改革論들은 당시의 執權勢力과 合勢하여 淸의 背景아래 國勢의 安定과 開化를 並行하려고 추구하였다. 이에 比하여 金玉均・朴泳孝・洪英植・徐光範 등의 急進的 改革論者들은 당지의 執權勢力을 除去하고 實權을 잡아 根本的인 改革을 실현하기 위하여 日本의 財政的・軍事的 힘을 빌리는 것을 手段으로 사용하고자 하였다. 이 後者 즉 開化黨 또는 獨立黨으로 稱하여지는 이들은 少數의 인물로서 權力을 장악하기 위하여 日本의 武力을 빌어 甲申政變을 일으켰으나 日軍이 淸軍에 敗退하자 그 계획도 실패하고 말았다. 여기에 外國의 侵略的 接近과 國內政治勢力의 結託이 얽혀, 淸・日・露의 勢力이 번갈아 國內政治를 더욱 어지럽히는 循環을 거듭하게 되었던 것이다. 開化派의 人物이 外國勢力과 결합했던 것이나 그 結果가 國家의 自主性을 侵害했던 것도 사실이지만, 그들의 目的은 傳統社會의 封建的 秩序를 近代的으로 改革하는데 투철하였던 것이요, 自主意識을 忘却하였던 것은 아니므로, 開化意識은 없이 단지 權力掌握이나 維持를 위하여 外國 勢力을 끌어들인 事大的 執權 勢力과는 動機와 目

的에 있어서 엄격히 區分되어야 할 것이다.

　셋째 단계는 國權의 喪失을 前後하여 開化派의 人物들이 政治權力으로부터 거의 疎外당하였을 때 그들은 社會改革運動을 民衆 속으로 展開하는 時期를 맞이하였다. 朝鮮朝의 滅亡은 開化派들에게 傳統의 基盤 위에서 改善 내지 改革이라는 前提的인 制約을 解消시켜 주었다. 儒林이 아직 傳統의 因習을 벗어나지 못하고 있을 때, 西洋宣教師와 基督教徒들은 大衆啓蒙과 教化活動을 통하여 民衆의 意識構造를 改革하고 생활습관을 近代化하는데 중요한 역할을 담당하였다. 따라서 開化는 儒教的 理念 위에서 西洋文物을 受容한다는 테두리를 脫皮하여 西洋의 宗教와 思想을 傳統理念에 代替시키려는 態度가 主流를 이루게 되었던 것이다. 여기서 開化는 近代化에로 進一步하였으나, 이른바 近代化는 곧 西歐化로 이해하는 태도가 형성되고, 近代는 傳統의 矛盾關係로 이해되는 방향으로 굳어져 갔던 것이라 할 수 있다.

3. 韓國思想의 近代的 轉換과 未來的 展望

1) 東아시아의 近代的 轉換과 未來의 近代化過程

　東아시아의 儒教文化圈에서 오랜 傳統위에 天下를 君臨해온 中國이 明末 清初의 西學傳來로 새로운 世界에 대해 認知하고 있었지만, 儒教理念의 基盤은 滿州族의 清朝에도 확고하게 계승되었다. 그러나 西洋의 商業資本主義가 中國海岸에서 벌인 英國의 阿片輸出로 인한 利害의 對立에 따라 阿片戰爭을 일으켰고, 南京條約(1842)을 맺음으로써 中國의 門戶를 개방시켰다. 또한 清朝가 太平天國의 亂(1850-64)을 겪는 內亂期 동안 英佛軍은 北京까지 점령하여 中國領土를 租借하는 등 列強의 侵略을 당하자 自強策의 요구가 절박했고 曾國藩·李鴻章을 中心으로 1860年代에 일어난 自強運動은 西洋의 兵器와 技術을 도입하려는 「洋務運動」이었던 것이다.

　같은 1860年代 淸朝의 自強政策은 傳統秩序의 再確立을 理想으로 하는 同治中興의 路線이었고 洋務運動이 政策의 中心課題로 받아들여지지는 못하였다. 더구나 西洋의 帝國主義的 武力侵略이 계속되고 基督教宣教師의 活動이 許容되자 傳統社會의 抵抗과 反感은 1870年에 天津大虐殺事件을 惹起하는 데까지 이르렀다. 이 時期를 前後하여 持續된 洋務運動은 中國傳統의 바탕 위에 西洋의 技術을 導入하여 自強을 실현한다는 「中體西用論」의 입장위에 서있는 것이었다.[208] 1894年 淸日戰爭(甲午之役)에서 敗北한 時期를 前後하여 洋務運動은 가장 활발히 展開되어 과감한 制度의 改革을 추구하는 「變法運動」으로 나타났다. 康有爲와 梁啓超는 急進的 改革論者로서 「今文學運動」을 일으켜 傳統의 漢學과 宋學을 克服하여 改革論의 精神的 基盤을 확보하려 하였고, 康有爲의 『孔子改制考』나 『大同書』는 바로 革命的 改革論을 提示하는 것이다. 康有爲 등이 「戊戌變法」(1898)을 통하여 政權을 잡고 改革을 시도하였던 것도 失敗로 돌아가고 「義和團事件」(1899-1900)으로 西歐列強과의 충돌을 再演하였지만 淸朝는 스스로 近代化를 成就하지도 못하고 또한 王朝를 지키지도 못하여 辛亥革命(1911)을 계기로 民國이 樹立되면서 共和制의 近代國家가 탄생하고 五四運動(1919)과 新文化運動을 통하여 民族意識과 近代化運動의 確立을 보게 되었다.

　日本은 16世紀 中葉부터 西洋과의 접촉이 있었고 初期에 天主教

---

208) 1890年代 張之洞이 널리 보급시킨 口號는 「中國의 學問을 本質的 原理로 삼고 西洋學問을 實際的 用途로 삼는다.」(中學爲體, 西學爲用)는 것이다. (J. K. Fairbank, *East Asia, The Modern Transformation*, 「東津文化史下」全海宗·閔斗基譯, p.447)

傳派가 상당히 광범하게 이루어 졌으나 德川幕府는 1606년부터 公式的으로 禁敎令을 내리고 19世紀 前半까지 傳統社會를 維持해 왔다. 그러나 西洋文物의 영향은 19世紀 前半에 蘭學의 成長을 보여주고 佐久間象山(1811-64)는 「和魂洋才」를 주장하는 開放的 대도를 가졌었다. 이 時期에 西洋列强이 中國에 관심을 모우고 있는 동안 中國이 페리(M. C. Perry) 艦隊를 보내 1854년에 神奈川條約을 체결한 것을 계기로 門戶를 열기 시작하였다. 이때 王攘夷를 내걸고 天皇親政과 斥洋을 주장하는 反對勢力의 저항으로 마침내 德川幕府는 붕괴되고 1867년부터 王政復古를 이루는 重大한 內部變化를 겪었다.

이 親政政府는 藩土로 분할되었던 封建制度를 폐지하고 武士의 사회적 지위를 박탈하며, 陸軍과 海軍의 近代的 軍隊를 창설하는 과감한 內部改革의 明治維新을 스스로 斷行하였다. 그리고 日本政府는 새로운 體制를 뒷받침하기 위한 制度의 설치에 있어서 능동적으로 서양의 制度를 導入하여 1879년에는 縣議會를 창설하고 1889년 憲法을 頒布하며 1890년에는 總選擧에 의한 議會를 설치하였다. 또한 1850年代에 製鐵工場을 세우고 蒸汽船을 建造하는 등 軍需産業을 비롯한 工業化에 成功하였다.

이러한 近代化의 順調로운 成功으로 日本은 西洋을 본받아 1876년에 朝鮮을 武力威脅으로 開港시키고 帝國主義的 侵略을 추구할 만큼 西歐的 近代化를 成就시켰다. 이러한 日本의 近代化가 中國이나 朝鮮에 비해 成功的이었던 것은 충분한 理由가 있을 것이다. 곧 日本은 西洋의 武力威脅이 일어나자 幕府體制가 內部에서 崩壞하여 親政體制로 변형을 일으킴으로써 새 술을 담을 수 있는 새 푸대를 마련하였다. 그리고 新體制는 젊고 身分이 낮은 指導者들이 등장하여 舊秩序에 대한 執着이 없었던 특징이 지적될 수 있다.209) 그러나 反面 日本이 西洋的

---

209) 同上, p.265.

秩序에 抵抗하려는 傳統秩序의 基盤이 虛弱하였기에 쉽사리 變化가 일
어날 수 있었던 것이고, 列强이 中國에 비하여 日本에 대해 利害의 關
心을 크게 갖지 않았던 條件도 고려해야할 것이다.

　中國이 滿洲族의 政府 아래서 傳統秩序에 대한 執念과 近代化를
위한 要請 사이에 葛藤을 일으키는 동안, 內的인 調整의 餘裕를 주
지 않고 列强의 壓力이 加重하자, 民族主義的 抵抗意識을 主流로 하
였던 것이 끝내 淸朝에 의한 近代化를 이루지 못하고 王朝의 滅亡으
로 몰고 갔다. 淸朝를 이어 民國政府의 수립으로 民族傳統을 繼承하
였지만, 國民黨이 共産黨에 패배하여 大陸을 喪失함으로써 共産主義
이데올로기에 의한 傳統의 破壞는 傳統과 近代의 連結이 없는 斷絶
化를 가져오고 말았다. 日本의 近代化도 帝國主義化에 따라 본래 虛
弱한 傳統이 自滅하여 太平洋戰爭의 敗北로까지 이끌어간 悲劇을 自
招한 것이다.

　朝鮮王朝는 가장 强靭한 傳統理念으로 西洋과 日本의 帝國主義的
侵略에 抵抗하였지만 中國의 경우와 같이 開化論과 守舊論의 調整을
하기 어려운 外勢의 壓力을 받고 있었다. 開港이후 開化運動의 展開
가 自强과 自主를 目標로 하였으나 外勢에 依存度가 너무나 커서 外
勢를 더욱 깊이 끌어들인 結果를 낳았다. 마침내 日帝植民地化하여
國權을 喪失함으로써 36년간이나 自主性을 喪失한 것은 近代化와
自主性이 分離된 矛盾을 歷史의 傷處로 안게 되었다. 지금까지 東아
시아의 國家는 儒敎傳統의 繼承·發展으로서 近代化를 成就한 경우
가 없다고 할 수 있다. 그러나 오늘날의 課題로서 近代精神과 儒敎
理念의 連絡이 새롭게 提起되고 있음을 注目할 필요가 있는 것이다.

2) 韓末 開化·守舊派의 葛藤과 民族史的 意義

19世紀後半의 歷史的 狀況 속에서 朝鮮王朝가 부딪친 西洋과 日本의 武力的 衝激은 첫째 國家存立의 危機意識을 일으킴으로써 民族意識을 자극하였고, 따라서 이에 대한 對應策으로 閉鎖的 防禦의 立場과 開放的 修好의 相反된 立場이 제기되었다. 둘째 傳統文物과 西洋文物의 比較에서 西洋文物의 優越性을 認定하지 않을 수 없었으며, 따라서 傳統社會의 制度와 秩序가 全般的으로 改革되어야 한다는 課題에 直面하였다. 이에 대하여 閉鎖的 排斥論과 肯定的 攝取論과 追從的 代替論의 多樣한 입장이 나타났다. 첫째의 契機는 民族意識의 문제에 관계하고 둘째의 契機는 近代指向의 문제에 관계되는 것이라 할 수 있다.

이러한 時代的 課題앞에 提起된 反應樣相은 크게 守舊論과 開化論으로 나누어 볼 수 있고, 前者는 朱子學의 義理精神에, 後者는 實學의 現實意識에 源泉을 두는 것이라 하겠다. 여기에 두 가지 代表的인 立場으로서 守舊派의 保守的 태도와 開化派의 近代志向的 태도는 전혀 相反된 방향으로 兩極的인 對立과 葛藤을 일으켰다. 그러나 두 立場의 內面的 本質 속에는 共通의 理念이 內在되어 있으며, 또한 韓半島라는 單一한 空間안에서 서로 깊이 얽히지 않을 수 없는 것이다. 따라서 兩者의 입장을 평면적인 對立으로만 이해하지 말고, 民族史의 展開過程에서 서로 作用하고 發展해 나가는 側面을 파악하여야 할 것이다.

朱子學의 義理精神에 理念的 根據를 둔 斥邪衛正論의 守舊的 입장은 肯定的인 面과 否定的인 面을 엄밀하게 區分하여 이해하여야겠다. 斥洋·斥倭의 태도는 두 가지 價値規範에서 正當化될 수 있다. 첫째는 帝國主義的 侵略勢力에 대하여 民族의 自主性을 지키기 위한 抵抗的 鬪爭이다. 武力과 威脅은 不義이지만 自存을 위한 抗拒는 正義로 긍정될 수 있다. 둘째는 物質的 富强을 追求하는 西洋의 資本主義的 秩序에 대하여 道德的 秩序를 尊重하는 儒敎的 傳統文化의

優越性에 대한 信念이다. 西洋을 夷狄禽獸로 批判하고 排斥할 수 있는 것은 그 技術의 精巧함을 알면서도 精神文化의 絶對的 優越性을 强調하는 데서 可能한 것이다. 따라서 傳統秩序를 保存하려는 義理精神은 西洋의 勢力이나 文物을 徹底히 排斥하는 對外的 閉鎖性을 보이고 있지만, 同時에 內部的인 문제에서는 政治現實의 부패와 非義를 철저히 비판하면서 傳統理念의 具現을 위한 改革을 요구하고 있는 것이다.

그러나 이들 守舊派의 傳統主義는 民族의 自主性을 지키려는 입장에서 긍정될 수 있으나, 國際社會의 變動과 西洋文物의 威力에 대하여 거의 無知狀態에 있던 것을 肯定할 수는 없다. 敵對關係의 相對便에 대한 無知는 곧 防禦對策 자체가 올바르게 제지될 수 없음을 말한다. 守經의 理念이 正當하다 하더라도 時變을 모르고 時宜를 잃었을 때 中庸의 道를 밝히지 못하는 것이요, 따라서 儒學思想의 本質을 충분히 具現하였다고도 할 수 없다. 따라서 排他・守舊의 입장은 그 本來的 動機인 民族意識과 義理精神이 남았으나 排他的 態度의 妥當性이 점점 衰退하는 變遷을 겪게 되었다.

한편 開化派의 改革的 立場은 傳統秩序가 그 時代現實에서 드러내었던 不合理하고 타락한 여러 要素들에 대하여 冷徹한 判斷을 가졌으며, 同時에 이 時代의 國際的 變動에 예민한 感覺을 가졌었다. 開化를 「사물을 開發하고 백성을 敎化하는 것」(開物化民)이라 定義하고, 親賢遠姦・愛民節用・信賞必罰 등을 開化의 根本이라 하고, 鍊軍伍・利械・通商販 등이 開化의 末節이라 하여, 儒學의 本末論으로 把握하였던 것은 開化가 反傳統에서 출발하지 않은 것을 보여준다.210) 西洋文物이 東洋의 傳統에 대해 갖는 異質性을 넘어서 이를

---

210) 黃玹, 梅泉集, 卷6, 言事疏, 「夷考其實, 禍難之作, 危亡之兆, 反有甚於開化之前, 此何故也, 徒慕乎開化之末, 而不究其木也……夫開化云者, 非別件也, 不過開物化民之謂,……開化之名, 雖屬創見,其實與中國之治, 無以異也」

傳統精神의 主體性 아래에서 攝取하려는 努力은 物質文明의 西洋的 要素가 서로 調和될 수 있다는 입장을 제시하여 採西思想 내지 東道西器論을 주장하게 되었던 것이다.211) 그러나 開化는 처음부터 傳統社會의 自己反省 내지 自己否定에서 출발한다. 開化는 단순히 새로운 것을 받아들이는 傳統秩序의 自己擴張에 그치는 것이 아니라, 選擇的인 價値判斷에 따라 傳統秩序의 自己克服을 내포하고 있다.

開化黨의 甲申政變(1884)에서 提起되거나 金弘集內閣의 甲午更張(1894)에서 施行되었던 改革論은 傳統社會의 制度全般에 걸친 것이었다. 三公六卿의 周禮的 政府組織이 西洋의 近代的 事務分掌으로 分類되는 改編을 겪었고, 財政制度의 改革이 先行하였었다. 또한 傳統社會의 秩序인 身分階級制度를 폐지하고, 早婚禁止와 再嫁의 許容이나 緣坐法의 폐지를 통한 家族秩序의 變形이 이루어지는 등 傳統的 制度와 社會慣習이 근본적으로 변형되어 갔던 것이다. 여기서 이러한 改革의 動機가 傳統秩序의 矛盾을 改善하는데 있는 것인가, 또는 西洋의 近代的制度를 모방하여 追從하는데서 오는 것인가를 잘 分別할 必要가 있다.

初期의 開化論者는 開化의 必要性을 主體的인 要求에서 發見하였고, 따라서 그 改革의 正當性도 儒敎理念의 바탕 위에서 解明되었다. 朴泳孝는 開化에 대한 上疏(1888)에서 百姓들에게 응당한 自由를 주어야 한다는 項目의 論旨로서 孔子의 「三軍之帥, 可奪, 匹夫之志, 不可奪」이란 말을 이끌어 人間의 基本權으로서의 自由를 傳統理念으로 立證하고 있다.212)

그러나 韓末의 歷史的 狀況이 急變함에 따라 開化論들은 傳統精神의 自己中心을 喪失해가고, 最後에는 傳統理念인 儒敎를 西洋의 精

---

211) 韓㳓劤, 「開港當時의 危機意識과 開化思想」, 韓國開港期의 商業研究, 1970 pp. 349-354, 참조.
212) 朴泳孝, 上疏文(亞細亞學報 第1輯, p.738), 八曰使民得當分之自由以養元氣條.

神文化로 代替시키려는 方向으로 나아가게 되었다. 그러나 이들 開化論者들이 民族의 自主性을 輕視하지는 않았으며, 오히려 開化를 통한 自強으로써 自主性을 지키려는데 그 目的이 있었다. 따라서 國權을 잃었을 때의 獨立運動에는 基督教信仰에서 있던 開化論者도 과감한 투쟁을 벌였던 것이요, 여기에 傳統的 義理論者나 改革的 開化論者에게 있어서 民族의 自主라는 共通의 價値規範을 發見할 수 있으며, 또한 排斥과 受容이라는 方法的 差異도 동시에 긍정적인 면과 부정적인 면을 파악할 수 있는 것이다.

歷史의 進行過程은 守舊派 義理論者에게 그 지키고자 하던 傳統制度가 崩壞되고 排斥하였던 體制가 滔滔하게 氾濫하는 敗北를 가져다 주었고, 開化派의 自強論者로서도 비록 그들이 추구하던 改革을 어느 정도 이루었다 할지라도 窮極的 目的인 民族의 自主獨立을 喪失하는데 이르러서는 역시 失敗를 당했던 것이다. 여기서 傳統과 開化의 두 方向은 서로 相反된 矛盾關係로 對立시켜야 할 것이 아니라, 서로 相補的인 役割을 할 수 있도록 均衡關係로 調和시키는 것이 바람직한 方向이라 하겠다. 바로 여기에 傳統文化와 近代化라는 두 가지 秩序가 아직도 마찰의 不調和를 脫皮하지 못하고 있는 現在에 있어서 注하여야 할 問題點이 있다.

3) 東西思想의 創造的 止揚과 韓國思想의 未來的 展望

16世紀 이래로 東洋과 西洋이 學術·思想·政治·經濟·軍事 등 文化全般에 걸쳐 이루었던 相互交流의 事實은 今日과 將來에 지속적인 影響을 미치는 人類史的 重大遺産이라 할 수 있다. 돌이켜 생각해보면 人間은 결코 中心의 뿌리만 굳건히 하는 植物的 生活을 하는데 머무르지 않고, 生活空間의 擴大와 膨脹을 위해 온갖 危險을 무릅쓰고 不斷한 開拓의 모험을 지도해왔던 것이다.

이러한 交流에서 能動的으로 外部世界를 指向하는 態度는 文化的 傳播의 主體가 되는 强者의 입장에서 볼 수 있다. 혹은 文化的 受容을 하는 弱者의 경우일지라도 能動的인 受容의 主體는 다음 時代에 새로운 强者로서 등장하는 경우를 흔히 본다. 時宜를 떠난 閉鎖는 停滯로, 停滯는 衰退로 이어지고, 時宜에 맞는 開放은 活氣로, 活氣는 成長으로 연결되는 것이 生命體나 社會에 공통된 進行過程이다. 生命體가 쉼 없이 異物을 攝取・同化시켜야만 生存・成長할 수 있는 것처럼 思想과 文化도 異質性과 交流・受容을 통하여 創造와 發展이 可能한 事實을 認識할 필요가 있다.

東洋과 西洋의 만남에서 兩者의 文化的 優劣을 論하는 것이 根本的인 問題가 아니다. 서로의 文化體制가 상당한 異質性을 가졌다는 사실과 各各에 强點과 虛點이 있다는 사실을 認識해야 할 것이다. 여기서 重要한 問題는 서로에 대한 姿勢가 얼마나 開放的이고 能動的이었는가, 또는 自身의 文化體制에 대해 얼마나 反省的이고 進就的 態度를 가졌는가의 問題이다.

東洋社會가 西洋文化를 받아들이는 姿勢가 결코 閉鎖的이기만 한 것은 아니다. 예수會宣敎師들의 活動이 중요한 역할을 하였지만 中國知識人의 呼應과 努力도 진지한 것이었음을 留意할 필요가 있다. 여기에 明末淸初를 통하여 兩文化의 調和와 止揚에 있어서 놀라운 業績이 이루어졌던 것이며, 朝鮮後期의 實學派에 있어서 西學의 受容을 통한 儒學精神의 새로운 展開에 깊은 意義를 부여할 수 있는 것이다. 또한 中國思想이 유럽의 啓蒙主義에 영향을 줌으로써 西洋의 近世思想과 民主主義理念을 형성하는데 하나의 營養素로 역할을 하였던 것도 東西思想의 調和가 思想의 創造的 啓發에 중요한 의미를 지니고 있음을 思想史를 통하여 確認할 수 있게 해준다.

韓國思想史를 통하여 近世의 東西交涉은 歷史的・社會的 狀況 속에서 많은 問題點을 提示해 주었고, 또한 오늘에도 우리의 現實 속에 重大한 意味를 지닌 問題로서 提起되고 있다. 더구나 近代化를 위한 民族的 總力이 기울여지고 西歐的 先進文物이 모든 삶의 樣式에서 受容되었을 때 우리는 더욱 심각한 問題로서 自我의 實體 즉 主體에 대한 反省的 自覺을 하게 되었다. 民族의 삶이 文化受容의 容器가 아니라 文化創造의 主體이어야 한다는 覺醒을 하게 된 것이다. 더구나 西歐가 그 近代文化의 主軸을 이루었던 物質文明의 高度化에 대해 스스로 人間의 自己喪失·非人間化에 대해 警覺心을 갖고 實存의 意味와 人間回復을 主張하고 있는 現象은 文化創造의 主體로서 人間存在의 眞情한 意味를 提示하는 것이다.

韓國民族이 近代化에 상당한 成就를 이루게 된 오늘에 우리가 民族主體의 問題와 傳統文化의 問題를 切實하게 提起하게 되는 오늘의 現實은 바로 人間의 主體性과 民族의 自主性이 窮極의 目標요 文化의 樣式은 手段이라는 事實을 再認識시켜 주는 것이다. 여기에 우리가 傳統文化 속에 담긴 儒敎의 人道思想을 새로운 빛으로 理解할 필요성을 갖는 것이요, 또한 傳統의 復古的 回復이 아니라 根源的 再發見이요, 現實的 再創造를 위한 方向定立이 가능하게 된다.213)

우리民族의 思想이 우리의 傳統遺産과 現實的 狀況의 挑戰에 대한 應答으로 이루어질 때 그것은 가장 特殊的인 狀況性을 갖는 것이지만, 동시에 그 特殊性의 眞實性이 思想의 普遍的 形式을 낳고, 人間의 모든 狀況 속에서 하나의 빛과 智慧로서 共感을 불러일으킬 것이다. 우리의 未來는 바로 主體의 自覺과 文化의 創造를 통해서 그 意味를 찾을 수 있고, 바로 여기에 우리 時代의 課題요 또한 永遠한 課題가 놓여 있다고 하겠다.

---

213) 柳承國,「人道主義와 現代思想」(儒學原論, 1978, p.291)에서「儒學思想은 人道主義精神을 根據로 하여 中和思想으로 現代의 非人間化 현상과 相互 갈등을 止揚하여 높은 次元으로 발전시켜 가야 할 것」이라 言明하고 있다.

結 論

1

1. 東西交涉의 近代的 展開는 中國과 日本과 朝鮮의 경우에 各各의 전통과 역사적 사회적 상황에 따른 差異를 갖고 있지만 大勢에 있어서는 儒教文化圈의 共通性에 따라 類似性을 가지고 있다. 특히 朝鮮社會에 西學의 傳來는 주로 中國을 통하여 이루어 졌기 때문에 먼저 中國에서의 東西交涉樣相을 밝혀볼 必要가 있다. 東西交涉의 歷史的 流轉은 B. C. 2世紀의 漢代에 이미 뚜렷한 자취를 찾아 볼 수 있으며, A. D. 7世紀의 唐代에는 基督教의 一派인 景教(Nestorianism)가 中國에 傳播된 일이 있었다.

13世紀의 元代에는 로마教皇(Innocent Ⅳ)의 사절이 元朝에 파견되어 傳教를 하기도 하였다. 그러나 明初가지의 東西交涉은 中國文物이 西洋에 傳播되는 쪽이 優勢였음을 볼 수 있는 것이었고, 西洋의 近世文明을 可能하게 한 三大發明인 나침반, 火藥, 종이와 印刷術은 事實上 中國에서 西洋으로 傳播한 것이다.

16世紀末인 明朝末期에 西洋의 近世文物이 天主教 宣教師와 西洋商人에 의하여 中國에 傳來한 것은 지금까지의 東西交涉과는 전혀 달리 西洋이 優勢한 것이라 할 수 있다. 그러나 明末 淸初의 이 時期에도 中國文物이 西洋에 傳播되어 西洋의 近世啓蒙主義思想에 깊은 영향을 주었다는 事實을 看過해서는 안될것이다.

또한 M. Ricci를 비롯하여 明末 淸初에 中國에 왔던 예수회宣敎師들은 儒敎的 中國文化에 適應하여 基督敎敎理를 제시하는 이른바 補儒論的 立場에 섰던 것이다. 이들의 西洋科學技術에 대한 紹介와 더불어 漢文西學書는 儒敎社會에 심한 마찰 없이 浸透할 수 있는 最善의 傳敎方法을 제시하였던 것이요, 또한 東西交涉의 近代的 發端을 열어준 不滅의 업적을 이루었다 하겠다.

그러나 傳敎方法에 대한 天主敎敎壇의 內部分爭이 일어나고, 마침내 儒敎文化的 바탕을 拒否하는 獨善的 立場이 결정됨에 따라 天主敎는 儒敎社會에서 심한 갈등의 요소로 부각하게 되었던 것이다.

2. 朝鮮社會는 中國과의 頻繁한 文化的 交流를 통하여 일찍부터 西學에 대한 知識을 蓄積할 수 있었다. 특히 初期에는 天文・曆法 등 西洋科學에 관심을 가졌으나 점차 科學技術의 背景이 되는 西洋의 基督敎 思想을 이해하면서 18世紀 後半 正祖 때에는 信仰運動이 發生하였다. 이때 天主敎 信仰運動은 宣敎師의 傳敎活動에 의해서가 아니라 朝鮮社會의 內的 要求에 따라 星湖學派에 속하는 畿湖南人 時派의 一部 儒學者에 의해 能動的으로 出發하였다는 데에 커다란 意味와 特徵이 있다.

基督敎 信仰은 儒敎社會에서 疎外된 階層에 새로운 世界의 可能性이요 希望으로서 특히 庶民大衆 속으로 깊이 浸透하고 擴張되어 갔었다. 勿論 王朝의 正統理念에 따르면 이들의 社會內的 異質化는 危險視되었고 强力한 抑壓策이 실행되었다.

19世紀는 이미 內部에서 王朝의 支配體制와 大衆사이에 상당한 乖離가 일어났고, 이에 따라 天主敎信仰의 擴大는 勿論이요, 東學을 비롯한 民衆 宗敎運動까지 發生하였던 것이다. 여기에 더하여 西洋과 日本의 군사적 위협까지 加重하자 不安定한 社會의 動搖는 더욱 加速化되고, 王朝의 支配體制가 이를 수습하기 어려운 時點에 이르렀을 때, 韓末 儒學者들의 正統擁護를 위한 斥邪衛正論은 西學과 外

勢를 排斥함으로써 儒教理念을 천명하여 傳統의 繼承과 民族의 自主
를 確保하려는 社會運動으로 나타났던 것이다.

  3. 西學이 傳來되었을 때 儒學들의 受容態度와 論理는 부단히 外
來思想을 受容하면서 自己 發展을 하지 않을 수 없는 우리의 現實에
서는 重要한 意味를 지닌다.

  朝鮮社會에서 西學의 受容에 中心役割을 하였던 知識集團은 곧 實
學派에서 찾아 볼 수 있다.

  李睟光・李瀷 이래로 西洋科學에 대한 肯定的 關心은 合理的 精神
의 發揮였다. 實學派는 西洋 天文學을 통해 客觀的 合理性을 지닌
自然科學的 宇宙를 이해하였으며, 地理學을 통해 中國中心의 華夷論
을 克服하고 地球上에서 自己發見이 可能하였다. 太極과 理라는 性
理學의 合理的 窮極概念을 넘어서 人間과의 人格的 交流가 可能한
上帝概念을 다시 發見하였던 丁若鏞의 上帝觀은 西學의 受容이면서
同時에 儒教의 擴張이었다고 할 수 있다. 陰陽五行說의 形式으로 모
든 自然現象을 解明하던 전통적 論理에 反하여 氣의 物質的 窮極性
위에서 새로운 形式의 可能性을 인정하는 것은 自然의 合理的 探究
에 可能性을 열어주는 것이라 하겠다. 西學의 靈魂概念은 人間과 自
然을 一體로 把握하는 東洋的 人間觀에 대하여 人間의 固有性을 강
조하여 生能・覺能을 넘어서 靈能에서 性의 의미를 찾았고, 崔漢綺
에서처럼 神氣에 근거한 經驗主義的 認識論을 構成하는데 이르렀다.
나아가 西洋의 倫理思想에 자극되었을 때 身分階級制度에 대한 懷疑
와 東學에서처럼 人間에 內在한 普遍的 價値를 社會的으로 實現하려
는 理想이 대두하였던 것이다.

  4. 儒學的 根據위에 西學의 受容을 貫徹한 한 時代의 놀라운 業積
으로서 丁若鏞의 思想을 들 수 있다. 그는 한 몸에 西學徒와 儒學者
를 兼有하였고 두 思想의 異質性을 融和할 수 있었던 인물이었다.

  그는 天을 蒼蒼有形之天과 靈明主宰之天을 區分하여 後者에서의

本質的 意味를 發見하였다. 그것은 自然的 現象이나 原理를 벗어나 天主의 개념과 통하는 信仰的 성격을 지닌 것이다.

또한 그는 易의 體系를 自然法則이나 原理로 보는 것이 아니라 天命을 받기 위한 卜筮로 이해하였고, 鬼神개념을 上帝와 일치시키면서 그 超越性과 인간에로의 降臨機能을 해명함으로써 信仰對象으로서의 超越者를 儒敎經典 속에서 부각시키고 있다. 丁若鏞은 理氣論을 拒否하고 五行의 基本式으로서의 의미를 批判하며, 陰陽도 다만 對待的 形式으로서만 긍정할 뿐 生成的 機能을 否定하였다. 그것은 自然哲學을 어떤 先入觀念에 지배되는 것으로부터 解放시켜 西洋科學을 자유롭게 받아들일 수 있게 하는 整地作業이었다고 할 수 있다.

丁若鏞은 西學의 靈魂槪念을 性 또는 心의 개념 속에 받아들이고, 心을 生理的 心臟에서 靈明한 心體까지 포함하는 人間의 內面的 個體性으로 파악하였다. 따라서 그에 의하면 性은 心의 嗜好라는 機能的 性質로 규정하여 本然之性의 普遍的 性槪念을 排除하였다. 德을 先天的 本性으로 보는 것이 아니라 善의 實行에서 이루어진 功으로 보며, 人心의 自由意志(自主之權)를 重視하였다. 따라서 德과 仁은 孝·悌·慈의 人間關係 속에서 이루어진 善의 실천으로 규정되고 있는 것이다.

특히 丁若鏞은 人間의 倫理를 인간관계에서만 파악하는 것이 아니라 事天의 敬畏를 통하여 실현될 수 있음을 강조하고 있다. 그것은 바로 信仰人의 모습이며, 여기에 德行이 純粹하고 精神이 專一하여 上帝에 感通할 수 있고 또한 天命을 받들 수 있는 人格으로서「格人」(格天之人)을 높이는 그의 信仰的 姿勢를 확인할 수 있게 된다.

5. 儒學과 西學의 敎理的 論辨 속에서 各 思想의 根本槪念에 內包된 意味와 論理體系를 特徵的으로 把握할 수 있다. 그러나 여기서 兩者가 相對에 대한 批判 속에서 相對便의 根本槪念에 대한 沒理解를 露出하고 있는 것은 同時에 自己便의 根本槪念에 대한 理解의 限

界를 보여주는 것이라 하겠다. 우리는 이러한 教理論爭이 단순한 概念論爭이 아니라 自己傳統의 維持와 社會體制의 安危에 直結된 生存鬪爭의 性格을 內包하고 있다는 事實을 留意할 必要가 있다.

敎理論辨은 主로 儒學者의 斥邪論 내지 闢異端論의 입장에서 主導된 것이지만 點은 주로 西學에서 提起된 問題이다. 먼저 天主·上帝의 문제에서 創造主로서의 성격은 天主의 權威를 증거하지만 儒敎의 입장은 製作行爲란 工匠의 機能을 意味하는데 지나지 않고 人格神的 性格은 超越者의 氣質的 性格을 의미하는 것으로 非難하였다. 그러나 天主의 槪念에서나 上帝의 槪念에서 超越性의 계기와 內在性의 계기가 표현형식의 차이에도 不拘하고 공통된 구조를 이루고 있음을 分析해 볼 수 있다.

西學의 靈魂論에서 個體的 靈魂의 神的 不滅性은 儒學的 立場에서 個體的 魂은 氣의 聚散에 따라 可滅的이라 否認된다. 그러나 儒學의 心性은 普遍的 存在지만 不滅性이 認定된다면 人間存在의 內面性에 超越的 不滅性을 兩者에서 모두 發見할 수 있는 것이다. 個體的 靈魂의 責任에 따른 死後世界로서 天堂·地獄은 西學의 信仰 속에 實在하지만 儒敎에서 愚衆을 속이는 幻妄한 것이라 이를 否認하고 있다. 그러나 福善禍淫의 意識 속에 人間行爲의 善惡에 따른 超越的 賞罰의 必然的 公正性에 대한 信念은 공통의 根據를 이루고 있는 것이다. 儒敎의 祭祀를 통한 祖上崇拜를 천주교에서 거부하는 理由는 木主의 神位的 性格을 認定않는 것이요, 死後의 靈魂이 飮食을 먹을 수 없다는 事實에서 찾는다. 그러나 無形하고 無狀한 神的 存在를 具體的 物體로 象徵하는 것은 宗敎의 一般的 現象이며, 犧牲의 奉獻과 降福의 參與는 基督敎와 儒敎에 있어서 祭儀의 共通的 構造이다.

倫理規範과 社會秩序에서 兩者의 對立은 가장 현실적으로 예민한 反應을 일으키고 있다. 西學의 倫理的 根據는 神의 誡命에 있으며 人間의 自由意志에 대한 神의 賞罰의 豫測에 따라 行爲의 決定이 이루어진다. 儒教의 綱常은 自然의 必然性이며, 人間存在는 賞罰의 結果보다 正當性에 따른 義務 意識이 지배한다. 여기서 基督教는 福利를 추구하고 儒教는 義理를 추구한다고 區分된다. 그러나 利가 利己心에만 한정되지 않는다면 義와 矛盾된 것이 아니요, 義도 超越的인 肯定을 받을 수 있을 때 恣意的 判斷을 벗어날 수 있는 것이다. 父母와 父子의 家族秩序나 男女의 社會秩序는 東西의 生活慣習에서 현저한 차이를 보이고 있다. 儒教에서는 男女有別의 方法的 區別이 있으나 性의 自然的 肯定을 하고 있다면, 西學은 男女平等의 方法的 調和를 維持하면서 性의 本來的 罪意識을 강조하였다. 결국 儒教와 西學사이에 家族이 갖는 意味는 天賦的 神聖性으로 보는가, 아니면 神聖性을 추구하는 삶의 道具로 보는가의 차이라고 생각할 수 있다.

社會階級에 대해서도 儒教는 自然秩序의 正當性으로 보았으나 西學은 世俗的 手段으로 보았다. 儒教가 이러한 身分階級을 肯定하는 것은 그 基準을 德으로 내세우지만 現實的으로는 權力의 행사를 막을 수 없고, 西學에서 世俗的 身分을 輕視하지만 社會職能의 召命意識을 제시하고 있음을 보게 된다.

결국 兩者의 극단적 對立은 단순히 儒教와 基督教의 思想內在的 對立이라기보다, 그 歷史的 時代狀況과 民族 共同體의 自己存立을 위한 理念的 統一性의 確保를 위한 鬪爭이었다고 보아야 할 것이다.

6. 西學이 儒教社會에 傳來하고 深層으로 擴大되면서 庶民에게 福音으로서 機能하였다 할지라도 民族國家의 傳統과 安定에는 커다란 危險要素가 되었다. 더구나 19世紀後半에 西洋의 武力的 위협이 加重되자 이를 防禦하여 傳統秩序의 安定을 回復하려는 儒學者의 悲壯한 信念과 活動이 일어났다. 이러한 活動의 代表的 人物들로서 華西 李恒老와 그의 門下를 들 수 있다.

華西의 斥邪論은 丙寅洋擾를 계기로 主戰斥和의 禦洋論으로 나타났다. 그는 華夷論의 歷史意識과 正統意識에 斥邪論의 西學에 대한

理念的 批判을 結合하여 강경한 斥洋義理를 제시하였다.

그의 門下 金平默과 柳重教는 丙子修好條約과 甲申政變을 겪으면서 斥邪禦洋의 義理를 내세운 上疏運動을 展開하였고, 崔益鉉과 柳麟錫은 政府의 開化政策에 따른 上疏의 限界에서 乙未事變을 당한 후 義兵運動으로 政府의 政策을 거스리면서 抗日民族運動을 전개하였던 것이다.

華西學派의 斥邪衛正論은 外勢의 政治的·經濟的·社會的 浸透에 예리한 分析을 통하여 西洋과 日本의 帝國主義的 侵略性을 把握하고 西洋文物에 內包된 物質主義的 脫倫理性을 지적하고 있는 것은 民族意識의 覺醒인 동시에 西洋文明의 本質에 대한 批判的 認識으로서 높은 가치를 지닌다.

그러나 斥邪守舊論을 近代的 歷史의 方向에 逆行한 亡國의 原因이라 非難하는 것이 妥當하지 않는 만큼 開化論도 外勢와 結合한 賣國的인 것이라고 斷定하는 것도 옳지 않다.

결국 歷史의 連續性 위에서 본다면 守成도 必要하고 更張도 必要한 것이며 守成의 때도 있고 更張의 때도 있다. 守道와 더불어 行權의 要請도 現實的인 것이며 특히 歷史의 轉換期에는 이 兩面性의 調和가 더욱 절실히 要求되는 것이라 하겠다. 여기서 儒敎傳統의 根源에 놓여있는 人道思想은 韓國思想의 創造的 展開를 위한 未來的 方向 定立에 중요한 意味를 지니는 課題로 提起할 수 있을 것이다.

2

1. 韓國 近代史에서 西學의 傳來와 이에 대한 儒敎社會의 反應은 思想史的 展開過程에 매우 중요한 契機를 이루고 있다. 이러한 近世思想史의 意義는 東西思想의 교섭을 통하여 마침내 하나의 全體世界

라는 舞臺에 등장하였다는 데에서 찾아질 수 있다. 유교사상과 서구
기독교사상의 遭遇는 西勢東漸의 역사적 潮流에 따라 확장하는 세력
과 방어하는 세력 사이에 일어난 갈등이라 하거나, 또는 西歐의 優
勢가 동양의 열세를 정복하는데 近代史가 이루어진다고만 볼 수는
없다. 서구문화가 동양사회에 접근한 것은 사실이지만 이를 受容하
는 동양의 전통정신에는 강한 능동적 자세가 있었으며, 또한 근대적
진보의 추구가 그 기반에 놓여있었던 것이다. 따라서 서구 사상이
동양 전통사상을 代替하는 것이 아니라, 전통사상이 자기발견 과정
에서 서구적인 것을 수용하는 것이었다고 볼 수 있다.

  2. 유교 전통의 朝鮮朝後期 社會는 서구사상과 교섭하면서 강한 보
수적 저항을 하였으며, 결국 이러한 입장은 붕괴되고 말았다. 그러나
폐쇄적 방어태도 속에는 自尊意識과 自存意志의 自覺이 있었고, 개방
적 수용태도 속에도 추종이 아니라 자기중심의 자각이 있었다. 이러한
자기중심의 자각은 얼마나 受容하였는가의 量的인 문제보다 무엇을 받
아들이고 어떻게 받아들였는가의 質的 문제에 관심을 갖게 한다.

  3. 전통의 유교사상이 異質的인 서구사상을 受容할 때에 내적인
저항이 강하면 강할수록 受容되는 것은 그 이유의 필연성을 갖게 된
다. 받아들일 수밖에 없는 필연적 이유의 각성은 곧 자기 존재에 대
한 더욱 깊은 발견이 되고 있다. 맹목적 자기 집착을 깨뜨리고 객관
적 합리성을 인식할 때 전통의 기반은 더욱 세련되고 확고해질 수
있었다고 하겠다. 朝鮮朝後期思想은 이런 의미에서 유교사상의 전통
을 전면적으로 재검토할 수 있는 좋은 기회를 가졌다. 그것은 형식
화하고 고정화한 껍질을 깨뜨리고 더욱 깊은 본질의 창조적 샘을 찾
을 수 있는 기회일 것이다. 이러한 탈각을 위한 작업이 서구사상의
수용과 더불어 시작되었던 것이요, 그 작업이 끝날 때에는 새로운
전통의 창조가 진행되고 있음을 보게 될 것이다. 하나의 思想도 그
本質에 有機的 生命性을 갖는다면 순수하게 自己分裂로 增殖하는 것

이 아니라 부단히 外部의 現實과 異質的 思想으로부터 攝取하고 同
化시키면서 成長하는 것이라 볼 수 있다. 儒學은 宋代에 道·佛을
批判하면서 攝取하였듯이, 近代와 現代에서 西歐思想의 批判的 攝取
가 새로운 創造的 發展을 위한 課題임에 틀림없을 것이다.

附　錄

1. 韓國傳統文化와 天主教思想

1) 머리말

儒教文化圈의 東아시아에 天主教가 傳來한 사실은 東洋과 西洋의 精神文化의 精粹가 만나는 思想史的 大事件이요, 동시에 東洋사회가 近代를 열게 되는 歷史的 重大契機를 마련해 주었다고 할 수 있다. 中國·日本과 더불어 朝鮮王朝는 天主教 思想과의 접촉 과정에서 그 사회적 체질과 성격의 차이를 드러내기도 하고 근대적 전환과정의 다양성을 보여 주기도 하였다. 16세기 중엽 예수회 선교사 자비에르(Francis Xavier)가 일본에 포교하다가 중국을 향해 廣東 입구의 上川島에서 세상을 떠났지만, 그를 이어 루게리우스(Michael Ruggerius, 羅明堅)와 릿치(Matteo Ricci, 利瑪竇)가 잇달아 중국 대륙에 발을 디디고, 특히 릿치가 1601년부터 北京에서 활동하게 되자 중국에 있어서 사상과 역사의 중심부분에 침투하여 자리 잡게 되었던 것이다.

예수회가 16세기 초부터 본격적인 진교활동을 하는 과정에 이들이 중국의 전통사상과 고전, 특히 유교사상과의 접촉은 천주교 사상이 중국에 전파되는 초기적 樣式을 형성하는데 결정적인 조건이 되었다. 또한 이들 예수회 선교사들이 중국의 고위 관료층이나 유교지식인과 깊이 교류하면서 유교문화권 속에 천주교를 전파하는 독특한 방법을 계발하였고, 이른바 補儒論이라 일컫는 이러한 방법을 통하여 예수회 선교사는 천주교 사상을 비롯한 서양문화를 중국에 전파시키고 동시에 유교사상을 서양사회에 이해시키는데 놀라운 성과를 거두었다. 그러나 17세기 중엽부터 중국 안에서는 예수회의 內紛과 도밍고회(Dominican)·방지거회(Franciscan)의 예수회에 대한 대립에 따르는 儀禮問題(Quaestio de Ritibus)가 발생하면서 중국사회로부터 천주교가 冷待를 받게 되어 教難이 일어나는 가운데 教勢도 크게 침체되었다.

천주교가 조선 사회에 전파되는 과정은 17세기 초부터 漢譯 西學書라 일컫는 漢文敎理書가 중국으로부터 전래되면서부터 비롯한다. 그리고 천주교의 전래는 비록 느린 속도이었지만 지속적으로 축적되었을 때 마침내 18세기 후반에 이르러 신앙운동으로 전개되자 온 사회에 충격을 주고 시대적 사건으로 등장하였다. 그것은 특히 조선 사회에 近代思想이 형성되는 과정에 있어서나 近代的 전환과정에 있어서 중대한 역할을 담당하였던 것이다.

조선 사회에서의 천주교 신앙운동은 가혹한 탄압 속에서도 신앙을 지키기 위해 무수한 천주교도들이 피를 흘리고 殉敎하였던 영광스러운 史跡으로 이어진 것은 사실이다. 그러나 한 사회의 역사적 단계 속에서 이 신앙운동이 어떠한 한계를 지녔고 어떻게 역사적·사회적 역할을 하였는가에 대하여 반성해야 할 점도 있다. 여기서 조선 사회에 전래한 천주교 사상이 우리의 전통문화와 만남에서 발생하는 문제의 성격과 그 신앙운동의 전개과정을 반성적으로 정찰하려는 과제는 우리가 韓國 近世思想史를 파악하는데 있어서 뿐만 아니라, 현재와 장래에 있어서 韓國思想 및 韓國天主敎가 지향해 가야 할 방향을 가늠하는데 의미 있는 示唆를 던져줄 수 있을 것이라 생각된다.

이 문제를 전개하는데 있어서 천주교 사상이 부딪치는 한국 전통문화의 내용과 범위를 규정하는 것이 선행되어야 할 필요가 있다. 여기서 한국 전통문화는 그 복잡한 다양성 가운데서도 조선시대의 사회이념에 있어서 主流를 형성하는 유교사상을 기본 요소로 한정시키고, 19세기에서의 사회적 동요와 더불어 발생하는 新宗敎운동의 전통 사상적 배경에 관심을 제한시키려고 한다. 그것은 전통의 다양성 속에서 천주교 사상에 대하여 가장 적극적 내지 활동적으로 상응하는 전통사상의 요소를 부각시킬 수 있는 방법이기도 하다.

2) 傳統文化와 天主敎의 만남에 따른 複合性

(1) 朝鮮後期의 儒敎的 多樣性

朝鮮시대의 통치이념은 儒敎에 의하여 주도되었지만 佛敎 신앙의 전통도 뿌리 깊은 것이고 道敎나 巫俗을 비롯한 민간 신앙의 전통도 광범하게 깔려 있는 것은 사실이다. 그러나 朝鮮初 이래 朱子學 곧 道學에 의해 이념적으로 무장된 유교는 사회이념을 조성하는 지위를 계속 강화해 갔다. 또한 16세기에 이르러 性理學의 융성기를 맞이하고 士禍를 거쳐 道學派의 士林에 의해 정치세력이 확립되면서 유교의 안정된 이념적 정착이 이루어졌으며,1) 잇달아 禮學의 발달로 제도적 정비는 물론 사회적 저변으로의 확장이 실현되었다고 볼 수 있다.

道學의 확립과 동시에 性理說에 따른 철학적 입장의 분열이 일어났고, 17세기에 들어오면서 道學的 思惟의 한계를 넘어서려는 철학적 반성이 다양하게 발생함으로써 천주교가 전래하는 시기에 유교의 사상적 구성은 복잡한 다양성을 지녔다는 사실을 주목할 필요가 있다.

17세기 이후에도 道學(朱子學)의 이념이 사회의 지배이념으로서 그 지위를 확고하게 유지하고 있었으며, 특히 丙子胡亂을 계기로 道學의 義理論은 尊王賤覇 내지 尊華攘夷의 春秋精神에 근거하여 崇明排淸論으로 나타났다. 이른바 復讐雪恥를 부르짖고 北伐을 계획하는 排淸義理論은 강렬한 배타적 비판정신과 정통주의로 충만 된 것이며, 그만큼 道學的 正統에 어긋난 것을 받아들일 수 있는 여지가 봉쇄되어 있다. 尹鑴나 朴世堂의 經典 해석이 朱子와 어긋나자 斯文亂賊이라는 비판이 내려졌다. 陽明學이 전래되자 退溪 이래 계속적인 비판이 성립되어 학문적인 논쟁으로 표면화되지도 못하였던 것이다. 이러한 道學的 전통

---

1) 李東俊 敎授의 「16세기 한국성리학파의 역사의식에 관한 연구」(1975, 성균관대학교 박사학위 논문)는 趙光祖・李滉・李珥・趙憲을 통해 道學의 철학적 논리와 역사・사회적 의식의 심화를 통해 사회이념으로 정착되는 현상을 해명하고 있다.

에서는 천주교사상이란 처음부터 비판과 배척이 전제되었을 뿐 아무런 관심과 이해를 끌 수가 없었던 것이 당연하다.

그러나 16세기 중엽 陽明學의 이론이 전래한 이후, 朱子學(道學)의 정통화 내지 권위화에 대한 반성적 비판이 지식인 사이에 일어났다. 또한 道學의 理念的 내지 觀念論的 성격에서 벗어나 壬辰·丙子의 外侵을 겪는데 따른 사회적 혼란과 경제적 파탄을 현실적으로 개혁하려는 학문적 관심이 이른바 實學派로 성장하게 되었다. 陽明學이 朱子學의 폐쇄적 정통주의를 탈피하는데 하나의 징검다리 역할을 하였다면, 實學派는 유교사회에서 천주교 사상을 이해하고 수용하는데 능동적 역할을 하였다는 성격을 지닌다. 李睟光은 性理學의 정통주의적 체계보다 지식의 다변화를 추구하는 개방적 학문 정신에서 初期實學派의 선구적인 인물이라 지목되는데, 그는 「芝峯類說」에서 서양에 관한 지리와 문물의 지식을 끌어들이고 있으며, 또한 「天主實義」·「交友論」을 소개하여 천주교 사상을 지식으로서 받아들이고 있다. 星湖 李瀷은 18세기 前半에 훨씬 깊은 수준으로 서양과학에 열렬한 지지를 표현하고 나아가 「天主實義」·「七克」 등에 관해서 이해와 비판을 합리적으로 제시하려 하였다. 北學派에 속하는 實學者들은 서양의 과학·기술에 대해서만 관심을 갖는데 그치고 신앙적인 문제에 무관심한 경우도 있으나, 實學派의 일반적 경향은 천주교 사상에 적극적인 관심을 보일 수 있는 가능성을 지니고 있는 것이다.[2]

道學派가 정통주의적 입장에 서있는데 비하여 實學派가 개혁주의적 입장을 지니고 있는 만큼, 천주교 사상은 유교적 전통체제를 개혁하려는 實學派에 쉽게 접촉할 수 있었고, 특히 星湖學派의 성립과 더불어 최초로 천주교 교리 문제에 관한 유학자들의 학문적 논쟁이 활발하게 일어나게 되었다. 그리고 이들 星湖學派 가운데서 천주교

---

2) 朱子學(道學)·陽明學·實學의 학풍과 천주교 사상과의 관계에 대하여 拙著, 「유교와 한국 사상」(1980), pp.196-222, <조선 후기 사상의 유파와 대 서학자세> 참조

교리에 대해 비판적인 인물과 긍정적인 인물들의 분열이 일어나고, 천주교 교리에 대해 긍정적인 이해를 심화시켰을 때 천주교 신앙운동을 일으켰던 信西派가 성립하게 되었던 것이다.3)

따라서 여기서는 조선 후기의 유교가 여러 가지 相異한 입장과 성격을 지니고 있으며, 이들의 천주교 사상에 대한 반응 양상도 서로 다를 수밖에 없다는 다양성을 지니고 있다는 사실을 밝혀야만 천주교와 유교의 만남이 지닌 문제의 성격을 올바르게 파악할 수 있게 되는 것이다.

(2) 儒教社會에 傳來한 天主教의 複合性

17세기 초부터 중국을 통해 수입되었던 서양 문물을 넓은 의미로 西學이라 할 때 西學의 내용은 서양의 과학·기술을 중심으로 하는 요소와 천주교 교리·신앙을 중심으로 하는 요소라는 두 가지 양상을 포함하는 것이다. 서양과학의 문물들은 천주교 사상을 유교문화의 전통 속에 침투시키는데 놀라운 성과를 이루었다. 예수회의 서양 선교사들이 世界地圖·天文學·曆法·數學 등에 관해 제공한 지식은 중국인들에게 서양문화를 존중할 수 있는 기반을 마련해 주었다고 할 수 있다. 西學(天學)에 관한 문헌을 일차적으로 수집한 것으로 1628년 李之藻에 의해 「天學初函」이 이루어졌을 때 그 내용은 천주교 교리를 중심으로 하는 理編과 서양과학을 중심으로 하는 器編으로 정리되고 있는 사실에서도 과학지식과 천주교 교리가 얼마나 긴밀하게 유교사회에 의식되었는지를 알 수 있다.

과학과 종교라는 두 가지 영역이 西學으로 묶여져 비쳐졌을 때 유교 지식인의 西學에 대한 접근의 길은 그만큼 폭이 넓은 것이었다. 곧 천주교 교리에 대해 관심이 없는 인물들도 과학기술에 대한 긍정적 이해

---

3) 李能和의 「朝鮮基督教及外交史」(1928), p.43에서는 黨派의 분열과 관련하여 攻西教之南人派와 信西教之南派로 분류하고 있다.

가 이루어질 때에는 천주교 교리에 대해서도 관대하거나 적대적 거부 태도가 상당히 완화될 수 있었다. 이러한 사실에서 예수회의 선교가 유교사회에서 성공적이었던 중요한 원인으로 서양의 과학과 기술을 선교의 수단으로 활용하였던 점에서 찾을 수 있는 것이다.4)

또한 예수회가 중국에서 漢文으로 저술한 천주교 교리 서적들은 그들의 기본적인 전교 방법에 따라 補儒論으로 지적되는 중요한 특징을 지닌다. 릿치(M. Ricci)의 대표적 교리서적인 「天主實義」는 불교를 비판하고 유교를 보완한다는 補儒易佛論의 입장을 전제하고 있으며, 그것은 곧 宋儒 이래로 유교사회의 이념에 호응하는 것이다. 「天主實義」의 서술형식이 유교 지식인인 中士와 서양 선교사인 西士의 대화·문답형식으로 이루어졌고, 西士가 中士를 설득시키는 방법도 천주교 신앙의 입장을 기독교 경전에 의해서가 아니라 유교경전에 의해서 해명하고 논증해 간다는 독특한 적응적 방법을 활용하였다. 물론 여기서 릿치는 朱子學의 관념체계와 先秦 유교의 사상을 구분하여 朱子學에 대해 거부적이면서 유교경전의 본래적 의미를 긍정적으로 재해석하는 깊이를 보여 주고 있지만, 유교지식인의 천주교 사상에 대한 이해를 적극적으로 이끌어내는 뛰어난 성과를 거두었다. 이러한 예수회의 傳教政策은 상류층 지식인을 일차적 대장으로 하여 세련된 유교사상과 깊이 접촉하는 것이었고, 補儒論도 천주교와 유교의 일치(天主教合儒)·천주교의 유교에 대한 보완(天主教補儒)·천주교가 유교를 초월(天主教超儒)이라는 단계적 과정을 통해 천주교사상을 정착화 시키려는 것이었다.5) 그러나 도밍고회 및 방지거회는 예수회와 달리 서민층

---

4) 方豪(「中西交通史」(五), pp.110-122, 1954, 臺北)는 明·淸代에 천주교가 盛行하게 된 원인을 8가지로 지적하면서 그 첫 번째로 중국이 과학을 추구하는데 신속하였음을 들고 있다.

5) 淸初 中國人 天主教徒인 張星曜의 「天儒同異考」(1715)는 天主教合儒 · 天主教補儒 · 天主教超儒의 3編으로 이루어져 있다. 「天儒同異考」는 張星曜의 저술인 「通鑑紀事補」의 일부분이다.

들과의 접촉 속에 전교활동을 전개하였고, 따라서 유교사회의 시민들의 의식 속에 깔린 多神崇拜 내지 迷信的 태도에 대해 예민한 관찰을 하였으며, 나아가 유교적인 의례전반을 迷信的인 것으로 규정하는 거부적 태도를 정립하였다. 17세기 후반에 발단하여 儀禮問題에 대한 논쟁이 격렬화 하면서 마침내 1775년 예수회가 해산되어 중국에서의 전교방법도 補儒論的 입장이 후퇴하고 유교에 대해 거부적인 천주교는 유교사회와 갈등을 심화시켜 갔던 것이다.6) 특히 19세기 중엽부터 서양의 산업자본주의와 제국주의적 군사적 침략이 격증되면서 유교사회의 서양에 대한 저항은 천주교 신앙을 침략세력과 한데 묶어 배척하는 양상으로 나타나게 되었다. 선교사와 商人과 大砲가 한 줄로 걸어 들어오는 분위기에서 아편전쟁의 상처를 입은, 유교전통의 중국 사회는 전통체제가 붕괴될 때까지 천주교에 대해서도 격심한 적대감을 지속하였던 것이다.

(3) 朝鮮社會의 天主敎에 대한 複合性

천주교가 조선사회에 전래한 초기에는 주로 知的 호기심의 대상에 머물렀지만, 지식의 축적과 더불어 西學이라는 사상체계의 全貌가 떠오르기 시작하자 서양 과학지식에 관한 적극적 관심이 먼저 發火하였던 사실을 주목할 필요가 있다. 李瀷이 릿치를 聖人이라고까지 칭송하였던 것도 서양과학의 탁월함에 대한 확신에서 표현한 것이다.7) 李瀷과 그 제자들을 중심으로 한 星湖學派에서 李瀷의 영향 아래 天文學·曆法·數學 등 서양과학에 대한 긍정적 관심이 일어남을 계기로 천주교 교리에 대한 관심이 일어났다.8) 특히 이들은 천주교

---

6) 方豪, 위의 책, 제5장 6절 「明淸間天主敎與我社會習俗之抵觸」, 9절 「明淸間民間仇敎與朝廷禁敎之原因」, 10절 「雍正後天主敎失勢之原因及其檢討」 참조

7) 順庵集, 卷17, 天學問答 附錄, "(星湖) 先生曰, 西洋之人大抵多異人, 自古天文·推步·製造·器皿·筭數等術, 非中夏之所及也, ……或又問曰星湖先生嘗謂利瑪竇聖人也, ……假有是言, 其言不過西士才識可謂通明矣."

교리에 대해 性理學을 바탕으로 하는 유교적 입장에서 이론적 비판
을 시도하여 愼後聃의「西學辨」과 安鼎福의「天學問答」은 비판을 통
해 당시 유학자의 천주교사상에 관한 인식의 수준을 보여주고 있다.
그러나 李檗·李承薰·李家煥·權哲身·權日身·丁若鍾·丁若鏞 등
은 적극적으로 천주교 교리서를 연구하고 긍정적 이해 속에 접근하
였으며 선교사의 전교활동이 있기 전에 自生的으로 신앙 활동을 일
으키는데 이르렀던 것이다.

　이들 星湖學派 가운데 信西派에 속하는 인물들이 결속하는 계기는
1777년에서 1779년 사이에 廣州의 天眞庵과 走魚寺에서 모였던 講
學會를 들어볼 수 있다. 星湖學派의 信西派나 反西派[9]는 처음에 서
양과학에 대한 관심에서 공통된 기반을 가졌지만 천주교 교리에 대
해 긍정과 부정의 태도로 분열되었고 여기서 과학지식에 대한 관심
이 쇠퇴하고 천주교 교리에 대해 贊反에 예민한 관심을 일으키는 데
에로 진전하였던 것이다. 그것은 星湖學派도 유교적 이념 기반위에
있었으므로 역설적으로 과학지식에 대한 접근보다 교리문제에 대한
접근이 쉬웠던 것임을 알 수 있다. 信西派가 유교이념의 기반 위에
서 일단 천주교 교리에 대한 이해를 심화하자 自生的인 신앙운동으
로 발전하였고, 마침내 과학지식을 거의 외면한 채 신앙적 정열에
몰입하는 돌이킬 수 없는 방향에로 나갔던 것이다. 여기서 이러한
천주교 교리에 대한 비판적 관심뿐만 아니라 신앙적 정열도 유교적

---

8) 李元淳 교수(「星湖·李瀷의 西學世界」, 敎會史硏究 제1집, 1977, p.8-18)는 李
　瀷이 閱覽한 20종의 漢譯西學書에 대한 李瀷의 이해내용을 분석하면서 그 가운
　데 서양과학에 관한 書目이 17종에 이름을 보여 주었다.
9) 愼後聃·安鼎福 등 星湖에서 천주교 교리에 비판적인 인물을 反西派(信西派에
　상대하여)라 命名한 것은 1785년(乙巳) 이후 洪樂安·李基慶 등 攻西派와 구분
　하기 위해서이다. 反西派는 星湖門下에 한정한다면 攻西派는 南人들이라도 星湖
　門下가 아니고, 反西派는 星湖門下 안에서도 信西派보다 먼저 발생하였으며 이
　론적 비판태도를 보여주었으나 攻西派는 信西派의 발생 이후에 신앙운동에 대
　한 배척 태도를 보여주는 것으로 구분될 수 있다.

문화의 바탕 위에서 발생하는 것임을 지적할 수 있다.

　星湖門下에서 발생한 信西派의 천주교 신앙운동이 주위로 확장되어 갔을 때 가강 먼저 저항한 세력은 같은 星湖門下의 反西派인 安鼎福 이었고,10) 뒤따라 같은 南人派인 洪樂安・李基慶 등의 攻西派요, 나 아가 政府의 공식적 禁敎令으로 나타났다. 천주교 신앙운동이 발생하 고 이에 대한 배척과 禁令으로 커다란 사회적 소요를 일으키게 되었 던 것이 正祖 때였으며, 正祖는 南人時派의 宰相 蔡濟恭을 신임하였 던 만큼 한편으로는 禁敎令을 내리면서 다른 한편으로는 攻西派의 격 렬한 태도를 억제함으로써 사회적 동요를 진정 시키려고 노력하였으 나, 正祖가 죽자 純祖 이후 南人時派의 몰락과 함께 黨派的 政爭에 따 라 邪獄(유교사회의 규정) 내지 迫害(교회사에서의 규정)라는 敎難이 일어났다. 그리고 周文謨 등 외국선교사의 잠입과 지하화한 전교활동 이 서양세력과 연결되고 黃嗣永의 帛書사건을 비롯하여 국내의 천주 교도와 서양세력의 연결이 현실적으로 국가 존립에 위협세력으로 의 식되었다. 더구나 천주교신앙집단이 北京敎會의 지시를 따라 사회적 禁壓과 희생 속에서도 유교체제의 기존질서와 의례에 대립하는 신앙 의식을 강화하고, 서민 대중과 부녀자 속으로 확산되어 통치권 바깥 의 지하세력을 구축하면서 서양의 침략적 정치세력과 유대를 깊이 하 고 있는 것이 현실이었다. 따라서 당시의 조선사회에 비친 천주교 신 앙집단이란 국내적으로는 邪學집단이면서 국외적으로는 洋賊의 앞잡 이라는 이중적 위협요소로 인식되었다. 여기서 천주교에 대해 조선사 회의 광범한 부정적 저항이 일어났고, 연속적인 수난 속에서 천주교 도들은 발붙일 기반이 심각한 위협을 받는 가운데 그 신앙의 福音的 의미와 역사적 역할을 찾지 않으면 안 되었던 것이다.

---

10) 拙稿, 「安鼎福의 西學批判論」, 韓國學 제19집, 1978. 12, p.9-12, 참조

3) 天主教思想이 傳統社會에 提起한 問題

(1) 創造主요 人格的 主宰神으로서의 「天主」概念

主宰者의 존재에 대한 신념은 천주교와 유교의 공통된 관심이지만
동시에 양자를 구별 짓는 근본 조건이기도 하다. 천주교의 전래 초
기에 예수회 선교사들은 천주교 신앙의 主宰者에 대한 명칭과 개념
내용을 어떻게 제시할 것인가에 깊이 고심하였고 여기서 天地萬物의
主宰者를 天主로 呼稱하여 Deus(陡斯)의 번역어로 제시하였다.[11] 또
한 전교 초기의 대표적 교리서인 릿치의 「天主實義」에서도 모두 8편
가운데 처음 2편을 天主의 存在와 성격을 밝히는데 힘을 기울이면
서, 天主와 유교의 上帝 내지 天 개념이 접근할 수 있음을 주장하고
있다. 따라서 性理學의 太極이나 理와 같은 궁극존재가 인격적 주재
자인 天主와 어긋남을 강조하고 있지만 天主가 上帝(天)와 동일시
될 수 있다는 것은 유교인에게 天主의 성격을 쉽게 이해할 수 있도
록 하는데 커다란 역할을 하였던 것은 사실이다.

조선시대 유교인들이 초기에 천주교사상과 접근하였던 문헌이 「天
主實義」를 비롯한 補儒論的 교리서이었으므로 天主의 개념에 대해서
도 그 존재의 사실성은 쉽게 납득할 수 있었다. 따라서 上帝와 일치하
는 主宰者로서의 존재라는 의미에서는 일단 긍정적 이해를 보게 된다.
李漢도 "天主란 儒家의 上帝이다. 그러나 天主를 공경하여 섬기고 두
려워하며 믿는 태도는 佛教에서의 釋迦와 같다"[12]고 지적하여 主宰者
의, 존재와 이에 대한 신앙태도를 구분하고 있다. 愼後聃도 天主가 天
地를 主宰한다는 교리나 萬物을 安養한다는 교리는 程子・朱子와 같은
性理學者의 주장에서도 찾아볼 수 있는 것이라 인정하지만, 天地를 제

---

11) 天主實義, 「首篇論天主始制天地萬物而主宰安養之」, "夫卽天主, 吾西國所稱陡斯是也."
12) 星湖先生全集, 卷55, 「跋天主實義」, "天主者, 卽 儒家之上帝, 而其敬事畏信, 則如
    佛氏之釋迦也."

작하는 創造者임을 마치 工匠이 집을 짓는 것에 비유하여 설정하는 것
은 무근거한 것으로 부정하였다.13) 安鼎福도 天主가 유교의 上帝와 같
은 것임을 인정하지만 몸소 降臨하여 못 박혀 죽었다는 천주교의 신앙
은 어리석고 無知하여 尊嚴함을 모독하는 것이 심하다고 비판하고 있
다.14) 여기서 上帝와 天主가 비록 主宰者로서 동일한 존재임이 유교인
에 의해서도 확인되었다 할지라도 兩者의 개념 내용에 상당한 차이가
드러나고 있으며, 특히 천주교 교리에 따른 신앙태도는 유교인에게 받
아들 여지가 어려움을 확인할 수 있다. 그것은 곧 天主가 創造主로서
天地萬物을 자신의 의지에 따라 無에서 創造하였다는 신념과 天主는
人格神으로서 일정한 시대, 일정한 장소에서 이 세상에 肉身을 가진
인간으로 태어났고, 인간들과 더불어 살다가 십자가에 못 박혀 죽었다
는 사실에 대한 신앙을 이해하기 어려웠으며 격심한 저항을 일으켰던
것이다.

릿치도 天主를 上帝 또는 天으로 호칭하면서 설명하지만 근본입장
은 천주교 교리의 天主개념을 제시하는 것이었고, 따라서 유교경전의
인용을 통한 증거도 유교전통의 입장과는 상당한 거리가 있는 것이
었다. 創造者로서의 天主를 강조하는 것은 곧 유교적 宇宙觀과 相異
한 새로운 宇宙觀이 드러나고 특히 周易에 배경을 둔 性理學의 宇宙
觀과 相反되지 않을 수 없다. 天地萬物은 陰陽의 氣가 모이고 흩어지
는 변화과정에서 生成되는 것이고 무한한 循環으로 이해하는 性理學
의 理氣說은 天이나 上帝는 그 變化生成을 主宰하는 原理로서 인식

---

13) 愼後聃, 「西學辨・天主實義」, 闢衛編(李晩采本) 卷1, "程子曰以主宰謂之帝, 則彼
   謂天之主宰天地者, 其說亦可矣, 朱子曰萬物隨帝而出入, 則彼謂天主之安養萬物者,
   其義亦近之, 而至謂天地之成, 由於天主之制作, 則此乃於理無徵, 於經無稽, 而特出
   於妄度之論也."
14) 順庵集, 卷6, 「與權旣明書(甲辰)」, "彼曰天主, 吾亦曰有天主, 天主卽上帝也." 同
   上, 卷17, 「天學問答」, "旣曰上帝親降, 又曰無異眞天主云, 則敢曰被釘而死, 不得
   考終耶, 其愚昧無知, 侮慢尊嚴甚矣."

되는 것이지 創造者는 아니었다. 따라서 天·上帝·道·太極·理·神
은 主宰者의 각 측면으로 이해되면서 신앙적 대상이지만 동시에 합
리성의 범위 안에서 추구되었다.15) 이에 대해 「天主實義」에서나 李蘗
의 「聖敎要旨」, 丁若鍾의 「主敎要旨」, 丁夏祥의 「上帝相書」에서 반복
하여 제시하는 창조주로서의 天主는 건물을 짓는 工匠에 비유될 수
있는 창조 작업을 하는 존재이다. 그러나 유교에서는 "하늘이 뭇 백
성을 내시다"(天生烝民 <詩經·大雅>)라거나 "天地의 큰 德은 낳는
것이다"(天地之大德曰生 <易·繫辭下>)에서처럼 生産의 기능을 언급
하지만 그것은 個體를 産出하는 것이 아니라 生成을 主宰하는 것이
며 生成하게 하는 원리로서 이해된다. 따라서 天主가 工匠처럼 만물
을 제작한다면 유교적 입장에 서는 그것이 天主의 위대함을 드러내
는 것이 아니라 工匠의 賤役을 하는 존재로 格下시키는 것으로 인식
되는 것이다. 이처럼 創造主로서의 主宰者는 유교이념과 상반되어 저
항을 받는 요소가 되었던 것이 사실이지만, 그것은 동시에 천주교가
유교적 입장과 구별되는 중요한 요소인 것도 사실이다. 이러한 차이
가 유교전통 속에서 이론적 비판을 받으면서도 한편으로는 유교적
宇宙觀을 넘어서는 새로운 宇宙觀의 가능성을 열어 주었다는 점에서
유교사상의 영역에 중요한 의미를 던져 주었다고 할 수 있다.

    人格神으로서의 天主는 합리적 이념을 통하여 主宰者의 성격을 이
해하는 유교의식 속에 커다란 충격과 저항을 불러 일으켰다. 天主가
意志와 感情을 지녔다는 측면보다도 인간으로 成肉身하여 이 세상에
출현하였다는 신앙은 합리적 의식 속에서는 처음부터 받아들이기 어
려운 것이었다. 李蘗은 天主의 降生을 하나의 幻妄하고 불합리한 것
으로 지적하였다.

---

15) 易傳, 「乾」, "夫天專言之, 則道也,……分而言之, 則以形體謂之天, 以主宰謂之帝,
    以妙用謂之神, 以性情謂之乾."

　　"만약 天主가 인간을 불쌍히 여겨 이 세상에 幻影을 나타내어 혹
은 말로 타이름이 마치 사람이 가르침을 베푸는 것과 같다면 무수
한 지역에 사랑하고 불쌍히 여겨야 할 자가 한이 없을 것이로되, 한
天主가 두루 다니며 일깨운다면 수고롭지 않을 수 있겠는가?"16)

　　"구라파 동쪽에는 구라파의 敎를 듣지 못하였고, 또 어찌 天主의
드러난 靈跡이 없어서, 구라파에 여러 가지 靈異함이 있는 것과 같
지 않은가? 그렇다면 이 여러 가지 靈異한 것이 魔鬼의 버릇에 있
지 않음을 알겠는가?"17)

　　이처럼 成肉과 降生의 신비를 보편적 원리에 모순 되는 魔鬼類의
迷信으로 거부하는 것이 유교 지식인의 입장이었다. 이러한 비판 속
에서 天主의 개념이 이해되는 限界가 뚜렷하지만 또한 그만큼 합리
성을 넘어선 신앙적 호소력이 강하게 작용할 수 있었고, 유교사회
안에 결핍된 主宰者에 대한 신앙적 요구를 눈뜨게 하는데 강한 충격
으로 작용할 수 있었던 것이다.

　　신앙이 儀禮를 통하여 더욱 확고하게 정착될 수 있는 것이라면,
유교사회에서 主宰者에 대한 儀禮는 바로 천주교의 儀禮와 뚜렷한
차이로 나타나지 않을 수 없었다. 조선사회의 유교적 봉건질서 속에
서는 主宰者로서의 上帝나 天은 도덕의식이나 性理學的 관념을 통하
여 보편적 존재로 인식되고 있었지만, 신앙의례를 통하여 天이 신앙
대중과 만날 수 있는 길은 봉쇄되어 있었다. 곧 上帝(天)에 대한 祭
儀는 天子만이 집행할 수 있는 특권이었고, 조선사회의 君王 이하
모든 백성은 직접 天祭를 드릴 수 없는 것으로 제약을 받았다. 따라
서 祖上神이나 自然物의 群神들에 대한 신앙 의례만 허용되었던 유
교적 전통문화 속에서 創造主이며 唯一絶對의 主宰者인 天主가 모든

---

16) 星湖先生文集, 卷55, 「跋天主實義」
17) 同上

개별 인간과 의례 속에서 직접 만날 수 있다는 신앙의식은 종교적 봉건질서로부터 대중의 해방을 의미하며, 복잡한 규범체계의 구속으로부터 벗어나 새로운 근원적 가치질서를 부여해 주는 것으로 받아들여질 수 있다. 아버지를 아버지라고 부를 수 없는 庶子가 봉건사회의 사회규범에서 벗어나 마음껏 아버지를 찾아가 부를 수 있는 해방감을 부여하는 것이다. 또한 부모의 命을 따라야 하는 가족질서의 규범과 임금의 命을 따라야 하는 국가질서의 규범 등이 병립하는 三綱五倫의 多邊的 權威體系가 혼란을 일으키기 쉬운 의식 상황에 대해 天主의 命을 절대화함으로써 확보되는 규범 근거의 上昇과 단순화는 대중을 정신적 속박에서 救援하는 福者으로 전달될 수 있는 것이었다. 그러나 天主의 命으로 제시되는 새로운 규범 형식이 전통적 규범과 어긋나고 있을 때 전통사회로부터 비난이 집중될 수밖에 없는 것이다. 여기서 天主의 命이라는 새로운 규범 형식이 배타적인 절대적 엄격성을 요구하게 되자 유교와 천주교 사이에 대립을 첨예화시키고, 調和가 불가능한 선택만이 허용되는 것이 현실이었다.

(2) 死後世界로서의 天堂 · 地獄

천주교의 교리를 해명하는 教理書에서는 기본적인 두 가지 초점을 제시한다. 그것은 곧 天主의 존재와 인간의 靈魂 문제이다.18) 「天主實義」에서 처음 2편은 天主에 관한 해명이지만, 제3편과 제4편은 인간의 영혼이 갖는 특성을 밝히고 있으며, 여기서 밝혀진 靈魂의 不滅性을 근거로 제5편과 제6편에서는 死後世界로서의 天堂과 地獄의 성격을 설명해 주고 있다. 제7편에서 修德에 관한 문제를 논의하고, 제8편에서 教會와 천주교의 제도에 관해서 설명하여 전체를 마무리

---

18) 天學初函(二), 1965. 臺北, p.1130, 「靈言蠡勺引」, "亞吾斷丁(St. Augustine) 曰費祿蘇非亞(philosophia) 總歸兩大端, 其一論亞尼瑪(Anima), 其一論陡斯(Deus), 亞尼瑪者令人認己, 論陡者令人認其源, 論亞尼瑪者使人可受福, 論陡斯者使人享福."

하고 있지만, 그 구성은 天主의 초월성과 영혼의 불멸성이라는 두 가지 전제조건을 天堂地獄의 歸結에 대한 관심에로 초점을 돌리고 있는 것이라 볼 수 있는 것이다. 그것이 天主의 恩寵과 인간의 信德에 따르는 것이라 할지라도 결과로서의 天堂地獄이 救援與否를 판가름해 주는 것이라 볼 수 있다. 따라서 천주교 교리에 대한 관심 속에서 天堂과 地獄의 문제는 중대한 비중을 차지하게 된다.

유교사회에 천주교사상이 처음 소개되었을 때, 물론 이론적으로는 천주의 개념과 영혼의 속성에 관한 문제가 진지하게 논의 되었지만 좀 더 그 신앙적 성격에 관한 이해가 깊어졌을 때에는 천당지옥의 문제가 표면에로 두드러지게 되었다. 그러나 천당지옥이라는 용어와 그 성격이 유교문화권 안에서도 이미 佛敎를 통하여 친숙한 것이었기 때문에 유교인의 의식에서는 천주교와 불교가 서로 유사한 것이라는 이해가 일반적으로 나타났다. 「天主實義」에서 佛敎가 天堂地獄說에 있어서 天主敎의 것을 빌어 갔지만 천주교와 불교는 진실성에서 구별되어야 할 것임을 강조하고 있는 것도 당시 유교인의 천주교에 대한 이해 태도를 엿볼 수 있게 한다.19) 李瀷은 천주교에서 천당지옥으로 勸善懲惡하고 있음을 인식하고, 중국에서도 佛敎가 들어온 다음에 천당지옥을 말하게 되었음을 들어 천주교에서 輪廻說은 부정하면서 천당지옥설을 긍정하는 것은 근거 없는 것이라 비판하며, 모든 이치에 깊이 통달한 서양 선교사가 천당지옥설에 밀착하고 있음을 안타까워하였다.20) 愼後聃도 삼비아소(Francesco Sambiaso, 畢方濟)의 영혼론에 관한 저술인 「靈言蠡勺」에 관해 가장 관심 깊은 비

---

19) 天主實義, 「第三篇 論人魂不滅大異禽獸」, "釋氏借天主天堂地獄之義, 以傳己私意邪道, 吾傳正道, 豈反置弗講乎."

20) 星湖先生文集, 卷55, 「跋天主實義」, "但中國自漢帝以前, 死而還生者, 并無天堂地獄之可證, 則何獨輪回爲非, 而天堂地獄爲是耶, ……如佛法入中國, 然後中國之死而復生者, 能記天堂地獄及前世之事者也, 往西士之無理不窮, 無幽不通, 而尙不離於膠漆盆, 惜哉."

판을 전개하면서 천주교의 천당지옥설도 異端 비판의 일반적 입장에
서 살기를 탐내고 죽기를 아쉬워하는 利己心의 표현이라 규정짓고
있다.21) 그는 또한 천주교의 영혼론에서 死後에 生魂과 覺魂이 정지
된다면 영혼이 不滅한다 하더라도 천당의 즐거움이나 지옥의 괴로움
을 감각할 수 없으니 천당을 추구하는 이유도 없을 것이라는 합리적
비판을 제시하였다.22) 安鼎福도 지옥의 형벌이 참혹함은 上帝의 어
진 마음에 어긋난다고 지적하여 부정하고 있다.

> "지옥의 형벌이란 살아 있을 때엔 사람들이 惡을 저지르도록 맡
> 겨 두었다가 죽은 다음에 영혼에게 追論하니 거의 백성을 속이는
> 것이 아니겠는가. 이제 그들의 서적을 보니 이른바 지옥의 형벌이란
> 이 세상과 비교할 수 없으니 어찌 上帝의 至仁之心으로 이렇게 참
> 혹하고 혹독할 수 있겠는가."23)

천주교에서 천당 지옥에 따른 死後의 賞善罰惡은, 이 세상의 賞罰
은 공정하지 못하지만 天主는 至公한 존재이므로 死後에 공정성을
확립한다는 데에 합리성을 보여주는 것이다. 그러나 유교적 입장에
서는 자신의 善行이나 惡行에 따라 善惡이 나뉘어 진다면 그것은 기
도나 예배로 얻어지는 것이 아니라 하여 윤리성을 벗어난 신앙적 영
역을 거부하게 된다.

> "만약 천당지옥이 정말 있다면 天理는 至公하므로 君子가 천당에
> 오를 것이요, 小人이 지옥에 갇힐 것이니, 어찌 구구하게 念經·守
> 齋·瞻禮의 법식에 걸려 있겠는가?"24)

---

21) 愼後聃, 「西學辨·靈言蠡勺」, 闢衛編, 卷1, "至於西秦, 則又因佛氏之餘論, 而變而
   神之, 愈爲近理, 然亦不能自掩其貪生惜死之利心."
22) 同上, "且生覺旣不用, 則雖不滅而與滅無異矣, 雖有天堂之樂, 而必不能覺, 雖有地
   獄之苦, 而必不能覺, 若是而必欲求升天之事者, 亦何也."
23) 順庵集, 卷6, 「與權旣明書(甲辰)」

　　그러나 유교사회의 전통 속에 천주교 신앙을 갖는 신앙대중들이 그 사회에 어떤 면에서 소외된 계층들이었다는 사실을 고려하면, 유교적 도덕규범이나 이념에서 궁극적 정당성을 기대할 수 없었다. 따라서 그 당시의 현실에 근본적 인부성적 태도를 지녔을 때 이들 천주교 신앙집단은 사회를 그들의 합리성에 따라 개혁하거나 그렇지 못하는 현세에 대해 기대를 포기하고 다음 세상에서의 공정하고 안락한 이상적 상태를 기대하는 태도를 취하게 될 것이다. 비록 18세기 후반과 19세기 초반의 조선사회가 많은 사회적 모순을 안고 있었으며 변동의 조짐이 뚜렷한 동요가 일어났던 것도 사실이지만 아직도 유교이념으로 사회를 유지하려는 입장은 확고하였다. 이러한 상황에서 천주교 신앙운동은 처음부터 심한 억압을 받고 지하운동으로 지속시켜야 했던 현실에서는 그만큼 현실의 제도를 개혁하고 현실적 주도세력으로 등장할 수 있는 가능성은 희박한 것이었다. 이에 따라 초기의 천주교도들 사이에는 현세를 부정적으로 파악하고 死後에서 救援을 약속하는 천당지옥설의 교리에 처음부터 의식적으로 깊이 빠져들게 되고 또한 지나치게 강조되었던 측면의 원인을 엿볼 수 있다.

　　유교적 전통을 거부하고 천주교신앙을 지키며 신앙을 증거하던 천주교 신도들은 처음부터 지속적으로 거듭되는 受難을 겪어야 하였다. 그들은 오직 자신이 진리를 신봉한다는 이유로 억압과 고통을 받아야 하는 불합리한 현실 세력에 대해 저항할 수 있는 아무런 힘이 없다는 절망적 상황 속에 놓였다 死後에 天堂이 존재하고 그 곳에서 모든 보상을 받을 수 있다는 희망은 救援의 약속으로서, 이들 신앙대중에게 신앙을 지킬 수 있는 용기를 북돋아 주는 힘의 원천이 되었다. 이러한 과정에서 천당지옥설에 따른 死後世界에 관한 관심이 뿌리 깊어 졌고, 또한 그만큼 당시의 초기 천주교도들에게 치우

---

24) 金致振,「斥邪論 · 辨斥天堂地獄」

치게 두드려졌던 것이라 할 수 있다.

물론 어느 시대나 현실사회에는 모순이 있게 마련이고 이러한 현실의 모순은 인간의식 속에 깊이 깔려 있는 것이다. 더구나 조선 후기는 전통체제의 사회가 여러 방면에서 이미 붕괴과정에 들어서 있고, 그만큼 현실적 모순은 더욱 심각한 것으로 드러났다. 따라서 정의롭고 축복된 死後世界에 대한 믿음과 희망은 현실 속에서 고통 받는 신앙대중에게 福音으로서 전달되었던 것이 사실이다. 그러나 신앙집단이 그들의 이상 세계를 현실 속에 건설하려는 의지를 확보하지 못하고 현실의 개선에 대해 적극적인 관심을 상실한 채, 현실세계를 본질적으로 부정적인 것으로 규정하여 이상적 死後世界와 대립시키고 마는 現世否定的 신앙의식에 기울어지는 경향을 보여주게 되는 것은 그만큼 현실사회와의 타협을 어렵게 만들고 신앙의 사회적 확산과 역할에 제약을 초래하는 요인이 될 수도 있는 것이다. 조선사회의 천주교 신앙운동은 그 존재만으로도 역사적 의미가 큰 것이고 자기 유지를 통해서 사회적 역할이 중요한 것이었지만, 현실 부정적이고 來世主義的 경향의 부각은 현실주의적 전통과 심각한 대립 속에 스스로 고립시켰던 측면도 반성할 필요가 있다.

(3) 祭祀의 拒否와 傳統社會의 抵抗

릿치를 중심으로 하는 예수회의 補儒論的 입장에서는 유교인의 祖上이나 孔子에 대한 祭祀를 迷信的인 것으로 단정하지 않고 紀念 행사적인 관습으로 이해하였다. 그러나 릿치를 계승하여 중국 전교의 책임을 맡은 롱고바르디(Longobardi, 龍華民)는 유교 의례를 금지지킴으로써 예수회 안에서 의례문제에 따른 분열을 일으켰다. 여기에 도밍고회의 가담으로 의례문제가 교황청에까지 飛火하여 1742년 교황 베네딕토(Benedicto) 14세에 의해 유교의례 금지령이 반포되면서 천주교의 유교의례에 대한 태도가 확립되었다. 천주교 선교사들이 보인 유교의례에 대한 거부태도에 따라 중국에서도 이미 康熙 8년 (1669) 이래 천주교 전교활동에 대해 배척태도가 공식적으로 밝혀지고 雍正帝 때에는 지방의 天主堂을 폐지하는 등 中國정부의 禁教令이 강화되는 결과를 초래하였다.25)

　조선사회에 천주교 신앙 활동이 처음 발생할 무렵에는 예수회의 漢譯 교리서를 통하여 천주교 사상을 이해하였던 만큼 祭祀문제에 충돌이 없었으며, 1784년 李承薰이 領洗를 받고 北京에서 돌아와 조선사회 안에서 천주교 신앙 활동이 출범하던 시기에도 제사에 대한 의문은 없었다. 천주교 신앙운동이 조선사회의 표면에 나타나자, 그것이 비록 처음에 제사를 거부하지 않았다 하더라도 유교적 의례가 아닌 종교 의례를 실행하였던 사실로 인하여 조선사회에서 격렬한 비난과 억압을 받게 되었다. 1785년(乙巳) 봄 천주교 신앙집회가 刑曹에 발각되었던 사건으로 太學生들의 배척하는 通文이 나왔을 뿐 아니라 李承薰·李檗 등은 가족 안에서 父兄으로부터 엄중한 문책을 받고 背教를 선언하기에 이르렀던 것이다. 이러한 상황에서도 신앙 활동은 지속되어 假聖職시기라 일컫는 천주교도들이 조선사회 안에서 독자적인 교단조직을 형성하리만큼 신앙적 정열을 집약시키고 있었다. 그러나 천주교의례에 관한 이해가 깊어감에 따라 유교적 제사가 천주교 의례와 양립할 수 있는지에 관한 의심을 당시의 천주교도 스스로 제기할 수 있었고, 이 제사 문제를 북경교회에 문의한 결과 1790년에 제사를 금지한다는 회신을 받으면서 조선사회의 천주교 신앙 활동은 새로운 국면에 접어들게 되었다. 그것은 곧 유교의 기반 위에 천주교 신앙을 첨가하는 것이 아니라 유교전통을 거부함으로써 천주교 신앙을 지킬 수 있다는 사실이다. 이러한 사실은 당시 사대부 계층의 천주교도에게는 자신의 사회적 신분을 포기할 것인

---

25) 方豪, 위의 책, 제5장 제6절 및 제9절 참조

가, 신앙을 포기할 것인가를 결단하도록 요구하는 것을 의미한다. 물론 이때의 상당수의 사대부 천주교도들이 신앙을 포기하는 사태가 일어났지만 신앙을 지키기로 결심한 신앙집단은 그만큼 확고한 신앙심으로 무장되었다고 할 수 있다.

1791년 가을 전라도 珍山郡[현재 충청남도 錦山郡]의 선비인 尹持忠(丁若鏞의 外從)이 母喪을 당하여 유교의 喪禮를 갖추지 않고, 또 權尙然(尹持忠의 外弟)이 神主를 불태우고 제사를 폐지하였다는 珍山事件이 발생한 것은 유교사회에서 천주교 신앙운동에 대한 관심과 배척태도에 중대한 전환점을 이루었던 것이다. 尹持忠과 權尙然이 유교 의례를 거부한 사실은 당시에 사대부로서 국가의 정통이념에 근거한 사회질서를 부정하는 滅倫亂常의 행위로 받아들일 수밖에 없는 중대한 사건이다. 그러나 이들이 正祖 당시 임금의 신임을 받는 左相 蔡濟恭과 같은 계열의 南人時派에 속하는 인물인 만큼 政爭으로 변하여 정부의 권력구조를 동요시킬 수 있는 소지가 컸던 것이며, 실제로 南人僻派에 속하는 洪樂安에 의한 끈질긴 공격으로 朝廷 안에서 물의를 일으키게 되었다. 이 珍山事件은 正祖의 온건한 입장에 뒷받침을 받아 권력구조의 변동을 일으키는 데까지는 이르지 않았지만, 蔡濟恭이 천주교 신앙 활동을 禁壓할 책임을 지게 되었다. 따라서 비록 급격한 확대를 막기는 하였지만 尹持忠과 權尙然을 處刑하고 당시에 형성되었던 신앙조직을 본격적으로 파괴하는 작업을 위해 신도들을 검거하고 처벌하는 教獄이 일어나 엄중한 禁敎令에 따른 獄事가 정부의 공식적 입장으로 확고하게 성립되었던 것이다.

祖上神에 대한 제사를 거부하는 입장의 배경에는 천주교의 神觀과 靈魂觀에 근거하는 교리의 합리적 뒷받침이 있다. 그러나 그보다 천주교 신앙의 정통적 입장에서 유교의례를 迷信的인 偶像崇拜로 규정하는 敎條的 강경성에 따른 것이라 할 수 있다. 珍山사건 이래 천주교도를 검거하여 訊問하는 과정에서 제사 거부행위를 詰責하는데 대하여 尹持忠의 供辭에서 그 대답을 볼 수 있다.

　　"이 몸이 배운 바로써 말하면, 父母의 精魄은 神主에 依憑하는 것
이 아님을 확실히 앎으로 한 조각의 나무를 불태운 것에 불과할 따
름이다. 차라리 부모의 命을 어길지언정 天主의 命을 어길 수 없고,
차라리 임금의 命을 어길지언정 천주의 命을 어길 수 없다. 그러므
로 이 몸은 이 지경에 이르도록 미혹하여 후회할 줄 모른다."26)

　丁夏祥은 유교제사에 대한 천주교의 거부입장을 합리적으로 설명
하였다.

　　"죽은 사람의 앞에다 술과 음식을 차려 놓는 것은 천주교에서 禁
하는 바이다. 살아있을 동안에도 영혼은 술과 밥을 받아먹을 수 없
거늘 하물며 죽은 뒤에 영혼이 어찌하겠는가. 음식은 육신의 입에
바치는 것이요, 道德은 영혼의 양식이다. 아무리 지극한 孝子라도
맛있는 것이라 해서 부모가 잠들어 있는 앞에 차려드릴 수 없다. 잠
들어 있을 동안은 먹고 마시는 때가 아니다. 잠들어 있는 때도 그러
하거늘 하물며 영원히 잠들었을 때이랴. 온갖 곡식과 향기로운 과일
의 祭需도 헛된 것이 아니면 거짓된 것이다. 사람의 자식이 되어서
헛되고 거짓된 禮로써 어찌 죽은 부모를 섬기겠는가.
　　이른바 士大夫의 神主(木主)라는 것도 천주교에서 禁하는 바이다.
이미 氣脉과 骨血이 부모와 연결된 것도 없고 또 낳고 길러준 노고
와도 상관이 없다. 아비 어미라는 칭호가 얼마나 중대한 일인데, 工
匠이 만들어 분칠하고 먹을 찍은 것을 참 아비, 참 어미라 이르는
가. 바로 이치의 근거도 없고 양심이 허락하지 않는다. 차라리 士大
夫에게 죄를 얻을지언정 천주교에 죄를 얻기를 원치 않는다."27)

---

26) 李晩采, 闢衛編 卷3,「全羅監査 鄭民始 以持忠尙然招辭狀啓」.
27) 同上, 卷7,「上宰相書 · 又辭」.

또한 천주교에서는 死後에 영혼이 천당이나 지옥으로 가서 돌아오
지 않는데, 자손들이 헛된 神位를 베풀어 헛된 禮拜를 하니 유교제사
는 虛僞이고, 모든 禮 가운데 제사가 가장 존귀한 天主에게 드리
는 것이 아니라 他神에게 드리는 유교제사는 僭濫한 것이요, 조상에
게 제사를 드리는 때를 틈타 魔鬼가 곁에서 흠향하니 조상을 섬긴다
는 것이 실제로는 마귀를 섬기는 것이므로 유교제사는 混雜이라 하
여 부정하는 입장을 이론적으로 밝히기도 한다.28)

이처럼 유교의 제사를 거부함으로써 의례를 통한 신앙형태에서 천
주교는 유교와 구별되는 특징을 제시할 뿐 아니라, 유교의 제사를
허위적인 것으로 부정함으로써 전통의 파괴를 의도하는 적대적 대립
을 이루게 되었던 것이다. 그리고 제사의 거부는, 그것을 통하여 형
성하고 있는 전통사회의 親族結合의 형태를 파괴하고 信仰共同體를
중심으로 하는 사회구조의 재구성을 지향하는 것이라 할 수 있다.
유교제사와 더불어 전통적 가족질서의 부정을 통하여 천주교의 신앙
공동체는 神 앞에서 모든 인간의 평등을 보장해 주는 중요한 의미를
던져주기는 한다. 그러나 그것은 또한 門閥 단위의 봉건적 신분계급
을 부정하게 되는 것이며, 이에 따라 전통사회의 전반적인 기반이
흔들리는 위협으로 나타날 수 있는 것이었다. 그리고 유교전통의 가
족질서는 祖上의 家廟를 중심에 두고 家廟의 지배권이 보장되어 있
는 것이었다. 그러나 천주교의 신앙공동체에서는 敎會를 중심으로
神父의 권위가 지배하는 질서에로 대체되는 현상이 두드러졌다. 유
교전통에서 가족의 결합은 그 정점에 군주를 두는 국가적 통합이 확
보되어 있었지만, 천주교 신앙집단에서는 神父의 권위가 중심을 이

---

28) 著者未詳, 「答嶺南儒者李沂書」, "善者之魂, 賞以天堂, 惡者之魂, 罰以地獄, 兩處大
定, 永不還世, 子孫之設虛位而行虛拜, 父母之所不知, 故曰虛僞也,……百禮之中, 惟
祭獨尊, 萬有之上, 惟主獨尊, 非獨尊之主, 不能當獨尊之禮, 故曰僭濫,……此魔極巧,
乘人祭祀之時, 從傍代享, 如臨如在, 則名雖爲先, 實是事魔, 事魔之人, 豈能事主, 亦
將安歸, 所以聖敎之切禁者是耳, 故曰混雜也."

루고 이 神父의 배경에는 서양문화를 넘어서 서양세력이 두껍게 감싸고 있는 것을 의식할 때, 천주교 의례의 실천은 전통이념의 부정이요 동시에 전통적 국가 질서의 위협이라는 심각한 위기의식으로 나타났다. 따라서 천주교 신앙운동에 대한 유교사회의 저항과 억압은 진실에 관한 이론적 차원을 넘어서 국가와 사회의 전통체제를 보호하고 유지하기 위한 투쟁으로서 의식되어 19세기 후반의 韓末斥邪衛正派에 의해 강경한 보수적 성격으로 나타났던 것이다.

4) 民衆의 啓發과 新宗敎運動에 미친 影響

(1) 天主敎思想과 民衆의 啓發

천주교 신앙의 초기에는 李檗·李承薰·權哲身·權日身 父子·丁若鏞 兄弟·李家煥 등 星湖學派의 士大夫 청년유학자들이 중심이 되었다. 그러나 1785년 처음 천주교 신앙 활동이 적발된 장소는 中人인 金範禹의 집이었고, 그는 이 사건으로 流配당하여 죽었기에 첫 번째 순교자라 일컬어지기도 한다. 그리고 이때에 이미 金範禹 이외에도 崔仁吉·崔昌賢·崔必恭 등 中人과 李存昌·이단원 등 良人이 참여하였다. 李承薰이 1784년 領洗를 받고 돌아와서 신앙 활동을 전개하면서 이미 천주교 신앙은 유교사회의 신분 계급적 제약을 벗어나는 것임을 전제하고 있는 것이다. 조선 후기의 유교사회는 봉건적 신분계급이 고착되어 모든 사회활동과 생활양식이 신분의 구속을 받고 있는 현실은 유교이념에 비추어 보아도 모순이 발견될 수 있다. 士大夫(兩班)·中人·良人(常民)·賤人의 계층적 분별에다 庶孽의 差別이 엄격하게 고정되는 데서 오는 사회적 분열과 인간적 불평은 유교적 전통사회를 桎梏의 틀로 만들었다고 할 수 있다.

따라서 이러한 신분제도를 개선해야 한다는 주장은 李珥·趙憲 등에 의한 奴婢贖良 및 庶蘗許通의 요구나 柳馨遠에 의한 奴婢世襲制

度의 폐지 주장 등 유학자들 자신에 의해서 이미 제기되어 왔다. 이러한 주장이 유교인 들에게는 관념적으로는 합리성을 인정한다 하더라도 현실적으로 개선하려는 실천적 노력이 나타나지 못할 때 그 모순은 심화되어 갈 뿐이었다. 다시 말하면 유교적 전통사회는 신분제적 모순을 개선하는 데 무력하였던 것이 현실이다. 이러한 시대 상황에서 천주교 사상은 신분제를 배제한 하나의 사회질서를 제시하는 것이었고, 따라서 천주교 신앙운동은 그 전개 초기부터 기존의 신분적 사회체제와는 다른 평등한 사회질서를 통하여 유교전통의 사회에 중요한 사회사상적 문제를 던져 주었던 것이다.

천주교 신앙운동이 초기부터 엄격한 사회적 禁壓을 당하여 不法化되면서 地下化하게 되고, 따라서 유교적 신분질서를 벗어난 신앙공동체를 형성할 때에 士大夫와 더불어 中人·良人·賤人이 함께 참여하게 되었다.29) 사실상 엄격한 禁壓 아래서 유교사회의 신분적 대우에 집착하기 쉬운 士大夫 천주교도들이 상당수 背敎하고 이탈하는데 반하여, 中人이나 良人 및 賤人의 비중은 더욱 높아갔던 것이다. 곧 사회적 禁壓이 계속됨에 따라 士大夫 계층이 천주교 신앙집단에서 급속히 후퇴한 반면에 中人·良人·賤人들과 婦女子들 속으로 신앙운동이 침투 확장되어 갔다.

지배계층과 민중의 遊離化로 인한 분열은 그 시대 조선사회가 안고 있는 가장 심각한 모순이었고, 특히 實學派에 의해 날카로운 비판과 진지한 개혁방안이 계속 제기되었지만, 지배계층이 이를 해결할 의지도 없고 기능도 상실하였으면서도 권력유지와 권력투쟁에 몰두하게 되자 조선사회는 이미 이끌어져 가는 것이 아니라 끌려가고 있는 것이요, 存立하고 있는 것이라기보다 殘存하는 상태이었다. 이때 서민대중은 조선 후기에 사회체제가 오히려 경색화함에 따라 더

---

29) 1801년 무렵 천주교도의 신분계급별 비율에 관한 자료는 趙珖 교수의 「辛酉迫害의 分析的 考察」(敎會史硏究, 제1집, 1977, pp.46-51)에서 면밀하게 분석되어 있다.

욱 심하게 소외당하는 상황이었고, 이러한 상황 하에서 서민대중들
은 천주교 신앙에 참여함으로써 낡은 질서의 속박을 벗어나 새로이
삶의 의미를 획득할 수 있는 救援을 받을 수 있었다고 할 수 있다.
천주교 신앙운동은 이 시기에 소외된 서민대중에 대해 가장 먼저 적
극적으로 손을 뻗침으로써 정부와 사회로부터 혹독한 탄압과 배척을
당하면서도 강인하게 성장해감으로써 신앙공동체의 기반을 다져갈
수 있었던 것이라 하겠다. 천주교신앙이 서민에게 준 救援의 의미는
白丁 출신의 천주교도인 黃日光에 관한 이야기 속에 잘 드러난다.
그는 천주교신앙을 가짐으로써 유교적 신분사회에서 타고나면서 받
았던 저주로부터 해방되어 이 지상에서의 救援의 경험을 고백하였던
것이다.

　　"교우들은 그의 신분을 잘 알고 있었다. 그러나 그것 때문에 그를
　나무라기는 고사하고 愛德으로 형제 대우하기를 게을리 하지 않았
　다. 어디를 가나 양반집에서까지도 그는 다른 교우들과 똑같이 집안
　에 받아 들였겠는데, 그로 말미암아 그는 농담조로 자기에게는 자기
　신분으로 보아, 사람들이 그를 너무나 점잖게 대해주기 때문에, 이
　세상에 하나, 또 後世에 하나, 이렇게 天堂 두개가 있다고 말하였
　다."30)

　그러나 천주교 신앙운동이 전통사회의 규범체계나 제도와 관습을
무시하고 전반적으로 異質的 형태를 띠며 來世 중심적 신앙이 확고
하게 수립되어 현실사회의 권위와 형벌에 굽히지 않는 강인성을 보
여주었던 것은 전통질서에 중대한 도전일 수 있었다. 더구나 천주교
신앙집단이 서양세력과 긴밀하게 연결된 양장을 드러내고 있는 데
대하여, 전통사회의 거부와 배척도 그만큼 강경해져 갔던 것도 사실

----

30) 샤르르 달레, 「韓國天主敎會史(上)」 安應烈 · 崔奭祐譯註, 1979, p.474.

이다. 부모나 임금의 命보다 天主의 命을 내세울 때 이미 전통사회의 권위는 거부되었고, 신분제도를 부정할 때 전통질서는 동요되는 것이다. 이에 대해 유교사회는 천주교사상이 無知한 常民이나 賤人과 우매한 婦女를 유혹하기 위하여 그들이 두려워하는 名分을 파괴함으로써 질서를 어지럽히는 것으로 비난하였다.[31] 그리고 이들 서민대중을 無知하고 愚昧한 常賤과 婦女로 고착시켜 버렸고, 천주교 신앙집단의 구성을 벼슬길 막힌 문벌이나 庶孼 등 뜻을 잃고 나라를 원망하는 무리(痼族廢孼怨國失志之輩; 廢種錮孼失志怨國之徒)로 규정짓는 獨善的 권위주의는 유교전통이 자기붕괴의 길을 계속하고 있음을 보여 준다고 하겠다.

천주교 신앙운동이 조선사회에 소외된 민중들 속으로 침투하면서 일깨워준 민중의 의식적 각성은 신앙을 지켜 순교하는 모습을 통하여 형벌과 유교규범의 교화를 거부하는 저항적 태도로 나타났던 것으로 볼 수 있다. 빨리 죽어 천당에 가겠다는 생명의 포기가 아니라 어떠한 탄압과 고통 속에서도 사회제도적 권위가 굴복시킬 수 없는 자기 신념의 확고함을 드러낸 것은, 무기력하게 순응하는 대중들에게 충격을 깊이 남길 수 있었다. 이에 따라 천주교신앙으로 들어오거나 아니면 천주교신앙과 관계없이도 민중의 자기 존재에 대한 자각을 자극하였던 측면에 주의할 필요가 있는 것이다. 이러한 천주교사상의 평등의식에 따른 서민대중의 자각은 그 시대에 민중의 사회적 저항의식 내지 개혁의지의 형성에 원인이 될 수 있었다. 洪景來亂(1811)이나 晉州民亂(1862) 등 일련의 民衆蜂起가 천주교 신앙운동에 직접적인 영향을 받았던 자취를 찾기는 어려우나, 이러한 民亂

---

31) 洪正河, 「盛世蒭蕘證疑」, 大同正路 卷6, "其法先誘無知之常賤愚迷之婦女, 誘之之法, 必便於彼, 而後從我誘, 故其設皆利於常賤婦女, 何也, 常賤之所畏者, 最是名分, 故先說皆輕世主賤鄙貴人, 言必稱貴賤無分, 一敎之內皆稱兄弟, 不分其地處, 名分二字, 打破無餘."

이 그 시대의 사회 상황에서 필연적으로 자연 발생한 것이라 하더라
도 민중의 의식적 각성과 저항정신에 있어서 천주교 신앙운동이 그
선구적 위치를 가졌던 것이라 할 수 있다.

(2) 新宗敎運動에 미친 天主敎의 影響

천주교 신앙운동이 전개되던 초기에 이에 대한 배척론이 朝廷에서
까지 일어났을 때 君主인 正祖는 "무릇 左道를 끼고 민중을 미혹시
키는 것이 어찌 西學뿐이겠는가.……그 근본을 따지면 오로지 儒生
이 讀書하지 않은 결과에 말미암은 것이다"라 하고, 또 "君道(儒敎)
를 크게 밝히고 正學을 크게 드러내면 이와 같은 邪說(천주교)은 스
스로 일어났다가 스스로 소멸할 것이다"라 하여 천주교 신앙운동에
대한 태도를 밝혔다.32) 그것은 유교사회에서 異端邪說로 규정되는
천주교의 신앙운동이 일어나는 것을 보았을 때 君王 자신이 그 원인
을 분석하면서 유교정신의 쇠퇴를 지적하여 반성적 비판을 하고 있
는 것이다. 유교가 진리인가, 천주교가 진리인가의 상대적 논쟁이 아
니라 그 시대의 현실에서 유교가 어떤 상태에 놓여 있고 어떤 기능
을 하느냐에 대한 솔직한 자기성찰이다. 사실상 조선 후기에 정통이
념으로서 사회 속에 지니고 있는 유교의 권위에 비하여 사회에 미치
는 유교체제의 기능은 헤어날 수 없는 모순의 누적이었다. 더구나
19세기에 들어서면서 黨爭의 묵은 폐단 위에 外戚勢道의 폐단이 겹
치면서 사회기강이 무너지고 부패 관료의 貪虐 속에 民生의 궁핍이
격심하자 哲宗 때 晉州를 비롯하여 三南지방에 광범하게 民亂이 일
어났던 것이다. 이러한 사태는 유교이념이 사회통제에 무력하게 되
고 전통사회체제가 회복하기 어려운 붕괴과정에 들어섰음을 보여주
는 것으로 파악할 수 있다.

---

32) 正宗實錄, 卷26, 12年 戊申, 8月 壬辰

19세기 후반에 들어서면서 民衆의 동요가 심해가고 그만큼 사회의
안정성이 상실되었다. 한편 천주교 신앙운동은 잇달아 일어나는 엄혹
한 탄압 속에서도 지속되면서 1831년 朝鮮敎區가 설립되고, 서양선교
사들이 국내에 잠입하여 전교활동을 하게 되자, 조선사회는 외부세력
의 압력까지 받아야 하는 위기의식이 가중되었던 것이다. 己亥敎難
(1839)에 앵베르(Imbert, 范世亨) 주교 등 프랑스 神父들이 처형되자
1846년 세실(Cecille) 提督이 거느린 프랑스 함대가 外煙島 앞 바다에
나타나 조선 宰相에게 抗議문서를 보내는 사건을 비롯하여 서양 군함
이 잇달아 한반도의 해변에 출몰하고, 중국에서도 아편전쟁(1840~42)
에 패하여 南京條約(1842)을 맺게 되고, 1860년 英·佛軍에 의해 北京
이 점령당하는 소식이 조선에 전해졌을 때 서양세력에 대한 공포와 더
불어 위기의식이 더욱 절박해 갔다.

천주교 신앙운동이 프랑스 선교사들에 의해 지도되는 것은 조선사
회의 존립에 위협이 되는 외국의 침략 세력과 연결되었다는 인식을
가능하게 하는 것이다. 이미 1801년에 黃嗣永의 帛書사건을 통해서
천주교도들이 서양의 군함을 불러들이려는 의도가 드러났던 일도 있
다. 따라서 당시의 조선사회에 있어서는 천주교 집단이 전통질서를
어지럽히는 邪學이라는 배척과 더불어 국가의 안전을 위협하는 침략
세력의 선봉이라는 敵對를 받게 되었다. 여기서 實學派의 개혁론 속
에 제기되었던 두 가지 방향을 近代指向性과 民族指向性이라는 지적
이 있고,33) 이 두 방향이 조선사회의 그 시대적 요청이었다면 천주
교 신앙운동은 近代指向性을 실현하는데 중요한 기여를 하였던 것은
부정될 수 없지만, 民族指向性의 요구와는 상당한 거리가 있었던 것
이 사실이다. 사회 내부적 동요가 심각한데다 외국세력의 위협이 가
중되는 危機的 상황에서 국가의 존립을 요구하는 것은 지배계층만의

---

33) 千寬宇, 「韓國實學思想史」, 韓國文化大系, 1970, pp.964-8.

요구가 아니라 대중의 요구이기도 한 것이다. 천주교가 서민대중 속에 침투하여 확장되면서 당시의 사회체제로부터 소외된 민중에게 삶의 의미를 새로이 제시하는 福音的 기능을 가졌으면서도, 더욱 폭넓게 확장되지 못하는 한계에 빠졌던 것은 집권체제의 탄압에만 원인이 있는 것이라 보기 어려웠다. 전통질서와 가치체계를 부정하는데서 오는 불안의식과 더불어 국가존립을 위협하는 침략세력과 연결되었다는 의식은 전통기반에 뿌리를 가진 대중들로부터도 저항을 받았던 것이라 볼 수 있다.

　이처럼 혼란과 불안의 상황으로 동요하는 대중 속에서, 기존 전통질서를 부정함으로써 그 모순을 극복하면서도 전통의식에 근원을 두고 있는 새로운 신앙운동이 발생하는 것은 현실적 요청에 깊이 상응하는 것이라 할 수 있다. 1860년에 崔濟愚에 의해 創道되는 東學이 바로 이러한 新宗敎運動의 대표적 경우이다. 東學은 유교적 사회질서의 모순을 인식하고 전통사회의 深層에 깔린 유교적 도덕원리를 받아들이면서도 民間信仰的 요소와 敬天사상을 수용하여 獨自的인 신앙형태를 제시하였다. 또한 東學의 발생 배경에는 民衆의 救濟를 위한 관심과 더불어 당시에 천주교의 일반적 호칭은 西學에 상대되는 신앙운동으로서의 성격이 깔려 있다. 宗派의 명칭을 東學이라 한 것이 西學에 대립되는 것임을 의미하기도 하지만, 東學의 사상적 내지 신앙 형태적인 여러 측면에 천주교의 영향이 깃들어 있는 것도 사실이다. 동양의 전통 사상을 기반으로 하면서 東學에서는 천주교와 동일한 窮極者의 호칭인 '天主'를 이끌어 쓰고 있으며, 신앙집단의 조직을 통해 천주교에 대항하였다. 崔濟愚가 東學의 명칭을 처음에 '天道'라 하고 西學과 비교하여 "道는 같으나 이치는 다르다"(道則同也, 理則非也, <論學文>)고 언급한 것도 천주교에 대립하면서도 깊이 의식 속에 배려하고 있음을 보여주는 것이다. 그러나 東學이 朝鮮朝 末期의 극히 짧은 기간 동안에 민중 속으로 폭발적인 팽창을 하였던 사실은 천주교 신앙운동이 전통

문화에 대해 극도의 異質性을 보이고 外勢的 배경을 지니면서 대중과
의 사이에 생겼던 거리를 넘어서는 현실의식에 있어서 강점을 가졌다
는 것을 말해 준다고 하겠다.

東學에 뒤이어 유교적 전통사상의 배경을 지니면서 새로운 질서의
체계를 제시하였던 金一夫의 「正易」(1879)은 「周易」을 先天으로 규
정하고 調和의 이상세계로서 後天의 正易체계를 보여준다. 正易사상
이 교단조직으로서 크게 발전하지는 못하였으나 東學과 金光華의 南
學 및 甑山敎에서의 後天開闢사상과 공통된 내용을 지니고 있는 것
이다. 朝鮮朝 末期의 사회적 혼란 속에 발생한 新宗敎運動의 여러
宗派들은 봉건적 계급질서를 부정하고 새로운 질서의 理想世界를 제
시하여, 동요하는 민중들에게 낡은 질서의 속박에서 해방된 자기 존
재의 의미와 새로운 세계의 희망을 부여하려는 신념을 보여주고 있
다. 그것은 곧 천주교사상을 통하여 제기된 문제에서 자극을 받으면
서 천주교 신앙운동의 한계였었던 민족적 계기, 곧 조선사회의 의식
전통의 기반을 활용한 민중 신앙운동이었던 것이라 할 수 있다. 이
러한 新宗敎運動이 지속적으로 성장하지 못하고 쇠퇴한 반면 천주교
신앙이 조선왕조의 멸망 이후 급속히 성장하였던 사실은, 조선왕조
멸망과 더불어 근대화의 개혁과정에서 전통질서의 실제적 폐기와 함
께 전통적 의식체계의 마비 내지 붕괴 이후에 기독교 일반의 성장여
건이 확보되었던 데에서 원인을 찾아볼 수 있을 것이다.

5) 맺는말

천주교 사상이 조선사회의 근대적 전환기에 中國 중심으로부터 世
界 속으로 나아가고 신분계급사회에서 평등사회로 나아가는 역사의
전개방향을 지지하는 역할을 담당하였다는 것은 오늘날에도 지속적
인 가치와 기능을 갖는다고 할 수 있다. 봉건질서의 붕괴과정을 촉

진시키고 더욱이 새로운 평등사회의 질서를 제시함으로써 격심한 변
화의 과도기에 한국인의 신앙적 안식처를 제공하고 시대정신의 나침
반으로서의 역할을 맡았던 것이다. 그리고 전통질서의 거부가 단순
한 파괴요 혼란이 아니라 정연한 새 가치질서와 의미체계를 제공해
주었으므로 천주교사상은 救援의 福音으로서 신앙대중이 억압과 고
난 속에서도 놀라운 확산과 지속을 이룰 수 있었다.

　그러나 전통질서와 대립된 서구 문화적 새 질서의 제시는, 전통사
회에서 이미 극도의 위기의식을 불러일으키고 폐쇄적 배척을 받았던
것이며, 대중 속으로 확산하는데도 격렬한 저항과 한계에 부딪쳤던
것이다. 17세기 초 이래 천주교 사상이 전래한지도 4세기가 지났고,
신앙운동이 이 땅에서 발생한지도 2세기가 되었지만, 아직도 천주교
가 외래종교로서의 분위기를 탈피하지 못하고 전통문화의 기반에 무
관심 내지 몰이해한 현상은, 신앙기반이 전통 속에 뿌리를 내려 영
향을 섭취하지 못하고 있는 현실을 말하고 있는 것이라 하겠다.

　또한 천주교가 한반도에 정착하는 과정에서 성공적인 기반을 확보
할 수 있었던 것은 지식인의 합리적인 설득에만 있는 것이 아니라
대중을 현실적인 고통으로부터 구원하는 福音으로서의 역할이었다.
佛敎나 儒敎가 이 땅에서 성장하고 융성할 때는 대중 속에서 기능할
때이고, 쇠퇴하고 타락할 때는 대중으로부터 遊離되어 귀족주의적
내지 권위주의적으로 지배력을 유지하는데 집착할 때이었다. 끊임없
이 새롭게 함으로써 개인의 救援과 社會의 救援이 동시에 충족될 수
있을 때 한 종교의 구원 기능이 건전할 수 있고, 신앙의 사회적 기
능이 건전하게 수행될 수 있을 것이다.

　현실사회의 모순에서 빚어지는 소외된 대중에게 福音으로서 역할을
할 때, 그리고 역사 속에서 그 민족의 전통을 의미화 시키고 끊임없는
개혁을 통해 전통을 계승하고 형성화 할 수 있을 때, 민족문화와 민족
사 속에서 천주교 사상의 형성도, 역할도 성취될 수 있을 것이다.

2. 韓國에 있어서 基督教의 受容과 그 性格

1) 問題의 意義

韓國歷史의 各 時代的 단계는 政治的·文化的·思想的 여러 국면에서 종교와의 연관성이 깊다는 것을 쉽게 발견할 수 있다. 三國時代에는 儒·佛·道 三教의 融和가 추구되는 가운데 佛教가 隆盛하였고, 고려시대에는 佛教가 지배적인 影響力을 발휘하는 지위를 누렸다. 朝鮮王朝에 들어와서 朱子學을 基盤으로 하는 儒教가 壓倒的 權威를 향유하였으며, 20世紀에 들어와서는 基督教의 比重이 점차 優位를 確保하고 지속적으로 擴大되어가는 時代인 것으로 형식적인 구분을 할 수 있다. 물론 巫俗으로 代表되는 固有信仰의 영역도 엄연히 존속하고 있으며, 民族宗教的인 종파도 존립하여 왔지만, 韓國 歷史의 各 時代에서 社會理念을 形成하고 이끌어온 것은 儒教·佛教·基督教로 지목할 수 있는 外來宗教이었다. 여기서 儒教나 佛教는 한반도에 전래된 지 1,600年이 넘는 긴 시간을 통하여 韓國歷史 속에 役割을 해오면서 그 思想的 내지 文化形態的 領域에서 이미 韓國의 傳統文化를 形成하고 있는 사실과, 中國文化 속에 정착된 形式으로 韓半島에 傳來해 왔고, 中國文化로서의 배경을 지녔다는 사실에서 基督教와는 뚜렷한 差異를 보여주고 있다.

17世紀 初에 天主教가 中國을 거쳐 들어왔고 韓國人이 基督教와 接觸한 것도 400年에 가깝다고 할 수 있겠지만, 基督教는 天主教와 改新教를 통틀어 西洋文化를 背景으로 한 것이며 韓國文化의 傳統과는 구별되고 있는 것이 常識이다. 그러나 天主教의 傳來와 더불어 朝鮮後期의 思想的 展開는 近代에로의 방향으로 旋回하고 있었으며, 近代的 轉換期에 基督教의 役割이 重大하였음을 看過할 수는 없다. 따라서 韓國思想의 現在的 位置와 將來의 方向을 把握하기 위해서는

傳統思想의 性格에 대한 理解와 함께 基督教의 受容過程을 理解하여
야 할 것이다. 또한 오늘의 韓國社會에서 基督教가 앞으로의 使命을
認識하기 爲해서도 韓半島가 성장해 온 文化的 社會的 基盤과 歷史
的 背景을 理解할 必要가 있다.

2) 天主教의 傳來와 受容의 基盤

基督教가 朝鮮社會에 傳來되는 過程에는 17世紀 初에 天主教의
傳來時期와 19世紀 後半에 改新教의 傳來時期로서 크게 두 시기로
나누어 볼 수 있다. 그리고 天主教의 傳來時期도

① 儒學者의 西學研究段階(17세기 초~18세기 중엽)
② 天主教信仰運動의 발생단계(18세기 후반)
③ 儒教와의 갈등과 수난단계(18세기 말엽~19세기 후반)
④ 신앙의 자유와 천주교 및 改新教의 教勢확장의 단계(19세기 말
   엽이후)로 나뉘어 볼 수 있다. 이러한 변천과정을 통하여 기독
   교가 한국 근대사상사 속에서 갖는 역할과 성격을 이해해볼
   수 있을 것이다.

첫 단계로서 유학자의 西學研究段階에서는 朝鮮後期에 思想的 多
邊化와 더불어 天主教가 實學派의 儒學者들에게 西洋의 學問(西學)
으로서 관심을 끌었다. 중국으로부터 수입된 西洋科學과 天主教教理
에 대한 知識은 정통 朱子學派(道學派)에게는 아무런 關心의 대상이
되지 못했지만, 思惟의 새로운 可能性을 探索하고 現實社會의 모순
을 개혁하려는 개방적이고 비판적 입장의 實學派에서는 積極的인 수
용의 態度로 나타나게 되었다. 李睟光(1563~1628)의 소박한 소개를
넘어서 星湖 李瀷(1681~1763)은 天文學·曆法 등 예수회 선교사들

이 제시한 서양과학에 대해 "聖人이 다시 나와도 반드시 따를 것이
라"하여 전폭적인 긍정을 나타내었으며, 利瑪竇(Matteo Ricci)를 聖
人이라고까지 언급하기도 했다.

李漢은 <天堂地獄說>이나 <天主降生說> 등 天主教教理에 대해서
도 "서양인은 幻妄한 자취가 허황할수록 迷惑된 자는 더욱 깊이 빠
진다."라 하여 신비적 信仰內容을 幻妄한 것이라 否定하지만「七克」
(Pantoja 著 1614)에 대해서는 孔子의 <克己復禮說>에 補益이 된다
하여 윤리적 요소는 긍정함으로써 유교적 입장 위에서 개방적인 섭
취태도를 보였던 것이다.

李漢의 이러한 태도에 따라 그의 門下로 구성된 星湖學派 안에서 西學
問題는 주요한 學問的 關心의 對象이 되었고 贊反論이 엇갈린 爭點을 이
루게 되었다. 여기서 愼後聃(1702~1761)은 「西學辨」(1724)을 서술하여
최초로 천주교의 영혼론을 비롯한 교리의 근본문제에 대해 性理學의 心
性論的 입장에서 체계적인 비판을 하였다. 또한 安鼎福(1712~1791)도
1757~8年에 李漢에게 보낸 書翰을 통해 천주교를 異端・邪說로 전제
한 위에서 天主教教理를 비판하는 입장을 밝혔다. 그리고 그는 天主教
信仰運動이 발생하던 1784~5年에 「天學考」・「天學問答」을 저술하였다.

「天學考」에서 천주교를 西域地方의 마니교・회교・景教 등 夷狄의
종교와 같은 系列이라고 인식하였으며 또한, 「天學問答」에서는 "예
수를 진정한 天主라 하면서 못 박혀 죽었다는 것은 우매무지하고 존
엄을 侮慢함이 심하다"고 지적하거나 "지옥의 참혹한 형벌은 上帝의
至仁한 마음과 모순된다."하고, 天主教徒의 廢祭事件이 일어나기 전
에 "天主教에서는 조상이 천당에 가 있으면 제사에 來亨하지 않으려
할 것이요, 지옥에 가 있으면 來亨할 수 없을 것이므로 祭祀를 거부
하게 될 것이라" 把握하는 등 그 교리를 多角的으로 비판하고 있다.
이처럼 星湖門下의 一部에서 李漢이 긍정적 관심을 집중하였던 서양
과학보다 오히려 천주교 교리문제에 비판적 관심이 활발하게 일어났

던 現象은 儒教的 의식세계에서 과학지식보다 信仰的 교리문제가 더욱 중대한 의미를 지니는 것임을 엿볼 수 있게 한다.

그러나 星湖學派의 다른 一部에서는 서양의 科學知識에서 한걸음 나아가 天主敎敎理를 硏究하게 되고 마침내 信仰運動을 일으키는 데까지 進前을 보게 되었다. 이들을 信西派라 일컫는데 그 代表的 인물로는 李檗(1754~1786)·李承薰(1756~1801)·權哲身(1736~1801)·權日身(?~1801)·丁若銓(1758~1861)·丁若鍾(1760~1801)·丁若鏞(1762~1863)·李家煥(1742~1801) 등이 있다. 이 信西派는 星湖學派 가운데 20代 내지 30代인 少壯層이 중심이었고 선교사가 들어오기 이전에 漢文敎理書를 硏究함으로써 天主敎 信仰을 實踐하였다는 사실에서 基督敎傳敎史의 독특한 사건으로 지적된다. 天主敎 信仰運動이 黨色으로는 畿湖南人의 時派에 속하고 學派에서는 星湖學派의 信西派에 속하는 소수 청년儒學者들 속에서 발생하였지만, 이들의 自生的으로 天主敎信仰을 갖게 되는 현실의 기반으로서 儒敎的 思惟體系와 역사적 조건을 분석해볼 必要가 있다.

18세기 후반에서 儒敎理念은 朝鮮社會 內外로부터 중대한 도전을 받게 된다. 이미 17세기부터 성장한 實學派의 의식이 비록 개방적이고 현실 비판적이며, 실용적 성격에서 正統道學派(朱子學派)와 차이를 보이는 것도 사실이지만 아직도 철학적 근거는 性理學을 따르고 있었다. 그러나 18世紀 後半에 들어서면서 星湖學派에서 서양과학과 천주교 교리에 관심을 深化시켜 가면서 性理學의 思惟根據와 限界에 대한 새로운 인식이 일어났다. 또한 北學派(洪大容·朴趾源·朴齊家로 잇는 老論派의 重商主義的 實學派)에서도 정통 道學派의 華夷觀 내지 <崇明排淸論>에 따른 義理論의 허구성과 道學的 生活規範의 형식성 및 道學的 지식인의 위선에 대해 도학자를 「虛子」로 등장시키거나 「儒者는 諛也」라 하여 신랄한 비판을 가하고, 淸朝의 기술도입과 신분사회를 산업적 機能體系로 改編할 것을 주장하면서 정통

적 道學의 권위에 도전한 것이다. 그것은 곧 18세기 후반의 조선사
회는 기존전통의 이념체계로서의 道學秩序가 社會內的 모순으로 심
각한 비판을 받게 되었음을 말해주는 것이며, 이때에 실학파의 지식
인들이 새로운 합리성을 모색하는 과정에서 정통道學 바깥으로부터
지식체계를 수용할 수 있는 의식의 개방성이 진지하게 대두하였음을
보여준다. 이때 北學派가 燕行見聞을 통해 서양문물을 수용한 淸朝
의 産業技術에 관심을 돌렸다면 星湖學派의 信西派는 漢譯西學書를
통해 서양과학에서 한걸음 더 나아가 천주교 교리에 관심을 돌리게
되었다.

　社會紀綱이 動搖하고 봉건적 신분계급의 均衡이 무너졌을 때 收取
制度의 紊亂은 서민대중의 생활을 곤궁 속에 몰아넣게 되었고, 黨爭의
말기에 權力의 黨派的 獨占은 다수 士大夫層을 疎外시키게 되었다. 이
때에 社會的 統合은 깨어지고 분열이 深化하면서 浮動하는 社會階層이
增大하는 現實 속에서 점진적 改善論보다 급진적 改革論이 발생할 가
능성은 그만큼 높아졌던 것이다. 信西派의 天主教 信仰運動은 社會的
革命運動은 아니더라도 思想的 革新論을 信仰的 實踐運動으로 表出한
것이라 할 수 있다. 청년 유교 지식인들이 유교적 사상 기반에서 自生
的으로 天主教 信仰運動에로 급선회하였던 배경에는 조선사회의 내적
요구가 있었던 것이고, 여기에 明·淸朝를 통해 수입된 天主教 教理
는 人間의 삶과 世界觀 및 社會秩序에 있어서 새로운 합리성과 의미를
제공해 주었던 것이다. 여기서 西學知識과 天主教 教理는 中國中心의
世界를 벗어나 地球的인 세계에로 의식을 擴張시켜주는 것이었고, 신
분 계급적 구속을 깨뜨린 平等的 社會秩序의 제시였으며 모순과 불의
와 곤궁의 현실 속에 무한한 의미만 짊어진 인간에게 祝福을 약속하는
救援의 希望으로 비쳐지는 것이었다.

3) 天主教 傳播와 儒教社會의 葛藤

1784년 봄 李承薰이 북경에서 領洗를 받고 돌아오면서 조선사회 안에 천주교 신앙공동체가 發端하였다고 한다면 그 이듬해(1785) 봄 이들의 신앙집회가 형조에 적발됨과 동시에 儒教社會의 배척과 억압이 시작되었다.

安鼎福의 서한과 저술을 통한 비판은 星湖學派 師友間에서의 충고라 할 수 있지만, 이때 大學의 通文은 "한 가닥 불길이 들판을 태우고 한 줄기 물이 하늘에 넘쳐 오르는 것 같이 천주교의 弊害는 오랑캐가 중국문화를 어지럽히는 것보다 클 것이다"라 하여 격렬한 배척으로 聲討하는 것이었다. 천주교 신앙운동이 처음부터 유교사회 속에 위협으로 의식되는 사실에서 그만큼 유교의식(正統道學)의 폐쇄적이고 배타적인 성격을 엿볼 수 있으며, 동시에 조선사회의 지배계급에 개혁의지가 결여되어 있음을 보여준다. 이때 英明한 군주였던 正祖는 천주교에 직접적인 배척태도를 보이기에 앞서서 유교적 사상 풍토를 反省할 것을 요구하여 "오늘날 經學이 땅에 떨어진 것은 선비 된 자가 글귀나 찾아 벼슬할 計巧를 삼는 데 있으니 여기에 異端邪說이 일어나게 되었다"고 유교의 學風이 頹廢한 것을 지적하였으며, "吾道가 크게 밝아지고 正學이 크게 밝아지면 이와 같은 邪說은 스스로 일어났다가 스스로 消滅할 것이다"라 하여 유교학풍의 進興을 강조하였다. 그러나 正祖와 입장도 朴趾源 등 北學派에 대한 文體가 醇正하지 못하다는 비판과 더불어 <文體反正論>을 제시하는데서 볼 수 있듯이 正統의 醇化와 再建을 지향한 것이지 改革을 추구한 것은 아니다.

1791년 珍山郡의 士大夫인 尹持忠과 權尙然이 祭祀를 폐지하고 神主를 불사른 사건이 발생함으로써 천주교 신앙운동은 유교전통의 禮教질서에 相反된 것으로 드러났고, 정부에서도 誨諭되지 않고 신

앙을 固守하는 천주교도를 人倫綱常을 파괴하고 어지럽히는 곧 滅倫
亂常의 罪律로 다스리고 禁敎令을 강화하게 되었다. 尹持忠이 訊問
에서 밝힌 것처럼 "차라리 부모의 命을 어길지언정 天主의 命을 어
길 수 없다"는 확신을 통하여 조선사회는 천주교도를 反體制集團으
로 확인하게 되었고, 천주교도는 신앙의 超世間的 自律性을 증거했
던 것이다. <珍山事件>을 계기로 유교사회의 천주교 비판론이 沸騰
하면서 提起된 요점은

① 君臣·父子의 人倫을 파괴하는 滅倫亂常의 邪道요,
② 死後의 천당·지옥이 있음을 믿어 祭祀에 귀신의 歆饗을 부인
   하고 祭祀를 폐지하여 禮俗을 어지럽히는 邪說이며,
③ 죽음을 영광으로 알기 때문에 刑政으로 이끌어 갈 수 없는 凶
   徒로 파악하는 것이다. 이러한 천주교 신앙집단과 유교사회는
   彼此 兩立할 수 없는 갈등 속에 빠져들게 되었다.

正祖의 죽음과 함께 온건한 禁敎政策이 끝나고, 1801(辛酉)年 純
祖 治下에서 南人時派에 대한 정치적 제거작업과 더불어 獄事(辛酉
敎難)가 일어났을 때에는 초기 천주교 신앙운동의 중심 세력은 거의
일망타진되었다. 그러나 천주교 신앙은 초기부터 中人 이하의 서민
과 부녀자들 속으로 전파되었고, 이들의 확고한 신앙심에 힘입어 거
듭되는 獄事에도 무수한 순교자를 내면사도 地下 신앙운동으로 강인
하게 지속되어 갔다. 辛酉敎難을 통해 드러난 사실은 중국인 周文謨
神父의 처형에 따라 천주교의 문제가 국내 문제의 범위를 벗어나는
것으로 확인되었으며, 黃嗣永의 帛書事件에서 천주교도가 정부의 禁
敎令을 해제하기 위해 서양 군함을 수백隻 끌어들여 정부를 위협하
도록 하려는 계획이 드러나자 천주교도는 국가 안전에 敵對하는 反
逆集團으로 인식되었다. 따라서 黃嗣永에 대해 "임금에 대한 不道의

說이 아님이 없고, 나라에 대한 怨讐의 計策이 아님이 없다"고 論罪
하였으며, 천주교도의 성분을 <痼族廢藥怨國失志之輩>라 규정하고
逆律로 다스리며 討逆頒敎文을 발표하여 대중들에 警戒하였다.

그러나 천주교의 전파는 계속되어 1831년 조선 교구가 창설되고
프랑스 전교사들이 潛入하여 활동했다. 憲宗 5年(1839, 己亥)에 이들
프랑스 선교사도 처형되자 佛艦隊가 출동하여 조선정부에 항의하면
서 천주교가 서양의 무력과 직결된 위협으로 더욱 절박하게 인식되
었다. 高宗 3年(1866, 丙寅)에 시작된 천주교도에 대한 獄事에 잇따
라 프랑스 함대가 강화도를 침략하는 丙寅洋擾가 일어났고, 대동강
에 침투해온 미국 상선을 불태운 사건에 따라 1871년 미국 함대가
강화도에 침략하는 辛未洋擾가 일어나는 동안 조선정부는 천주교도
와 서양무력이 內外 相應하는 것을 파악하였다. 또한 중국에서 아편
전쟁(1840~2)에 이어 英·佛 연합군에 의해 北京이 함락(1860)되는
정세에 따라 서양의 침략세력에 대한 위기의식 속에서 斥邪論과 禦
洋論이 강렬하게 대두하였다.

華西 李恒老(1792~1868)를 중심으로 하는 華西學派의 韓末 斥邪
衛正論은 正統道學의 理念를 재천명하여 社會的 동요를 극복하려는
노력을 보여주는 것이다. 사실상 18세기 末에 禁敎令과 더불어 천주
교 교리서가 禁書가 되면서 유교지식인의 비판은 천주교 교리에 대
한 구체적 이해 없이 상투적 異端排斥論을 되풀이하는 것으로 아무
런 이론적 설득력이 없었고, 정부의 刑律에 의존한 禁敎政策이 주도
해 왔다. 그러나 19세기 후반에 이르자 외세의 침략 앞에 정부도 불
안해지고 대중의 동요가 심해지자 유학자들의 새로운 자각이 일어났
고 기독교에 대한 비판이론의 深化가 요구되었다. 이러한 사정에서
李恒老의 「闢邪錄辨」(1863)을 비롯하여 이 무렵 서학비판론자가 잇
달아 나오게 된 것이다. 여기서 李恒老는 서양침략세력의 배경을 기
독교로 파악하였고 서양과학도 의리에 背馳되는 奇法淫巧한 것으로

규정하여 거부하는 극단적 배타적 입장을 보였다. 이때 천주교는 분명히 근대적 질서를 지향하는 것이었지만 전통적 連續性을 부정하고 서양세력과 연결되어 국가존립을 위협함으로써 민족의식에 相衝하는 것으로 나타났고, 斥邪衛正論은 전통의 雍衛를 통해 민족의식을 각성시키고 있었지만 역사의 방향에 逆行하며 봉건적 질서에 집착하고 있었다. 따라서 兩者는 모두 민족사적 요구와 현실사회의 대중적 요구를 同時的으로 충족시키지 못하는 지경에 빠졌으니 대중은 東學을 비롯한 민중 종교운동에 쉽사리 흡수될 수 있었던 것이다.

4) 信敎 自由化 以後 基督敎의 成長

프랑스와 미국의 침공에 이어 조선왕조보다 먼저 開港한 일본이 군함 雲揚號를 이끌고 강화도를 포격하면서 1876년 丙子修好條約에 의해 門戶가 개방되자 朝鮮王朝는 새로운 국제질서 속에 노출되었다. 그리고 韓美修好條約(1882)을 거쳐, 1886년 韓佛修好條約이 체결되어 그 이듬해 批準되면서 信徒의 自由가 어느 정도 容認됨에 이르렀다. 이때에는 이미 1866년 영국인 R. J. Thomas 목사가 미국商船 General Sherman號를 타고 왔다가 대동강에서 죽은 일도 있으며, 스코틀랜드 長老會 목사인 John Ross와 John Mac Intyre 목사가 만주에서 1876년 李應賛 등 한국인에게 세례를 주고 성경의 한글번역을 하여 선교활동을 함으로써 改新敎가 국내에 전파되기 시작하였다. 미국의 장로교회에서 파견한 선교사로 1884년 의사인 H. N. Allen이 입국하고 이듬해 H. G. Underwood 목사가 입국하였으며, 감리교회에서도 H. Appenzeller와 W. B. Scranton이 1885년 도착하여 서울을 중심으로 국내에 선교활동의 기반을 닦았다. 이를 改新敎 선교사들은 처음부터 자유롭게 선교활동을 할 수는 없었으나 廣惠院의 의료사업과 梨花學堂 등 교육 사업을 시작한 것은 서양의 근대제도를 한반도에 처음 移植한 것이었다.

　他意에 의한 開港 이후 정부의 改革 의지가 성숙하지 못한 상태에서 개화파의 등장으로 甲申政變(1884)이 일어나면서 외국의 침략세력을 더 깊이 끌어들이게 되고, 산업 기반이 없는 조선은 일본의 경제적 침투에 따라 정치적 불안이 加重되어 갔다. 이러한 사회 불안속에서 폭발한 것이 抗日을 標傍하는 東學軍의 蜂起였고, 여기에 일본군과 청군이 개입하여 淸日전쟁을 한반도에서 치르면서 일본의 승리와 함께 일본의 한반도 침략기반이 확보되었다. 1894년 甲午更張으로 유교전통의 구제도가 폐기되고 서구식 근대제도가 樹立되는 것을 계기로, 천주교와 개신교는 모두 시대적 요구로서 서양문화를 導入하는 주역을 맡아 활발한 전파활동과 더불어 민중계몽과 근대적 改革에 역사적 기여를 하였다.

　그러나, 기독교의 대표적 두 宗派로서 改新敎와 天主敎를 비록 근대적 전환의 격동기에 浮動하는 대중 속으로 傳敎를 확장할 정열과 의지에 넘쳐 있었지만, 외국 선교사들이 교단을 主導하는데 따라 조선사회의 내면적 요구의 乖離現象도 나타내고 있었다. 곧 기독교 宣敎政策은 서양 근대문화의 전달매체로서 역할 하지만, 한국의 전통기반에 대한 沒理解와 부정적 태도를 보이는 우월의식에서 전통문화를 迷信視 내지 未開視하고 파괴하는 부정적 태도를 堅持함으로써 전통과 기독교신앙의 단절을 深化시켰다. 또한 선교사들의 신앙적 엄숙주의는 기독교 신앙을 민족의식의 각성에 따른 요구에서 遊離된 非政治的·脫世俗的 경향을 강화시켜 주고 있었다.

　서양문명이 무력에서나 경제적 생산성에서 우월하다는 것은 현실적으로 입증되었지만 조선사회의 전통문화 全般을 否定하는 優越意識은 전통질서가 解體되는 狀況에서 한층 심하게 파괴적으로 작용하였다. 따라서 信敎自由化 이후의 기독교는 전통문화 속에 受容되는 것이라기보다 전통문화를 쓸어내고 전파해가는 것이라 할 수 있다.

일본과의 保護條約(1905)과 合倂(1910)을 통한 침략과정에서 義兵運動과 항일투쟁을 主導하던 儒林세력이 조직적으로 분쇄되어 무력화되면서 전통 이념적 구심력이 약해짐에 따라 기독교 교세의 급팽창은 한국기독교가 전통기반을 부정하게 되는 방향을 결정하게 되었던것으로 생각된다. 또한 천주교가 禁敎時代에 대중 속으로 전파되어강인한 신앙심 속에 지속되는 과정에서 교리적 인식의 深化가 어려웠던 현실과 마찬가지로, 改新敎도 傳敎對象이 서민대중을 주축으로삼는 데 따라 전통문화의 기반 위에서 기독교 교리의 인식을 深化시키지 못함으로써, 전통적 의식기반과 기독교 교리의, 만남이나 조정의 싹이 처음부터 배양되지 못하고 말았던 것이다. 곧 天主敎 信仰運動의 초기에 李檗에 의해 제시되고 丁若鏞에 의해 수행되었던바유교와 기독교의 교리가 철학적 깊이에서 상호 이해되는 인식의 시도는 斷絶되어 버리고 말았다.

改新敎나 天主敎가 악사의 방향인 서양 근대문화의 수입통로로 의식되었을 때 다수의 開化思想家와 啓蒙主義的 知識人들이 기독교 신앙에 참여하였다. 이들 지식인들이 추구하는 것은 기독교 신앙을 통해 서양문화를 섭취함으로써 민족사의 현실적 문제해결의 길을 확보하는 것이었으며, 따라서 식민지 지배에 저항하는, 獨立運動을 위해민족의식의 각성과 집결된 역량의 배양을 성취하려는 것이었다. 李商在가 "나라 救援의 一念으로 기독교의 믿음을 갖게 되었다"라고하는 고백에서 이러한 의식을 엿볼 수 있다. 그러나 선교사들의 관심은 현실적 세속세력인 일제에 저항하는 民族意識이 아니라 개인적신앙심을 통한 구원의 제시와 신도 대중의 확장에 기울어져 있었던것으로 보인다. 1907년 평양의 大復興會에서 드러난 것처럼 聖靈에의한 구원의 추구에 집중되고 민족사의 문제는 외면하는 입장이 주류를 이루었던 것이다. 물론 3·1 운동에서 기독교가 활동했고 독립운동의 지도자들 가운데 기독교인이 상당수 있었다 하더라도 그것은

선교사들이 이끄는 日帝下 韓國基督教教團의 입장을 떠난 소수 기독
교인의 개인적 영역에 속하는 것이었다고 할 수 있다. 따라서 天主
教의 傳來初期부터 한국기독교는 근대적 轉換過程을 통해 다양한 역
사적, 사회적 기여를 하였던 것은 결과적 사실이지만, 언제나 개인의
신앙적 계율이 중요시되고 현실 개혁의 의지보다 來世의 구원을 강
조하는데서 신비적이고, 개인적이며, 來世中心的 信仰으로서의 성격
을 강하게 가졌던 것으로 보인다.

5) 韓國 基督教와 現實的 省察

　한국기독교가 오늘에 안고 있는 현실적 문제들을 정찰해 본다면
앞으로의 방향을 이해하는 데 도움이 될 것이다.

　첫째, 기독교는 오늘날 한국에서 현실적으로 가장 우세한 宗教로
서 활력 있게 성장하고 있다. 그러나 아직도 民族史的 方向을 이끌
어가는 기능이 미약한 超越的이고 非世俗的 信仰의 성격을 벗어나지
못하고 있는 것이 현실이다. 물론 기독교가 본질적으로 초월적 절대
자에 대한 신앙을 內包한 것은 사실이지만 民族史에 역할을 하지 못
할 때 그것은 個人的 安心立命을 제공할 수는 있겠으나 역사의 방향
에 적극적인 작용을 할 수 없다. 정치와 종교의 分離原則은 세속권
력과의 野合을 경계하지만, 세속권력을 외면하거나 이에 隸屬되어
안주하는 것이 아니라, 권력의 목적이나 評價基準으로서의 역할을
부정하는 것은 아니다.

　둘째, 기독교는 현대세계의 합리적 · 진보적 사상과 유대를 유지
하고 있다. 그러나 民族文化의 傳統과 유리된 外來宗教로서의 성격
을 탈피 못한다면 한 社會 속에서 表層에만 자리 잡을 뿐, 그 외형
적 교제의 융성도 量的 幅만 있지 質的 깊이를 갖지 못하게 된다.
물론 한국기독교가 한국인의 의식 기반과 연결이 없을 수 없지만 巫

俗과 같은 信仰大衆의 저급 문화와 연관을 가지면서 佛敎나 儒敎的
傳統의 고급문화와 배치되어 있다면 그것은 民族精神史와 단절 혹은
유리된 것이 아닐 수 없다. 이러한 기독교적 현실에 따른 결과로서,
오늘날 민족사를 재인식하는 과정에서는 基督敎와 상관없이 전통사
상을 논의하게 되는 것이다.

셋째, 기독교는 民衆的 기반에서 성장하였고, 민중들에 신앙을 통
한 새로운 삶의 의미를 제공해왔다. 그러나 大衆底邊과 지도적 상층
이 분리된 二元化의 현실이 잔존하는 것으로 보인다. 항상 분열되기
쉬운 현실적 사회계층을 統合시키는 역할이 강하고 뚜렷하게 이루어
질 필요가 있다. 그것은 기독교의 본질적 博愛精神이나 兄弟愛의 실
현일 것이다. 그것은 또한 힘에 의한 강제적 획일화나 同化가 아니
라 調和와 協力으로 이루어질 수 있다고 생각된다. 그리고 이러한
사회적 통합기능은 基督敎 敎團의 끝없는 分派的 分裂을 스스로 극
복하는 것으로도 나타나야 할 것이다. 正統主義的이고 排他的 批判
意識은 敎團的, 社會的, 國家的, 世界的 모든 차원에서의 조화와 통
합에 배치되고, 이 地上에서 善을 실현하기 위한 그리고 惡을 극복
하기 위한 투쟁력을 약화시키게 될 것이다.

3. 丁若鏞과 天主敎 信仰

1) 머리말

한국의 근대 사상사를 이해하는 과정에서 서양문화의 영향이 차지
하는 비중을 가볍게 볼 수는 없다. 더구나 현대에 서양문화가 한국
사회와 그 사상적 영역 속에서 누리는 지위를 의식한다면 현대에로
접속되는 근세의 위치를 해명하는 데에서도 중요한 관심사가 될 것

이다. 여기서 서양사상의 내용이 지닌 기본형식으로 과학기술의 문제와 기독교 신앙의 문제를 구별해 볼 수 있게 된다. 물론 서양문화의 영향은 정치적·경제적·군사적인 다양한 형태를 찾아볼 수 있겠지만 그 영향력의 원천에는 과학과 종교가 물질문명과 정신문화의 대표적인 형식으로 깔려 있는 것이다. 조선사회에는 17세기 이래 이러한 서양문화가 마치 담장에 빗물이 스며들듯 전래되어 왔지만 18세기 말엽에 천주교 신앙운동이 일어남으로써 그 자취가 사회적으로 뚜렷하게 되었다. 정약용은 바로 이 시기에 천주교 신앙운동에 참여하였던 인물의 한 사람이었고 그가 이 시대 사상사에서 중요한 비중을 갖고 있는 만큼, 그의 사상과 천주교 신앙과의 관계를 이해한다는 것은 근세적인 사상의 변동과정과 전개양상에 있어서 중요한 일면을 파악하는데 의미가 크다고 할 수 있다.

정약용의 사상 속에 천주교 신앙적인 영향을 이해한다는 것은 한편으로 그의 개인적 생애와 사상적 특성을 통해서도 추구될 수 있지만, 다른 한편으로 그의 시대에서 준동하고 발아는 사회적·사상적 변동의 요구나 전개 방향을 통해서 파악될 때 더욱 역사적·사회적 맥락을 밝혀 줄 수 있게 된다. 18세기 말엽의 천주교 신앙운동은 잠복되어 내려왔던 사회적 요구의 표출이라 한다며 이 신앙운동에 참여한 인물들도 한 시대적 조류에 뛰어든 것이라 할 수 있다. 그러나 그 시대의 사회는 천주교 신앙운동을 허용하기는커녕 준엄하게 억제하는 현실세력이 확고부동하였고, 따라서 신앙운동과 억압정책이 맞서서 충돌하는 동안 뒤따라 큰 희생을 치루기도 하였다. 이러한 사상적 격돌과 격동 속에서 정약용은 그 시대 사조에 민감한 의식을 가졌을 뿐 아니라 그 자신의 사상적 편력과 탐색을 통하여 독특하고 의미 있는 사상적 방향을 제시하였다는 점에 관심의 초점을 둘 필요가 있을 것이다.

2) 18세기 末葉의 信西派와 丁若鏞

천주교신앙에 대한 지식은 17세기 초 李睟光의 「天主實義」에 대한
소개 이후로 점차 알려졌고, 심지어 같은 시대에 許筠은 천주교에 입
교하였던 것으로 보기도 한다.34) 그러나 이때부터 18세기 말엽까지 거
의 2세기 동안은 서양문화의 지식을 축적시키고 관심 속에 익혀갔던
시기이다. 따라서 18세기 말엽에 한반도 안에서 천주교신앙운동이 自
生的으로 발생한 것은 결코 돌발적이라고 생각할 수 없다.

17세기와 18세기 동안의 천주교 신앙은 중국에 뿌리를 튼튼하게
내렸던 만큼 조선사회에서도 관심을 갖게 되었다. 이때의 천주교 신
앙은 과학지식과 더불어 중국 지식인들에게 효과적으로 접근할 수
있었던 것이 사실이다. 중국이 필요로 하는 天文과 曆法에 관한 합
리적이고 효율적인 서양과학 지식을 제공함으로써 천주교 선교사들
은 사회적인 대우를 받을 수 있었고 또한 이렇게 보장된 여건 속에
서 천주교 교리의 소개를 확대해 갔다. 이 시기의 조선사회에서도
天文・曆法과 地圖・機器 등에 관한 서양문화에의 관심이 점차 높아
孝宗 4년(1653)에는 時憲曆이 시행되기에 이르렀던 것도 그 추세의
일환이었다.

정부에서 서양기술에 관심을 갖는 것을 넘어서서 일반적으로 조선
후기의 實學派들이 서양과학에 대해 다양한 관심을 적극적으로 발휘
하였던 것은 지극히 당연한 현상일 수 있다. 이들 實學派의 인물들
은 道學派와 性理學을 승인하기도 하고 외면하기도 하지만 공통된
입장은 실용적인 것을 존중하고 현실적 경험을 통한 효용의 입증을
중요시하는 것이었다. 여기에 과학기술에 대한 적극적 관심과 긍정

---

34) 芝峰類說, 卷2, 諸國部(外國, 歐羅巴國條)에 天主實義의 篇目을 소개하고 있으며,
許筠이 「揭十二章」을 전래해 왔다거나 천주교도의 시초라는 지적은 柳夢寅의 「於
于野談」(卷2, 慶史) 및 「順庵集」(卷17, 天學問答), 「燕巖集」(卷2, 答巡使書) 등에서
볼 수 있다.

적 평가가 주어질 수 있게 되는 것이다. 이러한 서양과학에 대한 긍정적 관심이 그 과학지식의 문화적 배경에로까지 확대되어 천주교교리를 발견하는 데로 나아갔던 實學派의 학문적 전개과정이 출현하였던 것은 주목할 만한 사실이다. 곧 李瀷(1681~1763)을 선두로 하는 星湖學派는 조선 후기의 여러 사상적 계통 가운데서 다른 어떤 입장보다도 서양과학과 천주교 신앙을 포함하는 영역으로서의 西學에 가장 깊이 관여하고 있다. 특히 이들에 있어서 천주교 신앙의 수용은 조선 후기 사상의 전개방향에 중대한 영향을 끼치는 문제를 던져주었던 것이라 할 수 있다.

李瀷은 李睟光의 博學的이고 개방적인 관심이나 柳馨遠의 현실제도에 대한 비판적 개혁론을 아울러 계승하면서 동시에 그 당시 풍부하게 전래된 서양문물에 관해 깊은 인식을 포함함으로써 實學派에서도 독특한 성격을 띠는 星湖學派를 열었던 것이라 하겠다. 서양과학에 대한 李瀷의 관심은 열렬한 것이라 할 만큼 심취되어 있었다. 그는 湯若望(Adam schall)에 의해 제작된 時憲曆이 日蝕·月蝕의 계산에 조금도 어긋남이 없음을 인정하여 이 時憲曆을 曆道의 극치라하였고 聖人이 다시 태어나도 반드시 이를 따를 것이라고까지 극찬하였다.35) 그는 천문학에 있어서 중국이 서양을 따를 수 없다고 시인하면서 서양이 첫째이고, 回回가 그 다음이라 지적하였다.36) 李瀷은 이처럼 서양의 天文·曆法과 더불어 世界地理 및 각종 機器에 대해서도 주의 깊은 이해를 가졌고 서양의 과학기술을 높이 평가하였다. 여기서 나아가 李瀷은 천주교 교리서에 대해서도 관심 깊은 이해를 보였던 것이다. 곧 그는 「天問略」(Diaz)·「職方外記」(Aleni)·坤輿圖

---

35) 星湖僿說, 卷2, 天地門·曆象, "今行時憲曆, 卽西洋人湯若望所造, 於是乎曆道之極矣, 日月交蝕, 未有差謬, 聖人復生必從之矣"
36) 同上, 卷上, 天地門·中西曆三元, "西國之曆, 中華殆不及也, 泰西爲最, 回回次之."

說(Verbiest)·「簡平儀說」(Ursis) 등 서양 과학서적만 아니라 「天主實義」(M. Ricci)·「七克」(Pantoja)·「交友論」(Ricci)·「主制群徵」(Adam Schall) 등 천주교 교리서에 대해 새로운 관심의 깊이를 보여주었다. 그는 天主라는 개념이 유교에서의 上帝에 해당하는 것이라 하여 기독교적 절대자의 존재를 긍정하고 있다. 그러나 다만 천주교 신앙에 있어서 天主에 대한 敬事畏信하는 태도는 유교에서 上帝에 대한 태도와 구별되어 불교에서의 釋迦에 대한 태도에 상응하는 것으로 파악하였다.37) 곧 李瀷은 天文·曆法 등에서 서양의 우월성을 시인하면서 천주교 교리에서는 유교와 상통하는 윤리적인 것을 긍정하면서 神秘的인 것이나 天堂地獄說 등을 거부하여 유교적 입장에서 취사선택하는 수용적 태도를 지켰던 것이다.38)

李瀷의 西學에 대한 개방적인 수용 태도는 그의 門下에 깊은 충격을 주었으며 그 파급으로서 그의 門下들 사이에 두 가지 극단적인 입장의 분열이 일어나게 됨을 볼 수 있다. 곧 서양과학에 대해 일반적인 긍정적 태도에서 한걸음 나아가 천주교 신앙문제에 접할 때에는, 한편으로 道學派의 정통적 입장과 연관되어 강력한 비판적 거부태도가 있는가 하면, 다른 한편으로 수용적 입장을 확대하면서 천주교 교리연구에 힘을 기울이고 신앙운동에로까지 나아간 입장이 있다. 앞의 거부태도를 攻西派라 한다면 뒤의 수용태도를 信西派라 부를 수 있을 것이다. 그의 門下에 愼後聃(1702~1761)과 安鼎福(1712~1791)은 천주교 교리에 대한 비판이론을 전개함으로써 한 영역을 세웠다고 할 수 있다. 愼後聃은 23세(1724) 때 「西學辨」을 저술하여 천주교 교리에 대한 비판체계를 확립하였다. 여기서 그는 「靈言蠡勺」(Sambiaso)·「天主實義」·「職

---

37) 星湖先生全集, 卷55, 跋天主實義, "其學專以天主爲尊, 天主者卽儒家之上帝, 而其敬事畏信, 則如佛氏之釋迦也."
38) 星湖僿說, 卷上, 人事門·七克, "七克者,……卽吾儒克己之說也……條貫有序, 比喩切已, 間有吾儒所未發者, 是有助於復禮之功大矣,……但其雜之以天主鬼神之說則駭焉, 若刊汰沙礫, 抄採名論 便是儒家者耳"

方外記」를 들어 조목별로 비판해 가면서 천주교 신앙을 전면적으로 貪生惜死하는 利心으로 규정짓는 기반 위에 서 있다.39) 그는 「靈言蠡勺」의 비판을 先行시키면서 천주교 교리에 대한 비판의 근본문제로서 靈魂개념에 대한 비판을 제기하였다. 그것은 性理學의 근본문제가 心性情論에서 해명되는 철학적 문제의식과 연관된 것이라 볼 수 있으며 천주교 신앙의 비판을 性理學의 근원적 수준에까지 추구하였던 것이라 볼 수 있다. 安鼎福의 경우에서 도 1757년 李瀷에게 올린 편지에서 천주교 교리 서적을 검토하면서 天堂地獄說이나 靈魂개념을 중심으로 정밀하게 비판하는 태도를 제시하였다.40) 이러한 安鼎福의 비판적 입장은 1784년 信西學派의 천주교신앙운동에 대해 직접적 비판활동으로 나타났고 이때에 「天學問答·天學考」의 저술을 통해 비판이론의 체계를 세우고 있음을 보게 된다.

慎後聃과 安鼎福 등 攻西派의 인물도 李瀷을 사상적 일면에서 계승하고 있지만 西學에 대한 李瀷의 긍정적 관심을 보다 철저화 시켰던 인물로서 權哲身·權日身·李家煥·李檗·李承薰·丁若銓·丁若鍾·丁若鏞 등을 들 수 있다. 이들 信西派는 李瀷의 직접 門下와 再傳 및 私淑한 인물들로서 星湖派學에 참여하고 있다. 그들은 天文·曆法·數學 등 서양과학에 관한 연구의 발전과정에서 천주교 교리에 대한 관심이 심화되고, 이들의 講學會는 마침내 천주교 교리 서적에 대한 토론을 하기에 이르렀던 것으로 짐작된다. 이들이 천주교 신앙에로까지 발전하는 과정에는 1777년에서 1779년 사이에 權哲身을 중심으로 天眞庵·走魚寺에서 모인 講學會와 이때에 李檗의 역할이 중요한 관계가 있음을 추측할 수 있다.41) 그리고 이 講學會에 丁若銓이 참여하였고 李檗과 丁若鏞의 兄弟들이 交遊하면서 1784년 무렵부터 丁若鏞도 信西

---

39) 闢衛編, 卷1, 慎遯窩西學辨·靈言蠡勺, "至於西泰,……亦不能自掩其貪生惜死之利心."
40) 拙稿, 安鼎福의 西學批判論, 韓國學, 제19輯, 1978 겨울, 참조
41) 金玉姬, 「曠菴李檗의 西學思想」, 1979, pp.49-60, 참조

派의 교리연구와 신앙운동에 적극적으로 가담하게 되었던 것이다.
1784~5년 무렵은 李承薰이 북경에 가서 領洗를 받아오는 것을 계기로
星湖學派의 信西派인물들에 의해 천주교 의례를 실천하는 集會가 열렸
다. 그리고 이 集會가 刑曹에 적발되어 사회적인 물의를 일으킴으로써
천주교 신앙운동이 사회적인 문제로 확대되었던 것이요, 여기서 18세
기 말엽부터 사회적으로 주요문제로 대두되었던 천주교 신앙운동은 星
湖學派 안에서 발생하고 성장된 것이라는 사상사적인 연원성을 주목할
필요가 있다.

3) 丁若鏞의 生涯와 天主敎 信仰

丁若鏞(1762~1836)은 15세에 혼인을 한 다음 서울에 올라와 16
세 때 李家煥(1742~1801)과 李承薰(1756~1801)을 따라 星湖 李瀷
의 저술을 읽으면서 학문적으로 星湖學派에 참여하게 되었다. 이때
36세의 李家煥은 李瀷의 從孫으로서 星湖學派의 學統을 잇는 젊은
학자였고, 22세의 李承薰은 李家煥의 생질이고 丁若鏞의 妹夫로서
丁若鏞과 더불어 청년 儒生이었다. 그리고 이 무렵(1779) 李瀷의 문
하인 44세의 權哲身(1736~1801)을 중심으로 天眞庵・走魚寺의 講
學會가 열렸을 때 金源星・權相學・李寵億・李承薰・李檗・丁若銓
등이 참여한 사실을 정약용은 의미 깊게 서술하고 있다.[42] 여기서
당시 18세의 정약용이 참여하였는지는 확실치 않다. 그러나 둘째 형
인 丁若銓이 講學會에 참여하였고 星湖學派와 유대를 맺고 있는 만
큼 丁若鏞은 이 시기에 서양과학이나 천주교 교리에 초기의 접촉을
가졌을 가능성은 크다. 더구나 李檗이 정약용의 큰형인 丁若鉉의 妻
男이라는 관계가 있으므로 李檗(1754~1786)은 정약용보다 8세 연

---

42) 與猶堂全書, 제1집, 卷15(이하 全書 I-15로 略稱), 鹿庵 權哲身 墓誌銘, 및 先
    仲氏 墓誌銘, 참조

상이었지만 가까이 접촉할 수 있는 사이였다.

　정약용이 스스로 기록한 데 따른다면 1784년 4월 15일(음력) 고향 馬峴에서 큰형수(곧 李檗의 누이)의 제사를 마치고 서울로 돌아오는 길에 한강을 따라 배를 타고 오면서 정약용의 형제들이 동행하던 李檗으로부터 天地造化의 始源과 形身生死의 이치를 듣고 당황하고 놀라움이 마치 河漢의 끝이 없는 것과 같다고 언급되고 있다.43) 그리고 서울에 돌아오자 정약용은 李檗을 따라 「天主實義」와 「七克」 등 천주교 교리서를 읽고 기쁜 마음으로 기울어졌음을 기록하였다. 그리고 丁若銓도 李檗을 따라 曆數之學을 듣고 「幾何原本」을 연구했으며 新敎之說(천주교 교리)를 듣고 기뻐했음을 밝히고 있는 것으로 보아 丁若鏞 형제가 천주교 교리에 접촉하게된 것은 李檗을 통해서라는 사실이 드러난다. 權哲身 · 權日身 형제나 李家煥 · 李承薰 등도 李檗에 의해 천주교 신앙에로 이끌어졌던 사실에서 李檗은 星湖學派 안에서 천주교 신앙운동에 선구적 역할을 감당하였음을 알 수 있다. 따라서 이들 信西派의 발생 배경에는 李潩의 학문적 성격과 더불어 李檗의 신앙운동가적 활동의 복합적 작용을 엿볼 수 있는 것이다.

　정약용이 천주교 교리에 처음 접촉한 시기가 23세 때인 1784년(甲辰)이라는 자신의 기록을 일단 긍정한다면 바로 그 전해(1783)부터 그는 成均館에 太學生으로 학업을 닦고 있었으며, 1784년 여름 正祖가 太學에 내린 中庸疑問 70條에 대한 대답을 위해 水標橋에서 독서하던 李檗을 찾아가 토론을 하여 「中庸講義」를 이루었던 만큼 그해는 李檗과 가장 빈번하게 접촉할 수 있었던 시기이다. 또한 1784년은 李承薰이 그 전해에 北京에 使行을 따라 들어가 그해에 영세를 받고 3월에 돌아옴으로써 신앙운동이 활발하게 조직되고 전

---

43) 同上, 先仲氏墓誌銘 附見聞話條, 참조.

개되는 시기이었던 것이다. 李承薰이 領洗를 받고 그로부터 풍부하고 자세한 천주교 교리서와 儀禮에 관한 지식을 제공받았을 때 당시의 信西派는 신앙운동의 본격적인 활동단계에 접어들 수 있었다. 李檗이 그해 4월 船中에서 정약용의 형제들에게 天地創造와 死後의 靈魂不滅 등 천주교 교리를 설명할 때에는 李承薰을 통한 北京教會의 소식이 함께 제시되었을 것이고 세계에 대한 새로운 視野를 열어주는 설득이 이루어졌을 것을 쉽게 짐작해 볼 수 있다. 李檗은 權哲身·權日身 형제에게도 傳教하고 李家煥과도 신앙문제로 토론하는 등 활발한 전교활동을 하였으며 이에 따라 조직된 신앙집단은 정기적인 信仰集會를 가지는 데로까지 발전하였다. 이 信仰集會가 1785년(乙巳) 봄 明禮洞의 掌禮院앞 中人 金範禹의 집에서 열리는 것을 刑曹 禁吏에 의해 적발되었을 때 李檗이 主席에 앉고 李承薰·丁若銓·若鍾·若鏞의 3형제와 權日身 부자 등이 참석하고 있었다. 또한 權日身 부자·李潤夏·李寵億·鄭涉은 刑曹로 찾아가 聖像을 돌려 달라고 요구하였고, 이 사건이 알려지자 먼저 신앙운동에 참가한 士大夫 청년들은 부형들로부터 가정에서 엄중한 문책을 받자 李承薰에 있어서도 斥邪文을 지어 背教하는 태도를 보였지만 신앙운동이 쉽사리 소멸되지 않았다. 이에 대해 太學生들은 通文을 돌려 信西派 인물들을 夷狄之類로 물리칠 것을 요구하는데 이르렀던 것이다.44)

1785년 刑曹의 적발사건 이후 천주교신앙운동이 잠시 정지되었으나 그 이듬해 봄부터 더욱 조직적인 지하 신앙운동이 일어나 이른바 假聖職조직이 이루어졌었다.45) 여기서 李承薰은 10명의 神父를 임명하고 主教를 추대하여 聖事를 집행하다가 柳恒儉의 지적에 의해 瀆聖임을 깨닫고 중지하였다. 이 무렵 1787년 겨울 李承薰·丁若鏞·姜履元 등이 泮村(成均館근처)의 私家에 모여 교리연구를 하다가 李基慶

---

44) 闢衛編, 卷2, 乙巳秋曹摘發.
45) 朱在用, 韓國가톨릭史의 擁衛, 1970, p.65.

을 통해 洪樂安에게 발각되어 論難을 일으켰다. 또한 洪樂安은 이듬해 1월 對策文을 통해 천주교 신앙이 충청도 일대에 널리 전파되고 있음을 고발하여 문제를 삼았다.[46] 1790년 북경교회로부터 祭祀를 禁하는 지시를 받은 지하 신앙집단의 천주교 의례에 따라 1791년 (辛亥) 전라도 珍山에서 尹持忠과 權尙然이 廢祭焚主한 사실이 드러남으로써 朝廷에서까지 소란한 물의를 일으켰다. 이 기간 동안 정약용은 1790년 藝文館 檢閱로 있다가 邪學문제의 시비로 10일간 瑞山郡 海美縣에로 流配까지 갔었다. 그러나 정약용 자신의 해명에 따르면 1787년부터 1791년 珍山사건이 일어나기까지 천주교 신앙에 마음을 깊이 기울였고 珍山사건 이후에 관계를 끊었다고 한다.[47] 정약용 자신의 기록을 인정한다면 그는 23세 때(1784) 李檗을 통해 천주교 교리를 본격적으로 연구하기 시작하였고 24세 때 신앙집회에 참석까지 하였으나 26세 때(1787)부터 30세 때(1791)까지 신앙생활에 깊이 젖었다가 珍山사건을 계기로 신앙생활을 떠났던 것이다.

　1785년 이후 천주교 신앙운동에 대한 정부의 禁壓은 가속적으로 엄격화 되었지만 이에 반하여 신앙운동은 점차 서민대중 층으로 확대되어 갔고 星湖學派의 信西派에 속하는 소수 청년지식인 중심에서 벗어나고 있었다. 李承薰・若鏞・權日身 등 초기의 신앙운동에 참여하였던 인물들 가운데는 사회적 압력에 따라 背敎를 公言하게 되는 경우가 흔히 있었다. 이때 丁若鏞은 背敎를 밝혔을 뿐더러 그의 형인 丁若鍾이 신앙 활동을 계속할 때에도 이들과 접촉을 멀리하여 협의를 피하였다. 李基慶・洪樂安 등 南人辟派의 인물을 비롯하여 老論 세력들이 正祖가 옹호하는 宰相 蔡齊恭을 비롯한 李家煥・丁若鏞 등에 대해 信西派에 대한 공격이 신랄해가자 1795년 周文模 神父의

---

46) 闢衛編, 卷2, 丁未泮會事.
47) 全書, I-16, 自撰墓誌銘(壙中本), "旣上庠從李檗遊, 聞西學見西書, 丁未以後四五年 頗傾心焉, 辛亥以來邦禁嚴, 遂絶意."

사건으로 李承薰은 禮山에 流配되고 工曹判書인 李家煥은 清州牧使로 右副承旨인 丁若鏞은 金井察訪으로 좌천되기도 했다. 1797년 同副承旨를 사임하면서 자신에 대한 비난에 변명하는 辨謗疏를 올리고 谷山府使로 나갔다. 이러한 기간 동안 연속된 비방과 공격에도 불구하고 正祖의 신임으로 안전을 누렸지만 正祖가 죽고 純祖 1년(1801, 辛酉)에 辛酉邪獄이 일어나자 丁若鏞은 背教한 증거를 확고하게 제시했지만 長髻로 減死定配되었고 뒤따라 周文模 神父의 처형과 黃嗣永의 帛書사건으로 그해에 다시 康津으로 流配를 가서 40세부터 57세까지 18년간을 지내게 되었다. 그가 아무리 背教를 했을 지라도 처형된 丁若鍾의 동생이고 李承薰의 妻男이며 黃嗣永의 妻叔이었던 인연으로도 무사하기는 어려웠을 것이요, 더구나 李家煥과 더불어 正祖의 절대적인 신임을 받던 南人時派의 정치적 위치로서도 피할 수 없는 곤경이었다. 康津 流配생활 중에는 易・詩・春秋와 四書를 비롯한 經學의 연구와 저술에 심혈을 기울였고 「經世遺表」와 「牧民心書」를 저술하여 정치제도와 사회질서에 관한 구상에 골몰하였다. 따라서 이 流配시기에 천주교 신앙 활동의 자취를 찾기는 어렵고, 또한 57세(1818)부터 75세(1836) 죽을 때까지 고향 馬峴에서도 經學 저술에 전념하였던 것이다. 따라서 그의 의식과 사상 속에 천주교 신앙이 어떻게 남아 있느냐하는 것은 별도로 하고 외형적인 활동의 자취는 문헌의 증거로 찾기는 어렵다. 다만 Ch. Dallet의 「韓國天主教會史」에서 그가 康津의 流配地에서부터 신앙생활을 계속했고 마침내 劉方濟 神父의 손에 終傳聖事를 받고 죽었다는 기술이나, Dallet의 「韓國天主教會史」가 참고한 기본문헌에 丁若鏞이 쓴 「韓國福音傳來史」라는 비망록이 있었다는 崔奭佑 神父의 지적, 또는 蔓川遺稿의 跋文을 쓴 無極觀人이 解配後의 丁若鏞이라는 金玉姬 修女의 推定은 중요하게 고려되어야 할 문제들이다.[48] 그러나 1791년 또는 1801년 이후 丁若鏞의 신앙생활 여부는 그의 사상을 해석하는데 중요한 전제적 조건이 될 수 있는 문제일지라도 불충분하거나 불확실한 史料로서 단정하기를 좀 더 보류하고 그의 思想 특히 經學思想 속에서 천주교 교리의 영향과 그 성격을 파악하는 것이 보다 확실한 접근이 될 수 있을 것이다.

4) 丁若鏞의 經學과 天主教 教理

經學에 관한 丁若鏞의 최초의 저작은 「中庸講義」이고, 그것은 太學生으로 있던 23세 때(1784)에 草稿本이 이루어졌다. 正祖의 條問에 대답하는 對策의 형식을 띠는 이 「中庸講義」는 李檗과 토론을 통해 작성되었던 만큼 그 당시 천주교 신앙운동에 몰두하였던 李檗의 사상적 영향이 강하게 내포되었다. 또한 이 「中庸講義」는 草稿가 이루어진 30년 후 康津의 유배생활 중에 改修하여 1814년 「中庸講義補」로 완성시켰으며, 그 때에도 李檗의 學德을 회상하고 있는 것으로 보아 초기사상의 지속성을 확인할 수 있다.49)

정약용은 「中庸講義補」의 첫머리에서 첫째로 朱子의 陰陽개념을 비판적으로 검토하여 陰陽은 對策의 형식이지 體質이 있는 것은 아니라 밝힘으로써 朱子學의 기본개념을 거부하는 것으로 출발하였다.50) 둘째로 五行의 존재는 萬物가운데 다섯 가지 물건에 불과하므로 5로써 만물을 생성할 수는 없다하여 五行說을 부정하고, 易卦에 四正卦와 四偏卦가 있음을 지적하였다. 여기서 乾(天)·坤(地)·坎

48) Ch. Dallet, 「韓國天主教會史」中, 安應烈 崔奭佑譯, 1980. pp.185-6. 崔奭佑, 「Dallet가 引用한 丁若鏞의 韓國福音傳來史」, 李海南華甲論叢, 1970, pp.205-216. 金玉姬, 上揭書, pp.36-7
河宇鳳, 「丁茶山의 西學關係에 對한 一考察」, 教會史研究, 第1輯, 1977, pp.92-3
49) 全書, Ⅱ-4, 1b, 中庸講義補, "上計曠庵討論之歲, 亦已三十年矣, 使曠庵而尚存, 其進德博學, 豈余比哉, 合觀新舊, 其必犁然, 一存一亡, 何嗟及矣, 不禁撫卷而流涕也."
50) 同上, 2a, "聖人作易, 以陰陽對待爲天道爲易道而已, 陰陽曷嘗有體質哉."

(水)·離(火)의 四正卦는 Ricci가 제시하는 火·氣·水·土의 四元說과 相似함을 쉽게 엿볼 수 있다. 이 四元說의 문제는 信西派에 있어서 朱子學의 五行說을 극복하는 사유형식으로서 중요시되어 丁若銓은 科學시험에 '五行'이라는 策問에 대하여 五行을 부정하고 四行을 논급하였다가 물의를 일으키기도 하였다. 결국 정약용이 五行說을 부정하는 것은 朱子學의 自然觀이 가진 기본구조를 벗어나는 것이고 그만큼 천주교 교리서와의 연결 가능성이 높아지는 것이라 할 수 있는 것이다.[51] 셋째로 그는 天을 초월적 존재(自地以上)와 자연적 존재(蒼蒼大圜)로 구분하여 파악하고 있다. 초월적 天은 靈明主宰之天이라 하고 자연적 天을 蒼蒼有形之天이라고도 언급하면서[52] 이러한 天의 성격을 구분하는 것은 신앙적 대상으로서의 天개념을 제시하려는 것으로 이해될 수 있는 것이다. 天의 존재가 靈明하다는 것은 形體를 초월하는 존재임을 의미하며 동시에 知覺이 있는 존재임을 의미한다. 또한 이 天은 主宰로서의 지위를 갖는 사실이 강조되고 있다. 이러한 天개념은 Ricci가 「天主實義」에서 제시하는 天主개념과 상통하는 것으로서 天이 性에 內在하는 것으로 性과 일치시켜 파악되거나 知覺능력이 없는 理法으로 파악되는 性理學의 天개념을 벗어나고 있는 것이라 할 수 있다. 정약용에 있어서 天개념의 구분은 결국 天의 본질적 의미를 신앙적 대상이 될 수 있는 靈明主宰之天에서 발견하고 있는 것이고, 蒼蒼有形之天은 물질적 형태로 한정시켜 놓게 된다.[53] 넷째로 그는 朱子學에 있어서 物我體論的 내지 人物性同論的 입장을 거부하여 인간과 만물의 본질적 차이를 주장하였다. 草木禽獸는 生生之理로써 種族을 보존하는 것으로 性命을 가질 뿐이지

---

51) 拙稿, 「茶山에 있어서 西學의 影響과 意義」, 國際大論文集, 제3집, 1975, p.326.
52) 全書, Ⅰ-8, 20a, 中庸策, "以爲高明配天之天, 是蒼蒼有形之天, 維天於穆之天, 是 靈明主宰之天."
53) 全書, Ⅱ-4, 2a, "若論蒼蒼之天, 其質雖皆淸明, 亦具陰陽二氣."

만 인간은 靈明을 부여받아 萬類를 초월하고 萬物을 享用할 수 있는
점에서 인간과 만물의 본질적 차이를 제시하였다.54) 곧 인간과 만물
은 평등한 관계가 아니라 主從관계라 파악하며, 인간의 본질적 품성
으로서 靈明을 제기함으로써 인간과 靈明主宰之天과의 접근 통로를
밝혀주고 있는 것이다. 여기서 천주교 교리 속에 제시된 인간의 고
유한 靈魂개념과 정약용에 있어서 靈明과의 관련성을 주목할 필요가
있다. 그는 마치 天主라는 명칭 대신에 天 혹은 上帝라는 유교전통
의 명칭 속에 같은 개념내용을 계발하고 있는 것처럼 靈魂이라는 명
칭을 사용하지 않고도 靈明으로서 靈魂의 개념을 담게 하고 있는 것
으로 이해된다. 그는 또한 仁·義·禮·智를 性의 본질적 구성요소
로 파악하는 性理學에 대립하여 이 四德을 心 속에 있는 玄理가 아
니라 인간의 행위에 발생하는 것이라 하고 天으로부터 부여되는 것
은 靈明뿐이라 하여 性理學의 체계를 벗어난 靈明의 존재를 확립하
고 있다.55) 여섯째로 그는 中庸 首章에 보이는 戒眞·恐懼하는 조건
으로서 不睹·不聞을 鬼神이 鑒臨하는 것이라 밝혀 인간이 사물과
의 관계가 아니라 주장함으로써, 鬼神(곧 神) 내지 上帝가 降監·鑒
臨하는 것을 인간의 행위를 규제하는 기본조건으로 받아들였다.56)
그는 周禮에서 鬼神의 三品으로 天神·地示·人鬼를 제시한데 대하
여 祭祀의 차례에는 三品이 있을지라도 실제는 天神과 人鬼뿐이라
언명하여 地示를 人鬼 속에 흡수시키고 있다.57) 그리고 天神과 人鬼
도 鬼神으로서 陰陽論에 따라 해석하는 朱子學의 입장을 거부하고
人鬼와 天神은 같은 類로 혼동할 수 없는 것이라 하며, 그가 鬼神이
라 일컫는 것은 天을 의미하는 것임을 밝혔다.58) 여기서 天을 鬼神

---

54) 同上, 2b, "草木禽獸, 天於化生之初, 賦以生生之理, 以種傳種, 各全性命而已, 人則
　　不然, 天下萬民, 各於胚胎之初, 超越萬類, 享用事物."
55) 同上, 2b, "仁義禮智之名, 本起於吾人行事, 並非在心之玄理, 人之受天, 只此靈明."
56) 同上, 5a, "不睹不聞者, 鬼神之鑒臨也, 豈事物之謂乎."
57) 同上, 20a, "祭祀之秩, 雖有三品, 其實天神人鬼而已."

과 동일시하며 天神 내지 鬼神을 人鬼와 구별하고 있는 사실을 통하여, 정약용은 主宰로서의 天에 마주하여 인간을 세우고 있음을 볼 수 있고 또한 天은 인간에게 자신의 속성인 靈明을 부여하면서도 인간을 초월하는 主宰로서의 지위를 확보하고 있음을 알 수 있다. 그것은 人格神的인 主宰로서의 天主가 人間에게 靈魂을 부여하고 인간을 主宰하는 것과 같은 구조를 보여주는 것이다. 中庸을 통한 그의 經學 체계에서는 사실상 천주교 교리와 유교 교리의 일치를 모색한 것이고, 이러한 입장은 곧 李檗이나 정약용 등 초기 信西派의 사상적 기본성격을 보여주는 것이라 할 수 있다.

정약용은 中庸을 통해 자신의 經學 사상이 지닌 기본입장과 성격을 밝혔던 것이고 그가 유교의 경전을 해석하는 방대한 업적을 남겼지만 中庸에서 제시한 입장을 바꾸었던 것은 아니다. 그는 大學의 明明德을 明人倫이라 해석하고 明德을 孝·弟·慈로 규정하여 明德을 人性의 본래적 실체로 파악하는 朱子學의 입장을 떠나고 있다.59) 그것은 곧 中庸에서 인간의 본질을 靈明으로 보고 仁·義·禮·智를 행위에서 실현되는 德性으로 이해하는 것과 같은 입장이다. 그는「孟子要義」에서도 四端說과 관련하여 仁·義·禮·智는 행위 이후에 이루어지는 것임을 재확인하고, 仁·義·禮·智를 本心의 全德이라고 한다면 인간은 向壁觀心하는 것을 일삼게 될 것이라 하여 인간내면 속에서 완결된 德을 찾으려는 입장을 거부하였다.60) 여기서 또한 程子가 心·性天을 一理라 한데 대하여 趙州의 萬法歸一說과 다름이 없다고 지적함으로써 性理學의 입장이 지닌 佛敎的 논리를 분석해 내어 비판하였다. 그것은

---

58) 同上, 21b-22a, "本是人鬼, 不是天神, 周禮天神人鬼本自別言, 豈可渾之爲一類乎."
同上, 22a, "聖人旣人, 則鬼神非天乎."
59) 全書, Ⅱ-1, 10b, 6b, 大學公義, "明明德者, 明人倫也."
同上, 6b, "明德也, 孝弟慈."
60) 全書, Ⅱ-5, 22, 孟子要義, "仁義禮智之名, 成於行事之後,……仁義禮智知以爲本心之全德, 則人之職業, 但當向壁觀心, 回光反照,……"

곧 인간의 心性과 초월적인 天의 관계를 엄격히 분리하여 파악하는 태
도를 밝히고 있다.61) 그는 天之主宰는 上帝라 밝히고 天이라 칭하는
것은 國君에 대한 國의 관계에 비유하였으며, 蒼蒼有形之天은 사람에
게 집이나 휘장과 같이 土地水火의 물질과 동등한 것이라 지적하였
다.62) 그에 있어서 天은 본질적으로 主宰者요 따라서 上帝라는 명칭에
서 天의 본래적 성격을 발견하고 있다. 그것은 天이 결코 물질적 자연
물이나 관념적 형식으로서의 理에 환원될 수 없는 主宰의 모습을 강조
하는 것이다.

정약용은 康津생활의 초기에 易學의 재인식을 위해 노력을 기울였
다. 그는 周易을 改過遷善을 위한 윤리적 목적을 갖는 것이라 규정
하지만 그것은 天의 命을 청하여 그 뜻을 따르기 위해 이루어졌다는
신앙적 성격을 발견하고 있다.63) 卜筮는 바로 天命을 받는 방법이므
로 命을 順受하여야 하는 것이요 私意에 따라 멋대로 할 수 없는 것
이라 하여 天命의 神聖性을 통하여 卜筮의 의의도 인정하였다.64) 그
의 「春秋考徵」도 義理論에 구속되지 않고 春秋 시대에 있어서 周禮
의 실천증거로 파악하고 郊·社·禘·時享·朔祭·廟制 등 吉禮의
형태와 凶禮의 違制·謬義 등 儀禮의 실제를 구명하고 있다. 또한
그는 冠·婚·喪·祭의 儀禮에 관해 방대한 정리를 이룬 사실은 그
가 儒敎儀禮에 비상한 관심을 가졌다는 사실을 말해주는 것이며 그
것은 천주교 신앙을 지닌 입장이라 보기 어렵다는 의심을 불러일으

---

61) 同上, Ⅱ-6, 38a, "……此與趙州萬法歸一之說, 毫髮不差, 盖有宋諸先生初年多溺於
　　禪學, 及其回來之後, 猶於性理之說, 不無因循."
62) 同上, 38b, "天之主宰爲上帝, 其謂之天者, 猶國君之稱國, 不敢斥言之意也, 彼蒼蒼
　　有形之天, 在吾人不過爲屋宇帲幪, 其品級不過與土地水火平爲一等, 豈吾人性道之
　　本乎."
63) 全書, Ⅱ-44, 3b, 周易四箋, "周易一部, 是聖人改過遷善之書也."
　　同上, Ⅱ-40, 15a, "易何爲而作也, 聖人所以請天之命而順其旨者也."
64) 同上, Ⅱ-44, 6b, "卜筮者, 所以稟天命也."
　　同上, 4a, "唯命是順受, 命如響, 不敢以私意自恣."

키는 요소가 될 수 있다.65) 실제로 천주교 신앙운동이 1791년 珍山
의 廢焚祭主한 사건에서 결정적인 물의를 일으켰고 또한 그 성격을
드러내었던 것처럼 儒敎儀禮를 정면으로 부정하는 것으로 전개되었
다. 그러나 정약용은 이에 대해 자신이 천주교 신앙에 빠졌을 때에
도 廢祭說은 보지 못하였다고 언급하고 있는 것은 그의 교리지식이
예수회의 補儒論的 입장에 따르는 것임을 보여준다.66) 또한 오히려
천주교 신앙의 儀禮的 기능과 비중을 인식하였을 때 유교의례에 대
해 새로운 관심을 자각할 수도 있을 것이다.

5) 맺는 말

정약용과 천주교 신앙의 관계를 이해하는 데는 사실 그가 기본적
으로 천주교도인가 아니면 30대 이후로는 背敎하여 유교적 신념을
지켰던가 라는 소박한 질문에 대한 대답이 필요하다. 이점에서
Dallet의 「韓國天主敎會史」와 정약용 자신의 기록과는 상반된 대답
을 해주는 것으로 보인다. 어떤 면에서 그의 시대가 엄격한 禁敎令
과 억압이 있었고 특히 그 자신은 신앙문제로 생명의 위협과 끈질긴
고통을 받아왔던 상황에 놓였기 때문에 표면적으로 자기 신앙을 감
추어야 하는 外儒內耶의 二重生活을 하지 않을 수 없을지도 모른다.
그러나 사실에 대한 최종적인 해답은 확고한 증거를 좀 더 기다린
다음에 내려도 좋을 것이지만, 더욱 중요한 문제는 정약용의 사상이
지닌 기본 성격과 천주교 신앙과의 관계를 해명하는 것이다.

그는 23세 때의 「中庸講義」 이후 73세 때 梅氏書平을 저술할 때
까지 「中庸講義」에서 제기한 문제들을 스스로 부정하는 입장을 보인
것이 아니라 지속적으로 유지하고 있다는 사실이 중요한 점이다. 물

---

65) 朴鍾鴻,「對西歐的 世界觀과 茶山의 洙泗舊觀」, 實學論叢 1975, pp.120f 참조
66) 全書, I-9, 44a, 辨謗辭同副承旨疏, 至於廢祭之說, "臣之舊所是書, 亦所未見."

론「中庸講義」는 그가 신앙생활에 깊이 젖었을 때 이룬 것이지만 그
것은 천주교 교리서가 아니라 유교 경전의 논리적인 해석체계인 것
이다. 따라서 정약용의 經學사상이 지닌 기본특징은 유교이념을 천
주교 교리의 구조와 더불어 재해석한 것이라 할 수 있다. 그것은 마
치 그가 朱子學의 기본체계를 불교적인 것으로 비판하였던 사실을
음미해 본다면 그의 經學사상이 기독교적인 변질을 시킨 것이라는
비판도 성립할 수 있다. 그러나 朱子學이 불교의 영향을 깊이 받았
지만 불교가 아닌 것처럼 그의 經學사상이 천주교 교리의 영향 속에
형성되었다 할지라도 기독교는 아니라 볼 수 있다. 어떤 의미에서
그의 經學사상은 천주교 교리를 흡수함으로써 유교사상의 새로운 영
역을 열어주었다고 할 수 있으며 바로 여기에 그의 사상이 지닌 독
특한 성격과 가치를 발견할 수 있는 것으로 보인다. 그것은 그의 개
인적 신앙이 무엇이었느냐 보다도 그의 사상이 한국사상사를 통하여
내지 오늘에 있어서 무슨 의미를 지니는 것인가를 뜻 하는 것이다.

4. 韓國 儒敎의 闢衛論과 文獻

1) 闢衛論의 理念과 展開

‘闢衛’는 闢邪衛正의 줄인 말이며, 邪道를 물리치고 正道를 옹호한
다는 뜻이다. 이 ‘闢衛’는 闢邪·斥邪·闢異端·斥衛·斥邪衛正 등의
용어와 같은 의미로 쓰이는 것이다. 유교의 행동규범 속에서 진리를
옹호하고 邪惡함을 물리치기 위한 활동이 요구되었으며, 또한 역사
적으로 반유교적인 사상을 이단으로 규정하여 배척함으로써 유교를
보호할 수 있다는 태도가 지속적으로 계승되어졌다. 따라서 벽위는
사악함 곧 이단을 물리친다는 배타적이고 소극적인 측면과, 진리 곧

正道를 옹호하겠다는 건설적이고 적극적인 측면을 동시에 포함하고 있는 것이다. 여기서 벽위는 闢邪와 衛正이라는 두 요소의 상관관계를 이해할 필요가 있다. 이단을 배척하는 준거는 진리에 있고, 진리 곧 正道가 밝혀지지 않으면 이단을 규정할 수가 없게 된다. 그러므로 언제나 벽사의 준거를 밝히는 진리의 인식이 전제되어야 하는 것이다. 그러나 진리를 현실 속에 구현하는 과정에는 현실의 조건이 많은 난관으로 나타날 수가 있다.

세속적인 욕망이나 허위 등이 진리의 실현을 방해하는 역할을 할 때 이러한 세력은 사악함이나 이단으로 배척함으로써 진리의 실현이 보호될 수 있게 된다. 따라서 이단의 배척은 진리의 옹호를 위한 기본적인 수단이 되고 있는 것이다. 여기에 벽위에서는 벽사가 수단이고 위정이 목적인 것으로 이해할 수 있고, 또한 벽사와 위정이 진리 실현에 표리관계를 이루는 필연적인 양면이라 이해할 수도 있다.

闢衛의 이념이 강화되는 사상사적 현장에서는 한편으로 진리의 개념이 더욱 명백하고 엄격하게 규정되어가는 현장을 볼 수 있으며, 다른 한편으로 사상의 분열이 심화되어 혼란에 이를 정도로 기준이 확립되지 못하는 현실적 문제점이 대두하는 것을 보게 된다. 다시 말하면 진리가 더욱 높은 수준으로 밝혀질 때와 진리가 사상사적 혼란기에 위기를 겪게 될 때에 闢衛論이 강화될 수 있다는 것이다. 벽위는 진리의 실현을 위한 방법적 체계이지만 때로는 진리를 고착화시키고 보수적이고 폐쇄적으로 사회체제나 이념체제를 유지하기 위한 역할을 하는 것으로 작용할 수 있다. 혼란을 극복하고 진리의 이념적 기반을 확보하는 긍정적 기능으로 나타날 수 있지만 사상의 자유를 억압하고 고정된 규범체계에 순종만을 강요하는 부정적 기능으로도 나타날 수 있다는 점에서 벽위론도 진리를 실현하는 방법체계이지만 언제나 진정한 진리의 빛으로 비판적 검토를 받아야 할 것으로 보인다.

　　유교이념과 유교사를 통해 본다면 벽위론의 이념적 근원은 堯·舜 이래로 진리를 밝히는 과정에서 언제나 벽위의 활동이 함께 있었던 것이라 하겠다. 道를 밝히고 德을 닦는 모든 행위의 모범은 언제나 도와 덕에 배반되는 것을 배격하는 활동이 병행되는 것이다. 요임금이 순임금에게 전해준 가르침의 핵심은 "진실로 그 중용을 잡으라."는 것이다. 이것은 곧 유교에 있어서 진리 곧 도의 요체라 할 수 있다. 여기서 순임금이 禹임금에게 교시할 때에는 "人心은 오직 위태롭고 道心은 오직 희미하니, 오로지 정밀하고 한결같이 하여 진실로 그 중용을 잡으라."는 것이었다. 인심이 위태롭다는 것은 진리의 실현이 현실 속에서 항상 위기에 놓여 있음을 지적하고, 도심이 희미하다는 것은 진리는 언제나 밝히기 어렵다는 것을 말한다. 이처럼 진리를 사회적으로 실현하는 과정에 순임금은 4凶의 악한 자를 유배시켰고 湯임금은 桀을 징벌하여 혁명을 했던 것이다.

　　유교사에서 벽위론의 이론적 체계화는 공자가 「春秋」를 편찬한데에서 나타났다. 周 말기의 혼란과 무도한 것을 비판하여 尊王賤覇의 春秋大義를 밝혔다는 것이요 「춘추」를 지음으로써 亂臣賊子가 두려워하게 되었다 한다. 그리고 공자를 계승하여 맹자는 전국시대에 횡행하던 사상 조류로서 楊朱와 墨翟의 사상을 '아비를 아비로 여기지 않고'(無父), '임금을 임금으로 여기지 않는다.'(無君)고 비판하여 이들을 이단으로 규정지어 배척하였다. 맹자는 우임금이 홍수를 다스린 사실이나, 周公이 오랑캐를 회유하고 맹수를 몰아낸 일이나, 공자가 「춘추」를 지은 사실이 진리를 실현하기 위해 사악함을 제거하는 벽위론의 전통을 이루는 것으로 파악하였던 것이다. 따라서 그는 자신의 한 사명으로서 '사람들의 마음을 바로잡고, 邪說을 없애고, 치우친 행동을 막으며, 방자한 말을 몰아내는 것을 제시하였으며, 이것이 聖人의 진리를 지키고 실현하는 방법을 계승하는 것임을 언급하였다. 맹자 이후 벽위론의 뚜렷한 업적을 남긴 인물로서 唐대의 韓愈를 꼽을 수 있다. 그는 그 당시

전성시대를 이룬 불교신앙에 대해 배척하는 「佛骨表」를 지었고, 유교 이념을 밝힌 <原道> 등의 저술을 하여 벽위론의 실천적 선두에 섰다. 그러나 벽위론의 사상사적 확립은 宋代에 이르러 성취되었던 것이다. 周敦頤에서 朱熹에 이르기까지 송대 道學이 정립되는 과정에서 기본적 인 과제는 道의 철학적 근거를 유교이념으로 천명하는 것이며, 여기서 佛敎와 老莊哲學에 대한 비판과 배척이 종교문제로 대두되었다. 주희 에 의해 송대 도학의 사상체계를 정리하면서 편집된 「近思錄」에서는 <辨異端類>를 한 분야로 독립시켜 다루었다. 여기서 전국시대에 맹자 가 물리친 楊朱·墨翟보다 그 시대에 불교와 노장사상이 더욱 해로운 것임을 주장하고 있었다. 그 이후 주자학에 대해 明代에 양명학이 등 장하면서 두 학파 사이의 대립에서는 벽위론의 성격을 띠는 정통성의 확보를 위한 논쟁이 발생하였으며, 서양종교와 사상이 전파되어온 17 세기 이후에서 19세기까지 기독교에 대해 벽위론이 강력하게 대두하 게 되었음을 볼 수 있다.

우리나라의 유교사에 있어서는 삼국시대에 대체로 유·불·도 三 敎 융화론의 전통이 형성되었으나 고려 말엽에 주자학이 전래하면서 불교를 배척하는 벽위론이 강력하게 등장하였다. 이때의 대표적인 문헌으로 鄭道傳의 「佛氏雜辨」을 들 수 있으며, 이것은 조선왕조 건 설초기에 불교를 배척하고 유교이념을 천명하기 위한 불교비판의 이 론적 체계화를 시도한 저술이다. 그리고 조선조 중반기에 주자학이 성리학의 철학적 이론체계로서 정립되었을 때 한편으로 양명학을 비 판하는 李滉의 「傳習錄論辨」이 제시되기도 하였고 다른 한편으로 李 滉과 李珥에 있어서 정리학설의 차이는 그 이후 학파의 분열이 일어 나고 대립이 심화되면서 벽위론적 입장에서 상호 비판이 일어나기도 하였다. 그러나 한국 유교사에 있어서 벽위론의 두 가지 기본 형태 로서는 먼저 고려 말과 조선 초기에 형성되어 지속된 불교에 대한 배척이 있고, 다음으로 조선 후기 특히 18세기 이후 천주교의 전래

에 따라 천주교에 대한 배척으로 저의 벽위론이 있다고 하겠다. 그
리고 조선후기의 천주교 신앙에 대한 벽위론적 활동에서는 정부의
엄중한 금압정책에 따라 많은 순교자들이 나타나게 되었으며, 또한
19세기 후반에 이르러 서양과 일본의 침략세력에 위협을 받을 때
벽위론은 守舊派의 이념 배경을 이루기도 하고 민족의식의 발생을
자극하기도 하는 역할을 담당하였던 것이다.

　기독교 배척의 이념체계로써 벽위론이 등장하는 18세기 이후의
문헌으로서 초기의 것으로 李瀷의 「天主實義跋」에서는 천주교가 幻
迹을 말하여 어리석은 사람을 미혹시킨다고 지적하고 있으며, 安鼎
福의 「天學問答」이나 愼後聃의 「西學辨」, 李獻慶의 「天學問答」, 洪正
河의 「證疑要旨」 등은 기독교 교리에 대한 이론적 비판이 관심의 초
점이었다. 그러나 19세기 이후 李恒老의 「闢邪錄辨」, 李正觀의 「闢
邪辨證」, 金致振의 「斥邪論」, 金平默의 「闢邪錄」, 黃泌秀의 「斥邪說」
등에 이르면 교리비판에 있어서 이론적 합리성의 추구보다는 배척적
증오감의 증대와 더불어 벽위론의 이념적 고착화가 일어나는 현상을
엿볼 수 있게 된다. 그다음 시기로서 개항 이후 19세기 말엽과 20세
기 초에 걸려서 한편으로 주자학파의 排淸義理와 결합된 기독교 배
척을 계승하면서도 다른 한편으로 유교 전통의 동요를 막기 위해서
유교이념을 재천명하려는 벽위론의 새로운 양상을 띠는 宋秉稷이 편
찬한 「尊華錄」, 許𢢫이 편찬한 「大東正路」를 볼 수 있으며, 전 시대
의 사료를 재편집한 李晚采의 「闢衛編」이 출간되고 있음을 보게 된
다. 그러나 1930년대 이후에는 벽위론의 배척태도가 아니라 유교이
념의 자기개혁을 추구하는 시대적 조류에 따라 벽위론도 신속히 쇠
퇴하였던 것이 현실이다.

2) 尊華錄

(1) 編纂의 背景

「尊華錄」은 高宗 37년(1900)에 간행되었으니 바로 19세기가 끝나고 20세기가 시작되는 世紀의 轉換期에 출현한 문헌이다. 이 책의 編纂者인 宋秉稷은 우리 민족의 近代史에서 이 激動期에 겪었던 역사의 진통을 절실하게 체험하였던 인물로서 자신의 신념을 입증할 수 있는 문헌적 사료를 수집함으로써 일종의 思想史的 성격을 띤 「尊華錄」(6卷 3冊)을 편찬하였던 것이다.

「尊華錄」의 편찬은 주로 1899년까지 이루어졌던 것으로 보인다. 본책의 卷6 마지막 부분에서는 1899년의 자료인 高宗의 「綸音」과 「太學通文」이 실려 있으며, 또한 勉庵 崔益鉉이 1899년 7월 下旬에 序文을 썼던 것으로 보아 그 이전까지 대부분의 내용에 대한 편집을 마쳤을 것이다. 그리고 본 책 卷5 끝에 실린 李爕의 「三烈士傳」에는 李爕 자신이 崇禎紀元後五周庚子 遯之哉生明(1900년 6월 3일)에 썼던 「追書」가 附記되어 있다. 이 부분은 편집이 완료되고 奇宇萬과 尹錫鳳의 跋文도 이루어진 다음에 마지막 단계에서 추가로 삽입되었을 것이다. 그리고 책 끝 부분에 실린 吳鶴根의 記文이 1900년 9월 14일에 쓴 것으로 보아 刊行이 완료된 것은 그해 9월 이후로 보인다.

「尊華錄」의 맨 끝에는 校正을 본 사람의 명단으로 鄭世基 外 17名의 刊板有司로 吳奎照 外 7名과 別有司로 柳重龜 外 21名의 姓名과 居住地를 밝히고 있다. 이들 중 公州人이 9명으로 가장 많아 편찬자와의 지역적 연고가 작용된 것을 짐작할 수 있고, 또한 대부분이 忠淸·全羅道의 인물인 것으로 편찬자의 활동범위를 엿볼 수 있지만, 校正에 平壤의 鮮于然이나 別有司에 安邊의 全濟學이 참여하는 것으로 보아 그 범위가 전국에 가깝다 하겠다. 이처럼 하나의 편찬 서적을 간행하는데 48명의 명단과 거주지를 밝히고 있는 것은 한 권의 「尊華錄」을 편집하고 간행하는 일이 편찬자 개인이나 家門의 私私로운 일이 아니라 全國 儒林의 公義에서 이루어지는 것임을 의도적으로 제시하고 있음을 알겠다.

(2) 編者의 活動과 尊華錄 編纂의 動機

編者 宋秉稷은 尤庵 宋時烈의 9世孫으로 字는 舜官이요 號는 敬庵이다. 그는 行跡이 별로 뚜렷하게 드러나지 않은 한 사람의 布衣 선비였다. 高宗 32년(乙未 1895) 8월 日本公使 三浦梧樓의 凶謀로 閔妃가 日人의 손에 弑害되고, 같은 해 11월 金弘集總理의 親日內閣에 의해 斷髮令이 내려지자, 地方의 儒林들이 奮然히 일어나 復讐와 討賊을 주장하여 전국적으로 義兵을 일으켰다. 이때 洪州(現洪城)에서 金福漢·洪楗 등이 擧義하자 地方儒生으로 宋秉稷 등은 이 義兵에 가담하였다. 宋秉稷은 선두에 나서서 활약하였고 西部召募官의 職을 띠고 있었다. 이때 金福漢이 36세 때이었고 宋秉稷도 이보다 젊은 靑年이었음을 짐작할 수 있다. (志山集, 卷15, 附錄年譜 乙未 12月條 참조) 이 義擧는 洪州牧使 李勝宇가 變心하자 모두 체포되어 실패로 끝났고 金福漢은 10年 流刑 宋秉稷 등은 3년 懲役刑의 宣告를 받았으나 1896년 2월 高宗의 俄館播遷 이후 特旨에 의해 釋放되었다.

丙子修好條約을 맺은 이후 外國과의 交流가 점차 擴大되자 文物의 적극적 導入과 制度의 改革을 주장하는 開化論이 확립되었다. 開化派의 勢力은 甲申政變(1884)과 甲午更張(1894)을 일으켜 舊制度의 一大革新을 추구하였으며, 이들의 試圖는 실패하였더라도 大勢는 改革을 계속해가고 있었다. 이때 전통적 사회체제에 安住하던 儒林들은 이러한 개혁이 外國勢力을 끌어들여 國家의 自主權을 위협한다는 사실과 또한 儒敎的 道德規範을 파괴하여 社會秩序의 傳統性을 무너뜨린다는 사실에 절박한 危機意識 속에서 抵抗的 입장을 취하고 있었다. 특히 甲午更張에서 學制의 改革을 통해 전통사회의 理念的 中樞이었던 成均館의 지위를 낮추고 역할을 輕視하자 이러한 조처를 儒敎的 價値秩序에 대한 근본적 挑戰이요 否定으로 받아들이지 않을 수 없었다. 이러한 狀況에서 宋秉稷은 儒生의 신분으로 1898년(光武 2년) 上疏를 올려 國母弑害에 대한 復讐를 주장하고 王權의 沈滯와 倫常의 墮落을 비판하면서 그 해결 방법으로서 儒敎聖人을 尊崇하고 儒敎敎育을 강화하여야 할 것을 力說하였다. 이러한 주장은 당시 儒林의 일반적 입장을 대변하는 것이지만 특히 宋秉稷은 西歐의 近代文物에 대한 排斥의 態度에 그치는 것이 아니라 當時의 전통사회가 붕괴위기에 놓인 原因을 儒敎理念의 衰退로 규정하고 그 復興策을 강구하려는데 특징적인 입장을 보여주었다. 그가 「尊華錄」을 편찬하였던 基本動機는 開化의 潮流에 휩쓸리는 傳統理念을 다시 일으켜 세우기 위한 근본적인 基盤을 再樹立 하려는 것이었으며 그만큼 悲壯한 것이었다. 따라서 崔益鉉도 序文에서 "오늘에 이미 마음을 바꾸고 성품을 변화시켜 옛 聖人께서 하신 일이나 말씀을 모두 쓸데없는 것이라 하여 버렸으니 홀로 「尊華錄」 하나가 무슨 힘이 되리오. 宋君의 뜻이 진실로 슬프다"라고 그 안타까움을 토로하였다.

宋秉稷의 後期活動은 더욱 뚜렷한 것을 알기 어렵다. 한 가지 들자면 日人들이 儒林의 排日抵抗의 근원을 막기 위해 萬東廟碑를 파괴하여 땅에 묻고 「宋子大全」의 刻板을 불태웠던 일이 있은 다음 그는 「宋子大全」을 復刊하기 위한 계획을 세웠던 것 같다. 그러나 金福漢이 日人의 許可를 받아 「宋子大을 刊行하는 것은 尤庵을 辱되게 하는 것이라는 반대를 받고 그만두었던 일全」이 있었던 것으로 보인다. (志山集, 卷3, 與宋舜官). 어떻든 그는 韓末에 尊華攘夷의 義理를 주창하였던 儒林의 한 청년이었고, 그의 신념은 文獻을 편찬하여 그 義理를 萬世에 傳하려 하였으며 亡國의 悲運 속에서도 신념을 굽히지 않고 살았던 志士의 한 사람이었던 것이다. 그는 時代의 指導的

思想家는 아니지만 當時의 儒學者의 思想을 명백하게 정리하고 대변하는 일을 맡았다고 하겠다.

(3)「尊華錄」의 編輯 體制

「尊華錄」全篇을 통하여 尊中華의 道를 밝히기 위한 근거로서 太學의 制度를 문제 삼고 太學에서 培養된 士氣가 國難에 발휘된 양상으로서 復讐倡義의 사실을 문제 삼는 두 가지 主題가 體用을 이루고 있다. 그리고 편집의 大旨는 첫머리에 立學典常을 記述하고 중간에서 斥和文과 倡義事를 취급하고 끝에서 다시 尊聖疏를 실어 始言·中散·末合의 一貫性을 보여준다. 編者는 全 6卷의 本書에 各卷의 收錄內容과 思想的 意義를 凡例에서 잘 밝혀주고 있다

卷1, <建學→從祀東賢>; 道를 높이고 時學을 勸勉하기 위함이다.
卷2, <禮樂→御製>; 禮樂이 君上으로부터 나옴을 밝히기 위함이다.
卷3, <太學紀蹟→請復皇廟疏>; 大一統의 義理를 밝히기 위함이다.
卷4, 斥邪와 斥和를 다룸, <綸音→綸音>; 君上이 마땅히 斥邪를 하되 民心과 하나가 되어야함을 밝히기 위함이다.
卷5, 討攘에 관한 글을 실음, <辨改服疏→六義三烈之死節>; 毁服毁形의 與否가 華夷를 판가름하는데 중요하여 죽음을 무릅쓰고 따를 수 없다는 義理를 밝히기 위함이다.
卷6, <尊聖疏→太學通文>; 聖人을 높이기 위해서는 그 道와 그 敎는 孝에서 시작되는 것이요, 孝는 喪을 잘 지키는 것이 重大함을 깨우치기 위함이다.

(4)「尊華錄」의 收錄內容

위에서 본 바와 같이 編者는 이러한 條理 있고 組織的인 편집 체제에 따른 本書의 내용을 目次에 따라 여기서 檢討해 보겠다.

「尊華錄序」

   -崔益鉉, 1899년 7월 下旬.

   -洪承運, 1900년 7월.

   -李佐承, 1900년 7월 16일.∝들여ㄱ끝

卷一.

「建學」-<太學志>(正祖 9년 成均館大司成 閔鍾顯이 편찬) 卷1의 「建置」첫머리를 收錄.

「文廟」-<太學志>(以下 <志>로 略稱) 卷一의 「廟宇」에서 발췌함.

「學舍」-<志> 卷1 「學舍」에서 발췌함.

「享祀」-<志> 券1 「享祀」章 첫머리를 수록.

「聖賢位次」・「從祀東賢」-<志> 卷1의 「位次」・「從祀」項과 卷2의 「聖賢姓名爵號」項을 종합하여 간추렸다. 다만 <太學志>에서 中國聖賢과 東國聖賢을 함께 記述한 것을 別項으로 구분하였다. 東賢의 位次에서는 <太學志>가 편찬되었던 正祖 9년 이후 從祀된 金麟厚・趙憲・金集이 추가됨으로 東西의 배열도 바뀌었음을 보여 준다.

卷二.

「禮樂」-<志> 卷2의 「禮樂」章 첫머리를 수록.

「文廟位版」-<志> 卷2의 「奉安規制」項을 발췌.

「釋奠視學」-<志> 卷3의 「釋奠視學」項을 발췌.

「附 有司視學」-同上 「附 有司視學」項을 발췌

「樂章」-同上 「樂章」項을 수록.

「酌獻入學」・「王世子酌獻入學」-<志> 卷4와 같은 題目項과 章에서 발췌.

「辨祀」-<志> 卷4의 「告由祭」・「慰安祭」・「禮成祭」・「焚香」項을 발췌하고 中祀・小祀의 경우에 대해 添記.

「大射, 附樂章」・「大酺」・「養老」-<志> 卷4의 같은 題目 項을 발췌.

「職官」・「成均館殿最」・「訓誨」・「陣請」-<志> 卷5의 같은 題目

項에서 발췌.

「章甫」-<志> 卷5의 「章甫」章 첫머리를 수록.

「館學儒生」·「齋儒服色」·<志> 卷5의 「學令」·「齋規」·「寄齋」에
서 발췌.

「食堂」·「捲堂」·「附空館」·「儒疏」·「進箋」·「儒罰」-<志> 卷6의
같은 제목 項에서 발췌.

「教化」·「崇報」·「造士」·「闢異」-<志> 卷6, 卷7의 같은 제목 章
또는 項에서 발췌.

「餼廩」·「供給」·「賜子」-<志> 卷7의 「餼廩」章 各 項에서 발췌.

「選舉」·「旋招」·「志」 卷7의 「選舉」章에서 발췌. <志> 卷8에 실
린 내용은 略하고 「選舉」의 題名 아래 「詳見太學志」라 하여 引用文
獻이 <太學志>임을 직접 밝히고 있다.

「事實」·「御製」-<志> 卷9의 같은 제목 章에서 발췌.

卷三.

「紀蹟」-<志> 卷9 「紀蹟」項에서 卞季良의 文廟碑文과 李廷龜의
文廟碑陰記를 수록.

「明倫堂記」-同上 「紀蹟」項에서 成侃의 明倫堂紀와 宋時烈의 丕闡
堂記를 수록.

「闕里事蹟」-<太學志>에 실려 있는 것이 아니고 <太學成典>(作者
未詳)에서 인용한 것으로 中國 國子監의 事蹟을 소개하고 있음.

「歷代學政祀典總敍」-<志> 卷11·12의 「古今學政祀典總叙」項을
발췌, (以上으로 <太學志>抄錄마감)

「庚寅故事」-金履陽(1755~1845)이 純祖 33년(1833) 赴燕使를 따
라가는 李鎭九에게 주는 序文·崇明義理를 강조하고 있다.

「政府草記」-高宗 12년(1875) 議政府奏本으로 明朝 實錄의 購入經
緯를 밝히고 印刊을 請하는 崇明義理를 보여준다.

「綸音」-上記 奏請에 따라 그해 12월 高宗의 詔旨.

「朝宗巖大統壇記」-南宮源撰, 1899년 1월, 加平의 朝宗巖과 明神宗·毅宗을 모신 大統壇의 事蹟을 記述하여 崇明義理를 강조하였다.

「送迎詞」-大統壇의 祭享(明太祖의 創業日인 正月 四日)에 쓰는 迎辭와 送辭 各 3章.

「祝版」-大統壇 祭享의 祝版.

「皇廟復設疏」-任憲晦(1811~1876)가 高宗 2년(1865) 올린 上疏. 高宗 2년 大院君이 萬東廟를 撤廢하였으나 明朝에 대한 再造之恩을 들어 復設을 요청하고 있다.

卷四.

「斥邪」-純祖 1년(1801)의 辛酉邪獄에 대해 간략히 기술하였다.

「斥邪綸音」-憲宗 5년(1839) 10월에 己亥邪獄으로 인하여 儒教의 倫常을 밝히고 天主教 教理를 批判한 綸音. 趙寅永이 製進한 것임.

「斥和疏」-高宗 3년(1866) 9월 21일에 올린 李恒老의 「辭工曹參判三疏」(華西集, 卷3)로서 丙寅洋擾에 대한 대책으로 宮中의 洋物을 燒却하고 交易을 끊을 것을 주장하였다.

「疏」-高宗 3년 8월 16일에 올린 奇正鎭의 「丙寅疏一」(蘆沙集, 卷3)이다. 이 上疏에서 ① 정부의 입장을 먼저 결정할 것. ② 外交의 辭令을 당당하게 할 것, ③ 地形을 살필 것, ④ 군사를 조련할 것, ⑤ 求言하여 言路를 열 것, ⑥ 內修를 힘써 外攘의 근본을 삼을 것 等 6條의 對策을 제시하고 있다.

「疏」-高宗 18년(1881) 2월 嶺南儒生 李晩孫 등이 올린 이른바 「嶺南萬人疏」이다. 1880년 修信使 金弘集이 日本에서 돌아와 黃遵憲의 「朝鮮策略」을 정부에 제시하여 西洋 및 日本과의 通交를 권유하자 嶺南儒林들이 강력한 集團的 斥邪運動을 일으켰다. 疏의 끝에 高宗이 이 疏를 물리치는 批答을 批記하고 있다.

「與嶠南疏廳書」-高宗 18년 金平默이 李晩孫 등의 疏廳에 보냈던 편지인 「擬與嶺南疏儒」(重庵集, 卷17)이다. 金平默은 이 書翰에서 嶺

南人의 斥邪 義理를 稱頌하였다 하여 老論들로부터 비난까지 받았던 일이 있다. (重庵集, 附錄 卷5, 年譜 辛巳 2月條)

「疏」－高宗 18년의 辛巳斥邪運動에서 華西門人인 洪在鶴이 극렬한 斥邪論을 주장하고 高宗의 外勢에 대한 관용적 태도를 비판하는 上疏이다. 이 上疏로 洪在鶴은 處刑되었다.

「疏」－高宗 19年(1882) 壬午에 儒生 白樂寬(1846~1883)이 斥洋・斥倭를 주장하고 歷代의 憂國的 斥外護國의 事實로 引證하는 上疏를 올린 것이다. 이 上疏로 그는 濟州에 流配되었으며 그 批答이 添記되어 있다.

「綸音」－高宗 18년 儒林의 辛巳斥邪運動이 격렬하게 일어나자 高宗도 斥邪衛正의 입장을 밝히는 綸音을 내리게 된 것이다.

卷五.

「辨改服疏」－高宗 21년(1884) 判府事 宋近洙가 甲申年 服制改革에 반대하여 先王의 法服을 지킬 것을 주장하는 上疏.

「疏」－高宗 21년 大司憲 宋秉璿이 服制改革을 반대하는 上疏.

「說」－甲申年 6月 服制改革令에 대해, 柳重教가 華夷論의 입장에서 비판하는 글. (省齋集, 卷34, 雜著・甲申變服令後示書社諸子)

「倡義檄文」－乙未(1895) 閔妃弑害 이후 堤川에서 柳麟錫과 함께 義兵을 일으켰던 省齋門人 朱庸奎의 檄文.

「檄文」－乙未年 安東에서 義兵을 일으켰던 權世淵의 倡義檄文.

「檄文」－晋州에서 乙未義兵을 일으켰던 勉庵門下의 盧應奎가 띄운 檄文.

「檄古文」－高宗 33년(1896) 7월 20일 柳麟錫은 義兵이 敗하자 遼東으로 들어가려 할 때 압록강변 楚山의 阿城에서 띄운 「再檄百官文」(毅庵集, 卷45). 그는 開化派를 販君賣國之徒라 비판하고 春秋大義에 따라 復參討罪를 주장하고 있다.

「廻通」－朴魯述이 長城에서 乙未義兵을 일으키는 奇宇萬을 지원하는 通文.

「駐陳錦城祭健齋金先生文」-湖南地方에서 義兵을 일으켰던 林基洛·奇東參·梁相泰·奇宰·李承鶴·奇東老·奇楗衍 등이 錦城(羅州)에 駐屯하면서 壬辰倭亂 때의 義兵將 金千鎰의 祠堂에 드린 祭文.

「禁府拱辭」-洪城에서 乙未義兵을 일으키다 체포된 金福漢·李偰·洪麟·宋秉稷·李相麟·安炳瓚이 이듬해 봄 禁府에 바친 供辭.

「宣告文」-위의 6人에 대한 漢城裁判所의 宣告文.

「特旨」-위의 6人을 釋放시키라는 高宗의 特旨. 그들이 有罪이나 그 뜻이 復讐討逆에 있음을 인정하고 있다.

「自明疏」-高宗 33년 5월 柳麟錫이 宣諭使 張基濂의 官兵에 敗하여 義兵을 이끌고 旌善에 물러나서 義兵을 解散할 수 없는 大義를 주장하는 「西行時在旌善上疏」(毅庵集, 卷4).

「布告天下文」-高宗 33년 2월 7일 郭鍾錫·姜龜相·尹冑夏·李承熙·張完相·李斗勳 등이 乙未年의 日人이 逆臣과 결탁하여 王妃를 弑害하고 王을 剃髮하게 한 罪를 世界 各國에 알려서 懲討하기 위하여 러시아·영국·프랑스·미국·독일 公館에 보낸 布告文.

「復讐疏」-高宗 34년(1897)에 儒生 金雲洛 등이 올린 上疏. 乙未年 事件에 대해 日本人과 開化派를 凶逆으로 비판하고 있다. 물리치는 批旨를 附記.

「疏」-高宗 34년 儒生 沈宜承 등의 討倭逆上疏. 물리치는 批旨를 附記.

「疏」-高宗 34년 儒生 蔡光默 등의 上疏. 내용은 위와 類似. 물리치는 批旨를 附記.

「太學疏」-高宗 34년 太學生 李秀丙 등의 上疏, 위와 類似. 물리치는 批旨를 附記.

「九龍問答」-柳重教의 族弟되는 柳重岳(1843~1909)이 開化派와 倡義派의 어느 쪽이 忠이고 逆인가, 또는 宣諭使가 와도 義兵을 罷

하지 않는 이유는 무엇인가의 문제를 問答으로 밝히는 글.

「遺疏」-林㝡洙(未詳)가 綱常을 내세워 逆臣을 규탄하고 죽으면서 남긴 疏

「六義士贊」-毅庵과 더불어 義兵運動을 하다가 殉節한 李春永·朱庸奎·徐相烈·安承禹·李範直·洪思九의 忠義를 贊한 글.

「三烈士傳」-乙未事變과 斷髮令에 머리를 깎인데 痛忿하여 自決한 李重卨와 문을 닫아걸고 斷食하여 春秋經을 안고 죽은 李興宰와 바다에 投身한 蔡相默 등 세 사람의 節義를 기록하고 그 밖의 다수 인물들을 追記하였다.

卷六.

「尊聖疏」-高宗 32년(1895) 參判 李載崑이 甲午更張으로 新制學校를 설치하면서 成均館을 아무 곳에도 所屬시키지 않아 황폐하게 되는 것을 是正하도록 요구하는 上疏. 閣議에 회부하라는 批答을 附記.

「疏」-高宗 34년(1897) 成均館直員 李能宰가 文廟告由祭의 祝式에 「皇帝遣臣某官致祭」라 한 것을 「皇帝謹遣某官敢昭告」로 고쳐줄 것을 요청한 上疏. 君王의 聖賢에 대한 恭敬의 자세를 요구하는 것이다. 是認하는 批答을 附記.

「疏」-高宗 35년(1898) 太學生 沈宜性이 君王의 尊聖致敬을 요구하는 上疏.

「疏」-高宗 35년 儒生 兪致元이 化民成俗을 위해 道를 講磨하는 學校의 중요성을 力說하며 甲午改革으로 太學이 頹落함을 막기 위해 절감했던 學田·給結을 돌려주도록 요청하는 上疏. 완곡한 거절의 批答이 附記되어 있다.

「疏」-高宗 35년 本書의 宋秉稷이 올린 斥邪復讐와 興學衛正을 주장하는 강경한 上疏이다. 明義尊道라 하여 嘉納하는 批答이 附記되어 있다.

「綸音」-高宗 36年(1899) 3월 高宗 自身이 儒敎를 우리의 宗敎라

再確認하고 東宮과 더불어 자신이 一國儒教之宗主가 되겠다고 確言하며, 成均館官制章程을 改正하도록 命令하는 綸音이다. 당시 儒林의 要求에 適應하는 것이지만 開化의 大勢를 逆行할 수는 없는 현실이었다.

「獻議樞院」-高宗의 綸音을 보고 疏廳에서 中樞院에 올린 獻議. 綱常의 倫理를 강조하고 名分을 바로 잡도록 建議하고 있다.

「附通文」-綸音에 따라 八道校宮에 보낸 通文으로서 忠孝의 道를 따르되 淸議를 지니고 正道를 지키기를 촉구하고 있다. 朝令이라도 非義에서 나온 것은 聖人의 道와 말씀을 근거로 諫爭할 수 있는 士氣를 중요시하고 있다.

「太學通文」-沈鍾慶·成樂賢 등이 高宗 36년의 綸音을 받은 뒤 綱常과 禮法을 실천하도록 촉구하는 通文

「記」-吳鶴根, 1900년 9원 14일.

「跋」-奇宇萬, 1900년 5월.

  -尹錫鳳, 1900년 5월 下旬.

  -李復求, 1900년 9월 3일.

(本書에는 收錄되지 않았지만 省齋門下의 李根元이 撰한 「尊華錄跋」이 <錦溪集> 券16에 실려 있음.)

(5) 「尊華錄」의 文獻的 價値와 思想史的 意義

「尊華錄」6谷 3冊은 太學 制度에 관해 44項, 崇明義理에 관해 7項, 斥邪·斥和論에 관해 9項, 改服令에 반대하는 주장으로 3項, 倡義·討倭에 관해 19項, 太學과 儒教의 中興을 주장하는 衛正論에 관해 7項 등 總 89項에 걸쳐 斥邪衛正論의 思想을 광범하게 체계화시켜 주었다. 특히 「尊華錄」은 19世紀의 全期間에 걸친 多樣한 史料를 斥邪衛正·尊華攘夷의 一貫된 精神으로 整理하고 있기에 각 個別資料들을 思想의 全體系 속에서 갖는 意味와 脈絡을 잘 밝혀주고 있다.

　朝鮮朝 後期에 西勢의 壓迫과 더불어 斥邪衛正論이 高潮되자 이러한 입장에서 一連의 編輯文獻들이 나타났었다. 李基慶에서 그의 玄孫 李晩采에 이르는 동안 編纂된 「闢衛篇」(1931)이나 尹宗儀(1805~1887)가 편찬한 「闢衛新篇」(1848), 華西門人인 洪在龜의 「衛正新書」, 柳聖存의 「斥洋錄」 등이 「尊華錄」을 前後하여 편찬되었다. 여기서 이들 문헌들이 대부분 斥邪論에 초점을 맞추고 있는 批判的 태도를 지닌 데 비하여 「尊華錄」은 격렬한 斥邪·討賊의 주장을 포함하면서도 尊聖崇道의 衛正論을 始終으로 꿰뚫고 있음으로써 斥邪衛正論의 文獻 가운데서 특징적인 성격을 지니고 있음을 지적할 수 있다.

　우선 이 「尊華錄」一部는 時代思想의 한 流派를 代辯하고 있다는 점에서 本書가 思想史的 資料의 結集임을 쉽게 알 수 있다. 물론 開化가 歷史의 大勢를 이루고 있을 때 이에 대한 批判과 傳統秩序의 保守的 維持를 주장하는 本書의 입장은 反動的이라 할 수도 있을 것이다. 그러나 本書에 담긴 民族의 傳統을 保存守護하려는 意志와 外勢에 대한 抵抗精神은 우리 民族史의, 正統性과 自主性을 위한 執念을 생생하게 제시해주고 있다. 따라서 本書는 일차적으로 한 時代에 있어서 民族精神史의 結晶을 보여주는 文獻이다.

　다음으로 「尊華錄」은 華夷論과 崇明義理에서 文化的 正統性과 政治的 自主性에 內在하는 하나의 問題點을 우리에게 남겨준다. 尊華와 崇明은 그 時代의 狀況 속에서는 一致를 이루지만 오늘날에서 보면 矛盾을 內包하는 것으로 파악되기도 한다. 事大義理는 攘夷斥洋의 自主精神을 뒷받침해 주었지만 民族意識을 培養하는 規範이 될 수는 없는 것이다. 따라서 本書에 나타난 時代思想에 대하여 前近代社會의 秩序를 克服하지 못한 意識構造의 限界를 批判的으로 이해할 필요가 있다. 다만 이 時代的 制約性을 감안한다면 本書에서 尊聖崇道의 文化的 精神價値를 追求하고 發顯하려는 근본입장이 지닌 강한 說得力을 충분히 긍정해줄 수 있다.

또한 「尊華錄」은 전통사회의 儒教理念을 근거로 하는 입장을 통하여 思想史的 轉換期에서 儒教理念의 沒落과 衰退를 막기 위해 그 가치규범의 보편성에 대한 신념과 正統의 繼承·發展을 위한 방법을 진지하고 확고하게 제시하였다. 「太學志」를 간추린 44項이 全量의 3분의 1이 넘고 있는 것은 儒教理念의 사회적 實現을 위한 방법으로 敎育制度의 기능이 얼마나 중요한가를 雄辯해주고 있다. 敎育은 또한 儒教理念의 具現을 위한 필연적 방법인 동시에 우리사회의 가관이나 사회이념을 定立하는데 있어서도 근본적 과제임을 提示해 주는 것이다.

3) 大東正路

舊韓末에 許佽과 郭漢一 등이 편집한 「大東正路」는 유교의 교육제도·도덕규범·이단배척론을 중심으로 하여 한국 유교의 정통성을 체계적으로 밝히려는 문헌이다. 이 책의 편찬연대는 책 첫머리에 실린 金聲根(1835~1918)의 서문이 1902(고종 39)년으로 밝혀 있고, 또 책 끝이 許愈의 발문이 1903(고종 40)년 12월로 기록되어 있는 사실에 비추어 내용 자체는 1902년에 편찬이 완료된 것임을 알 수 있다. 그리고 책 끝에 붙어 있는 刊記에 癸卯新刊, 鎭南藏板이라 기록된 것에서 실제의 간행시기도 1903년에 이루어졌던 사실과 간행장소가 鎭南 곧 統營임을 확인할 수 있다.

「大東正路」는 목판본으로서 6권 3책으로 이루어져 있으며 1권 앞에 목록(卷養)이 실려 있다. 이 卷首에는 목록 이외에 이 책에 나오는 중국과 우리나라의 帝王 명칭들을 수록한 歷代帝王位號가 있고, 이 책에 수록된 우리나라 유학자들의 이름·字·號·諡號·貫鄉을 실었다. 그리고 張錫龍(1823~1906)·金聲根·李南佳(?~1907) 등 세 사람의 서문이 실려 있다. 이 서문에서는 大東正路의 책 명칭이 갖는 의미와 이

책의 기본구성 및 의의를 밝혀준다. 길(路)은 곧 道의 뜻이며, 正路는
치우치고 사특한 길이 아니라 공변되고 정당한 길의 뜻이다. 그것은
서양문물에 대립된 전통으로서의 유교를 강조하기 위한 의도임을 알
수 있다. 그리고 大東은 곧 우리나라이며 우리나라의 유교를 正路로서
밝힘으로써 천하의 正路를 밝히는 데에로 나가야 할 사명을 지적하였
다. 여기서 한국 유교의 민족의식에 입각한 자각이 나타나고 유교의
정통성에 대한 확신과 세계사적인 발휘를 위한 신념을 보여준다. 또
卷首에 실려 있는 東國先賢姓氏에는 이 책에서 언급된 우리나라의 인
물로서 신라시대 10명, 고려시대 31명, 조선시대 238명 및 여성 12명
등 291명의 이름을 열거하고 있다.

「大東正路」 6권의 내용을 전체적으로 보면 공자를 존숭하는 문제
와 유교교육기관인 太學의 제도와 우리나라 儒賢의 도덕적 귀감이
되는 言行과 근세에 전파된 서양의 기독교 신앙에 대한 비판 등 4
가지 문제를 문헌적으로 정리한 것이다. 이 내용은 바로 책 제목에
비추어 볼 때 한국 유교를 새롭게 진작시켜야겠다는 과제를 그 시대
의 현실적 상황에서 적절하게 제시하고 있는 것이라 할 수 있다.

먼저 공자를 존숭하는 문제에 관해서는 권1에서 「歷代崇奉儀」와 「闕
里事蹟」이 실려 있다. 「歷史崇奉儀」는 漢 고조 12년(B. C. 195)에 황제
가 魯를 지나갈 때 太牢를 제물로 드려 공자에게 제사를 드렸다는 기
사에서 시작하여 明 목종 5년(1571) 薛瑄을 공자 廟庭에 從祀하도록
조서를 내렸다는 기사에 이르기까지 역대의 중국 조정에서 공자를 존
중하였던 사실로서 孔子廟와 연관된 것을 수록하고 있다. 이것은 바로
공자 숭배의 역사적 사실로서 중국유교사의 줄거리를 보여주는 것이
다. 「闕里事蹟」은 孔子廟가 있는 闕里의 廟宇와 碑閣·文跡을 비롯하
여 孔林의 수목으로서 楷木·蓍草에 이르기까지 소개하는 것으로 「太
學成典」에서 옮겨 실은 것이다. 이 글은 孔子廟를 유교의 聖地로서 존
중하는 의식 속에서 장엄하고 신비롭게 서술하고 있는데 특징이 있다.

卷1의 후반과 卷2는 「太學儀典」으로 「羅麗遺蹟」 등 42항목에 걸쳐 유교 교육기관의 제도와 의례를 정리하였다. 「羅麗遺蹟」에서는 신라 성덕왕 16년 (717)에 金守忠이 唐에서 공자와 10哲 70弟子의 畵像을 가지고 돌아와 聖廟에 안치하면서 釋奠이 시작되었다는 사실을 비롯하여 고려 공민왕 16년(1367) 李穡이 대사성이 되고 정몽주 등이 교수가 되어 학풍을 진작시켰던 사실까지 文廟를 중심으로 한 우리나라 太學의 역사를 간략히 기록하고 있다. 다음 廟宇의 항목에서는 조선 태조 6년(1397)에 文廟 건립을 지시하는 왕명이 있고 이듬해 文廟가 완성되어 현재 명륜동에 있는 문묘의 설치된 경위와 그 변천과정을 간략하게 기술하였다. 紀蹟 항목에서 卞季良이 지은 文廟碑의 비문을 실어 태조 때 태학의 설치 과정을 소개하고, 李廷龜가 지은 文廟碑陰記를 실어 태학의 교육이념과 설립 경위를 소개하였다. 그리고 뒤이어 성종·중종·선조 때 문묘를 중수한 사실을 기록하고 있다. 「學舍」에서는 태학에 문묘와 병립하여 明倫堂을 중심으로 하는 학교건물의 설치과정과 이에 얽힌 사실들을 기록하였다. 「從祀」 항목에서는 태종 때부터 英祖 40년(1764) 朴世采를 문묘에 종사할 때까지 문묘에 종사하게 된 중국과 우리나라 유현들의 종사 시기를 기록하고 있으며, 「陞黜」 항목에서는 중국 儒賢 가운데 배향의 지위를 높이거나 文廟에서 黜斥된 인물을 기록하였다. 「造位版式」에서는 공자와 4聖·10哲 東西廡의 神位에 쓰이는 位版의 크기를 규정하고 재료를 밤나무로 하며 척도는 周尺을 기준으로 하였음을 밝히고 있다. 「釋奠視學」은 군왕이 친히 獻官이 되어 문묘에 釋奠을 드리는 절차를 기록한 것이고, 잇달아 수록된 「有司釋奠」은 일상적인 석전의 절차를 笏記와 함께 기록한 것이다. 다음 「樂章」은 문묘 祭禮樂에 쓰인 樂章을 수록하고 특히 이전에 奠幣·初獻·徹籩豆에만 樂章이 있던 것을 숙종 때 亞·終獻과 迎神·送神의 악장을 보완하여 완비하게 된 경위를 밝혔다. 釣獻 항목에서는 英祖 32년(1756)

임금이 작헌하는 의의를 교시한 글을 실었고, 「世子釣獻入學」은 왕세자가 문묘에 작헌하고 태학에 입학하는 의례의 절차를 笏記에 따라 기록한 것이다. 「大射」 항목에서는 성종·중종·영조 때 임금이 성균관에서 大射禮를 행하고 교시를 내린 것을 기록하고 있다. 「職官」은 태조 때 성균관의 직제가 설정되고 변천과정과 각 시대에 임명된 중요 인물을 기록하였다. 「講製」에서는 태학의 유생들에 대한 시험 및 평가 제도를 기술하였다.

卷2에서도 「太學儀典」의 계속으로서 「訓誨」에서는 李滉·李植·金昌協이 大司成이 되었을 때 유생들을 訓誨하는 글을 수록하였다. 이어 「學令」·「齋規」·「服色」·「食堂」의 항목에서는 태학 유생들의 생활규칙을 그 발생 연혁과 함께 기술하고 있다. 「空館」과 「儒跡」 항목은 유생들이 장소를 올리라는 제도의 관례와 장소가 받아들여지지 않을 때 聖廟에 참배하고 휴교하는 사례들을 수록하였다. 「儒罰」은 유생들이 자치적으로 非爲가 있는 유생을 퇴학시키는 벌칙제도를 기술한 것이다. 「幸學」은 세조 때 왕세자를 태학에 입학하는 의례를 행하고 연회와 과거를 보였던 사실을 수록하고 있다. 「造士」 항목에서 는 성종·중종·영조 때 임금이 태학의 학풍을 진작시키기 위해 교시를 내린 글을 수록하였다. 「蹟異」에서는 각 시대에 태학 유생들이 불교와 무속 등을 배척하는 상소를 올린 기록을 수록하고 있다. 「賜子」는 세종·성종·효종·영조 때 임금이 태학에 물품이나 약품을 하사한 사실을 기록하였고, 「旋招」에서는 현종과 정조 때 선비를 대우하고 유학을 권장하기 위해 학문을 닦은 선비를 선발하여 천거하라는 綸音 및 敎旨를 수록하였다. 「御製」에서는 영조의 太學享官廳小識並詩와 정조의 宣諭太學生文을 실어 임금이 태학에 관해 깊은 관심을 보이고 있음을 엿볼 수 있게 한다. 「啓聖祠」에서는 숙종 27년(1701) 공자의 부친을 모신 사당을 성균관 서북쪽에 건립한 기사를 수록하고, 영조 35년(1750) 임금과 유생들이 참배하는 의례로서 再拜를 하도록 결정

한 경위를 밝히고 있으며,「祝式」은 계성사에 모셔진 공자와 4聖의
부친에 대한 제향의 축문을 수록한 것이다.「四賢祠」는 숙종 9년
(1683) 임금의 교시와 宋時烈·金壽興·南龍翼 등의 논의에 따라 韓
愈·何蕃·陳東·歐陽澈의 신위를 모시는 사당을 성균관 곁에 짓기로
결정하고, 영조 1년(1725)에 완성되자 崇節祠로 賜額하게 되었던 경
위를 밝혔다.「四學」은 태종 11년(1411) 4부학당의 설치 사실과 학제
를 기술하고「宋學」은 세종 11년(1429) 종친 자제를 교육하기 위해
설치되었음을 밝혔다.「鄕學」에서는 태조 이래 전국에 향교를 설치하
도록 힘쓰고 중종 때부터 鄕約을 실시하여 교화에 힘쓰는 경위를 기
록하였으며,「鄕校儒生員數」는 府·牧·都護府·郡·縣에 따른 향교
의 학생정원을 기록하였다.「州郡養老宴儀」는 지방에서 養老宴을 베
푸는 의례절차를 기술하였고,「鄕飮酒儀」에서도 鄕飮酒禮의 절차와
정조 22년(1798)에 내려진 향촌 교화를 위한 윤음을 수록하였다. 鄕
射儀도 鄕射禮의 의례절차를 기록한 것이다.

「太學儀典」의 끝에 부록으로「興學校」항목이 실려 있다. 이 글은
許昇의 것을 수록한 것으로서, 학교제도의 職官과 교과과정, 재정 및
교육정신을 기술한 것이다.

卷3 및 卷4에서「東賢言行」의 제목아래「立敎」·「明倫」·「敬身」
의 3편으로 우리나라 儒賢의 언행을 정리하였다. 이「東賢言行」편은
본래 安鼎福의 문인인 黃德吉(?~1767)이 편찬한「東賢學則」의 범위
와 편차를 기본으로 하여 증보한 것임을 밝히고 있다. 그리고「立敎
」편은「國學之敎」·「家塾之敎」·「家庭之敎」·「通論」의 4항목으로 되
어 있고,「明倫」편에는「父子之親」·「君臣之義」·「夫婦之別」·「長幼
之序」·「朋友之信」·「通論」의 6항목이 있고「敬身」편에는「心術之要
」·「威儀之則」·「衣服之制」·「飮食之時」·「通論」의 5항목이 들어 있
다. 그리고 각 항목마다 嘉言과 善行을 분류하야 몇 개 조목씩 수록
하였다. 이러한「東賢言行」의 분류체계는「小學」의 분류체계를 재구

성한 것이지만, 이 편이 근거하고 있는 「東賢學則」과 더불어 우리나라
유학자의 언행으로 교육용 교재를 편찬하고 있다는 사실에서 「大東正
路」가 지닌 한국유학의 구체적 체계화를 추구하는 입장이 잘 나타나
고 있는 것이라 할 수 있다.

　卷5와 卷6은 「斥邪論」편으로서 綸音 2편과, 부록으로 愼後聃의 「西
學辨」, 洪正河의 「證疑要旨」 등 5편, 許傳의 「書西學辨後」, 金致振의 「
斥邪論」 8편, 李漢의 「天主實義跋」 등 6종의 서학비판 문헌을 수록하
고 있다. 먼저 綸音에는 「斥邪綸音」과 「尊聖綸音」이 있다. 「斥邪綸音
」은 헌종 5년(1839)에 己亥邪獄이 일어난 다음 내린 綸音으로 趙寅
永이 지은 것으로 李晩采의 「闢衛編」에도 수록되어 있다. 「尊聖綸音」
은 광무 3년(1899) 고종이 내린 綸音으로 우리나라의 종교가 유교임
을 천명하고, 고종 자신과 東官이 우리나라 유교의 宗主임을 밝히며,
공자를 높이고 학제를 개정하여 성균관의 학풍을 진작시키겠다고 선
포하는 것으로 宋秉稷이 편찬한 「尊華錄」(1900년 간행)에도 실려 있
다. 愼後聃의 「西學辨」은 이 책에 실려 있는 것보다 李晩采의 「闢衛
編」에 실려 있는 것이 온전한 모습이다. 「闢衛編」 卷1에 실린 愼後聃
의 「西學辨」은 천주교 문헌으로 畢方齊(Fransiscus Sambiasi)의 「靈
言蠡勺」과 利瑪竇(Matteo Ricci)의 天主實義와 艾儒略(Julius Aleni)
의 「職方外記」에서 문제점을 조목별로 비판한 내용이 수록되어 있다.
「大東正路」에 실린 愼後聃의 「西學辨」은 그의 「西學辨」 가운데 「職
方外記」를 비판한 부분 속에서 특히 서양의 학교제도에 관한 비판 구
절만을 뽑아내어 수록한 것이다. 이러한 점에서 「大東正路」의 편찬
의도가 교육제도에 관심을 집중하고 있다는 사실을 엿볼 수 있다.
「證疑要旨」는 洪正河의 저술이며, 그는 호가 「髥齋」이고 정조 때 인물
이라 기록되어 있는 사실 이외에는 아직 밝혀지지 않았다. 그리고 홍
정하의 척사론에 관한 저술의 명칭도 확실하지 않다. 許傳의 「書西學
辨後」라는 跋文에 의하면 洪正河의 저술과 愼後聃의 저술을 보고 이

跋文을 지은 것이 분명하므로 洪正河의 저술제목도 「西學辨」이 아닐까 짐작되기도 하며, 또한 이 跋文 속에 洪正河의 「四編證疑」라 지적하고 있는 사실을 보아 그의 저술제목이 「四編證疑」라 볼 수도 있을 것이다. 그러나 大東正路에 수록된 것은 「證疑要旨」와 더불어 「實義證疑」·「萬物眞源證疑」·「眞道自證證疑」·「盛世芻蕘證疑」의 5편으로서 실제 서학 문헌에 대한 것은 4편이지만 개괄적인 비판인 「證疑要旨」를 합치면 5편이 되어 「四編證疑」라는 제목과 일치되지 않는 점이 있다. 이 洪正河의 서학비판 저술은 아직 다른 문헌에서 발견되지 않는 것인 만큼 특히 자료적 가치가 큰 것이다. 여기서 「實義證疑」는 利瑪竇(Matteo Ricci)의 「天主實義」를 비판한 것이고, 「萬物眞源證疑」는 艾儒略(Julius Aleni)의 「萬物眞源」에 대해, 「眞道自證證疑」는 沙守信(Emericus de Chavagnac)의 「眞道自證」에 대해 「盛世芻蕘證疑」는 馮秉正(Moyriac de Mailla)의 「盛世芻蕘」에 대해 비판한 것이다. 이 천주교 교리서들은 모두 명나라 말엽 예수회 선교사들의 저술이고 당시 우리나라에 전해져서 신앙인들 뿐 아니라 비판하는 인물에까지 전해질만큼 널리 퍼진 것임을 엿볼 수 있게 한다. 그리고 洪正河의 비판태도를 愼後聃에 비교해 본다면, 愼後聃이 교리의 개념을 성리학의 입장에서 논리적으로 비판하려는 것이요, 洪正河는 서학의 실천규범에 더욱 관심의 비중을 높인 구체적 비판임을 보여주어 비판이론의 전개방향을 살펴볼 수 있다. 「斥邪論」은 철종 7년(1856) 金致振의 저술로서 이 책에서는 원본의 32항목 가운데 「東人問答」·「辨聖事七蹟」·「辨科窄」·「辨婚配」·「辨俗輩虛傳說」·「辨因改」·「總論」·「救弊論」의 8항목만 뽑아 수록하였다. 여기서 金致振의 「斥邪論」 원본 가운데 천주교 교리의 개념적 비판부분을 제외하고 신앙의례나 현실적 실천문제에 관한 비판부분을 주로 발췌하고 있는 사실은 「大東正路」의 편집의도가 실천적 교화에 있음을 확인할 수 있게 한다. 끝에 실려 있는 李瀷의 「天主實義跋」은 서학비판 문헌으로서 우리나라 문헌에 있어서는 가장 초기에 속하는 것이며 「星湖先生文集」에 뿐만 아니라 서학비판저술에 가장 흔히 轉載하고 있는 것이다.

책 끝에는 1903년 12월에 쓴 許愈의 跋文과 같은 해 11월에 쓴 경상남도 관찰사 李載現의 跋文이 실려 있고, 부록으로 이 책의 편집에 관계는 인물의 명단인 「諸有司姓名」이 실려 있다. 이 명단에는 纂集에 許伐·郭漢一, 編次에 趙學元·慶賢秀, 교정에 李承周 외 1인 參訂에 李龍儀 외 2인, 司書에 朴泰雄 외 2인, 간행에 金有光 외 19인, 印出에 柳漢鼎 외 19인이 기록되었다. 이러한 명단을 통하여 이 책의 간행이 公論에 강하게 뒷받침되고 있음을 드러내려는 의도가 엿보인다.

「大東正路」는 편찬된 문헌 자료집이지만 舊韓末의 역사상황 속에서 유교전통의 계승과 진작을 추구하는 집약된 의지를 보여주는 체계적 문헌이므로 그 사상사적 특징과 의의를 선명하게 드러내고 있는 것이다. 그리고 이 책보다 3년 앞서 1900년 간행된 宋秉稷이 편찬한 「尊華錄」과 같은 시기에 유사한 체제와 의도를 가진 것이라는 점에서 좋은 비교가 되고 있으며 「尊華錄」이 기호지방 유학자의 손에 의해 편찬된 것임에 비하여 「大東正路」는 영남지방의 유학자들에 의해 편찬된 것이므로 또 하나의 특징과 대조를 이루고 있는 것이 사실이다.

4) 闢衛編

18세기 후반 正祖 때 천주교가 조선사회에 전파하여 신앙운동으로 전개되면서 19세기 말 고종 때 신앙의 자유가 허용될 때까지, 조선정부는 천주교를 邪敎로 규정하여 禁敎令을 내리고 엄격하게 억압하였다. 이 시기는 천주교 신도들이 박해의 수난을 받았던 기간이지만 조선정부와 전통 유교사회의 입장에는 사교를 다스리는 獄事가 일어난 것으로 이해한다. 「闢衛編」은 주로 18세기 말엽에서 19세기 중엽까지의 천주교 신앙운동을 탄압하는 정부와 유교 집단의 입장에서 정리한 사료이다.

　이 「闢衛編」은 현재 2종의 판본이 있다. 하나는 1931년 서울 闢衛社에서 石仁本으로 간행한 7권 2책의 것으로 편찬자는 李基慶의 4대손인 李晚采이다. 이 판본을 일반적으로 「現行本」이라 일컫는다. 또 하나는 이기경 자신이 편찬한 것으로서 간행되지 않고 4권으로 된 筆寫本으로 양평군 양서면 兩水里의 후손 집안에 전해오는 것이다. 이 두 번째 판본을 일반적으로 「兩水本」이라 한다. 「양수본」은 洪以燮 교수가 학계에 소개하였고, 그 후 이기경 편 「闢衛編」이 1978년 한국 교회사 연구소에서 영인하여 간행하였다. 이른바 「현행본」과 「양수본」의 2종은 이미 모두 간행되어 통용되므로 「현행본」을 이만채 편 「闢衛編」(「이만채」본으로 약칭)으로, 「양수본」을 이기경 편 「闢衛編」(「이기경 본」으로 약칭)으로 일컫는다. 그리고 이 두 판본은 「이만채 본」이 「이기경 본」보다 먼저 간행되었지만 「이기경 본」을 대본으로 하였기 때문에 성립연대는 100년 이상 「이기정 본」이 앞서는 것이고, 두 판본에 내용상 증감의 차이가 현저하여 두 판본 다 자료상 독립적인 가치를 가지고 있다.

　이 두 판본의 기본적인 차이는 자료의 시기적 범위와 자료의 취사선택에서의 분량과 편찬체제에서 나타난다. 먼저 이기경 본은 정조 9년(乙巳, 1785)부터 순조 1년(辛酉, 1801)에 걸친 것이지만 실제의 자료는 1787년(정조 11)부터 1801년까지의 15년간에 걸친 자료를 수집한 것이다. 이에 비하여 이만채본은 서학 관계 사건에 관한 자료의 수록에 있어서도 1785~1856년(철종 7) 사이의 72년간에 걸친 것으로 훨씬 기간이 길다. 이 사실은 이만채 자신의 跋文에서도 밝히고 있는 것처럼 그의 고조부인 이기경 본을 기초로 하고 증조부(李廷謙), 조부(李憙鎭), 백부(李守衡), 부친(李守夏)이 이어가며 편찬하고 그의 형도 보충을 하였던 것으로 그만큼 자료의 시기적 범위가 넓어진 것임을 알 수 있다. 다음으로 자료의 선택과 분량에서도 상당히 두드러진 차이를 보여 준다. 곧 이기경 본은 전체 4권 가운데 권1에서 1785~95년의 자료를 싣고 권2에서 권4 끝까지 1801년 辛酉邪獄에 관련된 사료에 집중하고 있다. 그러나 이만채 본에서는 전체 7권 가운데 권1에서는 서학에 대한 이론적 비판문헌을 발췌하여 수록했고, 권2에서 1785~91년의 사료를 수록하고, 권3에서 1791년 辛亥 珍山事件의 죄인에 대한 처분 기록과 1792~93년의 사료를 수록하였으며. 권4에서 1795~1800년의 사료를 수록하였다. 그리고 권5에서 1801년의 신유사옥에 관한 사료를 수록하였고, 권6에서 1806~27년까지 순조 때의 사료를 수록하고, 권7에서 1839년(현종 5) 기해사옥을 비롯하여 1856년의 사실까지 수록하였다. 따라서 이기경 본이 권2에서 권4까지 집중하고 있는 신해사옥의 사료에 대해서 이만채 본에서는 권5에 훨씬 간략하게 다루어져 있다. 그만큼 이기경 본은 신해사옥 중심이고 이만채본은 이른바 邪獄의 긴 기간을 고르게 사료를 취급하고 있다. 다음으로 두 판본의 편찬에 있어서 서술 체제상의 차이도 중요한 것이다. 이기경 본은 다루고 있는 기간의 사료를 충실하게 그대로 시기순서에 따라 수록한 사료집의 성격이 철저하다. 그런데 이만채본은 다루고 있는 주제의 문제의식에 따라 체계화시키고 斥邪의식을 고취시키려는 의도적 편찬의 성격을 뚜렷이 보여준다. 물론 이만채 본도 사료를 시대 순으로 배열하고 있지만 단지 사료의 제시에 그치는 것이 아니라 권1에서 서학비판 이론을 제시하여 서학비판 이념의 체계적 형성을 의도하였고, 사료의 정리에서도 사건의 계열을 체계화시켜 제목을 표출시켰으며, 사료의 앞이나 뒤에 註를 붙여 그 사건의 배경이나 의의를 평가하면서 설명하고, 또한 사건과 사건 사이의 기간에 연관관계나 경과과정을 해설하여 그 역사적 성격을 연속적으로 이해할 수 있도록 하였다.

따라서 같은 해당 기간의 사료에 대한 객관성이나 정밀성에서 이기경 본이 가치가 있지만, 그것은 서학배척 사건이라는 한 주제에 관한 사료의 일차적 수집에 그치는 것이다. 이에 비해 이만채본은 단순한 사료집이 아니라 비판이념을 의식에 있어서 심화시키며 역사의식으로 해석하거나 정리하고 있다는 사실에서 서학이념 체계를 사료에 입각하여 이념사적으로 정리해 주고 있는 것이라 할 수 있다.

「벽위편」의 내용을 사료의 취급 범위가 넓은 이만채 본에 따라 살펴보면, 권1에서 「西敎東來顚末」이란 표제 아래에, 먼저 중국 측 문헌으로서 明史와 朱彛尊·錢謙益·顧炎武의 저술에서 서학의 전래 과정에 관한 사료를 발췌하여 수록하고, 다음으로 우리나라의 李睟光·李瀷·安鼎福·睦萬中·李獻慶·愼後聃의 서학에 관한 비판이론을 수록하였다. 여기서 우리나라 인물의 이론을 소개한 것은 조선 후기에 우리나라의 서학 인식이 변천하는 과정을 보여 주는 것인 동시에, 특히 안정복의 「天學問答」과 이헌경의 같은 제목인 「천학문답」 및 신후담의 「西學辨」은 18세기 후반에 있어서 유학자의 기독교 비판에 있어서 그 이론체계의 특성과 인식의 수준을 보여 주는 중요한 문헌이라 할 수 있고, 신후담의 「서학변」은 다른 문헌에서 찾아보기 어려운 것으로 자료적 가치도 높은 것이다.

권2에서는 「乙巳秋曹摘發」과 「安順庵乙巳日記」, 「丁未泮會事」, 「辛亥珍山之變」의 4편으로 이루어져 있다. 곧 1785년(乙巳) 봄에 李承薰·丁若鏞·李檗·權日身 등의 천주교신앙집회가 최초로 刑曹에 적발된 사건과 그해를 전후하여 안정복이 쓴 南人들 사이의 신앙운동에 비판과 경계를 하는 편지들을 수록하고, 1787년(丁未)에 성균관 근처에서 정약용·이승훈 등의 교리연구 모임에 대해 洪樂安·이기경의 비판에 따른 왕복 편지들과 1791년(辛亥) 진산군에서 尹持忠·權尙然이 제사를 폐지하고 神主를 불태운 사건을 통해서 일어난 정부와 유학자들 사이의 사회적 물의를 기록하였다.

　권3에서는 「諸罪人處分」편에서 1791년의 신해 진산사건에 따른 서학 죄인의 처분에 관한 자료와 「辛亥以後邪正消長」에서 1791년 이후 서학의 활동과 이에 대한 수색·처벌상황을 기록하였다.

　권4에서는 「乙丙以後錄」에서 1795~97년 사이에 李家煥·정약용·이승훈에 대한 처분을 비롯한 서학배척의 장소들을 수록하였고, 「戊己兩年湖西治邪」는 1798~99년 사이에 충청도 지역의 천주교인을 색출하여 처벌하는 사실을 기술한 것이고, 「庚申邪學愈熾」는 1800년에 천주교인의 지하 신앙 활동이 활발해지는 사실을 서술한 것이다.

　권5에서는 「辛酉治邪」에서 1801년에 五家作統法을 이용해 전국적으로 천주교도를 색출하고 규탄하는 주장과 黃嗣永·周文謨 신부 등이 처형에 이르는 사건을 수록하며, 아울러 전국에 내린 討逆頒敎文, 북경에 보낸 討邪奏文 및 청나라 嘉慶帝의 回咨를 수록하였다. 그리고 諸賊結案은 이승훈·정약종·이가환·柳觀儉·權哲身 등 체포된 천주교인들에 대한 진술 내용과 유배·처형 등 판결 내용을 수록하였고, 끝에는 「嗣永帛書」에서 황사영의 帛書를 전문 그대로 수록하고 있다.

　권6 「丙丁以後錄」은 1807년(丙寅) 이후 유학자와 관료들이 상소를 통해 서학배척을 주장하는 사실을 수록하였고, 「丁亥三道治邪」에서는 전라도·충청도·경상도에서 1827년(丁亥)에 천주교도를 치죄하는 사실을 서술하였다.

　권7에서는 「己亥治邪」에서 1839년(己亥)의 獄事에 관련된 사실을 수록하면서 丁夏祥의 上宰相書를 전문 수록하여 황사영의 백서와 더불어 천주교도의 입장을 밝힌 사료도 제시하였다. 그리고 「三道治邪」에서 1839년에 내린 憲宗의 斥邪綸과 프랑스 신부를 처형한데 대한 1846년 세실(Ceille) 함대의 출동과 그들의 항의 문서를 수록했으며, 1856(철종 7) 李身逵가 그의 부친 이승훈의 억울함을 정부에 호소한

사건에 대해 太學에서 통문으로 규탄한 사실을 기술하였다. 그리고
끝에 魏源의 「海國圖志」에서 서양인을 불법적이고 비인간적인 것으
로 비난하는 구절을 인용하여 수록하고 있다. 「闢衛編」은 기독교를
배척하는 斥邪論의 입장에서 편찬된 것으로 천주교가 우리나라에 전
파되는 초기부터 조선사회에 주는 충격과 반응을 체계적으로 정리함
으로써 한국 교회사뿐만 아니라 한국 근세의 종교사 내지 사상적인
전개과정을 이해하는 데 중요한 문헌으로서의 가치를 지니는 것이다.

● 저자 ●

금장태(琴章泰)　서울대학교 종교학과 졸업
성균관대학교 대학원 수료(철학박사)
동덕여자대학교, 성균관대학교 교수 역임
현재 서울대학교 종교학과 교수

• 주요 저서 •

『한국 실학사상 연구』, 『세종조 종교문화와 세종의 종교의식』
『다산실학 탐구』, 『퇴계의 삶과 철학』, 『한국유학의 탐구』
『성학십도와 퇴계철학의 구조』, 『조선전기의 유학사상』
『조선후기의 유학사상』, 『한국의 선비와 선비정신』
『줄 없는 거문고』 외 다수

● 東西交涉과 近代韓國思想

• 초판 인쇄　2005년 1월 10일
• 초판 발행　2005년 1월 15일

• 지 은 이　금장태
• 펴 낸 이　채종준
• 펴 낸 곳　한국학술정보㈜
경기도 파주시 교하읍 문발리 526-2
전화　031) 908-3181(대표) · 팩스　031) 908-3189
홈페이지　http://www.kstudy.com
e-mail(e-Book사업부)　ebook@kstudy.com
• 등 록　제일산-115호(2000. 6. 19)
• 가 격　28,000원

ISBN　89-534-2182-9　93150 (paper book)
ISBN　89-534-2183-7　98150 (e-book)